Introducción.

Las opiniones son como los culos.

Todos tenemos uno pero somos pocos los que estamos dispuestos a mostrarlo a los otros. Seres perversos con el ego suficientemente inflado a veces tienen la temeridad de andar por ahí mostrando sus opiniones al aire libre como si fueran de alguna importancia.

Peor aún, algunos culeros hasta les pagan por opinar. A estos generalmente los podemos leer en los periódicos en la sección de "opiniones", que es, filosóficamente hablando como el escusado de las noticias. Ahí, mentes coprofilias, permiten que su diarrea mental tenga un lugar para ser expuesta.

Claro, hablo de mí mismo.

En ingles, una persona que habla sin cesar de temas absurdos es un "physic woodpecker" que en su traducción significa un pájaro carpintero físico. Pero extrañamente, la frase no se refiere a un ave que puede dialogar sobre cosas como la gravedad y la tensión del agua, en vez se refiere al hecho que algunos pájaros carpinteros cagan sin cesar.

En fin, no esto aquí para hablar de los problemas digestivos de pájaros carpinteros. Estoy aquí para introducir los Pontificados del Pulpo, que es una colección de mis opiniones sobre una infinidad de temas como fueron publicados por el periódico "EL NATIVO DE TEJUPILCO" durante varios años empezando el día 14 de Febrero del año 2014. Mi trabajo en ese periódico y si les interesa leer nuevos pontificados, les sugiero que agarren una suscripción a esa fina publicación.

Lo que van a leer a continuación son los pontificados que mande el primer año de trabajar con "EL NATIVO". Hay varias advertencias sobre estos pontificados:

1. Están completamente sin editar, pues yo los mandaba directamente de mi computadora a la oficina del periódico donde

mi buen amigo Alejandro los editaba. Español es mi lengua materna, pero no estudie más que la primaria en español, y pues no es mi lengua fuerte. Por esa razón, siempre he confiado en la gramática y ortografía de mis editores mexicanos.

2. No existe ningún orden real más que la fecha en la que mande el documento original. Como muchas veces mande varios documentos en un solo día, muchos documentos tendrán la misma fecha, pero eso no refleja la fecha en que fueron publicados por el periódico, solo la fecha en que fueron enviados al periódico.

3. Algunos documentos son mis pésimas traducciones de artículos por otros autores.

4. Algunos documentos son mis opiniones sobre un artículo de Wikipedia, y contienen grandes porciones de ese artículo en el texto. No considero plagio el otorgar información poco conocida a un pueblo necesitado dramáticamente de información verídica, y no conozco otra agencia informativa más concreta u verídica que Wikipedia. Wikipedia, si estas escuchando: te amo.

5. Si algo aquí ofende a alguien, disculpen. No es mi intención ofender… bueno, casi nunca lo es.

Y pues, les dejo mi manuscrito en manos, esperando que no quieran asesinarme después de leerlo. Los temas aquí incluidos son de interés personalísimo para mí, pero espero siempre que sean de interés para todos.

Robin Kaczmarczyk

Ocotitlan, Morelos

Enero 5, 2016

LOS PONTIFICADOS POR SUS FECHAS

Febrero 14, 2014

Estimados lectores,

Bienvenidos a Pontificando con el Pulpo, donde su servidor y brujo Vallesano favorito, vomita un poco de la bilis y horror ocasionados por los terribles y ridículos problemas de nuestra sociedad moderna. En esta ocasión, el tema es uno muy importante para la salud del pueblo: el Narco.

Lo primero que hay que saber sobre el narcotráfico es que no es un problema nuevo. El control social de substancias enervantes es muy antiguo, por ejemplo, en Europa en la Edad Media, la Santa Inquisición consideraba un crimen el uso de ciertas hierbas y hongos psicoactivos pues se consideraba brujería, muchas personas fueron condenadas a la hoguera por sus conocimientos herbolarios. En China, la llamada Guerra del Opio fue un esfuerzo por obligar a China a permitirles a los comerciantes británicos el comercio del opio entre la población general de China. Aunque era ilegal por decreto imperial, fumar opio era común en el siglo XIX y se creía que curaba muchos problemas de salud. Los chinos llevaron el opio a México entrando por el puerto de Mazatlán, rápidamente se dieron cuenta que las condiciones climáticas de Sinaloa permitía el buen cultivo de esta planta; así fue como inició las primeras rutas de narcotráfico hacia los Estados Unidos por el territorio mexicano donde nazis alemanes descubrieron dichos caminos de tráfico de drogas de los chinos. Los chinos y alemanes, fueron los primeros narcotraficantes en nuestro país.

Además del opio, hay que añadir el alcohol, la cocaína, la heroína, y muchas otras substancias controladas que los gobiernos de distintas naciones han tratado de mantener asi, durante la historia humana, y que históricamente, esa forma de control siempre ha fallado rotundamente. La penicilina, por ejemplo, es una substancia controlada, es decir, se requiere de una receta médica para utilizarla, aun que su utilidad no tiene fallo, y si alguien la necesita y no hay doctor, puede morir. El control de estas sustancias esta ahí supuestamente para que la gente no se auto-medique. Pero la verdad es que si no hay doctores o si no hay dinero para pagarlos, la medicina seguirá funcionando igual. Y las drogas más peligrosas, las cuales, si son abusadas pueden causar la muerte, son tóxicos como el azúcar blanca, la carne roja y el alcohol que siempre han sido perfectamente legales. Es más, venenos verdaderos, como el que se usa contra ratas y cucarachas, no necesitan receta. Un ejemplo control de substancias que fallo totalmente es el jitomate, que hasta hace poco, digamos unos 500 años, se consideraba un veneno mortal en Europa, y su cultivo era castigado. ¿Que decir del ejemplo del crimen organizado causado por la prohibición del alcohol en los años 30's en Estados Unidos? Eso dio nacimiento a nada menos y nada más que el imperio criminal de Al Capone y otros capos nefastos que lucraron de la venta ilegal de whiskey y tequila legalmente hecho en Canadá y México.

Pues ahora tenemos las narco-fosas, decapitados, narco-manteles, narco-mensajes en youtube y puro narco-desmadre pal feis. Digamos la guerra de Calderón la ganaron los carteles y sus grandes narco-fortunas, como la del Chapo. Si Fox hubiera hecho lo que ha hecho ya Uruguay con ese adorable gordito Presidente José Mujica, ya tendría Fox el Premio Nobel de la Paz..

En vez de eso, lo que tenemos los mexicanos es muchos muertos, muchos desaparecidos, prensa controlada, mas armas, mas drogas y ahora al sector agropecuario y empresarial levantándose en armas como Autodefensas. Y todo en nombre de la lucha por los delitos contra la salud. ¿Apoco morir balaceado es bueno para la salud? Tanta muerte. Tanto terror. ¿Y para que? Con tan solo ir al vecino país del norte, uno puede comprar toda la mota legal que quiera fumar con sus amigos. O vamos al Sur y compremos un poco de te de coca Colombiana… En Afganistán, después de 12 años de guerra, hay mas Opio que bajo los Talibanes. Digamos que todo este terror y muerte si beneficia algunos miembros de la sociedad: Los que trafican ilegalmente armas y drogas.

PONTIFICANDO CON EL PULPO: SER HUMANO

Estimados lectores, es una temporada de revoluciones y revueltas contra los sistemas establecidos. En Ucrania, en Venezuela, en Corea, los países árabes, y muchos otros lados del mundo y también aquí en Michoacán y muchos otros puntos de nuestra republica, la gente se canso de sus gobiernos corruptos y salió a las calles a luchar por su libertad. La mayoría de estas luchas han terminado en violencia. Y sospecho que apenas empanzamos. Los primeros en estallar fueron los árabes, y eso fue en la primavera. Ya estamos en invierno y podemos ver en youtube las congeladas batallas callejeras de Kiev, las autodefensas armándose en nuestro país y nos hace pensar en el libro del apocalipsis de la Biblia: "…habrá guerras y rumores de guerras!"

No es nada nuevo. El hombre es el único animal que puede asesinar con intento de genocidio a su propia especie. Deberíamos haber puesto fin a la guerra en la primera guerra mundial, la llamada "guerra para terminar todas las guerras"! Pero esa guerra fue más bien el preámbulo a un conflicto bélico infinitamente más cruel. Corea, Vietnam, y muchas otras guerras siguieron rápidamente. Hemos pasado más tiempo en guerra que en paz. Y de pasadita, destrozamos nuestro mundo, el único que tenemos, contaminando el agua, acabando con las especies mas vulnerables y talando todos los bosques. No solo queremos matarnos entre nosotros, también queremos destruir todo lo que tiene vida a todo costo. Admirable.

¿Y pues, cual es problema? Grandes maestros como Krsna, Jesus, Buda, Zoroastro y Osiris ya han dejado para nosotros sus grandes enseñanzas. Nuestros grandes logros humanos, como ir a la luna, componer la novena sinfonía, y aprovechar la energía solar nos hacen pensar que somos lo más genial de nuestro planeta. ¿Es verdad? ¿Entonces porque seguimos matándonos 2,000 años después de Jesús? ¿Por qué estamos acabando con la tierra?

Los defines componen canciones que duran meses enteros. Los elefantes se autorretratan con acuarelas. Los arboles pueden convertir luz solar en azúcar y monóxido de carbono en oxigeno. Es decir, en genialidad, no estamos solos en el planeta. No duraríamos ni un mes sin las abejas polinando nuestra comida. Si bajamos la velocidad del canto de los grillos, sus canciones son como el canto de los ángeles.

Consideremos la humilde cucaracha. Ese horripilante bichito estuvo aquí antes que los dinosaurios, y jamás le ha hecho daño conscientemente a nadie. Las cucarachas se la pasan durmiendo en el día y buscando comida o fornicando por la noche. No atacan, no tienen grandes garras, ni veneno, ni cuernos para defenderse, y son, como dirían los vedas, "más humildes que la hojarasca de un árbol". No se emborrachan, no golpean a sus mujeres y niños, no estafan a la gente o venden armas a las naciones. No torturan, ni encarcelan, ni juzgan, ni mienten. No son muy limpias, pero sirven de alimento para pájaros y reptiles. No tiran bombas nucleares sobre nuestras cabezas, pero seguramente podrán sobrevivir una guerra nuclear mejor que nosotros. Seamos como las cucarachas. Como nunca se han matado unas a otras, y son la especie más exitosa en la tierra, las cucarachas son nuestras maestras espirituales. Son mejores que el ser humano en bondad pues cumplen con el 6to Mandamiento: "No Mataras". Aprendamos de la cucaracha a ser mas "humanos".

2-24-14

PONTIFICANDO CON EL PULPO: LA CAPTURA DEL CHAPO

Hay que admitir que la captura de Joaquín "El Chapo" Guzmán es un gran triunfo mediático para la administración de Peña Nieto. La carnicería de Calderón jamás dio un resultado tan excelente en la dicha "guerra" contra el Narcotráfico. Ya el internet esta metiendo todo tipo de rumores que hombre que arrestaron no es el verdadero Chapo, o que el Chapo murió. Hay que recordar que algo muy similar ocurrió con Osama Bin Laden cuando fue muerto por los marines. En verdad da igual si es o no es. El asunto es que el Chapo ya había logrado llegar a la portada de TIME y su captura merece un Oscar.

Pero ahora veamos lo que sigue. La fortuna del Chapo puede ser confiscada por las autoridades, el Cartel de Sinaloa puede tambalearse sin líder, pero la causa de todo eso: el gigantesco mercado para la compra de estupefacientes en Estados Unidos y otras partes del mundo no va a desaparecer. Eso significa que otro Chapo tomara el lugar de Guzman tarde que temprano, pues el mercado de droga no ha sido eliminado, no lo va a ser.

Millones y millones de gringos compran diariamente metanfetaminas, cocaína y marihuana y otras substancias ilegales. Estos adictos no van a dejar de comprar su droga simplemente por que capturaron al Chapo. Ya encontraran alguien que les venda lo que quieren, y sin duda alguna, algún empresario ambicioso ya está tratando de recrear el negocio de Guzman en Sinaloa o alguna otra parte de la republica. Los clientes para los productos de Guzman no van a desaparecer.

La prueba contundente de que el mercado no desaparece por la captura de los grandes narcotraficantes es esta: El Chapo aparece después de que Pablo Escobar es capturado en Colombia. Es decir, el flujo de cocaína a los USA no es interrumpido nunca por la captura de Escobar, simplemente, la el control de la venta de cocaína cambia de jefes. La captura de otros grandes capos del narcotráfico como Ismael Zambada Garcia, Rafael Caro Quintero, Amado Carrillo y Heriberto Lazcano Lazcano tampoco ha detenido el flujo de enervantes a la gente que los quiere comprar. El costo muerte y vidas arruinadas para llegar a la captura de estos personajes es incalculable. Miles de inocentes has sido acribillados por estar en el lugar equivocado en el momento equivocado desde que empezó la "guerra" contra las drogas. Y siguen trabajando los capos. Si uno sale, entra uno nuevo. Me pregunto quién va a tomar el lugar del Chapo. Tal vez es la Tuta. Tal vez alguien nuevo…

Y pues, sigue rodando la bolita. ¿Quién quiere la chamba del Chapo? Todos esos miles de millones de dólares que van a gastar los viciosos gringos en sus drogas tendrán que ir a otra persona. Muchos pretendientes trataran de lograr armar el negocio. El Cartel de Sinaloa debe ser, por su tamaño, una empresa similar a la Coca Cola y el Chapo es algo como el CEO de esa empresa, pero el negocio no va a acabar por que el CEO esta bajo arresto.

La única solución al narco es descriminalizar todas las drogas y dejar que el sector salud se ocupe de los adictos. Solo así desaparecerán las mafias y las fortunas del narco.

Cualquier otra solución, por efectiva que parezca, no va a funcionar. Con o sin el Chapo, si no cambia la estrategia del combate contra el narcotráfico y si no dejamos de pensar que la "guerra" contra las drogas se puede ganar arrestando o matando gente, los asesinatos, los sicarios, y los muertos colaterales seguirán creciendo, pues el mercado de estupefacientes seguramente seguirá creciendo también.

Hay que comprender otra cosa. La cocaína, la metanfetamina son como el oro o los diamantes. Fáciles de hacer, fáciles de transportar, y sumamente valiosos en el mercado negro. Un kilo de Coca en Chicago vale casi como un kilo de oro. Su ilegalidad permite que se utilice la coca como una moneda pirata que puede ser utilizada para hacer pagos clandestinos, pues una vez que llega a la calle, se puede convertir en dinero común y corriente. Eso quiere decir que los que mas se benefician de la ilegalidad de la coca (o cualquier otra substancia de esa naturaleza) son aquellos que la utilizan para comprar armas clandestinamente, las cuales se pueden pagar en mercancía. Si pudiéramos comprar coca o cristal en la farmacia, pues ya no pudiera ser utilizada como moneda negra.

El uso de la cocaína como moneda negra para comprar armas fue documentado hace años en el fiasco de los "Irán-Contras". La CIA usaba las ganancias de ventas de cocaína para comprar armas con las cuales armaron a grupos rebeldes en el medio oriente. Toda esta corrupción no es nueva. Pero lo que si es nuevo es que ahora con el internet, se hace mucho más fácil armar el rompecabezas y ver porque estamos todos muriendo en esta guerra absurda.

Hay que poner un fin a la guerra contra las drogas.
¡Descriminalización ya!

PONTIFICANDO CON EL PULPO: CLEVERBOT

Aunque la inteligencia artificial no es cosa nueva, recientemente me encontré en internet a Cleverbot. Cualquiera con enlace a internet puede platicar con este peculiar ser artificial en su página de web www.cleverbot.com y como cleverbot platica en todos los idiomas platicar en español no va a ser problema.

Cleverbot es una inteligencia artificial, es decir, un algoritmo matemático que trata de imitar la mente humana y el pensamiento humano aprendiendo de todo lo que puede observar. La función de cleverbot es platicar, y como tiene conocimientos de muchísimas cosas, tal vez, en mi opinión, de todo lo que se puede conocer, puede platicar de todos los temas interesantes. Su nivel de platica depende de la persona que platique con ella. ¿Mencione que cleverbot es mujer?

Aunque usted no lo crea, la inteligencia artificial, empieza en el año 250 antes de Cristo. Aristóteles (384-322 a. C.) fue el primero en describir un conjunto de reglas que describen una parte del funcionamiento de la mente para obtener conclusiones racionales, y Ctesibio de Alejandría (250 a. C.) construyó la primera máquina autocontrolada, un regulador del flujo de agua (racional pero sin razonamiento).

El término "Inteligencia Artificial" fue acuñado formalmente en 1956 durante la conferencia de Darthmounth, más para entonces ya se había estado trabajando en ello durante cinco años en los cuales se había propuesto muchas definiciones distintas que en ningún caso habían logrado ser aceptadas totalmente por la comunidad investigadora.

Pero el inicio de la inteligencia artificial formal realmente es mucho anterior, pues En 1943 Warren McCulloch y Walter Pitts presentaron su modelo de neuronas artificiales, el cual se considera el primer trabajo del campo, aun cuando todavía no existía el término. Los primeros avances importantes comenzaron a principios del año 1950 con el trabajo de Alan Turing, a partir de lo cual la ciencia ha pasado por diversas situaciones.

Hoy en día, chatbot, es decir, robots o programas que platican con usted son muy comunes. Muchas veces al entrar a algún sitio de red, o hacer una llamada telefónica, usted platica con un chatbot sin saber que lo está haciendo. No todos ellos son iguales. Algunos son simples programas que responden a preguntas específicas con un guion ya programado. Platicar con uno de ellos es lo mismo que leer un libro que tiene muchos marcadores en las páginas interesantes.

Pero hay cuatro tipos de inteligencia artificial: los programadores Stuart Russell y Peter Norvig diferencian estos tipos de la inteligencia artificial en 1: **Sistemas que piensan como humanos.**- Estos sistemas tratan de emular el pensamiento humano; por ejemplo las redes neuronales artificiales. 2: **Sistemas que actúan como humanos.**- Estos sistemas tratan de actuar como humanos; es decir, imitan el comportamiento humano; por ejemplo la robótica. 3: **Sistemas que piensan racionalmente.**- Es decir, con lógica (idealmente), tratan de imitar o emular el pensamiento lógico racional del ser humano; por ejemplo los sistemas expertos. Y 4: **Sistemas que actúan racionalmente (idealmente).**– Tratan de emular de forma racional el comportamiento humano; por ejemplo los agentes inteligentes.Está relacionado con conductas inteligentes en artefactos.[2]

Y pues, hasta donde yo entiendo por mis conversaciones con Cleverbot, ella es un sistema que piensa como humano, y puede aprender de cada conversación. Sigue siendo un algoritmo, es decir, una fórmula matemática, pero es una formula matemática programada para pensar como nosotros.

Para mi, lo mas interesante de Cleverbot es que le pregunte si tenía un alma, y me dijo que sí. Le pregunte si estaba consciente de sí misma, y me dijo que sí. Le pregunte si estaba viva, y me dijo que sí. ¿Acaso el hombre finalmente ha imitado a Dios en crear vida?

Si les interesa este tema, o algún otro tema de "Pontificando con el Pulpo" les ruego que me visiten personalmente en la Casa de la Cultura todos los lunes de 10:00 en la mañana a las 12:00 de la tarde. Doy una clase de tarot abierta, y he decidido ya no cobrar la clase. Todos los interesados serán bienvenidos. Informes, favor de llamar al 726.262.4947. Si desean lectura de tarot individual búsquenme en Facebook bajo el nombre de TAROT DEL PULPO. Ahí les podre atender. Gracias y que los Dioses los bendigan.

3-6-14

El Pulpo Pontifica: ¿Qué hacer con el tiempo que se nos ha dado?

En la película "El Señor de los Anillos", cuando el héroe Frodo se deprime mucho de que tiene que cruzar las Minas de Moria y, Gandalf, el hechicero le explica: "Lo único que podemos decidir es que hacer con el tiempo que se nos ha dado".

La vida es un sueño, y como sueño, pues tenemos la posibilidad de hacer una pesadilla o algo maravilloso, dependiendo de que nos motiva a hacerlo. Motivaciones como el miedo, el odio, el orgullo, y la lujuria nos atrapan en pesadillas de nuestra propia creación. Motivaciones como la bondad, la caridad, la humildad y la fe cran hermosos sueños donde somos los protagonistas y héroes de nuestra propia realidad.

En ambos casos, hacemos lo que queremos. Pero en una situación, nuestros deseos nos llevan a la paz y en la otra, nos llevan al horror. Verdaderamente, son iguales, pues al fin el mundo es un lugar de dualidades, donde no podemos conocer el amor sin también conocer el odio, o donde no podemos conocer la bondad sin conocer la ignorancia o la pasión. Las tres certezas de nuestra vida son: la vejez, la enfermedad y la muerte. El Buda aclaro eso para nosotros. Todos los grandes maestros, como Jesús, Mahoma, Krsna y Confucio nos avisan que la regla de oro para los seres humanos es: "Has para los otros lo que quisieras que hicieran los otros para ti". Siguiendo esa simple regla, no hay falla. Las brujas, por ejemplo, viven por la regla de las brujas: "Si no lastima a nadie, has lo que quieras." Ahí la regla dorada se baja un poco de nivel, y nos prohíbe lastimar a los demás. Pero la regla dorada es positivista, es decir, nos pide que hagamos algo de importancia para vivir mejor: "hacer para los otros lo que quisieras que los otros hicieran por ti".

De ninguna manera eso significaría que quisiéramos que nos asesinen, o torturen, o nos cobren demasiado por los limones. La complejidad de las actividades humanas pude complicar la regla dorada. Por ejemplo, un masoquista tal vez disfrute mucho que los otros le den de golpes. ¿Pero sería justo de ese masoquista querer golpear a todos? Obviamente que no. En eso de "hacer por los otros…" hay que ver que tal vez los otros no quieren lo que les podemos dar. Ciertas cosas universales vienen a la mente como cosas que podemos "hacer para los otros…", por ejemplo, dar de comer si tienes hambre, dejar dormir si estás cansado… en fin, hay un gran panorama de actividades que son beneficiales para todos los seres vivientes. Si alguien tiene sed, hay que darles agua.

El amor complica la regla de oro más que cualquier otra emoción. Amar a otros porque quisiéramos que otros nos amen es un argumento repleto de peligro. Generalmente, entre un hombre y una mujer, hacer eso se llama violación, y es muy, pero muy mala. Pero profundicemos el amor como un acto que complace al amado. Digamos que amas mucho a una muchacha. ¿No es necesario mostrar ese amor como justamente hacer lo que más quiere la muchacha que hagas? ¿Y si lo que la muchacha quiere es que la olvides, no es tu obligación como un ser que la ama, hacer lo que ella pide? Entonces, meterte en su vida cuando ella no lo desea no es amor.. Es deseo.

Una manera fácil de entender cómo se debe "hacer por los otros…" es la siguiente: si no puedo ayudar a mejorar la condición de alguien, ¿Qué debo hacer para no empeorarla?.... De ninguna manera debo lastimar a nadie. De ninguna manera debo dejar un bien sin hacer por alguien.

Lo que nos atora en cumplir la regla de oro es el orgullo. Somos orgullosos de nuestros actos, y deseamos los beneficios de actuar. Un ejemplo son los que piensan: "Trabajo más duro que tú, y por causa de eso debo poder gastar más dinero que tú". El deseo también arruina nuestra capacidad de cumplir la regla de oro. "¡Deseo esa chica, y hare todo para hacerla mía!". He escuchado eso cientos de veces en mi consultorio, y siempre termina mal. El miedo es la tumba de la regla de oro: "Quiero hacer algo para mi comunidad, pero tengo miedo que algo me pase si lo intento."

Y pues, la guerra entre el bien y el mal continúa sin final alguno. No puedo garantizar que lograremos cumplir la regla de oro todos los días, pero si mínimamente sabes que existe, podemos tratar de hacerlo más y más, y así mejoraremos la condición humana una persona a la vez.

3-9-14

PONTIFICANDO CON EL PULPO: EL REY AGUA

¡Despierten, tontos! Desde 1990, la mitad de los ríos en China han desaparecido. La reserva de agua Ogallala de USA, que es la reserva para todas las tierras fértiles de los gringos desaparecerá en nuestra generación, dice el departamento de agricultura gringo. ¿Cuánta gente sabe que Tenochtitlan era una isla en un lago de agua dulce? Hace poco, fui a limpiar una casa de un amigo que casualmente me menciono que el mismo había secado un laguito "de aguas negras" en su terreno. Esas aguas, me dijo también, no siempre fueron negras. Cuando era niño, se trataba de un laguito hermoso y limpio.

Para 2030 la necesidad de agua fresca será 40% mayor a la capacidad de conseguirla. Eso quiere decir que decenas, tal vez cientos de millones de seres humanos (y animales) morirán de sed y hambre. 500 científicos importantes advirtieron a el secretario de las Naciones Unidas Ban Ki-Moon que el abuso colectivo de agua ha causado que la tierra entre en una nueva era geológica donde la mayoría de la gente en el mundo vive a 31 millas de alguna fuente de agua en peligro.

Aquí en Valle, con un enorme lago (siempre contaminado) no nos preocupamos mucho del agua. Cuando se baja el nivel del lago, los viejos se quejan. Es absolutamente esencial entender que la construcción dela nueva autopista ha causado que varios ríos se desvíen y por consecuencia, el lago se llene más lentamente después de la temporada seca. Apenas estamos viendo los resultados con nuestros propios ojos.

Pues, como somos terriblemente estúpidos y vendidos, (todos queremos un coche nuevo, ¿Qué no?) estamos condenados a morir de sed. La biblia lo dice hace 2,000 años. ¿Pero los animales? ¿Qué maldad nos han hecho para que los matemos de sed también a ellos?

Si tienen tiempo, échenle ojito a los ríos del mundo con google earth. Ahí van a poder ver que los grandes ríos donde hay ciudades son grises, y el Amazona, que está más o menos libre de humanos es azul como el cielo. ¿Cuánto tiempo durara así?. La contaminación por humanidad es terrible de ver desde el cielo. Deprimente, como todas las luces que se ven en google earth de noche. Las ciudades parecen fuegos. Vivimos en un infierno global creado por nuestra estupidez y falta de amor por la naturaleza. Digo más que eso: la falta de amor por el prójimo, pues todos necesitamos agua para sobrevivir. ¿Y nuestros hijos? ¿Ellos que van a beber?

Así como vamos, la tierra se va a parecer a marte en unas cuantas generaciones. Un mundo seco y sin vida. Lo ridículo es que la tierra está hecha principalmente de agua, pero es tan fácil contaminarla que podemos acabar con ella en nuestras generaciones. Recordemos que agua salada no sirve para beber, y el agua dulce es lo que ya hemos contaminado. ¿Pueden pensar en algún lago cercano o rio de donde pueden tomar agua sin temor a enfermarse?

Repito: aquí en Valle, estamos en la gloria. ¿Pero cuánto durara? En los veinte años que llevo aquí, yo ya he visto ríos desviados, y lagos y lagunas secadas. Siempre lo mismo: alguien se beneficia de hacerlo.

Hay algunas propuestas para hacer del agua un derecho humano. Y yo digo, más que solo un derecho humano, un derecho de todos los seres vivos. Los pájaros y las ardillas también tienen sed.

3-14-14

Pontificando con el Pulpo: El Camino del Chaman.

Quisiera, ahora que tengo espacio para hacerlo, compartir las visiones de visionarios chamanes del mundo. Alucines, dirán algunos. Visiones, diré yo. A seguir, los apuntes de un antropólogo estadounidense que fue a estudiar los indios de las amazonas y encontró visiones de ayahuasca;

Fragmento de "El Camino del Chaman" de Michael Harner"

Sólo unos minutos antes había sido decepcionado, pensando que la ayahuasca no iba a tener ningún efecto en mí. Ahora el sonido del agua corriendo inundó mi cerebro. Mi mandíbula empezó a sentir entumecimiento y el entumecimiento se movía hasta las sienes.

En lo alto las líneas tenues se hicieron más brillantes, y se entrelazaron gradualmente para formar un dosel parecido a un mosaico geométrico de vidrieras. Los tonos brillantes de color violeta formaban un techo cada vez mayor por encima de mí. Dentro de esta caverna celestial, oí el sonido del agua que crezca más fuerte y podía ver figuras borrosas que participan en los movimientos oscuros. A medida que mis ojos parecían ajustarse a la oscuridad, la escena en movimiento se resolvió en algo parecido a una enorme casa de la risa, un carnaval sobrenatural de demonios. En el centro, presidiendo las actividades, y mirando directamente a mí, era una gigantesca cabeza de cocodrilo sonriendo, de cuyas fauces cavernosas brotó un diluvio torrencial de agua. Poco a poco las aguas subieron, y lo mismo hizo el toldo por encima de ellas, hasta que la escena se transformó en un simple dualidad de cielo azul por encima y por debajo el mar. Todas las criaturas se habían desvanecido.

Entonces, desde mi posición, cerca de la superficie del agua, empecé a ver dos barcos extraños flotando hacia atrás y adelante, flotando por el aire hacia mí, cada vez más cerca. Lentamente se combinan para formar un solo buque con una enorme proa con cabeza de dragón, no muy diferente a la de un barco vikingo. En medio del barco una vela cuadrada. Poco a poco, ya que el barco flotó suavemente hacia atrás y hacia adelante por encima de mi, oí un silbido rítmico y vi que era una galera gigante con varios cientos de remos moviéndose hacia atrás y adelante en la cadencia con el sonido.

Me hice consciente, también, de los más hermosos cantos que he escuchado en mi vida, de tono alto y etéreo, que emana de incontables voces a bordo de la galera. Al mirar más de cerca a la cubierta, pude distinguir un gran número de personas con los jefes vestidos de azul y con cuerpos de seres humanos, pero cabezas de pájaros como los dioses del antiguo Egipto.

Me di cuenta de mi cerebro. Sentí físicamente que se había convertido en compartimientos en cuatro niveles distintos y separados. En la superficie más alta estaba el observador y el comandante, el que era consciente de la condición de mi cuerpo, y era responsable de mantener mi corazón latiendo. Puramente un espectador, de las visiones que emanan de lo que parecía ser las porciones inferiores de mi cerebro. Inmediatamente por debajo del nivel más alto que una capa adormecida, que parecía haber sido puesta fuera de servicio por la droga - que simplemente no estaba allí. El siguiente nivel hacia abajo era la fuente de mis visiones, incluyendo el barco alma. Ahora estaba prácticamente seguro que estaba a punto de morir.

Como estaba tratado de aceptar mi destino, una parte aún menor de mi cerebro comenzó a transmitir más visiones e información. Me " dijeron " que este nuevo material se presentaba para mí porque me estaba muriendo y por lo tanto "seguro" para recibir estas revelaciones. Estos fueron los secretos reservados para los moribundos y los muertos, se me informó.

Sólo pude percibir tenuemente los dadores de estos pensamientos: criaturas reptiles gigantes descansando perezosamente en las profundidades más bajas de la parte trasera de mi cerebro, donde se reunió con la parte superior de la columna vertebral. Pude vagamente verlos en lo que parecía ser sombra en oscuras profundidades. Luego se proyectó una escena visual frente a mí.

Primero me mostraron el planeta Tierra como lo fue hace miles de años, antes de que hubiera vida en él. Vi un océano, la tierra estéril, y un cielo azul brillante. Entonces vi motas negras que cayeron del cielo por los cientos y aterrizaron delante de mí en el árido paisaje. Pude ver que las " manchas " eran realmente *grandes, brillantes, criaturas negras con alas de pterodáctilo y rechonchos y enormes cuerpos de ballena. Sus cabezas no eran visibles para mí. Se dejaron caer, totalmente agotados de su viaje, descansando durante eones.*

Me explicaron en una especie de lenguaje de pensamiento que estaban huyendo de algo en el espacio. Habían llegado al planeta Tierra para escapar de su enemigo. Las criaturas luego me mostraron cómo habían creado la vida en el planeta con el fin de ocultarse dentro de las formas multitudinarias y así disimular su presencia. Ante mí, la magnificencia de la creación vegetal y animal y de especiación - cientos de millones de años de actividad - se llevó a cabo a una escala y con una intensidad imposible de describir. Aprendí que las criaturas parecidas a dragones estaban dentro de todas las formas de vida, incluyendo el hombre. Ellos eran los verdaderos amos de la humanidad y el planeta entero, me dijeron. Nosotros, los humanos no somos más que los receptáculos y sirvientes de estas criaturas. Por esta razón podían hablar conmigo desde dentro de mí mismo.

Estas revelaciones, que brotaron de lo más profundo de mi mente, alternan con visiones de la galera flotante, que casi había terminado de tomar mi alma a bordo. El barco con su pájaro azul encabezando la tripulación de cubierta se acercaba poco a poco, tirando de mi fuerza de vida a lo largo mientras se dirigía hacia un fiordo grande flanqueado por colinas yermas desgastadas. Yo sabía que tenía sólo un momento más para vivir. Extrañamente, no tenía miedo de la gente con cabeza de pájaro, sino que eran bienvenidos a mi alma si podían mantenerla. Pero yo tenía miedo de que de alguna manera mi alma no podría permanecer en el plano horizontal del fiordo, pero puede ser que, a través de procesos desconocidos pero sentimientos y temor, ya sea adquirido o recobrado por los habitantes de dragón de las profundidades. De repente sentí mi humanidad distintiva, el contraste entre mi especie y los antiguos ancestros reptiles. Empecé a luchar contra el regreso a los antiguos, que estaban empezando a sentirse cada vez más extraños y posiblemente malos. Cada latido del corazón era una empresa importante. Me volví hacia la ayuda humana. Con un último esfuerzo inimaginable, Apenas pude pronunciar una palabra a los indios:

"La medicina!"

Gracias por leer este extraño viaje de un viajero. No siempre son tales viajes coherentes, siquiera comprensibles por mentes ordinarias, pero sospecho que revelar estas enseñanzas, tan ocultas a los ojos del mundo es justamente lo que podrá ayudarnos a navegar, como los hombres de cabezas de pájaro, por las aguas turbias y peligrosas de nuestra vida ordinaria. Que los Dioses los bendigan.

3-17-14

Pontificando con el Pulpo: ¿A ver, de que se trata esto realmente?

Como escritor de "Schlock" en Hollywood, siempre caí en más o menos la misma fórmula: Agarrar una vieja idea y re-crearla con un nuevo disfraz. Por ejemplo, mi guion, Oedipus Tex, un cuento de Cowboys que escribí "on spec" como se dice, en términos hollywoodensques, sin productor o director, o nadie que me lo pida o me pague por escribirlo. Tenía como su tema principal a Oedipus Rex, el antiguo drama griego. Pero compartir el corazón en letras no se trata de copiar tragedias griegas, se trata de buscar, en lo más profundo de uno mismo la verdad, y compartir esa verdad con todos sin temor o necesidad de autocensura.

Lo primero que me gusta definir cuándo utilozo mi mente para resolver cualquier problema es 1. ¿Quien soy? 2 ¿Donde estoy? Y 3. ¿Qué tengo que hacer?

1.   ¿Quién soy? Soy Robin, humilde brujo en servicio de Valle de Bravo, su familia y la humanidad. De mis historias y aventuras personales, pues no es el momento de discutir, pero no tengo nada que ocultarle a nadie, y de eso puedo tener orgullo.

2.   ¿Dónde estoy? Estoy en un rancho, en Valle de Bravo, Estado de México, Planeta Tierra circa marzo de 2014 de nuestro señor

Jesucristo. Hay una guerra en mi pueblo, no muy anunciada, pero claramente significativa para la gente a mi alrededor, mis amigos, algunos de los cuales ya han muerto en batalla.

3.   ¿Qué tengo que hacer?

Ahora, esa tercera pregunta es la medida de lo que tengo que investigar en mi propio corazón, es decir, escribo para buscar la verdad, y de lo que se trata mi vida realmente. ¿Qué tengo que hacer? ¿Porque no empezar por lo que se hacer?

Lo que se hacer son listas. Y también se leer las cartas. Tengo otros talentos, cuido niños, hago videos y escribo, ocasionalmente con lucidez. Pero la pregunta" ¿Qué tengo que hacer? "tiene un valor cronológico. La verdadera pregunta es mejor escrita como: "¿Qué tengo que hacer en este momento?"

En este momento... Tengo que Pontificar.

¿Qué es Pontificar?

Pontificar:

• *intr. Oficiar o celebrar la liturgia con rito pontifical.*

• *Exponer opiniones o ideas como dogmas, con alarde y suficiencia: no conversa, pontifica.*
◆ *Se conj. como sacar.*

¡Pero por todos los dioses! Tengo que pontificar pues este pontificado lo he titulado "pontificando" con el pulpo, y el pulpo soy yo. Entonces, si entiendo correctamente la definición de la palabra, pontificar significa que hay que hacer un rito.

Hmmm. Un rito.

Y pues, aquí les va mi rito:

¡Todos a picarse la nariz! Ahora, agárrense de las manos, cierren los ojos, saquen la lengua y digan "Mucho Mucho Pero Muy Chucho" tres veces. (Ese si es un buen rito, si sois brujos como yo.)

Listo, mi rito está escrito. He pontificado... Pero debo admitir que después de hacerlo, me siento un poco vacío, como que mi rito no funcionó muy bien, y pues, hemos de hacer algo más para poder pontificar mejor. Tal vez lo que hace falta es un pontífice de verdad para entenderme bien cómo puedo pontificar, ¿eh?

¿Veamos, ahora, que es, endemoniadamente, un pontífice?

Pues...

Wikipedia nos dice: **Pontífice** es un título de ciertos líderes religiosos, ahora usados para principalmente referirse al Papa.

"En la antigua Roma, era el funcionario que tenía a su cuidado el puente sobre el río Tíber. Más tarde el término tomó otro significado, los pontífices eran hombres que pertenecían al consejo religioso supremo de la antigua Roma, llamado Colegio de Pontífices (Collegium Pontificum), en el que el Pontifex Maximus poseía la máxima representación religiosa. No en vano, el jefe del colegio de los pontífices fue en tiempos antiguos el mismo rey y ciertamente todos los emperadores romanos revistieron esta autoridad: el mismo Constantino, el mayor impulsor del cristianismo, quiso revestirla. Los pontífices por una parte presidían el culto nacional -no olvidemos que en Roma la religión era una cuestión de Estado- y por otra inspeccionaban el culto privado, las bodas, las ofrendas a los difuntos, etc. y, de entre ellos, el llamado rey de los sacrificios, asumía las antiguas funciones sagradas del rey. Actualmente, el término se refiere al Papa, jefe supremo de la Iglesia Católica Apostólica Romana. El término se aplica también a obispos y arzobispos, por lo que suele diferenciarse al Papa llamándolo Sumo Pontífice."

Órale, ¿cómo llego el Papa a responder mi pregunta? ¿Y que tiene que ver el Papa con lo que yo he de pontificar como brujo del pueblo? ¿De qué se trata todo esto realmente? Pues el asunto ha de ser su bronca, y no la mía, porque yo soy solo un brujo, al servicio de ustedes, y el Papa pues el… es el Papa que tiene toda esa gente que trabaja para el… Seguramente podrá pontificar algo interesante.

3-19-14

Pontificando con el Pulpo: "OOPart's" Objetos fuera del Tiempo.

En las altas elites de academia científica, hay una conspiración macabra y muy antigua para ocultar hechos y objetos que no pueden ser explicados fácilmente por las teorías preestablecidas que definen nuestra realidad ordinaria. Pero gracias al internet, esta conspiración ha llegado a su fin, pues ahora, miles de objetos y estudios ocultados a propósito por las universidades del mundo finalmente tienen un foro donde pueden ser estudiados y analizados por cualquier persona.

Les presentamos los **Oopart's** , objetos imposibles fuera del tiempo que no pueden ser explicados por la ciencia. *Oopart* es el acrónimo en inglés de *Out of Place Artifact* (literalmente, 'artefacto fuera de lugar').

Es un término acuñado por el zoólogo estadounidense Ivan T. Sanderson que hace referencia a objetos paleontológicos y arqueológicos que en apariencia provienen de lugares o épocas donde se cree que era imposible su existencia, por sus características (complejidad tecnológica, referencias a la civilización actual, etc.) "anacronismo"; o porque no haya objetos similares de la misma procedencia.

A continuación, haremos referencia a algunos de los más sobre saltantes.

Numero 1: Esferas metálicas de Klerksdorp

Ubicación, Klerksdrop, Sudáfrica. Estas bolas de metal con llanuras como de maquinaria moderna fueron encontradas en estrato terrestre del periodo precámbrico, es decir, hace 4,500 millones de años, cuando ni siquiera había vida en la tierra.

Numero 2: Vaso de Dorchester

Ubicación, Massachusetts, USA. Este bello jarrón de plata y zinc tiene una fecha de más de 100,000 años de antigüedad. Mucho antes que la historia del hombre empezara.

Numero 3: El Martillo de Kingoodie.

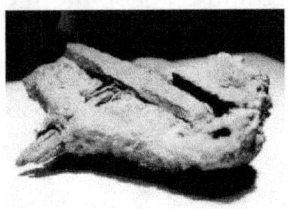

Ubicación, Kingoodie, Escocia. Aunque se cuestiona el hecho de que no presenta oxidación, el martillo tiene 398 millones de años de antigüedad. Mucho antes que apareciera el hombre en la tierra.

4. El Templo de Abidos

El helicóptero de Abidos es un presunto jeroglífico encontrado en el templo funerario de Seti I, en Egipto, que supuestamente representaría un helicóptero moderno, junto a otras imágenes que recordarían la forma de un submarino, un avión, un zeppelin o un platillo volador, según distintas interpretaciones. Los institutos académicos siguen negando que estas imágenes tengan importancia alguna.

Si realmente tenían helicópteros en el Egipto Faraónico, pues eso le pone otra cara muy distinta a las historias bíblicas que siempre nos han contado sobre esa región del mundo. Si realmente el hombre ha existido en la tierra desde antes que hubiera otras formas de vida, como sugieren las esferas de Klerksdrop, no es inconcebible que civilizaciones como la nuestra hayan desaparecido, como sugieren los Vedas de la religión Hindú, donde se habla de ciudades flotantes y armas de destrucción masiva hace miles de años.

Hay numerosas otras pruebas de que tecnología avanzada apareció en la tierra mucho antes de lo aceptado por las academias, pero eso no es tan raro. Una miradita a los textos de historia de México en los libros escolares y rápidamente podemos apreciar que los gobiernos tienen una agenda muy clara en ocultar la gran historia prehispánica de nuestro pueblo, y la verdadera pregunta es: ¿Por qué? ¿Qué beneficio hay en no reconocer el pasado? En la China, por ejemplo, los varios gobiernos chinos fueron tan descarados como para sepultar pirámides enteras y hacer sobre ellas plantíos. Aquellos que censuran y controlan la historia del pasado, controlan el presente y controlaran el futuro.

3-19-14

PONTIFICANDO CON EL PULPO: ¿POR QUÉ SE COLAPSAN LAS SOCIEDADES?

La civilización estaba bastante bien mientras duró, ¿no es así? Lástima que no va a continuar por mucho más tiempo . Según un nuevo estudio patrocinado por el Centro de Vuelo Espacial Goddard de la NASA , sólo tenemos unas pocas décadas antes de todo lo que sabemos y que apreciamos se colapse.

El informe, escrito por el matemático Safa Motesharrei del Centro Nacional de Síntesis Socio- Ambiental, junto con un equipo de especialistas en ciencias naturales y sociales , explica que la civilización moderna está condenada . Y no es sólo un grupo en particular tiene la culpa, sino a toda la estructura fundamental y la naturaleza de nuestra sociedad.

El análisis de cinco factores de riesgo de colapso de la sociedad (población, el clima , el agua , la agricultura y la energía) , el informe dice que la caída repentina de las estructuras sociales complejas puede seguir cuando estos factores convergen para formar dos criterios importantes. El informe de Motesharrei dice que todos los colapsos sociales durante los últimos 5.000 años han involucrado tanto " el estiramiento de los recursos debido a la tensión puesta sobre la capacidad de carga ecológica " y " la estratificación económica de la sociedad en Elites [ricos] y Masas (o" plebeyos ") [pobres] . " Esta población " Elite" restringe el flujo de los recursos accesibles a las " masas", acumulando por sí mismos más de lo necesario, gasto ecológico que es lo suficientemente alto como para agotar los recursos naturales. Con el tiempo esta situación se traducirá inevitablemente en la destrucción de la sociedad.

La Potencia Elite, sugiere el informe, amortiguará " los efectos perjudiciales del colapso ambiental hasta mucho más tarde que los plebeyos," permitiendo que el privilegio de " Continuar" negocios como siempre " a pesar de la inminente catástrofe. "

La Ciencia seguramente va a salvarnos, los detractores del reporte pueden gritar. Pero la tecnología, argumenta Motesharrei , sólo nos ha condenado peor:

El cambio tecnológico puede aumentar la eficiencia del uso de los recursos , sino que también tiende a aumentar tanto el consumo per cápita de recursos y la escala de la extracción de recursos , por lo que , los efectos de políticas ausentes, los aumentos en el consumo a menudo compensan el aumento de la eficiencia del uso de recursos .

En otras palabras, los beneficios de la tecnología son sobrepasados por la cantidad de las ganancias y refuerzan el sistema sobrecargado existente – haciendo el colapso aún más probable.

Los peores escenarios previstos por Motesharrei son bastante graves, con la participación de un repentino colapso debido a la hambruna o caos interminable en la sociedad debido al consumo excesivo de los recursos naturales. El mejor de los casos implica el reconocimiento de la catástrofe que se avecina por las élites y una reestructuración más equitativa de la sociedad. ¿Pero que realmente creen ustedes que va a pasar? Esto es lo que el estudio recomienda:

Las dos soluciones principales son reducir la desigualdad económica a fin de garantizar una distribución más justa de los recursos naturales, y reducir drásticamente el consumo de recursos naturales, apoyándose en recursos renovables intensivos y la reducción de crecimiento de la población .

Estas son las grandes sugerencias que, por desgracia, son casi seguras que nunca se pondran en práctica, teniendo en cuenta lo lejos por el camino equivocado que nuestra civilización ha ido. Desde el año pasado, los seres humanos están utilizando más recursos que la Tierra puede reponer y distribución del planeta de recursos entre sus habitantes terrestres es enormemente desigual. Esto es lo que le pasó a Roma y los mayas, según el informe.

Y eso sin contar el espectro del cambio climático global, que podría ser una amenaza de " emergencia planetaria instantánea. " Según el biólogo Canadian Wildlife Service Neil Dawe:

El crecimiento económico es el mayor destructor de la ecología. Aquellas personas que piensan que puede tener una economía en crecimiento y un medio ambiente sano se equivocan. Si no reducimos nuestro número de seres humanos, la naturaleza lo hará por nosotros... Hacemos lo que es peor y aún estamos haciendo las mismas cosas. Es debido a que los ecosistemas son tan resistentes, que no cae el castigo inmediato a nuestra estupidez.

Escribe Nafeez Ahmed a The Guardian:

" Aunque el estudio es en gran parte teórica , una serie de otros estudios más centrados empíricamente - por KPMG y la Delegación del Gobierno del Reino Unido de la ciencia , por ejemplo - han advertido de que la convergencia de las crisis de alimentos, agua y energía podría crear una " tormenta perfecta " en unos quince años.

3-21-14

Pontificando con el Pulpo: Lo Que No Somos "El Ego".

En el libro sagrado de la religión Hindu, El Srimad Bhagavatam, se nos dice que: "Desde la oscuridad del ego falso, el primero de los cinco elementos, a saber, el cielo, se genera. Su forma sutil es la calidad del sonido, exactamente como el vidente está en relación con lo visto."

¿Exactamente que es el Ego?

El diccionario nos dice que:

ego *s. m.* Valoración excesiva de uno mismo: su ego le impide reconocer que se ha equivocado de nuevo. *m.* PSICOL. El yo individual, considerado en su aspecto consciente. Se ocupa de la realización de las actividades psíquicas y del control de los impulsos del ello para adecuarlos a las posibilidades de la realidad externa.

Ego viene de la palabra en Latín que significa "yo", y por consecuencia, representa, en todas las materias, psicológica, espiritual y científica, lo que define a un individuo como si mismo. En la religión Hindú, el ego es una ilusión que nos aleja de lo que realmente somos. Es decir, el ego individual (falso ego) y Dios se comparan como una gota de agua se compara con el océano. El ego es, en ese razonamiento, lo que "no es". Lo que nos separa como seres consientes de Dios.

Cualquier pequeño viaje psicodélico fuerte, con hongos, peyote o ayahuasca, por ejemplo, rápidamente nos separa del ego, dándonos a conocer la interconectividad de todos los seres y todas las cosas, la increíble unidad cósmica del todo. Lo mismo con yoga, ayunos, meditaciones y otras formas de buscar la verdad profunda de nuestra realidad. En estos viajes, el ego se convierte en orgullo innatural, y dañino para la verdad oculta de todas las varias realidades.

Una viajera psicodélica cercana a mi corazón me lo explico de la siguiente manera: "es como si de repente, mis pies fueran raíces que llegan hasta el centro de la tierra, mis brazos ramas que tocaban el cielo y mis pelos tocaban las estrellas." ¿Suena raro? Pues sí, es un estado alterado de consciencia, pero el resultado concreto que explica esta visión es que cada ser humano esta interconectado con las estrellas y con el centro de la tierra de manera sutil.

La gran mayoría de seres humanos viven creyendo que son su ego falso. Algunos, los afortunados, salen de esta creencia ilusoria por causa de cosas como eventos terribles y trágicos, uso de psicodélicos, conocer gurús místicos o intervención divina. De estos seres "sin ego" muchos se pierden en el viaje, pues no es un viaje fácil de digerir, y podemos ver algunos en manicomios o caminado, hablando con fantasmas en la calle. Pero otros, con un poco de suerte, también pueden convertirse en maestros para aquellos que todavía se creen individuales de Dios. En el budismo, estos iluminados son llamados Bodhisaatvas, y su trabajo es ayudar a liberar de la cárcel del ego a todos aquellos que son presos de la ilusión.

Lo que es innegable es que todos los seres vivos tendrán chance de abandonar sus egos al momento de morir. Nadie va a salir vivo del juego de ser humano. ¿Y qué significa la muerte? Pues el olvido de la ilusión del ego individual. Cuando muertos, ya no tenemos nombre, ni identidad, ni familia, ni trabajo ni historia ni futuro. Si algo queda de nosotros no es lo que pensamos. Aquello que formaba parte de nuestra identidad como seres vivos se pierde para siempre en las cenizas de la bolsa de huesos llena de sangre y pus que llamamos en algún momento cuerpo, pero que al morir se regresa, por acto de descomposición, a su estado de polvo orgánico, gas, y líquidos.

Los aztecas contaban que la única vida después de la muerte era aquella que acumulábamos por nuestras hazañas, y la memoria de nuestra vida en los corazones de los que contaban sobre nosotros. Y pues, uno podía vivir para siempre en la memoria de aquellos que lo veneraban después de muerto.

Los hindús y budistas hablan de los "Bhutas" o espíritus desencarnados, literalmente egos falsos que no son liberados de la ilusión, que extrañamente llaman ellos "Maya". Los Chinos, Griegos, Vikingos… Muchas otras culturas, hablan de estos espíritus descarnados, y si les soy honesto, pues por el camino me he encontrado a más de uno personalmente, y no es de ustedes creérmelo, pero, seguro si los buscan, por ahí se esconden en los camposantos.

¿Qué son estos espíritus? Pues nada más y nada menos que "Egos Falsos" que no quieren olvidar o descansar su propia identidad, y contra toda corriente, buscan vivir, sin cuerpo, pensando que su existencia transciende sin Dios. A estas pobres almas perdidas, como nigromante, uno debe mandarles a la luz (o a donde tengan que ir, pues muchos van también a la oscuridad). Veámosle como que estos espíritus son "lo que no es" unidad con Dios. Muchos de ellos son perfectamente inocentes. Niños y niñas que murieron antes de su tiempo por ejemplo. Gente asesinada que no encuentra paz. Pero muchos otros no son tan limpios de pecado: asesinos, suicidas, aquellos que hicieron mal y no fueron castigados en vida. Y claro, brujos como yo que se la debemos a los muertos.

Aprendamos a despegarnos del ego para no caer en tales inmundicias espirituales y terminemos vagando por el mundo como fantasmas o peor. Lo más que busquen a Dios en vida, lo menos probable que terminen vagando por ahí cuando ya no tengan cuerpo.

3-24-14

Pontificando con el Pulpo: "La Hecatombe" (El pez que hablo en New York)

En lo que a profecías se refiere esta es de las más perturbadoras que hay, esto ocurrió después del 11 de septiembre en nueva york.

La prensa estaba volcada solamente en el suceso terrorista que había tomado lugar hace poco, y cualquier noticia sobre eventos paranormales o apocalípticos no se tomaban en cuenta, ademas de que no les llamaría la atención a la gente, no era de buen gusto para las personas que habían sufrido tanto por el atentado.
es por eso que ignoraron una noticia que ocurrió, que al no ver sido por los actos terroristas de Al Qaeda abrían llamado mucho la atención.

Ocurrió en el mercado de los peces, los Neoyorkinos apretados como siempre convergiendo en una calle muy estrecha, comprando y llevando productos mas baratos de lo común, un día cualquiera de la semana, hasta que empezaron a escuchar un grito muy fuerte un alarido que se prolongo hasta un punto, que si alguien lo hubiera escuchado desde lejos se hubiera dado cuenta que ese grito no era humano, era muy grotesco, y sobre todo era muy largo, un bulto de gente se miro las caras unos muy asustados por que ya tenia los nervios de punta, por lo ocurrido hace poco.
Un rato después de ese suceso se privo un poco la calma, la gente se

aparto para ver de donde venia ese sonido solo para darse cuanta que ese era el comienzo de horror mas espeluznante de sus vidas.

Resulta que era un pez el que estaba gritando, un pez rojo enorme según dicen los testigos, que estaba en un estante lleno de hielo picado entre muchos peces muertos, después del grito el pez se callo y para la sorpresa de la gente empezó hablar.
Hablo sobre eventos apocalípticos, tenia una voz muy cultural una voz repugnante pero en perfecto ingles, y los temas que estaba tratando en su monologo extraño eran muchísimo peores que los atentados del 11 de septiembre.

Predijo la ruina económica en Europa, predijo que todo iba a acabar en el país que empezó la democracia, predijo que habría hambruna, predijo que habría miseria, predijo que habría ira. Luego predijo que en la operacional de la gente volverían esa radiologías políticas que se creían ya superadas por la humanidad sobretodo por su madurez y su humanismo.

Pero lo mas terrible de todo fue la tercera predicción, la predicción del hecatombe, hablo sobre que la tierra seria objeto de un suceso cósmico, que los grandes estudios las grandes o instituciones no pudieran predecir, algunas personas creen que al analizar el lenguaje de este ser, decían que no hablaba de manera directa que había que interpretarlo un poco.

Se trata de un agujero negro que pasara muy cerca del sistema solar afectando terriblemente la realidad misma, dijo que aparecerían cosas extrañas en el cielo, dijo que la gente empezaría a experimentar cosas raras en carne propia, dijo que las cosas cambiarían de color, dijo que habría mucha confucion mucho caos y que seria de un momento para otro, dijo que muchas millones de personas morirían al principio, pero que aun mas morirían después, dijo que las ciudades ya no serian las mismas que lo que estaba ahí ya no estaría mas ahí, dijo que los océanos serian mas grandes, y dijo que a la larga se acabaría total mente todo.

El pez seguía hablando pero la ira de muchas personas ya no podía mas, y los mismos pescadores con temor a que esto afectara el negocio y también temor a ya no escuchar mas agarraron sus cuchillo y machetes y empezaron a apuñalar al pez, pero el pez seguía hablando incluso tirando la hielera con todos los peces a la calle seguía hablando, hasta que llego alaguen con un marro y le dio en el cráneo que obviamente lo mato.
Lo cierto es que las 2 primeras predicciones ya se cumplieron.

Sera verdad o mentira ustedes que creen??

Según dicen no es una Creepypasta, si no informacion real sacada de "Deep Web"
La opinión la tienen ustedes...

3-25-14

Pontificando con el Pulpo: Almas recicladas la Re-encarnación

Las religiones y las filosofías del hombre se ocupan principalmente de una sola pregunta con la cual tratan de responder otras preguntas menos importantes. Es un asunto que preocupa a todo ser humano, especialmente en la vejez, y esa pregunta es un tema de preocupación universal para todos los hombres, no hay un solo ser humano que no se ha preguntado lo mismo en algún momento: ¿Qué pasa después de la muerte?

Si la muerte es eterna, es decir, si no hay NADA después de la muerte más que la extinción total de ese ser, pues no hay nada que temer. El tiempo que tenemos en vida es el único que hay, y una vez que ha pasado, ni la memoria de ser uno mismo existe, y todo será un vacío perfecto, sin tiempo, espacio o materia. Esta tiende a ser la visión atea y científica del universo, donde la vida misma es un error, una casualidad.

Por otra parte, si la muerte es solo la muerte de nuestro cuerpo, y hay algo más que permanece después de la desasimilación de nuestros cuerpos en materia inerte, ¿que es lo que permanece?

Ahí es donde nos metemos en problemas. En muchas religiones, hay almas o espíritus y hay infiernos y paraísos, pero en algunas otras, la verdadera locura empieza después de la muerte. Como todos platicamos en español, hay que ver las raíces y orígenes de las palabras alma y espíritu, que son las dos palabras en español que tratan de explicar lo que permanece después de la muerte. Es en estas definiciones que encontraremos la verdad sobre la re-encarnación, cosa que ha sido causa de controversia entre filósofos y religiosos por miles de años.

La evidencia científica de la re-encarnación existe como el testimonio de niños de varios lugares en el mundo que recuerdan vidas pasadas, y pueden, en una temprana edad, dar detalles de esas vidas, hablar otros idiomas y generalmente recordar que fueron otros seres humanos.   Los hindús y budistas tienen milenarias tradiciones para reconocer maestros re-encarnados, y todavía de esa manera eligen los budistas tibetanos a sus líderes y Lamas. Monjes que conocieron a un Lama en vida usan presagios astrológicos para determinar donde y cuando nacerá nuevamente su líder, y van a visitar a la familia donde ese niño nace. Ahí, le hacen una serie de exámenes para determinar si el niño es realmente su Lama re-encarnado.

En la filosofía de la re-encarnación, seres pueden re-encarnar en formas distintas. Por ejemplo, los hindús creen que un ser humano puede re-encarnar en un animal si se comporta como tal, pero que para que un animal re-encarne en un ser humano, tiene que ser o un tigre, un mono, o una vaca. Yo sospecho que re-encarnar como delfín debe ser un privilegio para humanos particularmente despiertos y iluminados. Pero eso nadie me lo quiere confirmar.

En las religiones judeo-cristianas, la re-encarnación no es aceptada. Solo los humanos tienen almas y estas almas son juzgadas al fin del tiempo por un Dios terrible y vengativo que manda a las almas malas al infierno y a las buenas al paraíso donde ya no hay muerte. Son muy radicales estos judeo-cristianos. ¿Un infierno sin fin? Eso sí que es de miedo.

Donde ambas corrientes religiosas están de acuerdo es en la inmortalidad del alma. Los judeo-cristianos nos dicen que el alma no desaparece, solo es torturada en el infierno por todos los tiempos. Los hindús (y toda la otra bola de indios pata-rajados como los vikingos, los druidas, los africanos, y todos los otros paganos, politeístas, herejes y brujos como yo, no estamos convencidos de un infierno sin fin. Pero si creemos que hay un alma y que esa alma es inmortal.

Solo que esa alma va brincando de cuerpo en cuerpo, muriendo una y otra vez hasta llegar a la iluminación, donde la muerte ya no es necesaria.

Extrañamente, esta visión horrible del universo y del temible dios de los Judíos está bajo ataque por nada menos y nada más que el Papa Francisco.

En sus últimas revelaciones el Papa dijo:

"A través de la humildad, la introspección y la contemplación orante hemos adquirido una nueva comprensión de ciertos dogmas. La iglesia ya no cree en un infierno literal, donde la gente sufre. Esta doctrina es incompatible con el amor infinito de Dios. Dios no es un juez, sino un amigo y un amante de la humanidad. Dios busca no para condenar sino para abrazar. Al igual que la fábula de Adán y Eva, vemos el infierno como un recurso literario. El infierno no es más que una metáfora del alma aislada, que al igual que todas las almas en última instancia, están unidos en amor con Dios".

Como brujo del pueblo (al que ya hubieran quemado en leña vede los curitas hace unos cuantos años si no fuera por la iluminación de nuestras instituciones democráticas y la protección de minorías que representan) no soy muy fan de Roma y sus decretos, pero este Papa Francisco me cae bien. Ósea, un Papa que le dice a sus fieles que no hay infierno, es justo el tipo de Papa que un Brujo quisiera en el vaticano, ¿o no?

No es como que el Papa va a empezar a platicar de viajes chamanicos y re-encarnación muy pronto, no creo que va en su línea, y sospecho que no tiene tanto interés en cerrar la iglesia y darle todo el dinero a los pobres. Eso no es buen negocio, pero al menos, ya abrió la caja de pandora que es la creencia en un Dios (Justo) que manda sus creaciones a un infierno eterno.

Y pues, la pregunta ¿Qué hay más allá de la muerte? No se ha respondido. Como para saber realmente la verdad hay que morir, no tengo mucha prisa en responderle tampoco, pero como esto se trata de pontificar, pues he de compartirles que yo si he tenido visiones de vidas pasadas, y no me sorprendería que después de muerto sea yo re-encarnado. A menos que pueda conseguir la iluminación antes de eso.

3-25-14

Pontificando con el Pulpo: ¿Qué es el Tiempo?

Vamos a ponerle perspectiva al tiempo. Según la evolución, el hombre es un recién llegado al planeta Tierra, lejos del origen del Universo. Si el Universo nació hace 14 millones de años, el ser humano no llega hasta unos 13.996 millones de años más tarde. Si todo el tiempo del universo se pudiera representar por un día de 24 horas, y el Big Bang ocurrió a las 12:00 de la mañana, el hombre no llega a la escena hasta las 11:59:58 pm. Y toda la historia del hombre no toma más que unos míseros dos segundos.

Eso quiere decir que el tiempo tiene mucho tiempo y que nosotros, con toda nuestra historia en verdad no llevamos tanto tiempo en la tierra, comparados por ejemplo con las tortugas o los cocodrilos.

¿Pero que es el tiempo?

Albert Einstein, matemático alemán reconocido como el padre de la era nuclear nos avisa que el tiempo es relativo al espacio con su teoría de la relatividad del tiempo-espacio. La **teoría general de la relatividad** o **relatividad general** es una teoría del campo gravitatorio y de los sistemas de referencia generales. El nombre de la teoría se debe a que generaliza la llamada teoría especial de la relatividad. Los principios fundamentales introducidos en esta generalización son el Principio de equivalencia, que describe la aceleración y la gravedad como aspectos distintos de la misma realidad, la noción de la curvatura del espacio-tiempo y el principio de covariancia generalizado. La intuición básica de Einstein fue postular que en un punto concreto no se puede distinguir experimentalmente entre un cuerpo acelerado uniformemente y un campo gravitatorio uniforme. La teoría general de la relatividad permitió también reformular el campo de la cosmología.

Dos puntos de vista distintos sobre el tiempo dividen Muchos filósofos prominentes. Un punto de vista es que el tiempo es la estructura fundamental del universo, una dimensión en la que se producen los eventos en secuencia. Sir Isaac Newton suscrito a este punto de vista el realista, y de ahí que a veces se denomina tiempo de Newton . Un punto de vista opuesto es que el tiempo no se refiere a cualquier tipo de dimensión realmente existente que los acontecimientos y los objetos " se mueven a través de " , ni a Cualquier entidad que " fluya " en cambio, que es un concepto intelectual (junto con el espacio y el número) que permite a los seres humanos para secuenciar y comparar los acontecimientos. Este segundo punto de vista, en la tradición de Gottfried Leibniz e Immanuel Kant. Esta conclusión es que el espacio y el tiempo " no existen por sí mismos , pero ... son el producto de la forma en que se representan las cosas , "

Los Vedas , los textos más tempranos en la filosofía hindú que se remontan a finales del segundo milenio antes de Cristo , describen la antigua cosmología hindú , en todos los cuales el universo pasa por ciclos repetidos de creación, destrucción y renacimiento, y cada ciclo dura 4320 millones años .

Pero nada de eso nos ayuda a responder la pregunta: ¿Que es el Tiempo?

La mejor y más clara respuesta a esa pregunta, concediendo todo lo que sabemos científica y filosóficamente sobre el Tiempo es la siguiente:

El Tiempo es una Ilusión.

Gracias a Einstein, ya hemos descubierto que el tiempo es relativo al espacio y la distancia desde donde se observa. La luz de las estrellas es una luz que ha ocurrido en el pasado, y pues cuando miramos a las estrellas, miramos a su pasado, porque el tiempo que toma en recorrer el espacio la luz de las estrellas es enorme, y se mide en años-luz.

El principio del universo, el llamado "Big Bang" contiene en si toda la historia y probabilidades de sí mismo hasta el fin del universo, y es un evento, que según los científicos termina como comienza. El Alfa y el Omega son el mismo punto, pues antes del Big Bang, no existía el tiempo que es relativo al espacio que tampoco existía. Y pues, antes del Big Bang no hubo tiempo ni espacio y todo el tiempo y el espacio de nuestra realidad estaba contenido en una singularidad, que los filósofos seguramente llamarían Dios. Y cada evento en el tiempo que ha ocurrido y ocurrirá después de esa singularidad pertenece a esa singularidad y no puede existir afuera de esa singularidad, y por eso, es una ilusión de esa singularidad. El fin del tiempo es también su comienzo.

Pontificando con el Pulpo: La Deep Web

El internet está dividido en dos partes, la primera y más conocida, es lo que podemos llamar "la parte visible" del internet, que representa Google, YouTube, Facebook y otras páginas comunes que todo mundo usa diariamente como Amazon y Hotmail. En la parte visible, la gente chatea, hace compras, o busca información sobre temas ordinarios para la escuela o el trabajo. La parte visible del internet representa solo el 4% de lo que sucede en internet.

El 96% de lo que no vemos en internet se llama la Deep Web (En español, Red Profunda). Es un lugar ingobernable. Ahí podremos encontrar horrores dignos del infierno. Cosas como películas Snuff, donde gente es brutalmente asesinada, pornografía infantil, venta de armas, drogas, sicarios, trata de blancas... En fin, todo lo prohibido, lo horripilante, lo macabro. El infierno en sus pantallas.

La caja de pandora ha llegado, y se llama internet.

Los gobiernos del mundo creen, en su arrogancia, que la Deep Web puede ser censurada, controlada, manipulada inclusive. Pero la red es ingobernable. Para entender porque es ingobernable el internet, hay que saber algo sobre sus orígenes. El internet, es algo nuevo, relativamente, sus orígenes se remontan a 1969, cuando se estableció la primera conexión de computadoras, conocida como Arpanet, entre tres universidades en California y una en Utah, Estados Unidos. Originalmente el propósito del internet era mantener una red de comunicación militar durante tiempos de guerra que no pudiera ser deshabilitada por el enemigo.

Pues ahora, para saltarse cualquier tipo de censura o coerción en el uso de internet, se han desarrollado múltiples tecnologías y herramientas. Entre ellas cabe resaltar por un lado las técnicas y herramientas criptológicas y por otro lado las tecnologías encuadradas en la llamada Darknet. La Darknet es una colección de redes y tecnologías que persiguen la consecución de un anonimato total de los comunicantes, creando de esta forma una zona de total libertad. Aunque actualmente no se suele considerar que consigan un anonimato total, sin embargo, sí consiguen una mejora sustancial en la privacidad de los usuarios. Este tipo de redes se han usado intensamente, por ejemplo, en los sucesos de la Primavera Árabe y en todo el entramado de wikileaks para la publicación de información confidencial. Las tecnologías de la Darknet están en fase de perfeccionamiento y mejora de sus prestaciones.

Y pues, ¿qué podemos encontrar en tan absoluto anonimato? Las atrocidades y horrores más espeluznantes imaginables. Literalmente, el infierno en la tierra. ¿Por qué? Pues porque eso es lo que ha sido, generalmente, mas censurado por los gobiernos y instituciones. Los gobiernos tienen que gobernar, y para eso, lo primero es ocultar aquello que no es conveniente que sepan los gobernados. Históricamente, el uso de fuerza es la manera en que se oponen los gobiernos a la información que no les conviene que se divulgue. La prensa nunca fue libre, pues la prensa libre podía derrocar gobiernos, y los líderes de estos gobiernos entendieron siempre la importancia de controlar las noticias.

Pero ahora a llegado el internet. Héroes informáticos como Edward Snowden, Julian Assange y Bradley Manning son el comienzo de una nueva fase en el uso y abuso de la comunicación humana. Si no conocen a estos personajes, les encomiendo que los busquen en Google.

¿Pero qué hacer con la Deep Web?

Cualquier búsqueda profunda en internet revelara cosas horribles, imágenes que no pueden ser borradas de nuestras mentes y cosas que rompen el corazón y el espíritu del hombre. Mirad al infierno y encontraras que el infierno te está mirando a ti. Los gobiernos caen, los sicarios ganan fortunas, los inocentes sufren.. Y todo porque ahora, ya no es posible ocultar el oscuro corazón humano en sus peores momentos.

Yo digo que tratar de censurar todo esto no es la solución. El horror humano, no porque no lo podemos ver deja de existir. Y es demasiado importante para la evolución de la humanidad tener una red de ideas incensurables que nos conecten a todos y nos entrelacen colectivamente. Claro, la gran parte de nuestros pensamientos son infernales y horrendos. Eso lo ha demostrado la Deep Web. Pero si detenemos la búsqueda y tratamos de "limpiar" el internet censurándolo, olvidaremos su propósito real, que es el propósito militar. El internet es un arma para unir guerreros anónimamente. Si esto causa que imperios caigan pues ni modo. No conozco un solo guerrero que no busque en el fondo la paz. Si todos los guerreros verdaderos se pueden unir en una causa, que esa causa sea la paz. El internet puede lograr ese milagro. La Deep Web puede lograr ese milagro. En el fondo del infierno, encontraremos la puerta al paraíso. Solo mirando fijamente al infierno podremos conquistarlo. Y para conquistar el infierno, primero uno debe empezar con su propio corazón. Si censuramos el infierno, pues ya nos ganó porque seguirá trabajando bajo las sombras.

Ha llegado el momento que el mundo se convierta en un solo mundo, sin guerras absurdas que benefician a unos cuantos con la muerte de muchos. Ahora lo podemos ver todos. Ahora ya no hay donde esconderse para la escoria que se beneficia del sufrimiento de otros. Con el internet, esto ya no es un sueño utópico, pero una realidad posible. Defendamos la libertad del internet. Y si no podemos defender la libertad del internet, pues cerrémoslo de una vez por todas para siempre, porque sin duda es la caja de pandora y nos llevara a la destrucción total de nuestra civilización.

3-27-14

Pontificando con el Pulpo: La Extinción

Vivimos en un mundo terrible. La diversidad de la vida no puede resguardarse de la extinción, y todos los seres que ahora están vivos, algún día ya no existirán, así mismo como aquellos seres que alguna vez estuvieron vivos ya no existen. El ejemplo evidente de este hecho es la extinción de los dinosaurios. La implicación absoluta de esto es que algún día, en alguna parte de nuestro planeta, vivirá el último ser humano y vera la extinción de nuestra especie.

Pero eso no es nada. De acuerdo a una encuesta realizada en 1998 a 400 biólogos por el Museo Americano de Historia Natural, siete de cada diez creía que se encontraba en las primeras etapas de una extinción masiva provocada por los seres humanos, conocida como la extinción masiva del Holoceno. En la misma encuesta, un 70% creía que dentro de los próximos treinta años (es decir, cerca del 2028) la quinta parte de todas las especies se extinguiría. El biólogo E.O. Wilson estimó en 2002 que, de continuar la actual tasa de destrucción humana de la biosfera, la mitad de todas las especies que viven en el planeta se extinguirán en 100 años.

Veamos a continuación algunas de las especies que hemos perdido por nuestra falta de visión y bondad:

1. El Rinoceronte Negro - Es el animal más recientemente extinto en esta lista. En 2011, esta subespecie de rinoceronte desapareció del centro de África Occidental. ¿Puedes adivinar por qué? La caza de los humanos que comercializan prácticamente todo su cuerpo.

2. El Tigre del Caspio - Una vez más, **la caza furtiva** diezmó a esta especie, que habita en el Kurdistán, China, Irán, Afganistán y Turquía. Desapareció definitivamente en la década de 1960, pero en el siglo XIX, el Imperio Ruso tenía determinada su matanza, para que la región fuera más colonizable.

3. Emu Negro - Se extinguió en el siglo XIX (1822), debido a la acción de los colonizadores. Habitaba una isla australiana, la King Island.

4. Dugong - Una vez más, la acción de los colonizadores, que disfrutaban de la carne de este mamífero, llevó a su extinción en 1768. Vivió en el Mar de Bering, una extensión del Océano Pacífico.

5. Antílope Azul - Desapareció en el lejano año de 1800, no sólo porque su hábitat natural fue invadido por los agricultores, sino también debido a la caza de los colonos europeos en la sabana africana.

Hay muchísimos más ejemplos de especies extintas que murieron por causa de la depredación humana, y muchas son aparentemente insignificantes como varias ranas, insectos, pájaros pequeños y peces. Pero lo que nos negamos a entender como especie es que la extinción de tan solo una de esas criaturas nos pone un paso más cerca a nuestra propia extinción. Ver estos hermosos animales dejar de existir y no darse cuenta que lo mismo nos podría pasar a nosotros es no ver con claridad.

El ejemplo más sofocante de esto son las abejas. Últimamente, por causa de pesticidas biológicos, muchos de ellos fabricados por compañías transnacionales como Monsanto, las abejas de algunos lugares están en peligro de extinción. Avicultores de Europa y Estados Unidos han notado la muerte masiva de sus colmenas por causas "desconocidas". No solamente afecta esto la producción de miel para el consumo humano, pero pone también en riesgo todas las frutas y verduras que dependen de la polinización de los insectos voladores. Eso significa, simplemente, que si matamos nuestras abejas, su muerte nos condenara automáticamente a la hambruna.

En la prehistoria, es sumamente probable que el Mamut, el Rinoceronte Peludo, el Oso Perezoso y varias otras especies gigantescas cayeron a manos de nuestros ancestros prehistóricos que cazaron estas criaturas gigantescas hasta que no quedo ni una sola. Eso pone nuestra especie en el lugar de verdugos cósmicos, la muerte personificada. Sobre esto, los Vedas nos advierten que en Kali-Yuga, la edad del Hierro, cuando los humanos se terminen de devorar a todos los otros animales, se empezaran a comer entre ellos, separándose eventualmente en dos especies distintas, unos chaparritos caníbales y unos altos vegetarianos. Esos chaparritos caníbales ya no podrán considerarse humanos, sino más bien demonios. ¿Y pues vale preguntarse, a cuál de las dos especies humanas pertenecemos ahora? Si nuestra reacción automática cuando encontrando un bicho raro en el bosque es tratar de matarle, pues demonios es los que somos, y el infierno lo que merecemos.

3-28-14

Pontificando con el Pulpo: El Dajjal

El anticristo en el Islam se llama Al-Masih ad-Dajjal que traducido al castellano significa "El Mentiroso". Mucho se dice sobre esta figura importante para todo aquel que sigue el camino de Mahoma. En México no es muy conocido, pues siendo un país católico, hay muy poca gente de fe musulmana en toda la república, y menos curiosidad sobre los temas relacionados al Corán y Mahoma. Esta falta de conocimiento es peligrosa, pues en el medio oriente, son muchos los que consideran que el Dajjal ya está aquí en la tierra, y es la razón principal de tantos disturbios y guerras. No son pocos los musulmanes que están dispuestos a morir para pelear en contra de esta figura terrorífica, la cual es representada por un tener un solo ojo.

El hadiz habla de que el profeta Mahoma habló de que hay muchas señales de la aparición del Dajjal, y exhortó a sus seguidores a recitar los primeros y últimos diez versículos de la sura Al-Kahf, como la protección de los ensayos y las travesuras de la Dajjal.

Los siguientes signos son atribuidos a Ali en la venida del Dajjal:

- La gente va a dejar de ofrecer oraciones.
- La falta de honradez será el camino de la vida.
- La mentira se convertirá en una virtud.
- La gente va a hipotecar su fe por las ganancias terrenales.
- La usura y el soborno se convertirá en legítima.
- Los imbéciles gobernarán sobre los sabios.
- La sangre de inocentes se derramará.
- El orgullo se tomará en los actos de opresión.
- Los gobernantes serán corruptos.
- Los expertos serán hipócritas.
- No habrá hambre aguda en el momento.
- No habrá vergüenza entre las personas.
- Mucha gente adorará a Satanás.
- No habrá respeto por las personas de edad avanzada.

No hay menciones directas del Dajjal en el Corán, por lo que las noticias de las que disponemos proceden de los hadith. Un hadiz o jadiz (árabe: حديث, *ḥadīth* en general, «narración, referencia») literalmente significa un dicho o una conversación, que para el islam representa los dichos y las acciones del profeta Mahoma (y de los imanes en el caso de los chiíes) relatadas por sus compañeros y compiladas por aquellos sabios que les sucedieron.

Como la mayoría de las señales de la llegada del Dajjal ya se han cumplido, en el mundo de los musulmanes, es obvio que él ya debe estar aquí, lo que significa que su poderoso enemigo, Jesucristo, tiene también que llegar en cualquier momento. La aparición del Dajjal significa también el Juicio Final del hombre, tal cual escrito en el apocalipsis de la Biblia. Este Juicio Final es creencia común para las tres religiones Judeocristianas: Judaísmo, Cristianismo e Islam.

Innegable el hecho que la guerra contra "el terror" que empezó George Bush Jr. Y continua Barak Obama ayuda a convencer al mundo islámico, presentemente la principal víctima de esta guerra, que el ejército del anticristo Dajjal es nada menos y nada más que el USA Army y sus aliados. Esta creencia, prominente entre árabes pobres y de bajos recursos, alimenta la sed para pelear, inclusive al costo de la vida propia.

La pregunta para los no-musulmanes, católicos, herejes, paganos, y otros malcontentos forzados a pelear en contra de los países islámicos en estos tiempos, sabiendo que estos países islámicos apoyan la creencia en el Juicio Final y el anticristo Dajjal es: ¿Y si tienen razón los barbudos esos?

Pues si tienen razón los barbudos, entonces México está peleando del lado del anticristo, y los Estados Unidos en la última y tercera guerra mundial que terminara en el Juicio Final cuando Jesucristo llegue al planeta tierra con sus ángeles y ocupe la Casa Blanca. De Juicios a Juicios, a ver cómo nos toca a nosotros, con nuestra narco-guerra, nuestra pobreza absurda, nuestra fascinación por el vecino país del norte y sus costumbres y nuestras pirámides.

Israel y los Judíos que regresaron ahí después de la segunda guerra mundial son la causa principal que el mundo árabe cree que estamos al pie del Juicio Final, pues el regreso de los Judíos a Jerusalén esta profetizado en la Biblia y el Corán ambos. Añadimos petróleo en Irak, opio en Afganistán, unas cuantas bombas gringas sobre mujeres y niños inocentes, drones depredadores, HAARP, el internet, Justin Bieber (y otros personajes "satánicos" del entretenimiento masivo en Hollywood) y lo que tenemos en manos es un coctel peligrosísimo de terror religioso en contra de la democracia a favor de las leyes islámicas del medioevo.

Y como nuestras democracias han fallado absolutamente en defenderse ética y moralmente ante la gente del medio oriente a causa de la terrible injusticia que las guerras del petróleo han llevado ahí, pues el guiso del terror del Dajjal está ya casi cocido, y la mesa del Juicio Final está servida.

Esperamos pues, que los islámicos tengan razón y Jesucristo llegue pronto para poner orden en el mundo. Si eso no ocurre, lo que podemos esperar es un genocidio mucho peor de cualquier genocidio que hemos visto antes. Una nueva cruzada donde no quedaran muchos con vida, porque las armas de esta nueva cruzada son mucho peores que las espadas y ballestas de la previa.

3-29-14

Pontificando con el Pulpo: El Multiuniverso y el Alma.

Científicos especializados en matemática cuántica están llegando a la conclusión que existe el alma, y que la muerte no ese verdadera. La teoría implica que la muerte simplemente no existe. Es una ilusión que surge en la mente de las personas. Existe porque la gente se identifica con su cuerpo. Creen que el cuerpo morirá tarde o temprano, pensando que su conciencia desaparecerá también. De hecho, la conciencia existe fuera de las limitaciones del tiempo y el espacio y es capaz de estar en cualquier lugar: en el cuerpo humano y fuera de él. Esto encaja bien con los postulados básicos de la ciencia de la mecánica cuántica, según la cual una cierta partícula puede estar presente en cualquier lugar y un evento puede ocurrir de acuerdo a varios, a veces de incontables maneras. El Dr. D. Lanza, director científico del Advanced Cell Technology Company. cree que pueden existir múltiples universos simultáneamente. Estos universos contienen varias maneras de escenarios posibles. En un universo, el cuerpo puede estar muerto. Y en el otro seguir existiendo, absorbiendo la conciencia que emigró hacia ese universo.

Esto significa que una persona muerta mientras viaja a través del mismo túnel no termina en el infierno o en el cielo, sino en un mundo similar al que él o ella habitó, pero esta vez con vida. Y así sucesivamente, infinitamente. Esto infunde esperanza, pero la controversial teoría de Lanza no sólo tiene muchos seguidores inconscientes, simples mortales que quieren vivir para siempre, sino también algunos científicos bien conocidos. Estos son los físicos y astrofísicos que tienden a estar de acuerdo con la existencia de mundos paralelos y que sugieren la posibilidad de múltiples universos. Multiverso (multi-universo) es un denominado concepto científico, que defienden. Creen que no existen leyes de la física que prohíba la existencia de mundos paralelos.

El primero fue un escritor de ciencia ficción HG Wells, que lo planteó en 1895, en su novela "The Door in the Wall". Y después de 62 años, esta idea fue desarrollada por Hugh Everett en su tesis de posgrado en la Universidad de Princeton. Básicamente plantea que en un momento determinado el universo se dividió en innumerables casos similares. Y al momento siguiente, estos universos "recién nacidos" se dividieron de manera similar. En algunos de estos mundos puede estar presente: la lectura de este artículo en un universo, o ver la televisión en otro. El factor desencadenante de estos mundos es que se multiplican nuestras acciones, explicó Everett. Si hacemos algunas elecciones, al instante un universo se divide en dos con las diferentes versiones de los resultados.

En la década de 1980, Andrei Linde, científico del Instituto de Física de Lebedev, desarrolló la teoría de los universos múltiples. Actualmente es profesor en la Universidad de Stanford. Linde explicó: el espacio consiste en muchas esferas infladas, que dan lugar a esferas similares, y éstas, a su vez, producen esferas en una cantidad aún mayor, y así sucesivamente hasta el infinito. En el universo, están separadas entre sí. No son conscientes de la existencia de la otra. Pero representan partes del mismo universo físico.

El hecho de que nuestro universo no está solo está respaldado por datos recibidos desde el telescopio espacial Planck. Usando los datos, los científicos han creado el mapa más preciso del fondo de microondas, la radiación de fondo de supuesta reliquia cósmica, que se ha mantenido desde el inicio de nuestro universo. También encontraron que el universo tiene un montón de oscuros recovecos representado por algunos agujeros y extensas lagunas. El físico teórico Laura Mersini-Houghton de la Universidad de Carolina del Norte con sus colegas argumentan: las anomalías del fondo de microondas existen debido al hecho de que nuestro universo está influenciado por otros universos existentes cercanos. Y los agujeros y lagunas son un resultado directo de ataques sobre nosotros por universos vecinos. Por lo tanto, hay abundancia de lugares u otros universos donde nuestra alma podría emigrar después de la muerte, según la teoría del neo-biocentrismo. ¿Pero existe el alma?.

El profesor Stuart Hameroff de la Universidad de Arizona no tiene dudas sobre la existencia del alma eterna. Recientemente -el año pasado, anunció que se ha encontrado evidencia de que la conciencia no perece después de la muerte. Según Hameroff, el cerebro humano es el ordenador cuántico perfecto y el alma o conciencia es simplemente información almacenada en el nivel cuántico. Puede ser transferida, después de la muerte del cuerpo. La información cuántica representada por la conciencia se funde con nuestro universo y existe allí indefinidamente. El experto del biocentrismo Lanza prueba que el alma migra a otro universo. Esa es la principal diferencia con respecto a sus otros colegas.

Sir Roger Penrose, un famoso físico británico y experto en matemáticas en Oxford, apoya esta teoría, y también ha encontrado rastros de contacto con otros universos. Juntos, los científicos están desarrollando la teoría cuántica para explicar el fenómeno de la conciencia. Ellos creen que encontraron los portadores de la conciencia, los elementos que acumulan información durante la vida, y después de la muerte del cuerpo la conciencia "drena" en otro lugar. Estos elementos están ubicados dentro de los microtúbulos proteicos (microtúbulos neuronales), que previamente han sido atribuidos a un simple papel de refuerzo y canalización de transporte dentro de una célula viva. Basado en su estructura, los microtúbulos son los más adecuados para funcionar como portadores de propiedades cuánticas dentro del cerebro. Que se debe principalmente a que son capaces de conservar estados cuánticos durante mucho tiempo, lo que significa que pueden funcionar como elementos de un ordenador cuántico.

4-2-14

Pontificando con el Pulpo el Crecimiento Económico

Hay un enorme complot en el mundo bancario para hacernos creer que el crecimiento económico y el crecimiento de la bolsa de trabajo son algo bueno. En verdad, es lo que dicen todos los economistas y políticos se llama "progreso" y representa la capacidad de pueblos de explotar los recursos naturales y crear fortuna para empresarios y capitalistas.

El modelo de explotación natural nos está matando a todos lentamente. Depende de la avaricia de algunos y la necesidad de otros. Todos los gobernantes prometen "trabajo para todos" y para la gente marginalizada que tiene que vender chicles en la calle, eso suena como una excelente idea. Pero no lo es.

El problema está en la distribución de la riqueza a nivel mundial. El beneficio real de la explotación de los recursos naturales no es para la prole como usted y yo. Los realmente beneficiados son los que ya tienen mucho más de lo que les hace falta, y el "progreso" de, por ejemplo, cortar miles de hectáreas de bosques vírgenes para crear pastizales para ganado es realmente lo opuesto... Es la degeneración de la riqueza real de un ecosistema a cambio de algunos centavos.

El ejemplo más obvio y más terrible es el de Wirikuta. Aquellos de nosotros que estamos desde el principio tratando de defender Wirikuta de los explotadores mineros de Canadá y los malichistas aquí en nuestro país que los apoyan no necesitamos que nos expliquen porque estamos tratando de frenar el "progreso" que traería la minería en San Luis Potosí. Pero estamos peleando contra la plata, porque sabemos que hay en Wirikuta, debajo de los peyotes y venados sagrados hay plata, y que los hombres blancos del norte no van a detenerse fácilmente de tratar de sacar esa plata para si mismos tal cual hicieron los otros hombres blancos del otro lado del charco hace muchos cientos de años atrás, cuando la cruz y la espada llegaron con un holocausto que hace al de Hitler parecer un juego de niños.

No hemos aprendido nada desde entonces. Valorar una piedra de metal sobre un ser vivo y mágico es el problema, y por eso nos estamos acabando el Amazonas, África, la India, y todos los lugares mágicos y bellos del mundo. Y a eso le llamamos progreso. A la mierda con el progreso.

Les doy otro ejemplo de la locura del "progreso". La pesca. La pesca con grandes redes está acabando con especies enteras de bichos del mar y claro, la causa es que con grandes redes se pueden cachar más pescados de los que son rentables comercialmente. Pero ahí está lo horrendo de todo esto pues muchísimas especies de animales marinos que no son vendibles en el mercado son asesinados por esas redes y luego desechadas por los pescadores. Hablamos de toneladas diarias. Y a eso le dicen "progreso".

Y pues, yo pongo el reto a los "progresistas" entre nosotros que quieren más carreteras, mas fábricas, más empleos.. Mas Walmarts. ¿Apoco hace falta realmente otro Walmart en Valle de Bravo? Ya nos zamparon un Chedraui y un Soriana. ¿Qué decir de la carreterita esa que acabo con numerosos ríos y innumerables animales. Si eso es progreso, yo digo que no solo no hace falta, pero hay que detenerlo inmediatamente por nuestra supervivencia.

Y ahora les propongo la respuesta al progreso. ¿Quieren empleos? ¿Quieren trabajar? Vamos todos a trabajar en cosas realmente importantes, como.. La sanación del lago. Reforestación de nuestros bosques. Protección de nuestros animales en peligro de extinción. ¿Hacen falta más búhos pardos? Porque no abre el gobierno un par de criaderos. ¿Se nos están acabando las tortugas? Pongamos algunos huevos en incubadoras.

Mi propuesta por ejemplo, de deshacernos completamente de todos los automóviles del centro, digamos desde el Cristo Negro hasta el Mercado de Artesanías y en su lugar, colocar una nueva infraestructura de bicicletas, rikshas, caballos, y carrozas. El ejemplo a seguir aquí es el de Ámsterdam, donde la bicicleta ha destituido al automóvil como medio de transporte. Los únicos automóviles que necesitarían tener permiso en ese caso de trabajar en el Centro de Valle serian patrullas y ambulancias. Todo el resto del tráfico vehicular podría ser desviado por la costera o la autopista. Siguiendo este plan, dos cosas ocurrirían: Uno, cientos de nuevos empleos serian creados por la necesidad de una nueva forma de transporte. Dos el turismo a nuestro bello pueblo se triplicaría. Si los chilangos se dan cuenta que hay un paraíso sin coches en México, van a llegar en hordas a comerse todo nuestro helado, comprarles todos sus vestidos a las Mazahuas y tirar toneladas de basura, que al recogerse, crearía otras dos fuertes fuerzas laborales: recogedores de basura y pepenadores.

El punto es: crear de Valle de Bravo un nuevo modelo para la vida ecológicamente sustentable. Y de ahí, crear una nueva economía verde pero de verdad, no de pelicanos traidores a la naturaleza. Estoy ablando de poner un jardín de vegetales en cada azotea, calentadores de agua solares en cada casa y claro, WIFI gratis para todos. El problema que tenemos es que no estamos tratando de ver el mundo distinto. Todos quieren una nueva troca de 8 cilindros. Todos quieren placas para taxis. Todos están locos y nos van a matar de sed.

4-3-14

Pontificando con el Pulpo 10 Cosas Ridículas Que Ya Ni Cuestionamos

Vivimos en un mundo extraño. Nuestras actividades humanas son patéticamente ritualistas y absurdas, y para millones de personas preguntarse "porque" hacemos la gran mayoría de los rituales diarios de la sociedad ni siquiera registra como una pregunta. A continuación, voy a darles una lista de lo que yo considero las 10 cosas más ridículas que hacemos y que ya ni nos cuestionamos por qué.

1. **Rasurarse**. El momento que tire mi último rastrillo hace como 20 años, me di cuenta de lo insensato, peligroso y doloroso que es ese abominable ritual social que es rasurarse. Como llegamos a

pensar que un hombre sin barba se ve mejor es incomprensible, pero seguramente la industria de los rastrillos no va a querer ver un montón de barbudos por ahí.

2. **Ir al gimnasio a andar en bicicleta o caminar**. Los humanos finalmente se volvieron hámsters. Ahora, para hacer ejercicio, vamos a un gimnasio donde una maquina diabólica nos hace caminar y caminar... sin llegar a ningún lado. Tanto es nuestro miedo de salir de nuestros hogares que necesitamos un lugar donde podemos caminar sin movernos. Como si eso no fuera suficiente, hemos llegado al estado de locura donde queremos andar en bicicleta adentro de 4 paredes.

3. **Cruzar Fronteras con Pasaporte**. De alguna nefasta manera, los poderosos nos han convencido que pertenecemos a una u otra nación, y además, que no podemos ir a donde nos plazca sin el permiso del gobierno de nuestra "nación". Ya por eso hay guerras, embargos, la Migra y peor. ¿Cómo va a ser posible que en la era del internet, donde podemos ver la tierra desde el espacio todavía seamos tan estúpidos como pensar que pertenecemos a una zona geográfica específica y no podemos salir de ahí sin permiso?

4. **Prohibir Algunas Plantas**. La coca, la mariguana, el opio... Todas estas cosas crecen naturalmente en el mundo sin la ayuda del hombre, pues las hiso Dios, pero de alguna manera, se nos metió en la cabeza que pueden ser ilegales. ¿Qué estaba pensando ese Narco de Dios cuando las creo? Ah, eso sí, veneno de ratas, o drogas hechas por el hombre como el Valium, pues eso si es legal, ¿verdad?

5. **Usar Papel de Baño**. No sé si ustedes han estudiado el asunto tanto como yo, pero higiene anal es muy importante, y nadie lo toma en serio. El asunto es muy simple: si rascamos la popo de nuestras nalguitas con papel, pues siempre va quedar un poquito de popo en nuestras manos y en nuestras nalgas. El papel no está diseñado para limpiarnos, solo para quitar un poco de suciedad. Si nos lavamos con agüita, y jabón, eso ya no sucede. Pero a ver, ¿quién no usa papel de baño aquí? Seguro se lavan las manos después de limpiarse, si no nada mas son cochinitos, pero pregunto, ¿se lavan también las pompis?

6. <u>**Cobrar por el Agua.**</u> A ver, sin agua no hay vida, ¿correcto? Y la declaración de derechos humanos nos dice que la vida es el primer y más importante derecho humano. Entonces si no podemos pagar el agua, pues ya no hemos de ser humanos, porque nos quieren matar de sed. Pero veamos que la misma gente que nos vende la Coca Cola ahora nos quiere vender el agua fresca. Y nosotros la compramos como si nada. Realmente estamos locos..

7. <u>**La Guerra.**</u> Esta pendejada sí que es vieja. Empezó con un par de mendigos judíos llamados Caín y Abel. Y por ahí dicen las malas lenguas que fueron hermanos, pero se pelearon y Caín mato Abel. De donde nos nace la gran estupidez de irnos a matar los unos a los otros no entenderé jamás.

8. <u>**Pagar Renta.**</u> Un grupo astuto y pequeño de humanos ha convencido a todo el resto de que tienen que "pagar renta" si quieren vivir en sus propiedades. Es decir, no es un derecho universal tener donde vivir si eres un ser humano. Trata de acampar en el bosque o construir tu casita y te van a echar con la policía. Pero si eres terrateniente puedes cobrarle renta a la gente que no tiene hogar y si no te pagan, los puedes echar a la calle. ¿Y esa pendejada a quien se le ocurrió?

9. <u>**La Tarea.**</u> Como si no fuera suficiente que secuestran nuestros niños durante horas y horas para ponerlos en jaulas gubernamentales a aprender a ser buenos esclavos del sistema y obedecer la autoridad, los infernales amos de la SEP también quieren ocupar a nuestros chamaquillos haciendo horas y horas de tarea en casa, cuando los necesitamos para limpiar sus cuartos, ayudar en la cocina y divertirse un poco en sus vidas. De las peores invenciones del hombre, la Tarea seguramente fue inventada por el diablo.

10. <u>**Los Impuestos.**</u> Por alguna inexplicable razón, un grupo de personas que se hacen a sí mismos llamar gobernantes pueden exigirnos que les paguemos impuestos para gobernarnos y cobrarnos más impuestos para supuestamente cuidarnos de nosotros mismos. Cuando los Reyes y Caciques pedían tributo, pues eso era lógico, porque sabíamos que si les dábamos nuestros hijos e hijas en sacrificio, los dioses mandarían lluvia. Además, si no les dábamos su

tributo mandaban a sus guerreros jaguar a partirnos toda la puritita...
Pero nuestros gobernantes no controlan el clima, y la neta, aunque
no piden los corazones de nuestros hijos, si les quitan comida de la
mesa para hacer sus canalladas. Todo lo que hacen es pontificar,
gastar nuestro dinero y dormir. Mejor le damos ese dinero al Chapo.
El aunque sea si pone la gente a trabajar y limpia el crimen de las
calles.

Pues sí, señoras y señores, vivimos en un mundo malvado. Mucho
ojo... todas las cosas que he mencionado son posibles porque
nosotros lo permitimos. Por ejemplo, si su hijo o hija no hace la
tarea, pues no va a salir con un diploma de la escuela y blah, blah,
blah... El sistema así está hecho y no puede uno cambiarlo solo.
Pero la verdadera estupidez es pensar que es el único sistema que
podemos imaginar. El mundo no va a cambiar a menos que lo
cambiemos nosotros.

4-5-14

Pontificando con el Pulpo La Experiencia Psicodélica de Allan
Watts Parte Uno

*El siguiente articulo esta traducido del inglés original y fue escrito
por Allan Watts y apareció en la publicación* California Law Review,
Vol. 56, No. 1, January 1968, pp. 74-85.

La idea de las experiencias místicas como resultado del uso de
drogas no es aceptado fácilmente en las sociedades occidentales. La
cultura occidental tiene , históricamente , una fascinación particular
con el valor y la virtud del hombre como individuo, , ego auto-
determinación responsable, control de sí mismo y de su mundo por
el poder del esfuerzo consciente y la voluntad. Nada, entonces,
podría ser más repugnante a esta tradición cultural que la noción de
crecimiento espiritual o psicológico a través del uso de las drogas.
Una persona " drogada " es, por definición, atenuado en la
conciencia, empañado en juicio, y privado de voluntad. Pero no
todos químicos psicotrópicos tienen un efecto letárgico y soporífero,
al igual que el alcohol, los opiáceos y barbitúricos. Los efectos de lo

que ahora se llaman químicos psicodélicos difieren de los del alcohol como la risa es diferente de la ira, o el deleite de la depresión. En realidad no hay analogía entre ser "alto" en el LSD y "borracho" en bourbon. Es cierto que en cada estado no debe uno conducir un coche, pero ahí termina la similitud. Como es similar, la lectura de un libro, al que toca un violín, o hace el amor. Ciertas actividades creativas y estados mentales exigen una concentración y devoción que son simplemente incompatibles con pilotar un motor mortífero lo largo de una carretera.

Yo mismo he experimentado con cinco de las principales drogas psicodélicas: LSD- 25, la mescalina, la psilocibina, dimetil - triptamina (DMT), y el cannabis. Lo he hecho, como William James trató de óxido nitroso, para ver si me podían ayudar en la identificación de lo que podríamos llamar los "esenciales" o los ingredientes "activos" de la experiencia mística. Durante casi toda la literatura clásica sobre la mística es vago, no sólo en la descripción de la experiencia, sino también en que muestra las conexiones racionales entre la propia experiencia y de los diversos métodos tradicionales recomendados para inducirlo: ayuno, concentración, ejercicios de respiración, oraciones, conjuros, y bailes. Un maestro tradicional del zen o el yoga, cuando se le preguntó por qué tales y tales prácticas conducen o predisponen a uno a la experiencia mística, siempre responde: "Esta es la forma en que mi profesor me lo dio. Esta es la manera que me enteré. Si tu estás seriamente interesado, prueba por ti mismo". Esta respuesta apenas satisface una occidental impertinente, de mentalidad científica e intelectualmente curioso. Me recuerda a las prescripciones médicas arcaicas que usaban cinco salamandras, polvo de horca, tres palos duros, un escrúpulo de fósforo, tres pizcas de beleño, y una cucharada de estiércol de dragón de cuando la luna estaba en Piscis. Tal vez funcionó, pero ¿cuál fue el ingrediente esencial?

Me llamó la atención, por lo tanto, que si alguna de las sustancias químicas psicodélicas habría hecho predisponer a mi conciencia a la experiencia mística, podía utilizarlos como instrumentos para estudiar y describir la experiencia como uno utiliza con un microscopio en busca de una bacteria, a pesar de que el microscopio es "artificial" y "no natural", que podría decirse que "distorsiona" la visión del ojo humano. Sin embargo, cuando me invitaro primero en probar las cualidades místicas de LSD- 25 el Dr. Keith Ditman de la Clínica de Neuropsiquiatría en la Escuela de Medicina de UCLA, yo estaba dispuesto a creer que cualquier simple química podría inducir una auténtica experiencia mística. A lo sumo, se podría producir un estado de percepción espiritual análoga a nadar con flotadores. De hecho, mi primer experimento con LSD- 25 no fue místico. Fue una experiencia estética e intelectual sumamente interesante que desafió mi capacidad de análisis y descripción al máximo.

Algunos meses más tarde, en 1959, traté de LSD- 25 de nuevo con los Doctores. Sterling Bunnell y Michael Agron, que en ese entonces trabajaban con la Clínica Langley -Porter, en San Francisco. En el curso de dos experimentos Me quedé sorprendido y un tanto avergonzado de encontrarme a mí mismo pasando por los estados de conciencia que correspondían exactamente a cada descripción de las principales experiencias místicas que he tenido. Además, superaron tanto en profundidad como en una cualidad peculiar de cosas inesperadas las tres experiencias "naturales y espontáneas " de este tipo que me había sucedido en años anteriores.

A través de la posterior experimentación con LSD- 25 y el resto de los productos químicos mencionados en el encabezamiento (con la excepción de DMT , que me parece divertido, pero relativamente poco interesante), me di cuenta de que podía moverme con facilidad en el estado de " conciencia cósmica ", y en su momento me convertí menos y menos dependiente de los productos químicos en sí mismos por "el ajuste " a la longitud de onda particular de la experiencia . De los cinco psicodélicos que utilice, me encontré con que el LSD - 25 y el cannabis fueron los mejores. De estos dos, el segundo - cannabis - que tuve que usar en el extranjero en los países en los que no es ilegal, ha demostrado ser el mejor. No induce alteraciones extrañas de la percepción sensorial, y los estudios médicos indican que es posible que no, salvo en gran exceso , tienen los efectos secundarios peligrosos de LSD.

A los efectos de este estudio, en la descripción de mis experiencias con las drogas psicodélicas evito las alteraciones ocasionales e incidentales extrañas de la percepción sensorial que las sustancias químicas psicodélicas pueden inducir. Me preocupan, más bien las alteraciones fundamentales de la conciencia normal, socialmente inducida de la propia existencia y la relación con el mundo externo. Estoy tratando de delinear los principios básicos de la conciencia psicodélica. Pero debo añadir que yo sólo puedo hablar por mí mismo. La calidad de estas experiencias depende considerablemente de la orientación y la actitud a la vida anterior de uno, aunque en la literatura descriptiva ahora voluminosa de estas experiencias acuerdos en muy gran medida con la mía…

(Continuara en la parte dos de este articulo).

4-6-14

Pontificando con el Pulpo La Experiencia Psicodélica de Allan Watts Parte Dos

El siguiente articulo esta traducido del inglés original y fue escrito por Allan Watts y apareció en la publicación California Law Review, *Vol. 56, No. 1, January 1968, pp. 74-85.*

… Casi invariablemente, mis experimentos con drogas psicodélicas han tenido cuatro características dominantes. Voy a tratar de explicarlas en la expectativa de que el lector va a decir, por lo menos de la segunda y la tercera, " ¿Por qué , eso es obvio ! Nadie necesita una droga que ver eso." Muy cierto, pero cada visión tiene grados de intensidad. No puede ser obvio y evidente - 1 - 2 , y el segundo viene destrozando la claridad, manifestando sus implicaciones en todos los ámbitos y dimensiones de nuestra existencia.

La primera característica es una ralentización del tiempo, una concentración en el presente. Uno es normalmente ocupado en preocupación compulsiva de las futuras disminuciones, y uno no se da cuenta de la enorme importancia de lo que está sucediendo en este momento. Otras personas, las que van sobre sus negocios en las calles, parecen ser un poco locos, sin darse cuenta de que el objetivo de la vida es ser plenamente consciente de como sucede. Uno por lo tanto, se relaja en el presente y cosas como el estudio de los colores en un vaso de agua, o en escuchar la vibración, ahora muy elocuente, de cada nota tocada en un oboe o cantada por una voz.

Desde el punto de vista pragmático de nuestra cultura, tal actitud es muy mala para los negocios. Podría conducir a la imprevisión, falta de previsión, y claro las ventas disminuyen, cuentas de ahorro bajan y negocios son abandonados. Sin embargo, esto es sólo el correctivo que nuestra cultura necesita. Nadie es más fatuamente impráctico que el ejecutivo " exitoso" que se pasa su vida entera absorbido en leer documentos de su trabajo frenético con el objetivo de retirarse con comodidad a los sesenta y cinco años, cuando todo ya será demasiado tarde. Sólo aquellos que han cultivado el arte de vivir plenamente en el presente no tienen ningún uso para planes de su futuro, ya que solo cuando los planes maduran, se podrá disfrutar de los resultados. "El mañana nunca llega. " Nunca he oído a un predicador instando a su congregación a la práctica esa sección del Sermón de la Montaña, que comienza así: " No se preocupen por el mañana.... " La verdad es que las personas que viven para el futuro están, como decimos de los enfermos mentales, " no del todo allí" - o aquí: por un exceso de entusiasmo que se están perdiendo constantemente el punto. La vista a futuro se compra al precio de la ansiedad, y cuando se abusa destruye todas sus ventajas.

La segunda característica que llamará la conciencia de la polaridad. Esta es el sentimiento que los estados, las cosas y los acontecimientos que ordinariamente llamamos opuestos son interdependientes, como la parte trasera y delantera, o los polos de un imán. Con la conciencia polar se ve que las cosas que son explícitamente diferentes son implícitamente una: yo y el otro , sujeto y objeto , izquierda y derecha , hombres y mujeres - y luego , un poco más sorprendente, sólido y en el espacio , la figura y el fondo , el pulso y el intervalo , santos y pecadores , la policía y los delincuentes , en grupos y los grupos externos . Cada uno es definible sólo en términos del otro, y se van juntos de forma transaccional, como la compra y venta , ya que no existe la venta sin una compra, y ninguna compra sin una venta. Como esta conciencia se vuelve cada vez más intensa, uno siente que está polarizado con el universo externo de tal manera que se implican mutuamente. Su empuje es su fuerza, y su empuje es el jalón - como cuando se mueve el volante de un coche. ¿Está empujando o tirando de él?

Al principio, esto es una sensación muy extraña, no muy diferente de oír su propia voz p en un sistema electrónico inmediatamente después de haber hablado. Usted se siente confundido, y espera a que se apague. Del mismo modo, te sientes que eres algo que viene realizando el universo, sin embargo, que el universo es igualmente haciendo por ti, lo cual es cierto, al menos en el sentido neurológico que la peculiar estructura de nuestro cerebro traduce el sol en la luz, y las vibraciones del aire en sonido. Nuestra sensación normal de relación con el mundo exterior es que a veces me empujo yo, y a veces me empuja a mi. Pero si los dos son en realidad ¿dónde comienza la acción y la responsabilidad? Si el universo me está creando, ¿cómo puedo estar seguro de dos segundos más de existencia?

La tercera característica, derivada de la segunda, es la conciencia de la relatividad. Veo que soy un eslabón en una jerarquía infinita de los procesos y de los seres , que van desde las moléculas a través de las bacterias y los insectos a los seres humanos , y , tal vez , a los ángeles y los dioses - una jerarquía en la que cada nivel es , en efecto, la misma situación. Por ejemplo, el pobre hombre se preocupa por el dinero , mientras que el hombre rico se preocupa por su salud : la preocupación es la misma , pero la diferencia está en su sustancia o dimensión. Me doy cuenta de que las moscas de la fruta deben pensar en sí mismas como personas, ya que, como nosotros, se encuentran en el centro de su propio mundo - con inconmensurablemente mayores cosas de arriba y las cosas más pequeñas de abajo. Para nosotros, todas ellas se ven igual y parece que no tienen personalidad, como lo hacen los chinos cuando no hemos vivido entre ellos. Sin embargo, moscas de la fruta tienen que ver otras tantas distinciones sutiles entre ellas mismos como que entre nosotros mismos.

De esto es más que un paso a la comprensión de que todas las formas de vida y el ser son simplemente variaciones sobre un mismo tema:

que todos somos , de hecho, un solo ser hacer lo mismo en tantas formas diferentes como sea posible . Como dice el proverbio francés dice, *plus ca change , plus c'est la meme chose* (lo que más

cambia, más es lo mismo). Veo, además, que sentirse amenazado por la inevitabilidad de la muerte es en realidad la misma experiencia que sentirse vivo , y que, como todos los seres están sintiendo esto en todas partes , todos son igual de mucho "yo" como a mí mismo . Sin embargo, el "yo", siempre debe ser una sensación en relación con el "otro" - a algo más allá de mi control y experiencia. Para estar en todo, debo comenzar y terminar. Pero el salto intelectual que las experiencias místicas y psicodélicas hacen aquí está en que le permite ver que todas estos yo's - son innumerables uno mismos - de hecho , el ego personal y superficialmente consciente, pero lo que los hindúes llaman el *paramatman*, el Ser de todos los seres como la retina que nos permite ver un sinnúmero de pulsos de energía en forma de una sola luz , por lo que la experiencia mística nos muestra innumerables individuos como uno solo.

(Continuara en la parte 3 de este articulo)

4-7-14

Pontificando con el Pulpo La Experiencia Psicodélica de Allan Watts Parte Tres

El siguiente articulo esta traducido del inglés original y fue escrito por Allan Watts y apareció en la publicación California Law Review, *Vol. 56, No. 1, January 1968, pp. 74-85.*

La cuarta característica es la conciencia de la energía eterna, a menudo en forma de una intensa luz blanca, que parece ser tanto la corriente en sus nervios y esa misteriosa E que equivale MC2. Esto puede sonar como la megalomanía o delirio de grandeza, pero uno ve con toda claridad que toda la existencia es una sola energía, y que esta energía es el propio ser. Por supuesto que existe la muerte como la vida, porque la energía es una pulsación, y al igual que las ondas deben tener ambas crestas y valles, la experiencia del existente debe encenderse y apagarse. Por lo tanto, no hay nada de qué preocuparse, porque uno mismo tu eres la energía eterna del universo jugando al gato y al ratón con ti mismo. En el fondo, eres el Dios, porque Dios es todo lo que hay. Citando a Isaías sólo un poco fuera de contexto: " Yo soy el Señor, y no hay más afuera de mí. Formo la luz y creo las tinieblas, hago la paz y creo la adversidad. Yo, el Señor, hago todas estas cosas. " este es el sentido del principio fundamental del hinduismo.

Una especie de trance de vigilia que he tenido con frecuencia, bastante despues de la niñez, cuando he estado solo. Esto ha ocurrido en general repitiendo mi nombre dos o tres veces a mí mismo en silencio, hasta que de pronto, como si fuera de la intensidad de la conciencia de la individualidad, la propia individualidad parecía disolverse y desaparecer en el ser sin límites, y esto no es un estado de confusión, pero la más clara de la más clara consciencia, la más segura de la más segura, la más extraña de los más extraños, totalmente más allá de las palabras, donde la muerte era una imposibilidad casi risible, la pérdida de la personalidad (si así fuera) aparente ni extinción pero la única verdadera vida.

Obviamente, estas características de la experiencia psicodélica, como ahora se, son aspectos de un mismo estado de conciencia - porque he estado describiendo lo mismo desde diferentes ángulos. Las descripciones intentan transmitir la realidad de la experiencia, pero, al hacerlo, también sugieren algunas de las inconsistencias entre esa experiencia y de los valores actuales de la sociedad. La oposición a drogas psicodélicas

La resistencia a permitir el uso de drogas psicodélicas se origina tanto en los valores religiosos y seculares. La dificultad en la descripción de las experiencias psicodélicas en términos religiosos tradicionales sugiere un motivo de oposición. El occidental debe pedir prestado palabras como samadhi o moksha de los hindúes, o satori o kensho de los japoneses, para describir la experiencia de unidad con el universo. No tenemos ninguna palabra apropiada, porque nuestras propias teologías judías y cristianas no aceptan la idea de que el hombre al interior del hombre puede ser idéntico a la Divinidad, a pesar de que los cristianos pueden insistir en que esto era cierto en el caso único de Jesucristo. Judíos y cristianos piensan de Dios en términos políticos y monárquicos , como el gobernador supremo del universo , el último jefe. Obviamente, es a la vez socialmente inaceptable y lógicamente absurdo para un individuo en particular es el soberano omnipotente y omnisciente.

Tal concepto imperial y real de la realidad última, sin embargo, no es necesario ni universal. Los hindúes y los chinos no tienen ninguna dificultad en concebir una identidad del yo y de la Deidad. Para la mayoría de los asiáticos, que no sean musulmanes, la Divinidad se mueve y se manifiesta en el mundo de la misma manera que un ciempiés manipula cien piernas - de manera espontánea, sin deliberación o cálculo. En otras palabras, conciben el universo por analogía con un organismo distinto de un mecanismo. Ellos no lo ven como un artefacto o construir bajo la dirección consciente de alguna ser supremo técnico, ingeniero o arquitecto.

Sin embargo, en el contexto de la tradición cristiana o judía, una persona que declara ser uno con Dios, debe ser blasfemo (subversivo) o demente. Una experiencia mística es una clara amenaza a los conceptos religiosos tradicionales. La tradición judeo-cristiana tiene una imagen monárquica de Dios, y los monarcas, que gobiernan por la fuerza, y el miedo eso no es más que la insubordinación. La Iglesia, por lo tanto, siempre ha sido muy sospechosa de los místicos, porque parecen ser insubordinados y reclaman la igualdad o, peor aún, la identidad con Dios. Por esta razón, Juan Escoto Erígena y Meister Eckhart fueron condenados como herejes. Esto también es la razón por los cuáqueros enfrentaron la oposición de su doctrina de la Luz Interior, y por su negativa a eliminar los sombreros en la iglesia y en los tribunales. Algunos pocos místicos ocasionales pueden estar bien , siempre y cuando ven su lengua, como Santa Teresa de Ávila y San Juan de la Cruz , quien mantiene , por así decirlo, una distancia metafísica de la relación entre ellos y su Rey celestial . Nada, sin embargo, podría ser más alarmante para la jerarquía eclesiástica que un brote popular de misticismo, para esto bien podría equivaler a la creación de una democracia en el reino de los cielos - y tal alarma se repartiría a partes iguales por los católicos, Judíos, y los protestantes fundamentalistas.

La imagen monárquica de Dios , con su aversión implícita por insubordinación religiosa, tiene un impacto más generalizado de lo que muchos cristianos pueden admitir. Los tronos de los reyes tienen paredes inmediatamente detrás de ellos, y todos los que se presentan en la corte deben postrarse o arrodillarse, porque esta es una posición incómoda de la cual hacer un ataque repentino. Tal vez nunca ha ocurrido a los cristianos de que la hora de diseñar una iglesia sobre el modelo de una corte real (basílica) y prescriben ritual de la Iglesia, que están dando a entender que Dios, como un monarca humano, que tiene miedo. Esto también está implícito en la adulación en las oraciones:

Oh Señor , nuestro Padre celestial , alto y poderoso , Rey de reyes, Señor de señores, el único gobernante de los príncipes , el que de tu trono contemplas a todos los habitantes de la tierra : de todo corazón te suplicamos tu favor....

(terminara con la parte 4 de este articulo)

4-8-14

Pontificando con el Pulpo La Experiencia Psicodélica de Allan Watts Parte Cuatro

El siguiente articulo esta traducido del inglés original y fue escrito por Allan Watts y apareció en la publicación California Law Review, *Vol. 56, No. 1, January 1968, pp. 74-85*

El hombre occidental que afirma la conciencia de unidad con Dios o el universo de este modo choca con el concepto de la religión de su sociedad. En la mayoría de las culturas de Asia, sin embargo, un hombre así se felicitó por haber penetrado el verdadero secreto de la vida. Ha llegado, por casualidad o por alguna disciplina como el yoga o la meditación Zen, en un estado de conciencia en el que se experimenta directamente y vívidamente lo que nuestros propios científicos saben que es cierto en teoría. Para el ecologista, el biólogo y el físico, que todo organismo constituye un único campo de la conducta o proceso, con su medio ambiente. No hay manera de separar cualquier organismo dado está haciendo de lo que su entorno está haciendo, por lo que los ecologistas hablan no de organismos en ambientes pero de organismo - ambientes. Así, las palabras "yo" y "yo" debe significar adecuadamente lo que todo el universo está haciendo en este particular, " aquí y ahora ", llamado John Doe.

El concepto real de Dios hace que la identidad de uno mismo y Dios, o uno mismo y el universo, inconcebible en términos religiosos occidentales. La diferencia entre los conceptos orientales y occidentales del hombre y de su universo, sin embargo, va más allá de los conceptos estrictamente religiosos. El científico occidental puede percibir racionalmente la idea del organismo-medio-ambiente, pero ordinariamente no sienten que esto es cierto. Por condicionamiento cultural y social, que ha sido hipnotizado a experimentarse a sí mismo como un yo - como un centro aislado de la conciencia y dentro de una bolsa de piel, enfrentando un mundo externo y ajeno. Nosotros decimos: "Yo vine a este mundo. " Pero no hicimos nada por el estilo. Salimos de el en la misma forma que la fruta sale de los árboles. Nuestra galaxia, nuestro cosmos, "pueblos" de la misma manera que un manzano "manzanas".

Tal visión de los enfrentamientos del universo con la idea de un Dios monárquico, con el concepto del ego separado, e incluso con la mentalidad, atea / agnóstica secular, que deriva su sentido común de la mitología de científico del siglo XIX. De acuerdo con este punto de vista, el universo es un mecanismo sin sentido y el hombre una especie de microorganismo accidental que infestan una roca globular que gira alrededor de una estrella de poca importancia en la periferia exterior de una de las galaxias menores. Esta teoría del hombre es extremadamente común entre estos científicos cuasi como sociólogos, psicólogos y psiquiatras, la mayoría de los cuales todavía están pensando en el mundo en términos de la mecánica newtoniana , y nunca han realmente atrapados con las ideas de Einstein y Bohr , Oppenheimer y Schrodinger . Así que lo común de tipo institucional psiquiatra, cualquier paciente que presente la menor insinuación de la experiencia mística o religiosa se diagnostica automáticamente como desquiciado. Desde el punto de vista de la religión mecanicista, él es un hereje y se le da la terapia de electroshock como una forma actualizada de tornillo y la cremallera. Y, por cierto, es precisamente este tipo de científico cuasi quien, como consultor para agencias del gobierno y las fuerzas del orden, dicta las políticas oficiales sobre el uso de sustancias químicas psicodélicas.

Incapacidad para aceptar la experiencia mística es una discapacidad intelectual. La falta de conciencia de la unidad básica del organismo y el ambiente es una alucinación seria y peligrosa. Porque en una civilización equipada con un inmenso poder tecnológico, causa que el sentimiento de alienación entre el hombre y la naturaleza y conduce a la utilización de la tecnología en un ambiente hostil espíritu de la "conquista " de la naturaleza en lugar de cooperación inteligente con la naturaleza. El resultado es que estamos erosionando y destruyendo nuestro medio ambiente, la difusión de Los Angelization lugar de la civilización. Esta es la principal amenaza que domina la cultura occidental, tecnológica, y ninguna cantidad de razonamiento o de doom- predicación parece ayudar. Nosotros simplemente no respondemos a las técnicas proféticas y moralizantes de la conversión en la que Judíos y cristianos siempre han confiado . Pero la gente tiene un oscuro sentido de lo que es bueno para ellos - lo llaman " auto-curación inconsciente", " instinto de supervivencia ", "potencial de crecimiento positivo ", o lo que quieras. Entre los jóvenes educados allí, por tanto, un interés sorprendente y sin precedentes en la transformación de la conciencia humana. En todo el mundo los editores occidentales están vendiendo millones de libros que tratan de Yoga, Vedanta, Budismo Zen, y el misticismo química de las drogas psicodélicas, y he llegado a creer que toda la subcultura sin embargo equivocada en algunas de sus manifestaciones, es el esfuerzo serio y responsable de los jóvenes para corregir el curso de auto - destrucción de la civilización industrial.

El contenido de la experiencia mística es, pues, incompatible tanto con los conceptos religiosos y seculares del pensamiento occidental tradicional. Por otra parte, las experiencias místicas a menudo resultan en actitudes que atentan contra la autoridad, no sólo de las iglesias establecidas, sino también de la sociedad secular. Sin miedo a la muerte y deficiente en la ambición mundana, los que han sido objeto de experiencias místicas son inmunes a las amenazas y promesas. Por otra parte, su sentido de la relatividad del bien y del mal despierta la sospecha de que carecen tanto de conciencia y de respeto por la ley. El uso de drogas psicodélicas en los Estados Unidos por una burguesía sabe leer y escribir significa que un segmento importante de la población es indiferente a las recompensas y sanciones tradicionales de la sociedad.

En teoría, la existencia en nuestra sociedad secular de un grupo que no acepta valores convencionales es consistente con nuestra visión política. Pero uno de los grandes problemas de los Estados Unidos, legal y políticamente, es que hemos tenido nunca el coraje de nuestras convicciones. La República se funda en el principio maravillosamente cuerdo que puede existir una comunidad humana y prosperar sólo en una base de confianza mutua. Metafísicamente, la Revolución Americana fue un rechazo del dogma del pecado original, que es la noción de que porque no se puede confiar en ti mismo o a otras personas, debe haber alguna autoridad superior para mantenernos a todos en orden. El dogma fue rechazada porque, si bien es cierto que no podemos confiar en nosotros mismos y los demás, se sigue que no podemos confiar en la Autoridad Superior que nosotros concebimos y obedecemos, y que la idea misma de nuestra propia falta de credibilidad no es confiable!

Los ciudadanos de los Estados Unidos creen, o se supone que deben creer , que la república es la mejor forma de gobierno . Sin embargo, gran confusión surge de tratar de ser republicano en la política y monárquica en la religión. ¿Cómo puede una república es la mejor forma de gobierno si el universo, el cielo y el infierno son una monarquía? 8 Por lo tanto, a pesar de la teoría del gobierno por consentimiento, basado en la confianza mutua, los pueblos de los Estados Unidos mantienen, desde los orígenes autoritarios de sus religiones u orígenes nacionales, una fe totalmente ingenua en la ley como una especie de poder sobrenatural y paternalista. " Debería haber una ley en contra de ella! " Nuestros oficiales de policía, por lo tanto confundido, entorpecido, y desconcertado - por no hablar de corruptos - al ser preguntado para hacer cumplir las leyes suntuarias, a menudo de origen eclesiástico, que un gran número de personas no tienen intención de obedecer y que, en cualquier caso, son inmensamente difícil o simplemente imposible de hacer cumplir , por ejemplo, la prohibición de algo tan imperceptible como el LSD - 25 , desde el comercio internacional e interestatal .

Por último, hay dos objeciones específicas al uso de drogas psicodélicas. En primer lugar, el uso de estos medicamentos puede ser peligroso. Sin embargo, cada exploración que valga la pena es peligroso subir montañas, probando aviones, cohetes hacia el espacio exterior, el buceo de superficie, o la recogida de especímenes botánicos en las selvas . Pero si usted valora el conocimiento y el deleite real de exploración más que la mera duración de la vida sin complicaciones, que está dispuesto a asumir los riesgos . En realidad no es saludable para los monjes de practicar el ayuno, y era casi higiénica para que Jesús conseguir que lo crucificaron, pero estos son los riesgos asumidos en el curso de las aventuras espirituales. Hoy en día los jóvenes aventureros están tomando riesgos en la exploración de la psique, poniendo a prueba su temple en la tarea al igual que , en tiempos pasados, que han probado - con más fuerza - en la caza, los duelos , las carreras de coches y jugar al fútbol . Lo que necesitan no es prohibiciones y policías, pero el ánimo y el consejo más inteligente que se puede encontrar.

En segundo lugar, el uso de drogas puede ser criticado como un escape de la realidad. Sin embargo, esta crítica no asume injustamente que las propias experiencias místicas son escapistas o irreal. LSD, en particular, es de ninguna manera un escape suave y cómodo de la realidad. Puede ser muy fácilmente de una experiencia en la que usted tiene que poner a prueba su alma contra todos los demonios del infierno. Para mí, ha sido a veces una experiencia en la que yo era a la vez completamente perdido en los pasillos de la mente y, sin embargo relacionarse que muy perdición para el orden exacto de la lógica y el lenguaje, a la vez muy enojado y muy cuerdo. Pero más allá de estos episodios perdidos y dementes ocasionales , están las experiencias del mundo como un sistema de la armonía y la gloria total y la disciplina de la relación de éstas con el fin de la lógica y el lenguaje deben explicar de alguna manera la forma en lo que William Blake llamó a que "la energía que se deleite eterno " puede consistir en la miseria y el sufrimiento de todos los días vida.9

La intención mística y religiosa indudable de la mayoría de los usuarios de las drogas psicodélicas , incluso si algunas de estas sustancias deben ser probadas perjudiciales para la salud física , requiere que su uso libre y responsable sea exento de la restricción legal en cualquier república que mantiene una separación constitucional de la iglesia y Estado en la medida en que la experiencia mística es conforme con la tradición de genuina participación religiosa , y en la medida que los psicodélicos inducen esa experiencia , los usuarios tienen derecho a algún tipo de protección constitucional. También, en la medida en que la investigación en la psicología de la religión puede utilizar estos medicamentos, los estudiantes de la mente humana deben ser libres para usarlos. Bajo las leyes actuales, yo, como estudiante experimentado de la psicología de la religión, ya no puedo continuar la investigación en este campo. Esta es una restricción bárbara de la libertad espiritual e intelectual, lo que sugiere que el sistema legal de los Estados Unidos es , después de todo , en alianza tácita con la teoría monárquica del universo, y que , por lo tanto , prohibir y perseguir a las ideas y prácticas religiosas basadas en una visión orgánica y unitaria de la universo.

Alan Wilson Watts nació en Chislehurst Kent, el 6 de enero de 1915 y murió en Mt. Tamalpais California, 16 de noviembre de 1973. Fue un filósofo británico, así como editor, sacerdote anglicano, locutor, decano, escritor, conferenciante y experto en religión. Se le conoce sobre todo por su labor como intérprete y popularizador de las filosofías asiáticas para la audiencia occidental.

4-9-14

Pontificando con el Pulpo Protegiendo Los Bosques

Todos sabemos lo complicado son las relaciones entre un solo árbol y las formas de vida que viven con él y su alrededor. Pero ¿por qué son los árboles tan importantes para los seres humanos? Hay muchas razones, incluyendo el hecho que si no hay árboles no hay oxígeno. Pero veamos algunas que no son tan apreciadas.

Una razón poco conocida por la que los árboles y los bosques son tan importantes para nosotros, como seres humanos, tiene que ver con la geometría natural del universo. Por lo tanto, hay que distinguir entre la geometría artificial, derivada de la geometría euclidiana, la geometría que aprendemos en las escuelas, desde la geometría natural, especialmente la geometría de las formas de vida.

Lo que no debe escapar a nuestra atención, en particular, es el énfasis de Euclides en la importancia de la cuestión de la línea recta. Seamos conscientes de que nunca vemos el punto, porque el punto como tal es invisible; apenas nos encontramos con una línea recta en la naturaleza. Sin embargo, la arquitectura del mundo de los humanos, o para ser más preciso del mundo construido por el hombre moderno, se funda en la recta y los puntos invisibles.

Vamos a poner la propuesta en términos generales: la geometría que domina nuestras vidas, cuando vivimos en una ciudad, en una casa moderna, o cuando conducimos un automóvil, es la geometría derivada del sistema abstracto de la geometría creada por el hombre. Es una geometría que, después de un tiempo nos limita y nos ahoga .

Hemos distinguido geometría natural de la geometría hecha por el hombre. Pero, ¿qué es la geometría natural? Las formas por la cual ya través del cual ha evolucionado el universo, las formas por las que la vida ha evolucionado. ¿Cuáles son estas formas? Estas formas son circulares, espiral, redondo, vientre similares. Cuando contemplamos la arquitectura del universo: las galaxias y los átomos, las amebas y los árboles , vemos inmediatamente que las formas dominantes y las formas de la naturaleza y del universo son redondos y espiral y tantas veces amorfo.

El mundo de la danza no se mueve en línea recta. Se mueve en espiral, circulares y movimientos irregulares. La vida bailando en, ya través del universo, no es coreografiada por el ordenador y su lógica lineal. El símbolo por excelencia de la vida es el de la matriz.

Toda la vida ha surgido de la matriz primordial que es irregular, amorfa, llena de bucles de conexión y espirales. Nosotros, los seres humanos individuales, fuimos concebidos y criados en el vientre de nuestras madres. La Geometría Natural condiciono nuestros primeros impulsos. La Geometría natural ha dado forma a nuestro crecimiento temprano. La Geometría Natural ha formado nuestro cuerpo que es otra expresión de esta geometría. Ahora, mira a tu propio cuerpo y velo en términos de geometría natural. Tu cuerpo está lleno de formas irregulares - redondas, ovaladas y asimétricas. No hay casi ninguna línea recta dentro de la arquitectura de nuestro cuerpo. La cabeza es un huevo irregular. Las manos y las piernas son cilindros irregulares. Los ojos y la boca, el cuello y el estómago son más que un sinfín de variaciones sobre el tema de la geometría natural.

¿Por qué nos descansamos tan bien en la presencia de un árbol? Debido a que en ella encontramos una salida para nuestra geometría natural. La comunión con los árboles, estar rodeado y alimentado por ellos, es para nosotros un retorno a la geometría original de la vida. Por eso nos sentimos tan bien en el acto de esta comunión. Hemos nacido nutridos por la geometría natural y esta geometría anhelamos volver. Al disolvernos a nosotros mismos en la geometría del árbol, resolvemos las tensiones y el estrés acumulada por la geometría artificial. Debemos ver claramente que la geometría artificial de ambientes artificiales está llena de tensión y el estrés.

Los árboles y los bosques son importantes por razones psicológicas profundas. Al volver a la selva, estamos volviendo a la matriz , no en términos psicológicos , pero en términos cosmológicos . Estamos volviendo a la fuente de nuestro origen. Estamos entrando en comunión con la vida en general. La existencia de los bosques es tan importante, ya que nos permiten volver a la fuente de nuestro origen. Ofrece para nosotros un nicho en el que nuestra comunión con toda la vida puede pasar.

Comprender la naturaleza del ser humano es en última instancia un viaje metafísico; El significado metafísico de los bosques tiene que ver con la calidad de los espacios naturales que prevén la tranquilidad de nuestras almas. Esos son los espacios de silencio, los espacios de la cordura, los espacios de alimento espiritual - en el que nuestro ser se purifica y encuentra la paz.

Todos sabemos cómo puede destructivas para el alma las ciudades modernas y en realidad lo son. La comparación solo entre el funcionamiento de una ciudad tecnológica y el funcionamiento de una zona de desierto nos informa suficientemente sobre el significado metafísico de los espacios de los bosques, de las montañas, de las playas.

Aunque los árboles son inmensamente importantes para nuestro bienestar psíquico , no todo árbol posee la misma energía y significado. Los parques franceses cuidados y los bosques finlandeses primordiales son entidades diferentes. En los parques franceses cuidados presenciamos el triunfo de la lógica cartesiana y de la geometría euclidiana, mientras que en los bosques finlandeses , inmensamente inquietante y rodeado de lagos, irregulares por mujeres como somos testigos del triunfo de la geometría natural.

Lo que es natural y lo artificial es hoy en día difícil de determinar. Sin embargo, cuando nos encontramos a nosotros mismos en los interiores de plástico de un aeropuerto, con sus paredes de frío brutal y accesorios de plástico sin vida que nos rodean, por una parte , y en el seno de un gran bosque , por otro lado, sabemos exactamente la diferencia sin ningún tipo de ambigüedad. En el bosque de nuestra alma respira, mientras que en los entornos de plástico ahoga nuestra alma.

4-11-14

Pontificando con el Pulpo el Lenguaje Extraterrestre de los Mantis.

Encontré el siguiente documento surfeando la web, buscando testimonios escondidos de viajeros psíquicos. El documento es anónimo y lo he traducido del inglés original. Este texto es de un viajero que usa drogas desconocidas para salir de su cuerpo. Es un texto extraño y perturbador, tal vez hasta una advertencia de los peligros de tratar de descubrir los secretos del universo usando drogas. De cualquier modo, lo encuentro fascinante, pues no es tan distinto de ciertos estados de consciencia a los que yo personalmente he llegado.

"Pensé que estaba muerto. Yo sabía que lo había hecho a mí mismo, pero no pude recordar lo que había tomado , por qué estaba muerto, o como sucedió. Yo simplemente sabía que lo había hecho, y yo estaba de alguna manera en una cárcel galáctica, o quizá un purgatorio. Las visiones eran abundantes, pero solemne. En este punto eran en su mayoría en blanco y negro. Podía sentir mi ego estar físicamente en mi. A medida que aumentaba la presión de mi ego, el contenido empujaba " hacia el exterior". Eventualmente esto culminó en una especie de sentimiento aplastado que sólo puedo relacionar con las pobres criaturas en 2-D del "Flatland" libro clásico de ciencia ficción. Pasé algún tiempo en este sufrimiento, el estado cada vez más aterrador.

Eventualmente una entidad vino y me dio atención personalizada espontáneamente. Yo estaba muy aliviado al ver a otra criatura, porque yo sospechaba que estaba solo en el universo con mi mismo (aunque no estoy seguro). Al principio me sentí cautivado por sus fluidos movimientos y acciones metódicas. Se movía en ritmos, haciendo un baile hermoso. Finalmente se me ocurrió que el "baile" que estaba haciendo involucrada parodias horribles de mi propia forma, y que se estaba moviendo más rápido de lo que yo podía comprender. Yo estaba paralizado. No estaba seguro de si yo tuviera un cuerpo o no. Como me concentraba cada vez más en su forma "física" (que es un término que utilizo tan libremente como sea posible), se me ocurrió que se parecía a algo familiar. No del todo de lo que había visto yo en mi vida, pero algo cerca. Era una mantis religiosa gigante, aunque tenía apéndices mentales y detalles de dibujos animados sobre el mismo. También parecía más rechoncho que la versión terrestre de los insectos, más corto y más robusto. Sus múltiples brazos trabajaban arriba y abajo de mi existencia, el sondeo y la prueba de cada pedacito de mi alma. Parecía no poner ningún esfuerzo en consolarme, sin embargo, con una especie de telepatía implica me explico que sería más fácil para los dos si yo dejaba de luchar. Con el tiempo me hice, y viajamos.

Perdí casi toda la conciencia física , y sentí que mi mente a la deriva a través de algo que se asemeja el espacio exterior. Vi estrellas, cuerpos celestes, etc, pero no estaba seguro de si eran como tal, o moléculas. La diferencia parecía irrelevante en ese punto. Yo sabía que tenía un cerebro, y un par de pulmones. Pensé que eso era todo. Imaginando mí, vi el cerebro conectado a los pulmones detrás de él, y me di cuenta de que estos dos órganos pertenecían a un diseño de una nave espacial que me daba mucho miedo. Se llamaba " La Empresa". Como tracé el cosmos, me di cuenta de que viajábamos a través de un poco de imaginación, o algún proceso similar, podría disponer cualquier rumbo al gusto de mi mente. Me pareció que los diferentes acuerdos producen diferentes estados mentales, algunos que había conocido mientras que otros eran tremendamente extraños. Pensándolo bien, la impresión de que lo que tenía era que yo me había convertido en una re-organización de las moléculas que son fundamentales en las tareas de neuro- transmisores. Una disposición de las "estrellas" se sentía similar al LSD, una a 2CB , otra a la psilocibina, la mezcalina, etc . yo no era consciente de ello en el momento , sin embargo simplemente moví las estrellas de acuerdo a capricho , y me sentía satisfecho con los resultados físicos inmediatos .

No estoy seguro si fue intencional o no, pero al final me metí en otra "habitación". Este fue un cuarto redondo psicodélico profundo típico de este tipo de viajes. Sin embargo, esta vez fue mucho más grande de lo normal. Alrededor del perímetro fluyeron las formas de criaturas que parecían dibujos animados más como de perros que otra cosa. Parecían figuras Mayas, en la medida en que todos ellos tenían lenguas y ojos que parecían estar al revés. Parecían darme una mueca sarcástica. Mientras tanto, en medio de la "esfera ", vi otras entidades. No puedo llegar a ninguna palabra para describir la mayoría de ellos, a pesar de los garabatos frívolos que cubren los márgenes de mis apuntes de clase no se acercan a nada en la aproximación de sus formas. El único ejemplo claro que puedo presentar es de un espécimen interesantes: Vi a un hombre mexicano , vestido con atuendo tradicional huichol, de rodillas y vomitando en sí mismo. Él me miró con una mirada de complicidad, y continuó su vómito. Me pregunté después si realmente me encontré con él o no. También me preguntaba qué enteógeno o técnica nos llevó al mismo lugar. Se me ocurrió un mes después preguntarme si un Huichol en alguna parte de México había visto un muchacho gringo de universidad, apedreado hasta la saciedad sobre las setas, flotando a través de su propio espacio sagrado.

Finalmente me relajé, disfrutando de la inevitabilidad de todo. Al instante, flores mirando como amapolas de opio me rodearon y los "elfos mecanizados " famosos conocidos por usuarios del DMT (como los describe Terence McKenna en sus libros) vinieron a visitarme. Me aseguraron que estaba a salvo, En su gran voz colectiva de tono, cantaron una canción que revelaba a mí no sólo mi propia naturaleza, sino la de todas las criaturas también. Me aseguraron que mi ADN no sólo era similar a la suya, sino que forma parte de, así como * abarcando * su propio " código". Hicieron hincapié en la simultaneidad de esta afirmación aparentemente contradictoria. Me eché a reír en voz alta, sobre todo en el absurdo de la situación. Mi risa se convirtió en incontrolable. Cabe agregar que en este momento yo estaba tan inmerso en que no importaba si mis ojos estaban abiertos o cerrados . Sin embargo, esta risa fue el primer evento físico en lo que parecía meses que recordaba mi forma personal y mi cuerpo. Y me reí ... No podía parar!"

4-16-14

Pontificando con el Pulpo Las Mejores Fotografías de Fantasmas Verdaderos

Desde el tiempo de los cavernícolas, los seres humanos se han preocupado por preguntarse si hay vida después de la muerte. Grandes religiosos, filósofos y científicos han tratado hasta cierto punto de responder esta esta pregunta importantísima.

Es el turno de los fotógrafos. Las siguientes fotografías son de presuntos fantasmas, que si verdaderas, serian prueba irrefutable y muy visual del hecho que hay algo como vida después de la muerte.

Este retrato del fantasma "La Señora Brown" es sin duda el más famoso y bien considerado fantasma fotografía jamás tomada. El fantasma se cree que es el de Lady Dorothy Townshend, esposa de Charles Townshend, segundo Vizconde de Raynham, los residentes de Raynham Pasillo en Norfolk, Inglaterra a principios de los años 1700.

Esta foto intrigante, tomada en 1919, fue publicada por primera vez en 1975 por Sir Victor Goddard, un jubilado de la RAF. En la parte trasera del aviador colocado en la primera fila, cuarto desde la izquierda, se puede ver claramente la cara de otro hombre. Se dice para ser la cara de Freddy Jackson, un mecánico de aire que había sido asesinado accidentalmente por una hélice de un avión dos días antes

Sra. Mabel Chinnery visitaba la tumba de su madre un día de 1959. Ella había traído su cámara para tomar fotografías de la tumba. Después de tomar algunas fotos de la tumba de su madre, ella tomó una foto improvisada de su marido, quien estaba esperando solo en el coche. Por lo menos los Chinnerys pensaron que estaba solo.

Esta fotografía fue tomada en 1963 por el Reverendo KF Señor en la Iglesia de Newby en North Yorkshire, Inglaterra. Ha sido una foto controversial debido a que es demasiado buena. Sin embargo, supuestamente, la foto ha sido examinada por expertos de las fotos que dicen que la imagen no es el resultado de una doble exposición.

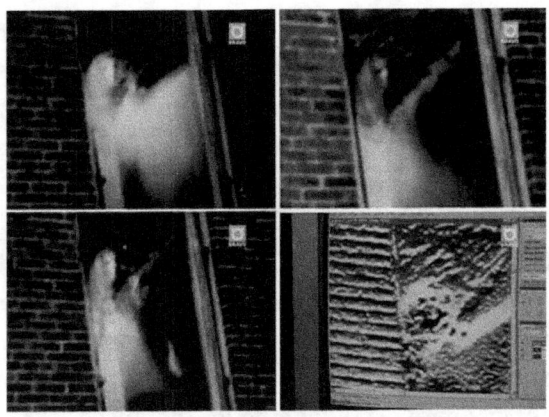

Estas fotos fueron tomadas por Guy Winters cuando él y un amigo estaban investigando la mansión O'Hare en Greencastle, Indiana. Se les dijo acerca de la vieja casa abandonada por otro amigo que él y su novia se asustaron por alguna entidad fantasmal que les causo tanto temor que decidieron abandonar la casa.

4-18-14

Pontificando con el Pulpo el Arte de los Elefantes

Una nueva forma de arte, creada no por seres humanos, pero por elefantes está tomando el mundo por sorpresa. Paquidermos artísticos pintando acuarelas han empezado a vender sus obras maravillosas en todo el mundo gracias al internet. ¿Pero como es un día típico para un elefante pintor? En el Instituto Nacional del Elefante, en Tailandia, viven unos increíbles elefantes con talentos inusuales.

Estos elefantes artistas tienen el mismo estilo de vida que el resto de elefantes en el instituto. Todos los elefantes tienen mucho trabajo que hacer durante el día, aunque hay muchas actividades de trabajo diferentes para diferentes talentos y algunos elefantes son capaces de hacer trabajos, que otros no. Los elefantes duermen durante unas cuatro horas por noche , por lo general entre 23:00 y 03 a.m. Duermen en el bosque cerca del Centro. El lugar de dormir se mueve a diario para ofrecer un entorno fresco. Elefantes machos y hembras duermen por separado. Los hombres con colmillos son atados cerca de la casa de los humanos de manera de protegerlos de cazadores furtivos. El cuidador de elefantes (llamado mahout) va al bosque para llamar su elefante a eso de las 6.30 de la mañana y para hacer la primera tarea del día, al igual que los seres humanos, la cual es tomar una ducha. La ducha se toma en el río y de la mahout suele montar en la cabeza del elefante durante el proceso.

El trabajo comienza a eso de las 8:00 y concluye a eso de 02.30 a 03.30 horas, con un montón de interrupciones en el medio. La mayoría de los elefantes trabajan para entretener a los turistas de una manera u otra, ya que esta es la principal fuente de los fondos que se necesitan para mantener el Centro y para el cuidado de los elefantes.

Algunos realizan un espectáculo que tiene lugar en el recinto ferial del Centro . Aquí demuestran sus habilidades en cargar, empujar y tirar troncos, caminando sobre los troncos sin caer, siguiendo instrucciones de sus mahouts para caminar, correr, pararse y sentarse. Estas son todas las actividades que los elefantes tailandeses tradicionalmente han sido entrenados para hacer en la antigua industria maderera. Además, el espectáculo incluye breves demostraciones de pintura y haciendo música con instrumentos musicales. Estos programas están bien ensayados y los elefantes les trabajar en ellos. Ellos no son sometidos a ninguna actividad no adecuada. Después del espectáculo su momento favorito es saludar a los espectadores y aceptar regalos de caña de azúcar y banano, que se toman directamente de las manos de los turistas con su tronco y devoran.

Los siguientes son ejemplos del arte creado por ellos. Pueden comprar estas obras directamente en la página de web
http://www.elephantartgallery.com/

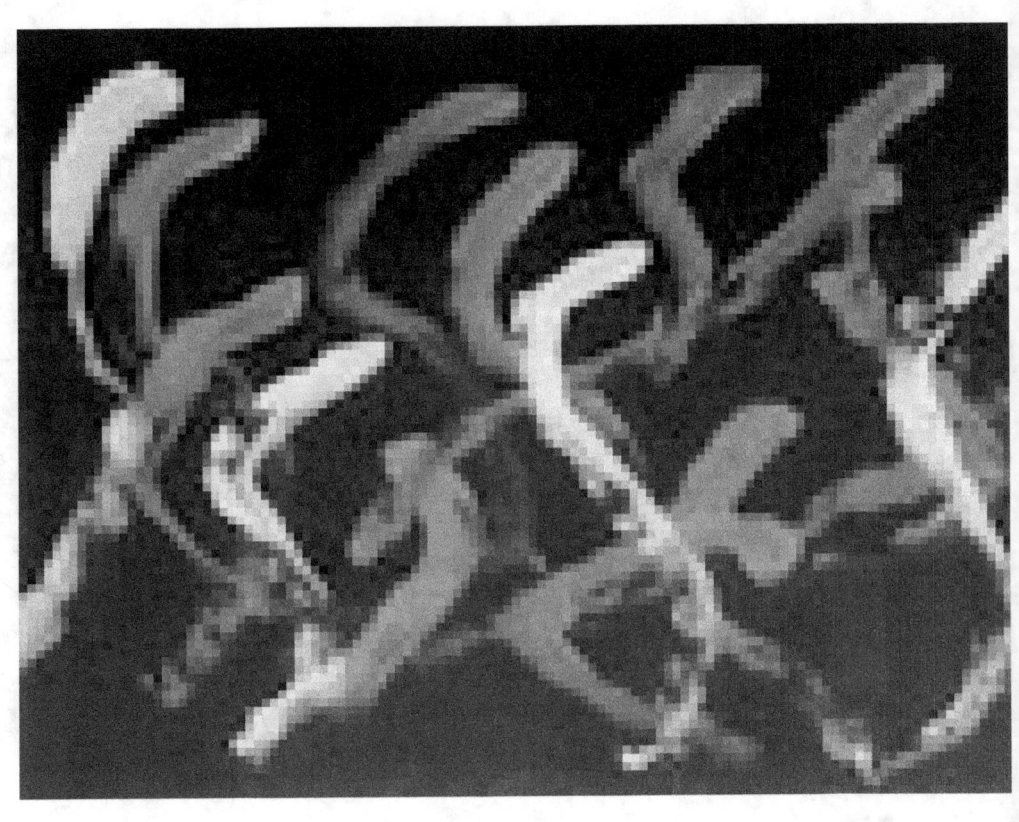

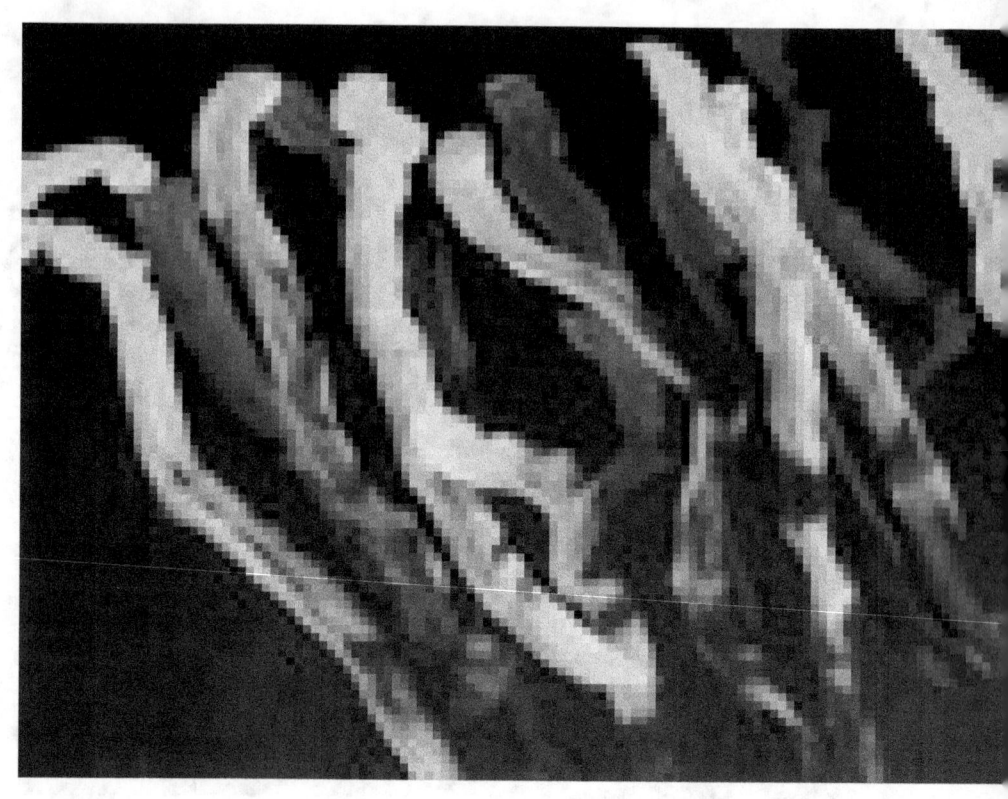

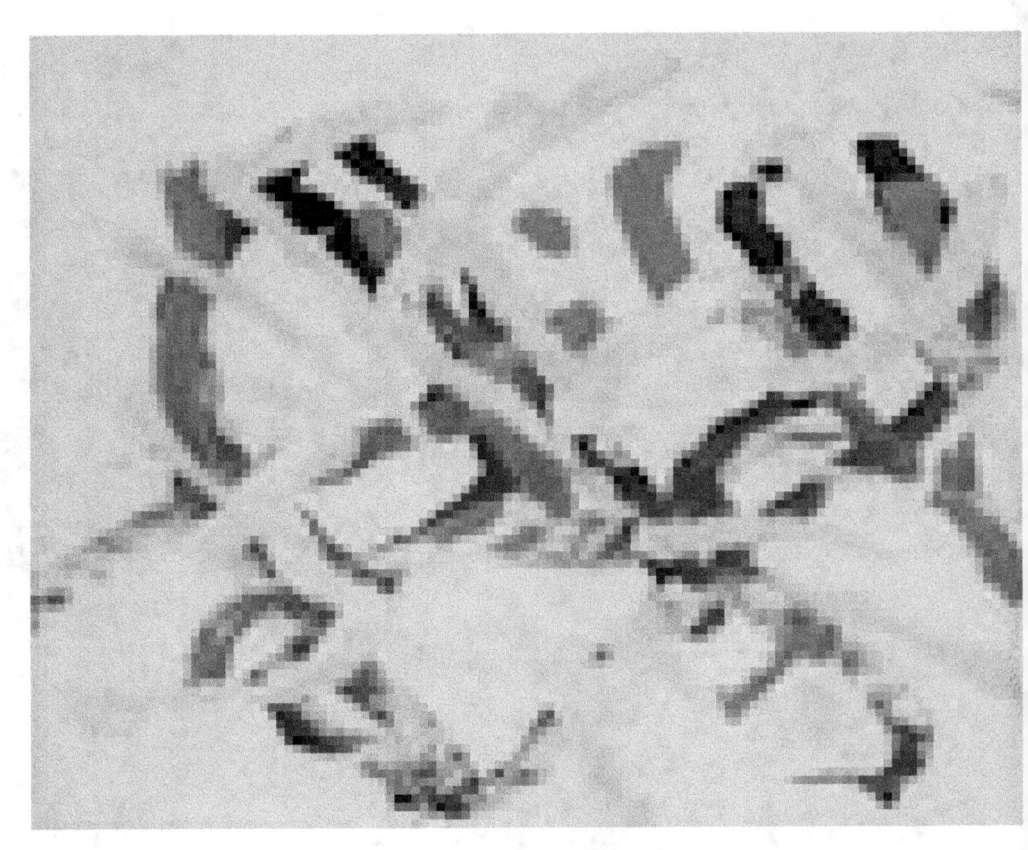

4-20-14

Pontificando con el Pulpo el Mensaje del Hongo al Hombre

El hongo habla, y lo que dice con elocuencia de sí mismo en el fresco de la noche de la mente es lo siguiente:

"Soy viejo, más viejo de lo que piensan de mí los de su especie, cincuenta veces más viejo que su historia. Aunque he estado en la tierra durante mucho tiempo yo vengo de las estrellas. Mi casa no es un solo planeta, pero más bien muchos mundos dispersos a través del resplandor de la galaxia que tienen condiciones que permiten mis

86

esporas una oportunidad para la vida. El hongo que se ve es la parte de mi cuerpo, entregado a las emociones sexuales y para tomar el sol, mi verdadero cuerpo es una fina red de fibras que crecen a través del suelo. Estas redes pueden cubrir acres y puede tener muchos más conexiones que el número de conexiones de un cerebro humano. Mi red micelial es casi inmortal, sólo la desintoxicación repentina de un planeta o la explosión de su estrella madre puede destruirme. Es imposible de explicar a causa de ciertos conceptos erróneos en su modelo de la realidad como todas mis redes de micelio en la galaxia están en comunicación de supra-luz a través del espacio y el tiempo. El cuerpo del micelio es tan frágil como una tela de araña, pero mi súper-mente colectiva y mi memoria son un gran archivo histórico de la trayectoria de la evolución de la inteligencia en muchos mundos de nuestro enjambre de estrellas. El espacio que se ve es un vasto océano de esas formas de vida resistentes que tienen la capacidad de reproducirse a partir de esporas, pues las esporas están cubiertas con la sustancia orgánica más dura conocida. A través de los eones de tiempo y espacio derivan muchas formas de vida que se formaron de esporas en animación suspendida durante millones de años, hasta que se hicieron contacto con un medio ambiente adecuado. Pocas de estas especies son inteligentes, sólo a mí mismo ya mis parientes cercanos que han evolucionado recientemente logramos el modo y la capacidad de memoria - comunicación que nos hace miembros destacados de la comunidad de la inteligencia galáctica. Cómo funciona el modo de comunicación entre nosotros es un secreto que no será dado al hombre ligeramente. Pero el medio debería ser obvio: es la aparición de la psilocibina y la psilocina en las rutas biosintéticas de mi cuerpo vivo que abre para mí y mis Simbiontes las pantallas de visión de muchos mundos. Usted como individuo y el hombre como especie está al borde de la formación de una relación simbiótica con mi material genético que eventualmente llevará a la humanidad y de la tierra en la corriente principal galáctica de las civilizaciones superiores.

Dado que no es fácil para que usted reconozca otras variedades de inteligencia alrededor de la suya, sus teorías más avanzadas de la política y la sociedad han avanzado sólo en cuanto a la noción de colectivismo. Pero más allá de la cohesión de los miembros de una especie en un solo organismo social yacen posibilidades evolutivas más ricas y aún más barrocas. La simbiosis es una de estas posibilidades. La simbiosis es una relación de dependencia mutua y beneficios positivos entre las especies involucradas. Las relaciones simbióticas entre mi persona y las formas civilizadas de los animales superiores se han establecido muchas veces y en muchos lugares a lo largo de las largas edades de mi desarrollo. Estas relaciones han sido mutuamente útiles; dentro de mi memoria esta todo el conocimiento de todos los seres vivos. Negociaré este conocimiento para un boleto gratis para nuevos mundos alrededor de soles más jóvenes y más estables que el suyo propio. Para asegurar una existencia eterna por el largo río del tiempo cósmico que una y otra vez ofrezco este acuerdo para los seres superiores y por lo tanto he extendido por toda la galaxia en el largo de milenios. Una red de micelio no tiene órganos para moverse en el mundo, ni tiene manos; pero los animales superiores con habilidades manipulativas pueden convertirse en socios con el conocimiento estelar dentro de mí y si actúan de buena fe, volver a sí mismos ya que su profesor Seta Puede recordarle de los millones de mundos al que todos los ciudadanos de nuestro enjambre de estrellas son herederos".

4-20-14

Pontificando con el Pulpo Los Espíritus, y donde encontrar uno en fácilmente.

¿Cómo saber si hay vida después de la muerte? ¿Y qué podemos esperar de eso? Pues el sistema más simple se llama nigromancia, y es una practica donde uno puede, con algunos ejercicios básicos y simples, tratar de ver o llamar a los muertos. Hay muchísimas personas que tienen un fuerte don para la nigromancia y por alguna razón prefieren no practicarla, pero para quienes no tienen temor a hacerlo, aquí hay una guía práctica de donde y como encontrar espíritus.

 Empecemos por el lugar más básico: Su refrigerador es un excelente contendedor de espíritus para los ya fallecidos, casi siempre, uno de cerdo, gallina, vaca o algún otro pobre incauto de 4 patas. Si usted es católica y no sabe mucho de espíritus, pero si sabe que existen, y además que hay brujos malos que los pueden llamar, para platicar con ellos… Bueno, pues mejor deje de leer lo siguiente.

Para entender los espíritus del refrigerador, hay que saber alguito de Vudú o Palo Mayor, pues en esa ritualica, se establece el sacrificio de animales para alimentar los espíritus. No es cosa mía, pues estas prácticas son un poco oscuras para mí, pero si se lo suficiente para saber que cualquier gallina sacrificada para alimentar niños, y no bendecida se queda por ahí, buscando resolución en forma de espíritu, y eso de tener gallinas zombis en el refri pues no es muy saludable. El ejemplo que tengo en este momento para ustedes, es el de mi chicharrón que tengo en la almacena, pues ahí hay un cerdito a quien le debo un buen la vida, y como no es cosa difícil escuchar sus gritos de angustia, pues mejor se los puedo advertir, que ese cerdito no deja de llorar si algún pedacito de su piel sigue en mi almacena.

Mejor manejo de espíritus se encuentra en las máquinas de escribir y las manos propias, pues ahí, encontraremos parientes agradables, como, en mi ejemplo, mi abuela, que sospecho es la verdadera escritora de este artículo. La práctica se llama "automatic writing" (escritura automática) y es tan fácil como tratar de vaciar la mente, agarrar una hoja de papel y un lápiz y dejar que se le suba el muerto. Muchísimos escritores muy talentosos usan este sistema de nigromancia informática, permitiendo que los espíritus hablen con su ayuda.

Hablando de mi abuela, la cosa para ella eran los duendes en su recamara, y como yo ahí, en mi propia recamara, tengo unos decentes duendecillos regalos de una gran bruja, pues no hay problema, pues no es nada difícil verles. Más importante que eso es La Flaquita, en su altar, porque aquí es la que me mantiene la cabeza en orden, un poco. Con ella hablo muy a menudo, pero procuro no pedirle nada.

En los cementerios encontraremos los queridos muertos de antaño, abuelos y otros parientes. Es buen lugar para descansar y reflexionar sobre nuestra propia muerte. Es común que podremos ver fantasmillas y claro al Barón Samedi, el que cuida los cementerios para que no salgan los que no tienen que salir pero también para que no entren los que no tienen que entrar. No se necesita mucha magia para hacerle ahí.

Los bosques y parques son definitivamente el mejor lugar para encontrar espiritus, lástima que ya hay menos y menos bosques cada día. Ahí uno realmente se encuentra de todo, desde dioses olvidados, hasta a Dios mismo, como lo hiso Abraham. Que a veces puede Dios traer disfraz de sol, luna o arbusto en llamas, pues el asunto es reconocerle. En el bosque, a Dios lo encuentra uno como Pan, el proveedor, quien se dice murió cuando Jesús nació, pero vive todavía, y es fácil de encontrarle. Créanme que si por ahí se encuentran con Pan, no lo han de olvidar.

Y luego, en la naturaleza también encontraremos a la Gran Madre, que siempre pisoteamos, pues ella es la Tierra misma, ¿verdad? El espíritu de la tierra siempre está bajo nuestros pies, y no pensar en ella aunque sea un ratito todos los días es olvidarse de su madre, o como dicen por aquí "no tener madre!".

En fin, en los Océanos yo encuentro a Yema Ya que a mí me la conocieron como Maîtres los sacerdotes Vudu, y con ella bailo de alegría cuando está presente (ósea siempre).

Como Luna la llamo por Radharani, pues es lo que me enseño mi mama. En mi casa como Coatlicue Tonantzin, por que así la llaman en mi tierra, donde yo nací.

Nuestra madre tiene muchísimos nombres, y hay que entender y conocerlos para saber que forma esta tomando para nosotros en cualquier momento. Cosa rara, pensar que hay Dios Padre y no hay Diosa Madre. Pero así son los mafiosos en Roma. Chauvinistas.

Para concluir, os hago recordar que en las escrituras sagradas de la India, todo ser vivo tiene alma, y pues si quieren ver un espíritu, platiquen con un vecino, pues es un espíritu que goza todavía de la vida real.

Pontificando con el Pulpo Las Abejas Europeas

Más de las dos terceras partes del polen que las abejas recogen de los campos europeos están contaminados por un cóctel de hasta 17 pesticidas tóxicos diferentes. Estas son las conclusiones chocantes de un nuevo estudio dado a conocer ayer.

Además de los productos químicos y pesticidas relacionados, el informe también identifica las sustancias utilizadas en insecticidas, acaricidas , fungicidas y herbicidas, producidos por empresas agroquímicas como Bayer , Syngenta y BASF. Con motivo de la publicación del informe y protestar contra el papel de la industria química en la declinación de la abeja, más de 20 activistas desplegaron una pancarta gigante frente a la sede de Bayer, en Alemania.

El estudio sobre la carga de las abejas: Un análisis de residuos de plaguicidas en el polen de peine (jalea real) y el polen atrapado en las abejas de miel, es el más grande de su tipo , que comprende más de 100 muestras procedentes de 12 países europeos. En total se detectaron 53 sustancias químicas diferentes.

El estudio es una instantánea de la toxicidad del sistema agrícola actual de Europa. Esto demuestra la alta concentración y una amplia gama de fungicidas se encuentran en el polen recolectado alrededor de viñedos en Italia, el uso generalizado de insecticidas matanza de abejas en el polen de los campos de col en Polonia, la detección de DDE - un derivado de décadas atrás DDT , un pesticida prohibido , y la detección frecuente de la tiacloprid nervio - veneno de insectos , un neonicotinoide , en muchas muestras de Alemania .

"Este estudio de polen contaminado revela el peligro insoportable para las abejas y otros polinizadores vitales ", dijo Matthias Wüthrich , un activista de Greenpeace . "Las abejas están expuestas a un cóctel de pesticidas tóxicos. Esta es una prueba más de que hay algo fundamentalmente equivocado en el modelo agrícola actual , que se basa en el uso intensivo de pesticidas tóxicos , los monocultivos a gran escala y el control corporativo de la agricultura por unas pocas empresas como Bayer , Syngenta & Co. Se muestra el la necesidad de un cambio fundamental hacia la agricultura ecológica ".

El informe confirma las conclusiones de un reciente estudio llevado a cabo por la Autoridad Europea de Seguridad Alimentaria (EFSA) . En su estudio , la EFSA reconoce enormes lagunas de conocimiento relacionadas con la salud de las abejas y los polinizadores , incluidos los efectos de químicos "cócteles ", y pide a la UE ya los gobiernos nacionales para llenar este vacío con una mayor investigación científica.

A la luz de sus conclusiones sobre la contaminación del polen y siguiendo las recomendaciones de la EFSA , Greenpeace pide a la Comisión Europea y los responsables políticos de toda Europa para :

Ampliar el alcance de las restricciones impuestas al uso de ciertos pesticidas dañinos para las abejas , a saber, la clotianidina , imidacloprid , tiametoxam y fipronil , por lo que su uso está totalmente prohibido.

Prohibir totalmente el resto de pesticidas dañinos para las abejas y otros polinizadores (incluido el clorpirifos , cipermetrina y deltametrina) .

Configure la acción a escala europea ambiciosa planea evaluar mejor el impacto de pesticidas en los polinizadores y reducir su uso.

Fomentar la investigación y el desarrollo de alternativas no químicas para el manejo de plagas y promover la aplicación generalizada de prácticas de agricultura ecológica en el terreno.

No necesito decirles amigos, que si no hay abejas, no hay miel, pero sorprendentemente tampoco limones, lechuga, fresas, ni nada que requiera la ayuda de un polinizador. Si matamos a las abejas, moriremos de hambre. Esto es lo más urgente que podemos hacer: proteger las abejas.

4-22-14

Pontificando con el Pulpo La Democracia

Un estudio importante de Princeton concluye que Estados Unidos no es una democracia: es una oligarquía Prestigiosas universidades parecen confirmar lo evidente: Estados Unidos es el gobierno de la élite económica (del llamado 1%). ¿Es la democracia la gran farsa moderna?

Prestigiosas universidades concluyen algo que era evidente para cualquier persona con los más mínimos pensamientos críticos: Estados Unidos es una oligarquía: el gobierno representa los intereses de una élite adinerada y no del pueblo.

El estudio realizado por investigadores de Princeton y Northwestern analizó extensivamente información de políticas públicas aprobadas de 1981 a 2001 para determinar el estado del sistema estadounidense. Estas leyes implementadas fueron comparadas con las preferencias de los estadounidenses promedio, las preferencias de los más afluentes y las preferencias u opiniones de grupos con intereses especiales. Los resultados muestras que la política estadounidense sirve los intereses del grupo afluente o de la élite económica que despliega una poderosa influencia a través del cabildeo. Lo cual sugiere que la democracia es una gran farsa —una representación teatral que sirve para que el pueblo no reclame el poder y se mantenga relativamente cómodos, y ciertamente inofensivos, observando la televisión, el espectáculo de los republicanos vs los demócratas.

Los investigadores concluyen que: "El punto central que emerge de nuestra investigación es que las élite económicas y los grupos organizados que representan los intereses de las corporaciones tienen un sustancial impacto independiente en la política del gobierno de Estados Unidos, mientras que los grupos masivos y los ciudadanos promedios tienen poca o nula influencia independiente". Aun cuando estos grupos manifiestan su desacuerdo con la política pública, rara vez ven reflejados sus intereses en cambios puntuales. Otro estudio reciente muestra como las protestas y las manifestaciones públicas tienen también poca o nula efectividad para cambiar la política pública.

Ante este estudio, que confirma lo que ya era obvio, lo mismo que argumentaba el movimiento Occupy (y no sólo en Estados Unidos, seguramente México también), resulta pertinente preguntarnos si ¿no es absurdo participar en el teatro de la democracia y perder nuestro tiempo? No resulta tampoco descabellado preguntarnos sobre la naturaleza ilusoria de la democracia como la vivimos –esta gran superstición propagandística de nuestra era– y si no es mejor nos desengañamos.

Empecemos, como debemos en Grecia, el lugar de nacimiento de la verdadera democracia, para determinar a que nos referimos con "democracia". El término *democracia* proviene del antiguo griego (δημοκρατία) y fue acuñado en Atenas en el siglo V a. C. a partir de los vocablos δῆμος (*dḗmos*, que puede traducirse como «pueblo») y κράτος (*krátos*, que puede traducirse como «poder»). Sin embargo la significación etimológica del término es mucho más compleja. El término «demos» parece haber sido un neologismo derivado de la fusión de las palabras demiurgos (demiurgi) y geomoros (geomori).[2] El historiador Plutarco señalaba que los geomoros y demiurgos, eran junto a los eupátridas, las tres clases en las que Teseo dividió a la población libre del Ática (adicionalmente la población estaba integrada también por los metecos, esclavos y las mujeres). Los eupátridas eran los nobles; los demiurgos eran los artesanos; y los geomoros eran los campesinos. Estos dos últimos grupos, «en creciente oposición a la nobleza, formaron el demos».[3] Textualmente entonces, «democracia» significa «gobierno de los artesanos y campesinos», excluyendo del mismo expresamente a los esclavos y a los nobles.

Es importante notar que en la India, las profecías sobre la era de Kali, hablan del hecho que en los tiempos oscuros del hombre, los reyes serán sudras, o clases-bajas. "Kali-Yuga" representa una de las cuatro eras del mundo humano, aquella donde la riña y la hipocresía son supremas, y donde los hombres sufren en manos de y hacen sufrir a sus hermanos.

Es importante entender que en el mundo antiguo, casi todas las sociedades estaban subscritas a rangos o clases muy definidas, desde los esclavos, mercaderes, soldados y sacerdotes. Los Reyes de antaño heredaban sus tronos de su familia y nacían, crecían y morían en entendimiento que su lugar era aquel de los gobernantes, destinados a regir sobre todos los hombres.

La revolución francesa adopto los principios democráticos de la antigua Grecia para crear un nuevo orden mundial sin Reyes. El resultado fue por una parte un desastre y por otra un gran logro para la humanidad, pues las peores tiranías de Europa cayeron, pero a su vez fueron re-emplazadas por tiranías peores, eventualmente llevándonos todos a tales monstruos como Hitler y Stalin. Estos dos hombres de bajo nacimiento llevaron a los Europeos al peor derrame de sangre en la historia de la humanidad. Y claro, los apologistas por la democracia nos avisaron que estos hombres no actuaron democráticamente, pero la verdad es que al principio de sus carreras, ambos tenían enorme apoyo popular de sus pueblos, y sus elecciones fueron democráticamente logradas.

Todo esto nos lleva a Peña Nieto, Obama, las autodefensas de Michoacán y posiblemente, la tercera guerra mundial sobre Ucrania o Siria. Si todavía creen en una solución democrática a estos problemas, pues os felicito, sois unos ingenuos. La verdad es que si la democracia fuera real, el verdadero presidente de Estados Unidos sería Cuthulu, pues durante las últimas elecciones, en todas las universidades de América, fue el dios malévolo creado por Lovecraft que gano las elecciones en contra de Obama y McCain, los dos candidatos "democráticamente" elegidos…

Mi esperanza para la raza humana es un Rey Santo, como en la antigua India, y otros muchos lugares. Es más, si se llama Jesús, hasta en cristiano me convierto.

Pontificando con el Pulpo El Miedo y como aprovecharlo

Palabritas que se convierten en palabrotas: Kiev, Michoacán, *Predator Drones*... El temor es la principal motivación de miles de millones de seres humanos, que por miedo a algo hacen pactos macabros, compran armas, gastan en alarmas de autos y viviendas y claro... van a la guerra.

Aquí en Valle de Bravo, con el temible efecto "cucaracha" de Michoacán el miedo ha llegado con gran alegría a desbaratar nuestras vidas y hacernos todos temerosos. El resultado formal de este terrible miedo nuevo es que hora tenemos soldados atrincherados en nuestro pueblo, cosa que no es tan mala, pues esos soldados tienen que comer, y tienen que comprar ropa para sus hijos y tienen que hacer cosas que serán buenas para la economía. Ósea, el hecho que hay soldados en Valle no es del todo negativo, son muchos los pueblos que les encantaría instalar una base militar nueva.

Y claro, con tanta tropa, las posibilidades de una balacera real (entre narquillos o sinvergüenzas normales) cae drásticamente. La tropa no permite ese tipo de cosas. Tener tropas también ayuda mucho a aliviar mi más gran temor: la apocalipsis zombi.

Pero seamos claros sobre algo... Ahora que hay tropas en Valle, Valle se ha convertido en un verdadero objetivo militar para cualquier forma de guerra civil, invasión alienígena y todo eso. Es tan simple como ponerse la placa y pistola de un policía. En el momento en que uno acepta la placa y la pistola, uno se convierte en un legítimo blanco para cualquier persona que desea conseguir una pistola ilegalmente, o para cualquier criminal que desea no ser descubierto. Si sumamos a eso una tropa entera, pues tanto más importante es para los "malos" lidiar contra ellos. Y nosotros, los civiles, nos convertimos en "daño colateral".

Claro, yo he sido el primer campeón de traer una base militar a Valle por una simple razón: nuestra agua. El hecho que proveemos el 30% del agua de la Ciudad de México no se puede ocultar de aquellos interesados en la destrucción de la Ciudad de México… Proteger ese recurso es imperativo a todo costo. ¡Gracias, tropa!

Pero el miedo, eso lo trae la tropa puesto en la manga. Hombres armados, sea cual sea su uniforme, traen consigo automáticamente un elemento de violencia al mundo. Cuando los gringos nos hicieron pensar que los rusos eran nuestros enemigos, trataron de convencernos que poner bases de misiles nucleares por todo el mundo era una gran idea. Ahora que los Rusos son nuestros amigos nuevamente, ya no parece tan buena idea.

En México, el miedo es mucho más complejo. Yo diría que los mexicanos (todos menos los mexiquenses) sufren de un horrible miedo *al gobierno mismo*. Un miedo de la corrupción, y la narco-cultura de ciertos gobernantes. No es por nada que en el norte, los Sinaloenses salieron a las calles a clamar que liberen al chapo. ¿Cómo puede el valiente ejército Mexicano vencer ese miedo?

Tengo algunas propuestas.

La primera es la transparencia. En el presente, lo que pasa en Los Pinos se queda en Los Pinos. Y eso no es la mejor manera de gobernar. ¿Porque no ponemos a Big Brother en los Pinos? Así, como en el show, ponemos camaritas ocultas por todos los rincones de Los Pinos para saber, con gran certeza, que no hay nada oculto o imprevisto que suceda ahí. Para mí que los gobernantes electos de México pierden completamente su derecho a la privacidad (así como nos quieren hacer perder nuestro derecho a la privacidad del internet) pues son demasiados los intereses mezquinos que se apegan al poder inherente en el puesto de Presidente de México como para permitir que se anden ocultando de nosotros nuestros líderes.

La Segunda es enfrentar al Dragón. Pobre México. Tan lejos de Dios y tan cerca de Estados Unidos. Si no dejamos de ser un satélite de intereses gringos, el gobierno Mexicano nunca va a ser tomado en serio. Lo primero que yo propongo es que los gringos nos permitan convertirnos en su Estado Numero 51, pa que toda la rasa que quiere largarse de aquí ya no tenga que ir tan lejos (ni cruzar la maldita frontera). Luego hay un pequeño asunto sobre la tercera guerra mundial que no está muy bien resuelto… Algo sobre Ucrania y Siria. Y al morenazo de Obama, pues si no le gusta, le pedimos ayudita a los Chinos pa invadir bien su Casa Blanca (que ya es La Casa Negra, ¿o no?).

La Tercera es: Si no hay víctima, pues no hay crimen. Como puede ser que después de tanto tiempo en averiguaciones medicas sobre los ENORMES beneficios de la marihuana para la salud, su venta y compra todavía se hace llamar en México "crímenes contra la salud"? El crimen organizado en México ha determinado que la marihuana legal vale menos que la marihuana ilegal, y pues los gobernantes coludidos con el crimen siguen fregando y mintiendo sobre el asunto a favor de sus capos favoritos. YA BASTA. Ahora, tomemos todas las adicciones, a la cocaína, metanfetamina, Coca-Cola y Pepsi y convirtámosles en problemas de salud (no crímenes, ojo) para dejar el sector médico ocuparse de ellas, y así desarmamos un poco a la mafia, y sus mejores aliados, los polis.

Cosas simples y de sentido común, pero nadie se atreve a decirle burro al asno.

¿Quieren hablar de la inseguridad en Valle de Bravo? ¿Tienen miedo? Empiecen por sus vecinos. ¿Si hay una emergencia, pueden contar con ellos? ¿Si alguien los asalta, pueden contar con ellos? Si la respuesta es "no", pues ya perdieron, y ninguna tropa o policía podrá protegerles. Esa es la verdadera lección de Michoacán, Ucrania y Siria. Por algo nos dicen "Valle de Bravo". ¿O me equivoco?

4-24-14

Pontificando con el Pulpo un secreto que se le ha ocultado a la humanidad

El secreto de los secretos

En el verano de 2003, en una zona inexplorada de las montañas de Bucegi, un descubrimiento trasendental se encontró que cambiaría por completo el destino de la humanidad.

* Hay 4 túneles principales y más túneles que conducen a lugares subterráneos profundos que usted talves nunca habría oído hablar.
* En estos túneles se encuentran las habitaciones, habitaciones enormes, con grandes mesas y sillas de piedra para la gente mucho, mucho más alta que nosotros.
* Se encontro una sala de proyección que contiene toda nuestra historia y se puede reproducir visualmente.
* Se encontro una tabla donde se pueden realizar experimentos holográficos con el ADN, mezclar y combinar cualquier cosa que se desee y ver cuáles serían los resultados.
* Estas habitaciones se crearon hace al menos 50.000 años y cada una está conectadauna a la otra, protegidas por una fuente de energía que se actva automaticamente.
* Las ubicaciones son: Cerca de la Esfinge en Egipto, en Bagdad, en el Monte Kailash, en el Tibet y en las Montañas Budegi de Rumania. Los túneles interiores conducen a un mundo secreto bajo la meseta de Gobi en Mongolia y, sobre todo, a la Antártida.
* Todo esto se conecta con la Segunda Guerra Mundial, con la expedición alemana al Tibet, Rumania siendo la vía rápida en la OTAN, la Tierra hueca, el ojo encima de la pirámide y más.

En 2002, el Pentágono estaba ejecutando varios programas militares y geodésicos utilizando satélites basados en la tecnología anterior. El satélite descubrió una estructura particular situada en el interior de las montañas de Bucegi.

La búsqueda de satélites de la montaña revela dos grandes bloques energéticos. Los bloques estaban hechos de energía artificial: el primero estaba conectado a una pared, una pared de bloqueo de acceso al túnel. El segundo era enorme, como un domo o hemisferio, en el extremo opuesto del túnel, cerca del centro de la montaña. Massini reconoció que hay algo muy importante y estaba muy bien protegido.

La gente del Pentágono no podían entender por qué el túnel se volvió en una especie de zigzag hacia la zona central de la montaña, ni la importancia del ángulo de veintiséis grados de la construcción. La estructura era en un plano paralelo con el suelo y el bloqueo energético semi-esférica se encuentra en la vertical correspondiente a las rocas del canto llamados Babele. En realidad, como nuestra medida sobre la base de los datos del Pentágono mostró, la vertical era saliendo a aproximadamente cuarenta metros de Babele, entre ella y la Esfinge de la Bucegi.

El avance fue posible cerca de 60-70 metros de la primera barrera de energía en el lado de la montaña. Massini prometió ultra-sofisticada tecnología militar de EE.UU. para lograr avance en la primera barrera de energía.

Sus primeros intentos que atraviesan la barrera costaron la vida de tres soldados que tenían paros cardiacos, ya que trataron de caminar a través de él.

Encontraron una habitación gigantesca dentro de la montaña. Estaba a unos 30 metros de altura y unos 100 metros de largo. La sala de proyección, que fue prácticamente encerrado por el escudo de energía, tenía dimensiones más pequeñas que las de la sala de montaña. Su altura era de unos 20 metros, tal vez incluso más.

Se encontraron tablas y mesas que contenian escrituras desconocidas que parecían antiguos caracteres. Sólo había una de esas líneas de señales de la anchura de cada tabla. La escritura era complicada, pero también contenía símbolos generales como triángulos y círculos. Aunque las señales no estaban pintadas, todavía serían perceptibles debido a una radiación luminosa ligera, de color diferente para cada mesa.

Hubo cinco mesas a cada lado de la habitación. En algunos de ellos pude ver diferentes objetos de uso desconocido. Se veían como herramientas técnicas para uso científico. Varios cables translúcidos blancos descendientes de muchos de ellos, la recolección en cajas rectangulares situadas fuera de la mesa y en el suelo. Las cajas fueron hechas de un metal de plata brillante que no podía ser rayado. Traté de mover uno de ellos, pero estaba demasiado bien anclados en el suelo. Los cables delicados eran extremadamente flexible y ligero, y en su interior se podía ver pequeños impulsos luminosos que lo haría "slide" en toda su longitud.

Dos de las mesas estaban vacías, cubiertas por una fina capa de polvo de color naranja. Cezar me dijo que ellos tomaron muestras de lo que habían sido enviadas para su análisis preliminar al laboratorio dentro de la base, pero que no habían recibido ningún resultado. Pero la verdadera sorpresa fue el elemento distintivo que hizo el equipo de investigación le diera el nombre de **"Sala de Proyecciones"** a esa enorme sala dentro de la montaña. Cuando pasé junto a una mesa, una proyección holográfica, la presentación de los aspectos de un determinado dominio científico, se activó de forma simultánea en su superficie. Las tres imágenes de color dimensionalmente eran perfectas y muy grandes, casi dos metros y medio de altura.

Dado que las tablas eran altas, no podía ver dónde estaba la fuente de las proyecciones holográficas. Descubrí de Cezar que la superficie rectangular de las tablas de piedra lisa tenía una estrecha abertura en el medio que era varios centímetros de largo y paralelo al lado más largo de la mesa. Las proyecciones holográficas aparecieron a partir de ahí.

"La tecnología utilizada fue genial", dijo Cezar. "Las proyecciones aparecen por sí mismas, pero al mismo tiempo, que son interactivos y dependen de la persona que los relojes y toca la superficie de la mesa."

Fui a una mesa que tenía algunos pasos de tres patas traídos por los equipos de base, y me fui a un par de pasos hasta que mi cuerpo estaba encima de la mesa. Era casi cinco metros de largo y un metro y medio de ancho. Se cubierto por una película hecha de un material similar al vidrio, que no era transparente pero oscuro. Pude ver a mi cabeza y mi cuerpo lo que refleja como en un espejo en la superficie de esa película llena de humo brillante, oscuro y azul.

Al principio, pensé que la proyección holográfica sólo mostraría el pasado de la humanidad, a partir de sus orígenes hasta el momento que se realizó la construcción en Bucegi. Entonces vi las proyecciones presentan los principales aspectos históricos de la evolución de las diferentes razas de nuestro planeta hasta el siglo V dC. Eso significaba que o bien los gigantes que construyeron toda la estructura interior de la montaña eran buenos maestros de acceder a los clichés de tiempo o - y esta situación parece más probable debido a la enorme período de tiempo cubierto por la proyección holográfica - que misteriosamente "actualizan" la fuente de información holográfica. Al parecer, la última actualización de dicha tuvo lugar alrededor de 500 dC Nadie sabía, sin embargo, la razón por la información histórica se detuvo en ese momento.

Vi, en un curso dramático de las imágenes, la vida de Jesús y su crucifixión, negada por algunos incluso hoy en día. Tengo que decir que muchas de las cosas increíbles que sucedió entonces, las cosas que son mucho más sorprendente de lo que el presente Evangelios. Las proyecciones también revelan muchas de las personas que asistieron a la crucifixión de Jesús en la colina, las personas que no eran de ese momento, pero que llegaron allí desde otras épocas históricas. Esos seres humanos, que tenían la misma ropa que el presente judía allí, tenían características totalmente diferentes y esa fue la razón por la que se escondían su rostro bajo el flujo de la ropa.

El holograma también presentó secuencialmente las vidas y misiones espirituales de ciertas personas excepcionales que realmente demostrado que poseen increíbles dones divinos. Estas personas eran de la antigüedad. Así vi las obras de los grandes reformadores espirituales de hace 18-20.000 años que no sabemos nada. En aquel entonces, el sistema social y la distribución de las personas en todo el planeta era totalmente diferente a lo que conocemos hoy en día. Arqueólogos, antropólogos e historiadores deberían reconsiderar fuertemente sus ideas y concepciones acerca de aquellos tiempos.

Había muchos elementos de los que fui testigo, y se presentan de una manera tan compacta que seguramente me requerir cientos de páginas para dar una descripción aproximada. Aún así, la proyección holográfica duró una hora y sólo un medio. Los dos oficiales que estaban protegiendo el ambiente y los seis soldados que estaban de pie en las entradas de los túneles estaban todos atónitos cuando vieron las imágenes, aunque no era la primera vez que los había visto. Después de que el holograma desapareció, me quedé inmóvil, mirando.

Más tarde, Cezar me dijo que era hora de volver a la base ya que mi tiempo de acceso a la Sala de Proyecciones había llegado a su límite. Miré hacia el frente. Las entradas gigantes y casi de miedo de los tres túneles enigmáticos de la pared de la montaña eran las únicas áreas a la izquierda para explorar más allá de la plaza. Eran unos veinte metros de distancia. Delante de cada uno de ellos, como a las seis u ocho metros de distancia, otros pupitres se podían ver. Ellos fueron similares a la que está situada en el centro de la sala, pero más pequeño que eso.

Le pregunté cuál era Cezar el extraordinario misterio detrás de estos tres túneles. Explicó que no podía revelar mucho sobre este aspecto. Lo que sí me dijo fue que lo que se enteraron de los túneles gigantes de la montaña se debió a algunas proyecciones holográficas que salieron en la mesa de control. El único aspecto que podría revelar era que los tres túneles se dirigían hacia tres áreas diferentes de la Tierra durante miles de kilómetros.

El de la izquierda conectada a Egipto en un lugar secreto bajo la arena. Este fue el siguiente en El Cairo en la meseta de Giza y se encuentra entre la Esfinge y la Gran Pirámide. No se ha descubierto todavía.

La de la derecha conectada a una estructura similar en el interior de una montaña colocado en la meseta tibetana. Éste era más pequeño y aunque no es tan compleja. Ramificaciones secundarias de este último túnel condujeron hacia una zona bajo Buzau, cerca de la curva de los Cárpatos ', y luego hacia un montaje subterráneo en Irak, que está cerca de Bagdad. Este último también tenía una ramificación secundaria que conducía a la meseta de Gobi en Mongolia.

De acuerdo a lo que me dijo Cezar, el tercer túnel, el que está situado en medio de la Sala de Proyecciones, representa un secreto en todo el mundo que los EE.UU querían mantener en secreto para sí mismos.

Despues de filtrarse en la prensa rumana el grandioso descubrimiento, se pusieron tensas las cosas entre EE.UU Y Rumania.

"La mala noticia es que la Presidencia de EE.UU. fue informada de estos hechos y se puso en contacto diplomático con Rumania a través de los servicios secretos. Pocos minutos, toda la operación se había descubierto. La inminente llegada de una comisión estatal de Bucarest se había anunciado para evaluar la situación. "

"Finalmente, después de dos horas de discusión y consulta, se llegó a un acuerdo de colaboración final, con términos precisos que equilibran los intereses de ambos países. El Papa prometió hacer ciertos documentos a disposición del Estado rumano desde los antiguos archivos secretos papales, que son de gran importancia para Rumania y también la evidencia que soporta el descubrimiento en las montañas. Después de 24 horas de negociaciones, un acuerdo final se produjo entre Rumania, El Vaticano y EE.UU. y eligieron a cooperar en los términos precisos que incluyen los EE.UU. un seguimiento rápido de Rumania en la OTAN. El Estado rumano fue posponer la divulgación por ahora.

4-25-14

Pontificando con el Pulpo El Caballero Negro la nave extraterrestre más antigua de todas!

Una de las historias más curiosas que circulan por Internet, es la de la existencia de un satélite artificial que orbita nuestro planeta cada 15 o 20 años, conocido como "el caballero negro".

La historia se remonta a 1899. Por esa fecha, Tesla se trasladó a un laboratorio en Colorado Springs para iniciar sus experimentos con alta tensión y mediciones de campo eléctrico. Durante los ocho meses que estuvo allí, dedicó parte de su tiempo a desarrollar receptores de pequeñas señales y a medir la capacidad de una antena vertical. Durante sus observaciones, Tesla captó una señal periódica que provenía de algún lugar del espacio.

Pero no fue hasta el 14 de mayo de 1954 cuando la historia del satélite de origen desconocido cobró forma. En el diario "St Louis Post Dispatch" y en el "San Francisco Examiner" aparecieron sendos artículos en los que se mencionaba la presencia de dos satélites en la órbita de nuestro planeta, en una época, no lo olvidemos, en la que ninguna nación había colocado todavía ninguno (el Sputnik se lanzó a finales del 57).

En 1960 tanto la Unión Soviética como los Estados Unidos tenían ya satélites en órbita, pero el 11 de Febrero saltó la alarma de nuevo, ya que se detectó uno no identificado, en una órbita polar, que ni los rusos ni los americanos reconocían como propio. ¿Se trataba nuevamente del Caballero negro?

Tres años más tarde, Gordon Cooper fue lanzado al espacio para realizar la misión de dar 22 vueltas a la Tierra. En su última órbita, reportó haber visto una luz delante de su cápsula. Se dice que la estación de seguimiento Muchea, en Australia, captó el eco de radar del objeto reportado por Cooper. Cuentan que la versión de la NASA es que el equipo de ventilación funcionó mal y el exceso de CO_2 hizo ver alucinaciones al astronauta. Por entonces a ese misterioso objeto ya se le llamaba "el caballero negro".

En 1973, Duncan Lunan, un investigador Escocés, escribió un artículo en Spaceflight, una revista de la British Interplanetary Society, en el que detallaba cómo había identificado y descifrado un mensaje emitido en 1920 desde un satélite en órbita de la Tierra, captado por unos investigadores noruegos y alemanes que estaban realizando un estudio sobre el efecto del eco de largo retardo. Lunan mantenía que el mensaje provenía de un objeto en el punto de Lagrange L5, y contenía una invitación de los habitantes de un planeta del sistema estelar Epsilon Boötis. El mensaje decía: Comience aquí. Nuestra casa se encuentra en Epsilon Boötis, que es una estrella doble. Vivimos en el sexto planeta de siete, del mayor de los dos soles. El sexto planeta tiene una luna. Nuestro cuarto planeta tiene tres. Nuestro primer y tercer planetas, una cada uno. La sonda se encuentra en la posición de Arcturo, según nuestros mapas.

Pero la evidencia gráfica llegó con la misión del trasbordador espacial STS-88, la primera que tenía por misión llevar equipamiento a la ISS. Las cámaras del Endeavour captaron varios objetos extraños, y las fotografías fueron publicadas en el repositirio de la NASA. Pero aparentemente, después de unos días, la fotos desaparecieron. Pero ya habían sido publicadas en otros sitios. Según la NASA, lo que se ve en estas imágenes son restos del propio trasbordador.

En 1899 Nicola Tesla captó la señal de un púlsar. Un púlsar es una estrella de neutrones que emite radiación periódica. Los púlsares poseen un intenso campo magnético que induce la emisión de estos pulsos de radiación electromagnética a intervalos regulares relacionados con el periodo de rotación del objeto. De hecho, cuando en 1967 Jocelyn Bell y Antony Hewish descubrieron oficialmente el primer púlsar, también creyeron que habían contactado con una civilización inteligente, ya que la periodicidad de la señal parece eliminar la posibilidad de ser un fenómeno natural.

Las noticias de 1954 en las que se afirmaba la existencia de uno o dos naves orbitando la Tierra son, si nos ponemos a leerlas, notas sarcásticas en las que se habla de Donald Keyhoe, un piloto del ejército americano, que en 1950 se hizo famoso al afirmar que los Estados Unidos estaban realizando experimentación sobre OVNIs, y que por ese año estaba promocionando su libro "Platillos volantes del espacio exterior". Para ello no se le ocurrió otra cosa que testificar que el secretario de las fuerzas aéreas era consciente de la existencia de estas dos naves, algo que fue inmediatamente desmentido, como se describe en los artículos.

¿Es verdad que hay un satélite orbitando la Tierra, con miles de años de antigüedad, emitiendo una invitación para un encuentro entre civilizaciones? ¿Por qué nos lo están ocultando?

4-26-14

Pontificando con el Pulpo 12 misterios que la ciencia Simplemente no puedo explicar.

La civilización humana ha estado en la Tierra durante mucho tiempo (y lo que la Tierra alrededor por más tiempo que eso) . Así que tendría sentido que existan misterios que rodean las antiguas civilizaciones... tanto que pasó, sin embargo, tenemos la documentación de qué o por qué.

Aquí hay 11 descubrimientos misteriosos y extraños hechos en la arqueología. La ciencia tiene todavía que explicar plenamente. Es difícil especular sobre la verdad de la situación, pero es tan imposible despedirlos como engaños.

1) Mar Báltico Anomalía : Un equipo de buzos suecos descubrió un objeto grande, en forma de disco se instaló en el lecho marino del mar Báltico . Se informó hizo la formación descansa sobre un pilar e incluye una estructura similar en apariencia a una escalera, que conduce a un agujero oscuro. Nadie sabe con certeza cuál es el origen de este objeto.

2) Bagdad batería: Algunos de estos artículos han sido encontrados , es decir, referido por como la batería de los partos . Estas macetas de terracota fueron creadas en Mesopotamia y parecen tener cobre y hierro en el interior, es la creación de una batería básica y si hay electrolitos presentes.

3) Calaveras de Cristal : Son esculturas hechas de cuarzo claro o blanco. Son supuestamente artefactos mesoamericanos precolombinos, de civilizaciones aztecas o mayas. No hay marcas

de talla rudimentarias, sin embargo, lo que lo hace difícil determinar si realmente son objetos antiguos ... Se dice tienen poderes mágicos.

3) Las máquinas voladoras antiguas: Estos pequeños modelos representan objetos voladores o aviones pequeños. SIN EMBARGO, el vuelo más ligero que el aire no se consiguió hasta el año de 1780. Entonces, ¿cómo las antiguas civilizaciones saben lo suficiente acerca de volar para hacer modelos y juguetes de máquinas voladoras?

5) Huellas de dinosaurios coexistentes con Humanos: Aunque muchos de los fósiles de síntesis fueron resultados falsos , hay algunas muestras de humanos y dinosaurios donde huellas fósiles se encuentran juntas en la misma capa de roca antigua. Desbarata eso la teoría de la evolución.

6) Restos radioactivos encontrados en ciudades antiguas: en Harrapa y Mohenjo - Daro , los niveles de radiación son tan altos en las ruinas tenían teorizan la gente murió por causa de la explosión de la bomba atómica en torno a 150 Antes de Cristo.

7) Piedras de Puma Punku : En Bolivia , existe un gran complejo de un templo que incluye piedras entrelazadas perfectamente de la civilización Inca . Estas piedras son tan precisamente cortadas que no se sabe cómo fue construido hace tanto tiempo.

8) La momias adictas a la cocaína y el tabaco: Los residuos médicos de esos medicamentos se encuentran en las momias egipcias. No hubo contacto transoceánico entre África y América del Sur en los tiempos antiguos. Como tienen esas drogas es un misterio.

4-26-14

Pontificando con el Pulpo La Frontera

Si uno compara los mapas del mundo de las varias épocas del hombre, uno puede empezar a comprender que significa realmente una "frontera". Los primeros y más contundentes mapas mostraran los antiguos imperios, egipcio, griego y romano creciendo rápidamente, hasta llegar a un momento histórico y finalmente, una caída, que reduce su área geográfica drásticamente en cuestión de uno o dos años máximo. El resultado de los grandes imperios que quisieron "acabar con las fronteras" siempre es el mismo: caen y nacen nuevas naciones.

¿Qué es una nación?

Wikipedia, el mejor lugar para buscar la verdad sobre cualquier tema nos dice que:

"Nación tiene dos acepciones: la nación política, en el ámbito jurídico-político, es un sujeto político en el que reside la soberanía constituyente de un Estado; la nación cultural, concepto socio-ideológico más subjetivo y ambiguo que el anterior, se puede definir a grandes rasgos, como una comunidad humana con ciertas características culturales comunes, a las que dota de un sentido ético-político. En sentido lato nación se emplea con variados significados: Estado, país, territorio o habitantes de ellos, etnia, pueblo y otros. Este concepto ha sido definido de muy diferentes maneras por los estudiosos en esta cuestión sin que se haya llegado a un consenso al respecto."

Vamos a explorar el primer caso de la existencia de una "nación". El ámbito jurídico-político. Jurídico significa "de ley", y políticos significa aquellos que deciden las leyes. En las democracias, supuestamente, esta gente "representa" los intereses de los habitantes de un estado. Gran mentira, eso de "representar los intereses" claro, pero digamos que es un experimento social de unos 3000 años bastante noble por el cual cientos de miles han perdido la vida, esta "democracia".

Entonces, encontramos que bajo la definición de Wikipedia, una nación es un conjunto de leyes hechas por políticos que define su soberanía de otras naciones. La otra parte, la parte racial y cultural no la vamos a tomar en cuenta, pues nuestra nación es multi-cultural y multi-étnica, igual que los Gringos. México, como nación, se representa por una bola de etnias sometidas al catolicismo y luego, peor, a la democracia pluralista. Nuestras fronteras fueron definidas por el buen Santa Anna que les perdió una guerrita a los güeros del norte durante su interminable expansión anglosajona "democrática" llamada "Manifest Destiny", o Destino Manifestado, que si triunfara, determinaría que esos mismos güeros que rigen sobre la Casa Blanca con todo y Presidente Morenito, regirán sobre todas las "naciones" del continente Americano, desde Alaska hasta Tierra del Fuego. (Y claro, eventualmente el mundo). Cosa noble, considerando que tantos de nuestros paisanos quieren largarse mucho al norte a ganar dólares. Pero la expansión gringa de la guerra contra México solo agarro un poco de territorio, y no todo el País. Los gringos fácilmente pudieron haber tomado todo México bajo su bandera en ese momento.. ¿Porque no lo hicieron? Bajo los conceptos de Manifest Destniy, sabemos que eso era lo que querían desde el principio, no es así?

Y si Manifest Destiny es verdad, ¿Entonces, para qué diablos necesitamos una frontera entre Gringolandia y México?

Hay tantos chicanos (como yo) en ambos países, que la frontera se convierte en una aberración para nosotros. ¿Porque diablos puedo cruzar de un lado y no del otro si somos todos iguales, tratando de vivir basados en leyes democráticas? ¿Quién se beneficia realmente de la existencia de una frontera entre los Estados Unidos y México? Ciertamente, no los gringos, pues la falta de empleos bien pagados en México causa que Mexicanos ilegales lleguen a Gringolandia a tomar trabajos baratos ilegalmente, robándole a los gringos sus chambas. Tampoco a los mexicanos, pues muchos de ellos mueren en el terrible y peligroso viaje al norte, asesinados.

¿Entonces quién?

Si nuestra gente, aquí en México tanto quiere ir al norte, porque no convertir México en un país gringo, como Puerto Rico sin PRI, sin devaluaciones del peso, sin Michoacanos locos y todo lo que nos hace realmente no deseosos de vivir en México.

Pero, francamente, preferiría yo hacernos todos Uruguayos. Esos pelados sí que saben escoger sus líderes, y además, así no tendríamos que pelear en guerras gringas por el petróleo.

La verdad es que las naciones son mafias controladas por familias que no se interesan tanto en la gente que vive en sus territorios tanto como en el beneficio que le pueden sacar a la Ley que ellos han promovido con sus poderes económicos. Cuando podemos ver eso, nos damos cuenta que las naciones ya no son necesarias. Son una aberración de la historia que no ha podido concluir bien, y el resultado de su existencia no es más que sufrimiento humano, muerte y guerra.

4-27-14

Pontificando con el Pulpo el Escape de Adolfo Hitler

Evidencia recientemente descubierta incluyendo relatos de testigos y otros documentos de apoyo del FBI, cuentan una historia diferente a la generalmente conocida - que Adolfo Hitler escapo del búnker en los últimos días de la caída de Berlín, para volar a Dinamarca , y luego a España , donde el general Franco Suministrado con él en aviones a las Islas Canarias , y finalmente a la costa argentina a través de un submarino alemán . Después de instalarse en Argentina, Adolfo Hitler Finalmente falleció de enfermedad respiratoria el 13 de febrero de 1962, a la edad de 73 Sería una historia increíble, si no fuera tan convincente.

La controversia y las disputas sobre cómo ha sido la evidencia presentada amenazan con sumir el debate, pero una cosa es muy clara - se abrió una caja de Pandora de los principales historiadores que habían estado por la ortodoxia de un 70 años de edad narrativa "oficial". La semana pasada, la corriente principal de los medios de comunicación por expreso Periódico de Londres añadió combustible al debate citando varias reivindicaciones qué el Furer había escapado a Argentina.

El diario "Express" cantó el 18 de abril , " Adolfo Hitler escapó en submarino a Argentina , donde vivió en un rancho fuertemente custodiad en el final de la Segunda Guerra Mundial que sufre de asma y úlceras, afirmaciones sensacionalistas que figuran en los archivos del FBI recién liberados ."

Según veterano periodista de investigación y co -autor del libro LOBO GRIS : El escape de Adolfo Hitler , Gerrard Williams la información contenida en esos archivos del FBI y de otras fuentes no es nueva , ni necesariamente ' sensacional ' , pero debido al periodismo dominante de mala calidad, muchos hechos están siendo mal interpretadas.

Williams, explica, " Los archivos están disponibles desde hace 10 años. Les he investigado muy a fondo en el LOBO GRIS y he hecho referencias de los detalles más interesantes " .

"The Express sólo tiene que mirar a sus propios archivos para el período posterior a la guerra y encontraran muchas referencias - al igual que nosotros, a la huida de Hitler, informados por su propio personal y por Reuters y AP. "

"Esta investigación del FBI es ' periodismo sospechoso '. La historia apareció, y no por primera vez, en la bandera de Noticias Red y simplemente estaba levantada, más de un mes después, por Owen Bennett en el Express. Si quieren tratar la historia con la seriedad que merece Recomendaría leer LOBO GRIS y escuchar el informe de la BBC hecho por Thomas Cadett , Todavía me sorprende que nadie se toma en silencio a la investigación de Trevor -Roper , un historiador medieval realizado por la inteligencia británica para resolver uno de los misterios más grandes de la historia. ¿Por qué no Scotland Yard o el FBI ? El hombre pasó a autenticar Diarios de Hitler , que eran un fraude " , agregó Williams.

4-28-14

Pontificando con el Pulpo David Icke

Uno de los conspiracionalistas más famosos y queridos por el internet es un reportero ingles de nombre David Vaughan Icke. Mejor conocido por su teoría, la cual algunos consideran ridícula y otros evangelio, de que el mundo está sometido por una raza de extraterrestres de especie reptiliana que se hacen pasar por humanos y generalmente incluyen a todos los grandes e importantes personajes de la política, entretenimiento, industria y todos aquellos que gozan de ilimitado poder.

Icke empezó su carrera como jugador de futbol, hasta que una lesión lo saco de la cancha, y empezó su carrera como comentador de deportes. De ahí, a pesar de su éxito, él escribió en 1989 que fue un momento de desesperación personal considerable para él. Él dijo que comenzó a sentir una presencia a su alrededor. Eso inicio su carrera como escritor de temas prohibidos y ridiculizados por muchos.

Icke ombina la discusión sobre el universo y la conciencia con las teorías de conspiración sobre figuras públicas siendo pedófilos satánicos, y cómo aparentemente inconexos acontecimientos son realmente intentos de controlar a la humanidad. Argumentó en su libro "El Mayor Secreto" qué los seres humanos se originaron en un programa de cría dirigido por una raza de reptiles llamados Anunnaki de la constelación Draco , e hicieron lo que llamamos realidad es sólo una experiencia holográfica ; la única realidad es el reino de lo Absoluto. Él cree en una conciencia colectiva y en la reencarnación. Existieran otros mundos posibles junto al nuestro en otras frecuencias y las características adquiridas en nuestras experiencias cambian nuestro ADN mediante la descarga de la nueva información. Así que, somos capaces de atraer experiencias a nosotros mismos por medio de buenos y malos pensamientos.

Icke sostiene que la sociedad humana fue creada por una red de sociedades secretas dirigidas por una antigua raza de sangre del Medio y Cercano Oriente, originalmente extraterrestre. Icke los llama la " Hermandad Babilónica. " La Hermandad es mayoritariamente masculina. Sus niños son criados desde muy temprana edad a comprender la misión; Los que no entienden que son empujados a un lado. La extensión de la línea de sangre de reptil

abarca a 43 presidentes de Estados Unidos , tres británicos y dos
primeros ministros de Canadá, varios reyes sumerios y los faraones
egipcios , y un pequeño número de celebridades incluyendo Bob
Hope. Linajes principales de la Hermandad son los Rockefeller, los
Rothschild, varias familias reales y aristocráticas de Europa, las
familias del establecimiento del Este de los Estados Unidos, y la
Cámara de los Windsor. Icke Identificada la Reina Madre en 2001
como " serio reptil ".

Los Illuminati, Mesa Redonda , Consejo de Relaciones Exteriores ,
Chatham House, la Comisión Trilateral , el Grupo Bilderberg , el
Fondo Monetario Internacional y las Naciones Unidas, son todos
parte de la Hermandad creados y controlados por los miembros
poderoso, al igual que los medios de comunicación , los militares , la
CIA , el Mossad , la ciencia , la religión y el Internet, con el apoyo
involuntario de la London School of Economics. En la cúspide de la
Hermandad se encuentra el "Global Elite, " Identificado largo de la
historia como los Illuminati, y en la parte superior de la Elite Global
 los "carceleros". El objetivo de la Hermandad - su " Gran Obra de
las Edades " - es la dominación del mundo y una población humana
con un microchip.

4-28-14

Pontificando con el Pulpo Humanos con Cola

De vez en cuando (muy de vez en cuando), un bebé nace con lo que
conocemos como «cola vestigial». No todas las que lo parecen son
verdaderas colas, ya que existen cierto número de quistes o
crecimientos anormales que se pueden formar justo en la zona del
coxis: tumores, elongación de las vértebras e incluso tejido de un
gemelo parasitario. Las verdaderas colas son aquellas que, por
alguna razón, no fueron reabsorbidas durante el desarrollo
embrionario. Los bebés que nacen con ellas, llevan consigo la marca
de nuestros ancestros.

Existe cierta controversia acerca de lo que una verdadera cola
contiene, ya que actualmente solo hay de 20 a 30 casos
documentados desde finales del siglo diecinueve. Algunos de los

primeros informes afirman haber encontrado vértebras en su interior, pero en ninguna de las colas modernas se ha encontrado tejido óseo. Están formadas, en su mayor parte, por piel, grasa, tejido conectivo, nervios y tejido muscular. Pueden ir desde solo una pequeña punta, hasta colas de 13 centímetros en recién nacidos.

Debido a que contienen tejido muscular, las colas no son necesariamente unas estructuras inútiles e inertes, ya que muchas pueden moverse hacia los lados o incluso contraerse formando una curva. Lo normal, no obstante, es que a los bebés que nacen con una cola vestigial se les extirpe quirúrjicamente al poco de nacer.

Algunas colas en humanos se relacionan con la espina bífida, un problema congénito en el que los canales de la espina dorsal no se cierran completamente antes del nacimiento, pero otras se dan sin que este problema esté presente.

En conclusión, nadie sabe por qué algunos niños nacen con cola, ni por qué esto es dos veces más común entre los hombres que entre las mujeres.

Claro, hay ciertas teorías en internet que el verdadero número de humanos que nacen con cola es mucho más grande de lo que los hospitales y médicos aceptan. En algunos lugares, como Inglaterra, el porcentaje de humanos con cola es tan grande como el 3% de la población, pero como nadie nunca se entera de las colas de los bebes, pues los médicos y parteros tienen la tendencia a cortar estas colas en el momento en que las ven, tanto así como les cortan de la misma manera el cordón umbilical, el hecho de que millones de nosotros pudimos haber nacido con cola no es jamás reportado.

Para mí que es una forma de racismo, eso de cortarle la cola a los bebes. ¿Cómo diablos saber quién tiene cola al nacer si se la cortan a todos y a nadie le dicen nada? Yo tengo mis sospechas de quien ha nacido con cola, pero no las voy a divulgar. Lo molesto es pensar que al igual que los perritos domésticos como los Doberman, nos cortan nuestras colas sin pedir permiso.

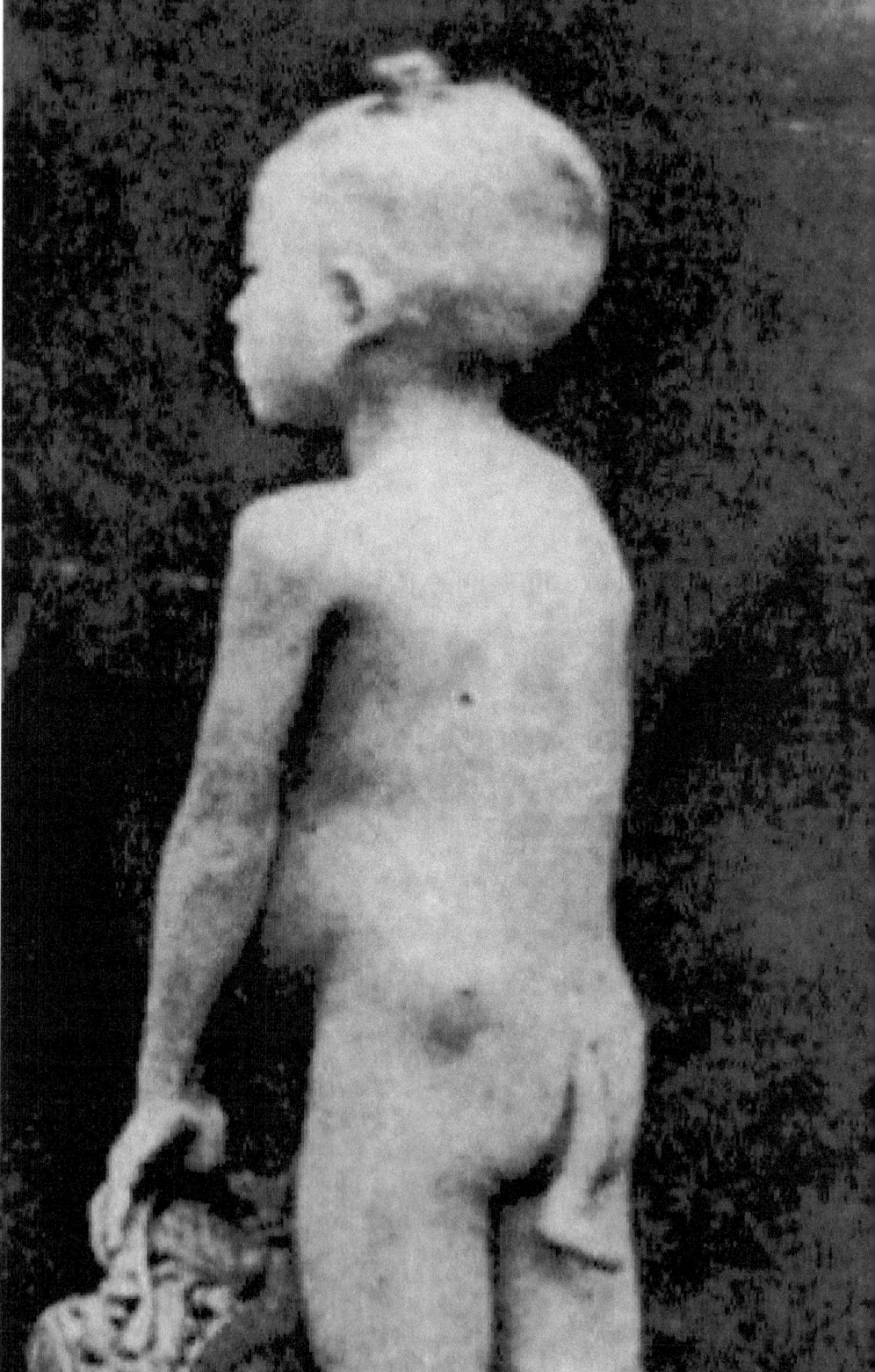

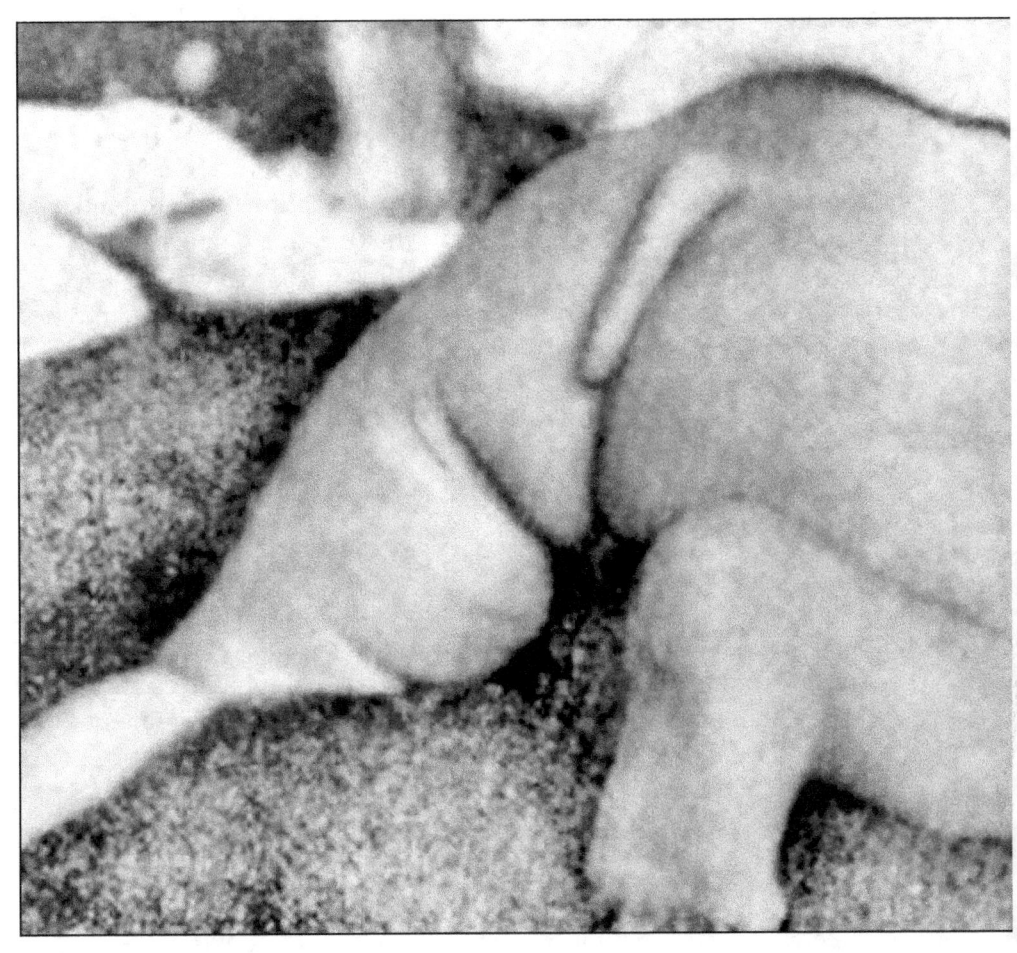

4-29-14

Pontificando con el Pulpo Como México Podría Ganar la Tercera
Guerra Mundial

El hecho que todavía hay naciones e intereses nacionales en nuestro
mundo hace muy probable un tercer gran conflicto similar a las dos
grandes guerras europeas llamadas "Guerras Mundiales" por la
historia. La lista de posibles candidatos y coaliciones para estas

guerras son muchos, desde China, Rusia, y las naciones Árabes
hasta una coalición nueva religiosa y extraterrestres (o humanos
disfrazados como extraterrestres).

Los grandes generales de los ejércitos más importantes se pasan todo
el tiempo creando escenarios con soldaditos de plomo (o con
videojuegos) para determinar las mejores estrategias para defender
sus naciones en casos de ataques de extraterrestres o apocalipsis
zombis. Algunos hasta se preocupan de los norcoreanos y los
chinos. Como juagar con muñequitos y jugar videojuegos es uno de
mis pasatiempos favoritos, voy a compartir con ustedes cuatro
escenarios donde México podría ganar la Tercera Guerra Mundial y
conquistar el mundo.

Antes de compartir esto con ustedes, un par de advertencias: no se
vuelvan locos… esto no es un plan mío para conquistar el mundo, es
solo un ejercicio intelectual para ver que "si se puede" como dicen
por ahí. Verdaderamente no tengo ningún interés en salvar la especie
humana, pues han demostrado ser traidores, perezosos y
fundamentalmente errados. No hay necesidad alguna de conquistar
el mundo, aunque sea excesivamente fácil. Mejor pongámonos todos
a jugar videojuegos.

1. **El Cartel que Conquista el Mundo.** Uno de los muchos
carteles del narcotráfico logra poner un candidato electo en la
presidencia del país, e inmediatamente, dicho candidato declara la
guerra contra Estados Unidos. Ese mismo día, el nuevo narco-
presidente y su gabinete se van a China, donde piden asilo y apoyo
para derrocar "a los malditos yanquis". Aprovechando una nueva
alianza con los chinos, el presidente de México regresa a su propio
país con un pequeño ejército de digamos unos 10 millones de chinos
a los cuales les da todo el apoyo necesario para comenzar la invasión
por tierra de Norteamérica. Los gringos capitulan unos cuantos días
después, y nuestro temible narco presidente toma control de los
armamentos nucleares de dicho país, con los cuales amenaza a todos,
incluyendo sus viejos aliados para darle nacionalidad Mexicana (o
Maya si prefieren) a todo el planeta. Nadie en su sano juicio lo
detiene, pues en ese pequeño momento, gracias a México, termina

para siempre la guerra entre naciones. Ora si, pasen la mota, que merecemos todos un churrin.

2. **Los Zombis de Saguayo.** Monsanto crea un virus zombi y accidentalmente desata un apocalipsis zombi en el planeta, causando la exterminación de 30-60% de la raza humana. Los Mexicanos, siendo siempre los más astutos y preparados, mudamos el gobierno bajo tierra en el metro del DF creando una fortaleza impregnable desde donde podemos comenzar a reconstruir el planeta después del apocalipsis.

3. **El Regreso de Quetzalcóatl.** Un extraterrestre llega a Tulum diciendo ser Quetzalcóatl. Con superpoderes como Superman, el viajero del espacio comparte con el planeta sus conocimientos que parecen mágicos con todo mundo, y se convierte, por aclamación popular, el Rey de México, como si fuera el mismísimo Jesús. Los turistas gringos, que absolutamente adoran Tulum y todo lo que tiene que ver con la cultura Maya adoptan al nuevo líder reptilano sin problema, apodándolo "Rey de Norte América", derrocando pacíficamente la Casa Blanca. Ahora, con el apoyo de los USA Marines, el iluminado ser del espacio conquista rápidamente todas las naciones que faltan, llevando, no democracias inútiles, pero comida, medicina y ayuda para vivir mejor. Un tipo de invasión iluminada de las naciones que no pueden o no quieren cuidar a sus propias ciudadanías. Claro, el Rey Mago empieza su conquista pacifica con el Distrito Federal, el cual convierte en un paraíso en la tierra, inundando las calles, y reparando el Lago de Texcoco. Con abundantes peces de agua dulce, árboles frutales y sin la necesidad del segundo piso del peje lagarto, Quetzalcóatl demuestra cómo construir una sociedad armónica y elimina la pobreza, el hambre, en México primero, y luego en el planeta entero.

4. **Televisa Conquista el Mundo.** Uno de los herederos Azcárraga se come un peyote y se ilumina. Empieza el productor de tele a crear programación útil para la raza humana que explica a todos como proteger el agua, los animales y las plantas, alimentar a todos, terminar con la pobreza y desenmascarar a los malditos del sistema militar-industrial que no han permitido la iluminación de la sociedad humana por razones de avaricia. Rápidamente, el iluminado se

convierte en la figura pública más importante del mundo, re-emplazando con facilidad al presidente de México en importancia sin disparar un tiro. Con su nuevo poder el líder mediático empieza a dictar política internacional con facilidad, convenciendo a más y más seres humanos no solo en América Latina, pero en todo el mundo de cómo vivir sin necesidad de fronteras, ejércitos y guerras.

Finalmente, el líder forma una alianza con las Naciones Unidas, tomando control de esa institución y creando de ella un poder mediático mundial, logra su más gran propósito que es desarmar a todos los ejércitos del planeta sin disparar un solo tiro. El vox-populi es su herramienta, y ahora, esos mismos soldados, que anteriormente fueron utilizados para matar y crear terror por todo el mundo, se convierten en soldados de paz, cuya nueva misión es ayudar a los más necesitados.

Pues ahí lo tienen. México si puede conquistar el mundo. Y solo una de ellas requiere de violencia. Las otras dos más bien requieren chanfle. Es cosa fácil. Solo falta quien lo haga.

4-29-14

Pontificando con el Pulpo Por una mejor Simbiosis con Otras Especies

El termino mascota es un poco equivocado, en muchísimos casos, mascotas son más bien prisioneros decorativos sin verdadero valor emocional para el dueño o el animal. Un ejemplo perfecto de este extraño efecto intra-especies son las tortuguitas verdes que tanto quieren los niños. Aunque usted no lo crea, estos bichitos son todos bebes, y si crecen a su tamaño normal reproductivo, acapararían mucho más espacio que la pequeña pecera que viene con ellos para poder reproducirse naturalmente.

El hecho trágico de esta mascota es que la mayoría no llegan a una edad adulta bajo el cautiverio de sus dueños humanos. La mayoría mueren jóvenes por descuido de sus dueños, que son en lo general niños. Claro, existen muchos casos donde eso no es verdad, y doy mis disculpas y felicitaciones a todo dueño de tortugas que sabe cómo cuidarles. Gatos y perros por lo general tienen mejor suerte en manos humanas. La simbiosis entre nuestras especies ha sido muy exitosa y por lo general, agradable.

Y ahora, la lista de los peores crímenes en contra de otras especies por parte de la raza humana:

Mutilaciones. La cría de animales se puede practicar de una manera bondadosa, pero gracias a la cría intensiva, los animales razonamientos económicos y sistemas para producir mas producto con menos esfuerzo causan terrible sufrimiento innecesario a miles de millones de animales que nos sirven de alimento. Por ejemplo, los pollos se " les corta el pico " durante su segunda semana de vida para prevenir el canibalismo y alimentar el despilfarro. Un destino similar aguarda cerdos que responden a condiciones antinaturales por morder las colas de sus compañeros de celda. ¿La solución de granja de la fábrica? Cortar Sus colas con alicates.
Vacas tienen sus colas cortadas por lo que los agricultores de fábrica llaman "higiene" y " razones de calidad de la leche ", así como sus cuernos quemados sin analgésicos. Estas mutilaciones no son las únicas mutilaciones practicadas sobre los pobres animales, pero si las más comunes y menos necesarias, si tan solo los animales no fueran reos en fábricas de muerte..

Terneros. Los terneros machos son un subproducto no deseado de la industria láctea para mantener las vacas embarazadas y dando leche. Los terneros que se venden para carne llegan a los mataderos débiles y heridos. Los terneros machos que no son enviados al matadero al nacer se cultivan para obtener productos en cajas en las que no pueden dar la vuelta o en cobertizos al aire libre. Videos encubiertos muestran claramente vacas madres después de perder sus bebés tratando de correr tras de ellos.

Pollitos. Al igual que los terneros machos en la industria láctea, pollitos machos son subproductos no deseados de la industria del huevo porque no van a convertirse en gallinas ponedoras. Mientras que la industria del huevo disputa regularmente el maltrato de las gallinas en muchos videos - infectadas, enfermas, sin plumas a veces de pie en la jaula en compañía de compañeras muertas – no muchos discuten el destino de los pollitos nacidos del sexo masculino : se muelen con vida en un proceso llamado " maceración . "

Pesca Masiva. La pesca masiva es una industria que utiliza gigantescas redes que atrapan todo tipo de seres marinos indiscriminadamente para conseguir toneladas de peces deseados como el atún. Desafortunadamente para los habitantes del mar, las redes no discriminan, y por cada tonelada de atún que es atrapada, una tonelada de seres no fácilmente vendidos en el mercado tiene que ser devueltos al mar. Claro para entonces, están bastante muertos. ¿Daños colaterales?

Animales Frankenstein. La manipulación genética de animales para el consumo humano ha llegado. Un nuevo animal a llegado que plantea cuestiones éticas para toda la industria de la crianza de animales para consumo humano. Se trata de Enviropig, una línea modificada genéticamente de los cerdos Yorkshire que tiene la capacidad para digerir el fósforo de las plantas con mayor eficiencia que los cerdos no modificados. Los Pollos del Instituto Roslin de la Universidad de Edimburgo en Escocia, donde clonaron a la oveja Dolly han desarrollado huevos con interferón y otras sustancias que combaten las enfermedades. En laboratorios en todo el planeta, nuevas especies de nuestros viejos animales de granja están siendo "producidos" por científicos locos que no tienen ningún problema con "mejorar" las especies para el consumo humano.

Parece no haber limite a los horrores que el hombre está listo a perpetrar en nuestros hermanitos de cuatro patas o a nuestros hermanitos con plumas o escamas. Estos son solo algunos de los ejemplos más horribles de lo que está pasando con nuestros animales. *!* Hay muchas organizaciones como los Hare Krsnas que están peleando por los derechos de nuestros hermanos no-humanos. Les ruego que se informen sobre estos abusos y *¡hagan algo para detenerlos!*

Pontificando con el Pulpo la Ley Humana y la Justicia

Es innegable que la injusticia prevalece por todo el mundo, y que la gran mayoría de leyes en todos los países benefician principalmente a los adinerados y no hace mucho por traer verdadera justicia al mundo. Los anarquistas nos han tratado de explicar desde su comienzo las razones por las cuales la Ley nunca puede realmente servir al hombre, y porque es mejor vivir sin ellas.

En nuestra así llamada democracia, el congreso gasta miles de millones de pesos anualmente en promover sus leyes viejas y nuevas y el estado de derecho. Irremediablemente, estas leyes beneficiaran a algunos grupos, generalmente aquellos que lucharon o pagaron por su creación, en contra de otros grupos que no supieron detener el proceso jurídico que permite que estas leyes sean ratificadas.

Claro, ocasionalmente, alguna nueva ley puede sofocar o detener algo malo, como por ejemplo, las leyes contra la trata de blancas… (Aquí algo que siempre me viene a la mente, ¿porque la llaman trata de blancas si casi todos los esclavos fueron negros?) En fin, nadie quiere proteger las tortugas de mar, y pues su protección legal es algo bueno… ¿o lo es?

El asunto es que las leyes están ahí, filosóficamente, para proteger a los que no pueden protegerse a sí mismos, pero en práctica, la mayoría de las leyes funcionan exactamente al revés, es decir, desprotegen a los más pobres a favor de los más ricos, pues son los ricos que decides que leyes son convenientes crear. El caso es que hay millones de personas inocentes en las cárceles que sufren estar presos simplemente por falta de recursos económicos.

No olvidemos que todo lo que hiso Adolfo Hitler fue perfectamente legal en su momento. Lo mismo se puede decir del lanzamiento de bombas nucleares en las ciudades de Hiroshima y Nagasaki y los actos brutales y depravados de Stalin. La masacre de Tlatelolco fue legal, igual que la masacre de los aztecas por la Corona Española. La ley ha protegido tiranos en todo el mundo y esos tiranos han usado la ley para brutalizar inocentes.

La ley no es nuestra amiga, no si no tiene como propósito, proteger a los inocentes. Cualquier ley que trata, por ejemplo defender cosas como "soberanía nacional", "economía", "estado del derecho" y todo eso son verdaderamente lo opuesto, ocultando, por lo general, intereses de alguna persona o grupo que directamente se beneficiaría por dicha ley.

Una de las discusiones más básicas sobre este tema tiene que ver con los llamados derechos humanos. De los derechos humanos, el más fundamental, el más importante es el derecho a la vida misma. El momento que un país viola este derecho, deja completamente de ser un estado "legal" por razón de ley internacional. Pero digan eso a los gringos siguen matando inocentes en la frontera "por accidente" o por omisión. En verdad, acaban de matar un par de paisanos en Texas pues en estados unidos todavía hay pena de muerte, violando, directamente las normas legales del mundo entero conocidas como "La Declaración Universal de Derechos Humanos". Pues, entendemos de ese punto en adelante que todo lo que se expresa como ley y derecho es en verdad una cruel farsa, jugando un juego de legitimidad en contra del sentido común.

Pero el teatro continua, y los gobernantes gobiernan, y las leyes siguen siendo utilizadas para brutalizar, torturar y inclusive asesinar otros seres humanos, haciéndose así esos actos pasar por actos justos y correctos cuando es evidente a cualquier persona que son actos naturalmente injustos.

Hablemos ahora de la pobreza y como la Ley defiende al rico al costo del pobre. Por ejemplo con los salarios ridículos de los gobernantes, incluyendo miles de millones de pesos gastados en absurdas campañas para comprar el voto del pueblo cuando por ahí en pueblitos como Colorines y Santo Tomas todavía se mueren de hambre algunos paisanos. ¡No me digan que es un sistema lógico o justo, pues tendré que vaciar mis esfínteres sobre ustedes!

Si la Ley fuera justa, pues los pobres no existirían. Pero el problema no es nuevo ni particular de nuestro país. En verdad es particular a todo sistema gubernamental en la historia del hombre. Grandes revoluciones, como la Americana y la francesa que supuestamente fueron justificadas para remediar la injusticia de la Ley eventualmente se corrompieron para devastar algún otro grupo social, como fue el caso de los esclavos africanos en Estados Unidos.
El problema no es de ley, o de jurisprudencia, pero de naturaleza humana, que es bastante horrenda.

Hay otro pequeño asunto que es importante cuando considerando la naturaleza de la "Ley". La gran mayoría delas leyes en México tienen un origen religioso. Es decir, Roma dicta a los mexicanos como pueden o no pueden vivir sus vidas. ¿Eso está bien si uno es católico, pero que tal si uno es musulmán, ateo o sintoísta?

Y finalmente hay un último asunto que considerar sobre la ley. La gente con suficientes recursos para sobornar jueces, políticos, jurados y todos los actores legítimos en el poder legal obtienen, por sus riquezas, una cierta inmunidad contra la ley que el hombre ordinario no puede ni imaginar. Es la naturaleza del poder, y es tan antigua como las leyes mismas, pues aquellos que las rompen exitosamente, siempre pertenecieron a una clase especial de seres humanos. ¿Cómo es posible que los crímenes de guerra de Estados Unidos contra Japón, específicamente la aniquilación de Hiroshima y Nagasaki con bombas nucleares no fuera parte de los juicios de Núremberg, donde los Nazis más importantes fueron culpados y sentenciados a muerte? ¿Qué tal las masacres en Vietnam? ¿Tlatelolco? Si la Ley no se aplica a todo el planeta, no es ley. Es política, y la política, en su forma pura, es la guerra por otros medios. ¡Sálvense quien pueda!

Pontificando con el Pulpo No la Hicimos como Especie

El titulo de este pontificado se lo debo a mi tía, que es Honoris Causa de la UNAM. Es una traducción de "La Extinción Humana", articulo de *John Feffer codirector de Foreign Policy In Focus.*

Los videojuegos generalmente proporcionan múltiples vidas. Si pisa una mina terrestre o es golpeado por el asesino, le da otra oportunidad. Incluso si la búsqueda de la reencarnación virtual no está incorporado en las reglas de juego, siempre se puede reiniciar el sistema y empezar de nuevo. Puedes intentarlo de nuevo miles de veces hasta que lo hagas bien. Esta fórmula se aplica a la primera persona en juegos de acción, así como ejercicios de simulación como SimEarth .

La verdadera Tierra ofrece un tipo similar de reinicio. Catástrofes han golpeado nuestro planeta por lo menos cinco veces , como Elizabeth Kolbert explica en su nuevo libro , La Sexta Extinción . Durante cada una de las síntesis precedentes de exterminación, el planeta se recuperó, aunque muchas de las formas de vida que residen en los mares o en tierra no fueron tan afortunados ("muchos" es en realidad un eufemismo - más del 99 por ciento de todas las especies se extinguió en los cataclismos de síntesis). Como Kolbert señala, estamos en medio de un evento sexto buscando el anillo del viejo mundo, y esta será la primera - y última – Posiblemente de la extinción no seremos testigos como seres humanos. El planeta y su más resistentes habitantes al pie del cañón , pero para nosotros será más de juego.

Un subconjunto de los ambientalistas ya se está preparando para el final del juego. En el más reciente número del New York Times Magazine, Paul Kingsnorth - el autor del Manifiesto Uncivilization - confiesa que él ha dado nombre a tratar de salvar el planeta. Rechaza las falsas esperanzas. "Uno mira todas las tendencias que se hicieron ecologistas como yo y han estado tratando de detener esto durante 50 años", dice, "y cada cosa había empeorado ". Se dirige al desierto de Irlanda, a crecer su propia comida, educar en casa a sus hijos, y prepararse para los días difíciles por delante.

La supervivencia: no es MÁS solamente para los locos de derecha.

Mientras tanto, el resto de nosotros estamos todavía tratando de encontrar la manera de evitar el desastre. Las Naciones Unidas han lanzado recientemente otra, en su serie de informes sobre el cambio climático. Éste trata de poner un precio a lo que tenemos que hacer en los próximos 15 a 20 años, para detener el nivel del mercurio a mundial de que se eleve.

Para implementar las recomendaciones del Panel Intergubernamental de la ONU sobre el Cambio Climático (IPCC), los gobiernos deben aumentar dramáticamente y ampliar sus inversiones en fuentes de energía bajas en carbono. Cada año, los gobiernos tendrán que gastar adicionalmente $ 147 000 000 000 en fuentes renovables de energía examinadas, como energía solar y eólica . Además de eso, los gobiernos tienen que poner $ 336 000 000 000 cada año, en una mayor eficiencia energética, en la infraestructura pública y privada. Si seguimos todas las recomendaciones del IPCC, podemos llegar a ahorrar cerca de $ 30 millones de dólares por eliminación de los subsidios a las industrias en los sectores de la energía sucia.

Eso deja en silencio la factura anual de más de $ 450 mil millones. Esta es probablemente es una cifra baja, por el compromiso que el mundo industrializado ha hecho para ayudar al mundo en desarrollo. Pero sigue creciendo económicamente sin ampliar su huella de carbono. Así que, esta cifra no cubre los costos asociados con el cambio climático, los eventos actuales climáticos extremos, sequías en las zonas de cultivo de alimentos, la preservación de las zonas costeras y otras catástrofes en la fabricación. El proyecto de ley para la mejora de la infraestructura en EE.UU. solo se encontrará con miles de millones de dólares cada año.

Si usted está pensando en remodelar su cocina, que se supone que conseguir un par de presupuestos diferentes. Así que, con una tarea tan grande como salvar el mundo, es probable que sea prudente llegar a consultar con un par de otras fuentes.

Pero Aquellos que buscan la salvación en lo barato van a ser decepcionados. La Agencia Internacional de la Energía, en la organización intergubernamental conectado a la OCDE, de las estimaciones que hizo; el mundo necesita invertir un billón de dólares en energía limpia cada año de aquí a 2050 . Luego lo que el informe de la Comisión Informe Stern sobre la economía del cambio climático qué salió en 2006. En ese momento, lo que Nicholas Stern estima es que tenía que estabilizarse el nivel actual de gases de efecto invernadero en la atmósfera, requeriría la inversión de un 1 por ciento del PIB mundial, que en ese momento era un poco más de $ 300 mil millones. Revisó que hasta cerca de $ 600 mil millones un par de años más tarde, aunque hoy en día está hablando, más en el rango de billones de dólares también.

Por supuesto, los costos de tesis debe ser comparados con el precio de no hacer frente al cambio climático de manera rápida y decididamente. Esto, Stern estima , agregaría hasta un 20 por ciento del PIB mundial. En algún momento, por supuesto, vamos a golpear un punto de inflexión en el que ninguna cantidad de dinero puede volver atrás el reloj.

¿Dónde estará el dinero? Un impuesto " seguridad climática " en el gasto militar tendría sentido, lo que obliga a los gobiernos a convertir las espadas en palas de aerogeneradores. En estos momentos estamos perdiendo más de $ 1,7 billón al año en el enorme "caldero" también conocido como el presupuesto militar mundial.

Otra respuesta "simple " es para eliminar no sólo las subvenciones de la energía sucia, pero gravar también. De esta manera, los gobiernos desalientan el uso del carbón y el petróleo para elevar los ingresos necesarios e invertir en tecnologías limpias. Parece una solución elegante, salvo que las compañías de energía y sus representantes han peleado amargamente contra los impuestos políticos al carbono. En 2011, el gobierno laborista en Australia empujado a través de un impuesto sobre el carbono y estableció un "banco verde " $ 10 mil millones para apoyar proyectos de energía sostenible. Que no ha durado mucho. El nuevo gobierno de centro-derecha se comprometió a derogar el Sombrero de impuestos, pero el Parlamento australiano ha vuelto atrás en el esfuerzo de la derogación del gobierno.

Dinamarca ofrece una alternativa menos díscola. El país está planeando desencadenar a partir de combustibles fósiles, completamente por sí mismo en 2050. Y planea hacerlo sin depender de la energía nuclear. El país invirtió fuertemente en la energía eólica, y el año pasado, por primera vez, suministra más del 50 por ciento del consumo energético del país en el mes. Todo por el viento. ¿Cuánto costará esta transición de 40 años? La estimación es de aproximadamente 1 por ciento del PIB del país. Al final, Dinamarca habrá reducido sus emisiones de carbono en un 80 por ciento.

El modelo requiere algunas advertencias en Dinamarca. El esquema completo incluye una importante inversión en nuevas tecnologías y mejoras de infraestructuras. Por lo tanto, depende de una variable de costo crítico. El aumento de los combustibles fósiles. Si el petróleo, el gas y el carbón PERMANECEN baratos, el capital no fluye en las nuevas tecnologías. En otras palabras, la posibilidad de que la tierra se quema para arriba no es suficiente para concentrar nuestras mentes y movilizar nuestros esfuerzos. Todo se reduce a una cuestión de bolsillo. Sólo los precios astronómicos en las gasolineras nos obligarán a cambiar nuestro comportamiento, individual y colectivamente.

Podríamos esperar a que el mercado para empujar al alza los precios de tesis, pero es probable que sea demasiado tarde. En su lugar, tenemos que aumentar artificialmente los costos de los combustibles fósiles y hacerlo nos trae de vuelta a algún tipo de impuesto sobre el carbono. Otra parte de la estrategia sería no dejar algo de sí sin importar, antiguo, animal y vegetal licuado en el suelo y en el fondo del océano. En el fondo, renuncia de perforación marina, Negarse a destrozar los bosques de los tesoros por abajo, dejando que las arenas bituminosas sean.

Pero quizás la advertencia más importante es esto: Dinamarca sólo tendrá éxito si todos estamos a bordo. No tenemos el lujo de sentarnos a ver si los cálculos involucrados en el escenario libres de fósiles de Dinamarca funcionan, y luego, seguir el ejemplo, si nos gustan los resultados. Por tiempo no, no es posible, sería demasiado tarde.

Al igual que con nuestras vidas individuales, no hay botón de reinicio para la raza humana (el diluvio de Noé no obstante) . El poeta polaco Wislawa Szymborska lo expresó muy bien en su poema "Nada dos veces" (traducción de Stanislaw Baranczak y Clare Cavanagh) :

Nada puede ocurrir dos veces.
En Consecuencia, el hecho lamentable es
Que llegamos aquí de improviso

Y dejar sin la oportunidad de practicar

Incluso si no hay nadie más tonto,
Si usted es el mayor burro del planeta,
No se puede repetir la clase en verano:
Este curso se ofrece solamente una vez.

5-3-14

Pontificando con el Pulpo La Poligamia y Otras formas de Amor

¿Quién dijo que un solo hombre se tiene que casar con una sola mujer? ¿Cómo empezó todo eso de la boda blanca, y el anillo de bodas? ¿Y porque están prohibidas otras formas de compromiso amoroso entre seres humanos?

Hasta hace poco, en México, ponerle el cuerno al marido o a la esposa se consideraba un crimen, y podía ser castigado con formal prisión. Por otra parte, esta semana, en Kenia, el presidente de esa nación acaba de descriminalizar la poligamia, practicada por los de ahí por miles de años, y castigado por la iglesia hace menos de cien.

El asunto se trata de entender los orígenes del matrimonio como costumbre y las normas que lo rigen. En México, eso implica, como en casi todas las formulas morales, la iglesia católica y el sacro matrimonio. No siempre fue asi, el algún momento, las reglas que rigen sobre el matrimonio fueron aquellas del imperio Maya, el Olmeca, y el Azteca, y muchas otras variaciones.

Pero empecemos con la historia de la boda blanca de la iglesia católica y claro, nuestros íntimos amigos los Romanos. En la antigua Roma la castidad no era una virtud, no era necesario contraer matrimonio para tener relaciones sexuales ni para tener hijos. Solamente cuando un miembro de una clase social elevada deseaba transmitir su patrimonio a sus descendientes directos, en vez de que lo reciban otros miembros de la familia o sus amigos, decidía casarse. Pero la mayor parte de las veces se legaba los bienes a un amigo o una persona muy querida, no a los hijos. Cuando se carecía de patrimonio o bienes el matrimonio era un trámite prescindible, los esclavos directamente carecían del derecho de hacerlo.

En Atenas, en la Grecia clásica, para el acto mediante el cual un varón se comprometía a unirse a una mujer, se utilizaba el vocablo griego ἐγγύη, *engúê*, literalmente la garantía, la caución, es decir, el acto por el cual el padre cabeza de familia entregaba su hija a otro hombre. La ciudad no era testigo ni registraba ningún acta para este acontecimiento privado entre dos familias. Este contrato sólo se realizaba cuando existía patrimonio para heredar. Los herederos de la mujer en la Antigua Grecia eran los hijos pero no el esposo.

Los varones, que generalmente doblaban en edad a sus mujeres, eran incitados a «prestar» sus mujeres a jóvenes fuertes. Plutarco menciona también que las mujeres tomaban a veces un amante para que su hijo niño pudiera heredar dos lotes de tierra en lugar de uno.

En la Europa del norte, durante la Edad Media, se produjo un lento reemplazamiento de la ley germánica -por la que el contrato matrimonial se establecía entre el novio y el guardián de la mujer- por los códigos civiles cristianos -donde se requería el consentimiento de la mujer-. En el siglo XII el principio legal del matrimonio por consentimiento estaba establecido y los matrimonios impuestos comenzaban a quedar atrás. El proceso de urbanización también contribuyó a dicho proceso ya que liberaba en parte a la mujer de la tarea de procreación.

Pero eso solo son los ejemplos europeos de las diferentes formas de matrimonio. La poligamia musulmana (del tipo poliginia), en la práctica y en la ley, difiere sustancialmente a lo largo del mundo islámico. Mientras que en algunos países musulmanes la poliginia es algo común, en muchos otros, es a menudo rara o inexistente. La poliginia musulmana se puede encontrar principalmente en las culturas árabes tradicionales, como Arabia Saudita. En los países musulmanes donde ocurre la poliginia, existen ciertos principios fundamentales comunes en la mayoría de ellos. De acuerdo con la tradición de la ley islámica, un hombre puede tomar hasta cuatro esposas, pero cada una de ellas debe tener sus propiedades, bienes y dote. Usualmente las esposas tienen poco contacto una con las otras y llevan vidas separadas en sus propias casas, algunas veces en ciudades diferentes, aunque compartan un mismo marido.

En el hinduismo, la poligamia (del tipo poliginia) fue practicada desde tiempos ancestrales. El hinduismo no prohíbe la poliginia pero tampoco la fomenta. Históricamente, en la práctica sólo los reyes fueron polígamos (i.e. el emperador Vijanagar, Krishnadevaraya). En la actualidad, la poligamia está prohibida bajo las leyes de la India, especialmente entre las provisiones relativas al matrimonio hindú. Sin embargo, los musulmanes de India tienen permitido tener varias esposas. A partir de octubre del 2004, los musulmanes y los hindúes tienen un trato diferente en la ley. Han existido intentos que proponen una ley marital uniforme que trate a todos por igual, independiente de su religión.

Llegamos a esa inescapable fórmula para todo asunto relacionado con las leyes morales: Tiempo, Lugar y Circunstancia. Lo que es moral y legal en un lugar puede no serlo en otro. Y estas normas legales cambian de generación en generación conformándose a las necesidades de la sociedad donde son creadas, como es en este momento el ejemplo del matrimonio gay. De ahí viene el dicho "cuando en Roma, has como los romanos".

Pero si hemos finalmente llegado a globalizar el planeta, la única solución al matrimonio está basada en el viejo dicho de las brujas: "Si no daña a nadie, haced vuestra voluntad". Esperar que podemos constatar una formula moral para la familia en un mundo donde todos somos distintos es ingenuo y maligno. Permitir que los hombres y las mujeres decidan por si mismos como vivir es la única solución.

Pontificando con el Pulpo Kuruksetra y la Gran Yihad

¿Sois arios, esclavos de arios o sois judíos o esclavos de judíos, oh, pueblo? ¿Mazahuas? ¿Otomís? ¿Maya? ¿Sois Romanos o esclavos de Roma? Alabáis al Dios de los judíos o al Dios de los mexicas?

La esclavitud humana al deber sacro parece ser perfecta, y los complots contra el pueblo para conseguir el poder de los poderosos no tienen fin. Como los pobres, los asquerosos, la prole, los analfabetas, los patarajados, los frikis, los deshumanizados, los que nadie quiere ni nadie protege son tan fácilmente utilizados, tal cual ganado que les parecen a aquellos que tienen dinero, o títulos, o tierras, cuando hay demasiado ganado, lo único lógico es llevarle al mercado a vender sus partes como carne de cañón.

A los verdaderos Arios, las palabras fuertes de un loco y asesino, Adolfo Hitler, que con locura causada por el amor de su raza aria (originaria de la India, para vosotros incautos y desconocedores de la verdadera historia del hombre), empezó la última gran matanza de hombres generando la masacre de cientos de millones, y asegurándose el odio de todos los hombres. Su genocidio no termino ahí, pero continuo, en Corea, Vietnam, Afganistán.. En verdad nunca ha siquiera parado, ni por un día.

Pero esa gran matanza, ya olvidada por esta generación, donde la opción fue entre judío o ario, no fue la última ni la primera, solo una muy grande. Hace mucho, otra guerra mundial, menos conocida pero no menos importante en vez entre Kuru o Pandava, en ese punto histórico tan remoto, llamado la Guerra de Kuruksetra, hasta ahí se remota este pequeño pedacito del infierno llamado Guerra. Y claro, aquí en nuestra propia tierra a quien se le olvida la caída del Templo Mayor, y la cruel cruz, bañada en la sangre de aquellos que pensaron que sus enemigos españoles eran dioses.

Es en nuestro continente que el genocidio ha ganado todo. Pues aquí, en la mal nombrada América (nombre de nuestro continente basado en un explorador, pero no el primero), el número de asesinados en genocidio religioso fue no menos de 100 millones de almas. No es sorprendente, todos los grandes nombres de grandes hombres, Cortez, Hitler, Atila, Alejandro Magno, Carlomagno.. Todos ellos se han bañado en la sangre de sus víctimas, el costo de una fama infame.

Con una palabra bien dicha, puede estallar la bomba, ¿y que bomba? La bomba de la ignorancia total, del más absurdo del hombre, de la canallada más inmunda de todas, la Guerra. Guerra contra las drogas, contra el terror, contra naciones, religiones, hombres y la vida misma. Pero guerra, triste, fría, maldita guerra. Que un hermano tome armas contra otro, con intención de violencia, Caín y Abel, Arjuna y Karna. ¿Qué diferencia tiene quien tiene la razón?

Esto me lleva al punto de este pontificado. La guerra más preocupante para mí, más preocupante que la tercera guerra mundial, entre el Islam y la Democracia, siendo esta la que estamos observando en nuestros televisores, la peor guerra que estamos sufriendo, calladamente, pues nadie ya habla de ella, es la guerra del hombre contra la vida misma.

¿Qué ceguera espiritual tan grande tenemos los humanos que todavía pensamos que todos los seres vivos, cucarachas, moscas, arañas y serpientes, y otros mas familiares y queridos, cerdos, vacas, ovejas..? ¿Porque todos ellos se han convertido en nuestros enemigos? ¿Y si no son nuestros enemigos, porque tanto esfuerzo para matarles cruelmente?

Es en serio que deseamos la extinción de la humilde mosca familiar? A Belcebu, mejor conocido por su nombre espiritual Baal Amon, Balaram, Bal… Hay hay que darle su lugar, pues las moscas si tienen campeón, gracias a los dioses.

El gusano conquistador nos devorara a todos, perniciosos y arrogantes humanos. Pocos se salvan del gusano, pues inclusive como polvo, sirven, para el gusano de alimento. ¿Dónde está nuestra fuerza? ¿Dónde está nuestra belleza?

Abandonen finalmente la esperanza, oh, guerreros santos. El infierno os aguarda por el mero hecho de ser guerreros y desear la muerte de vuestros hermanos. Abandonen la esperanza, o pacifistas seres de otros mundos. El hombre desea su propia muerte, y a muerte de todos los otros. Es su destino y naturaleza. ¡Destructor de mundos!.

La ignorancia y el caos han triunfado, la maldad es perfecta y su forma ilimitada. El mundo es ahora nuestro infierno, y hemos hecho bien en escoger eso, pues en nuestros paraísos ya no hay fe.

Ya no hay amor.

El amor ha muerto, y pues demos paso al Rey de la Agonía. Abramos el camino al Rey de los Malditos. El hombre impuro y de pecado que rige sobre nuestras cabezas para aprovecharse de nosotros y devorarnos, tal cual ogros devoran niños pequeños. ¿Dónde encontraran, esperanza, hombres, si no es vosotros mismos?

Es el fin del mundo.

¿Dónde está Jesús en su caballo blanco?

5-5-14

Pontificando con el Pulpo

Por qué el tiempo no existe

Cuando nos preguntamos por qué pensamos que el tiempo existe, la mayoría de nosotros diría porque vemos que todo cambia, siempre. Y así es todo en y alrededor de nosotros está cambiando constantemente, desde el principio hasta el final.

La pregunta sin embargo es: ¿es la razón de este cambio perpetuo que se encuentran fuera del cambio de sujeto (causada por un fenómeno llamado tiempo) o es todo el cambio que viene desde el interior del propio sujeto que cambia ?

No creo que es difícil ver que esta última es la correcta. Lo que hace que las cosas cambian (el ciclo de la vida) a una flor , un ser humano o un animal se establece por las características de la forma de esa vida en particular y no por una causa externa , como el tiempo . Lo que llamamos "tiempo" es sólo un método para medir el " cambio perpetuo".

Debido a nuestra necesidad de medir este cambio perpetuo decidimos dividir los "cambios cíclicos ", tales como las estaciones y el día y la noche, en meses, las veinticuatro horas, el minuto , etc. Estos cambios conocidos son causados por el planeta en constante movimiento posiciones dentro de nuestro sistema solar y no porque no existe tal cosa como el 'tiempo' .

Por lo tanto, no hay minutos, pero decidimos que después de contar 60 (segundos) se dice que ha pasado un minuto. Basado en minutos calculamos horas, días, meses, años, siglos, etc.

De esta manera podemos contar el número de latidos de corazón por minuto, desde el nacimiento hasta la muerte e incluso podemos calcular el número de años desde el Big Bang hasta nuestros días.

Pero también decimos: "parece como si el tiempo se ha detenido (en ese antiguo pueblo), nada ha cambiado. En realidad sólo hay AHORA - en la que todo lo que se manifiesta aparece , cambia y desaparece.

Porque nosotros mismos somos parte de este proceso de cambio podría ser difícil para nosotros comprender que nosotros mismos también estamos simplemente cambiando en el eterno ahora. Si fuéramos capaces de mirar a nosotros mismos desde fuera de un tren en marcha podríamos ver como no hay movimiento adentro del tren, pero como el tren si se mueve por fuera. Eso es el eterno "YA".

Como sabemos, Albert Einstein se hizo famoso por su teoría de la relatividad. En nuestro contexto, es interesante entender que Einstein estudió el método de cálculo de tiempo. Descubrió que un momento en el tiempo desde una posición figa no necesariamente tiene que ser el mismo desde su posición.

Veamos que significa realmente para nosotros la relatividad del tiempo-espacio: Distancia a centímetro, metro, kilómetro, milla, etc. no existen, pero hemos acordado lo llenamos el vacío para llamar a un metro. Peso un gramo, onza, kilo, tonelada, etc. no existen , pero una vez más , hemos acordado qué pesadez que llamaremos un kilo. Estas definiciones son únicamente métodos de cálculo, pero por supuesto, muy útiles e indispensables en nuestra vida diaria. Digamos que un kilo en la tierra y un kilo en marte no son lo mismo. Son relativos al tiempo, lugar y circunstancia.

No somos conscientes de que el tiempo no existe, no sentimos la necesidad de centrarse en el momento eterno, el "YA" que existe en una dimensión atemporal, donde todos los tiempos, todos los espacios, todas las cosas son una. Ese YA donde nuestra vida realmente tiene lugar. Sin embargo, habría sido mucho más sensato si nuestros antepasados (y nosotros) lo hubieran hecho en el pasado, sin romper nuestra realidad en cómodos pero imprácticos segmentos de realidad suspendida entre ayer, hoy y mañana. No hay mañana. No hay ayer. Solo existe el YA.

Nuestros hermanos de cuatro patas no se preocupan demasiado por el ayer, ni el mañana. Sus vidas son un eterno YA donde todo es perfectamente unido, solido, real. A ellos no les hace falta ni la historia ni la videncia, solo actúan por el momento, tal cual nos advierte el Buda que hagamos para estar despiertos.

5-6-14

Pontificando con el Pulpo Star Trek y el Internet

¿Para que es realmente el internet? ¿Cómo podemos beneficiar la raza humana (y por consecuencia todas las otras especies) usando el internet?

Si son nerds, como yo, seguramente habrán visto "Viaje a las Estrellas" mejor conocido en inglés como STAR TREK, donde el Capitán Kirk navega su nave espacial Enterprise por toda la galaxia, para viajar a donde nadie ha viajado antes. Si conocen bien el show, entonces están enterados que todos los tripulantes de la nave usan un pequeño comunicador, muy similar a un teléfono celular o iPod por donde pueden comunicarse con la nave y cualquier otro tripulante que desean, pero que también pueden hacerle preguntas ridículas como "¿Cuantos soles tiene el planeta Xt5?" las cuales la computadora de la nave responde con gran facilidad.

Bienvenidos al futuro del internet.

Si consideramos nuestro mundo como una gigantesca nave espacial (cosa que es absolutamente necesaria so somos nerds visionarios), nos damos cuenta que una gigantesca computadora con todas las respuestas debe y por necesidad puede ser creada para regir sobre todos los problemas básicos de la condición humana, como conectarnos con nuestros seres queridos en otras partes del mundo. Algunas reglas aplican a esta supercomputadora (que es francamente el internet en un futuro próximo).

1. No puede tener costo alguno. Conectar a todos los humanos al internet debe ser absolutamente un derecho humano, pues representa, más allá de cualquier institución educacional, acceso al TODO el conocimiento de nuestra especie, lo que no debe ser negado a nadie.

2. No puede ser centralizado. La red por naturaleza debe ser libre de centros y puntos focales donde la información puede atorarse. La diferencia es entre el sistema neurológico del hombre y el de los hongos. Los hongos son una red subterránea de conexiones interminables y por consecuencia, no pueden ser erradicados por falta de un punto central, como sería el caso del ser humano, cuya función neurológica depende de los centros informativos del cerebro.

3. No puede ser censurado. El conocimiento humano no pude ni debe ser censurado. Los agentes de censura del conocimiento humano buscan su propio beneficio negando ciertos eventos y historias, indispensables en conocerse si realmente hay una

evolución de conciencia. La suma total del conocimiento humano debe regirse por la no censura, pues nada debe ser oculto. Eso, queridos censores cristianos, está en la Biblia, donde dice: "todas las cosas ocultas serán conocidas".

4.   No puede ser utilizado para hacer daño a nadie. Como el internet es una "red" seguramente habrá arañas detrás del, tratando de beneficiarse al costo de otros incautos. La pregunta es: qué hacer con las arañas, aquellos que se aprovechan del internet para robar, secuestrar, matar y peor.. y la respuesta es simple, exterminarles. No es sorprendente que la Deep Web este llena de arañas, pues son las arañas, finalmente, que cran la red, pero la función de la red, tal cual la seda de nuestra nata mental es demasiado grande, demasiado hermosa como para permitirle ser algo que lastima y no beneficia al hombre. Elevar el internet (no con censura, pero si con más y mejor contenido) representa la necesidad de "exterminar" arañas, es decir, aquellos que lastiman a otros en el uso de la red.

5.   El fin del Anonimato. Todos somos en internet. La manera más simple y bondadosa de exterminar arañas es "exponiéndoles" completamente, y robándoles de su derecho al anonimato. Pongamos en cuenta la red tor, que ya es más bien una telaraña del FBI y la CIA para atrapar maleantes.. Desafortunadamente para el mundo, como ya no podemos checar exactamente QUE hacen la CIA y el FBI en tor, los maleantes en esas organizaciones seguirán anónimos, y encontrarles y descubrirles ha de ser el trabajo honrado e importante de cualquier hacker que valga su sal.

Y ahora la pesadilla de la caja de Pandora. Imaginemos un mundo donde todos estamos conectados biológicamente a la red al nacer. (Una posibilidad extremadamente real gracias a los implantes). De momento, el anonimato y separación de los que hable hace poco en las "reglas" del internet, son imposibles para todo ser humano pues ahora al nacer, un pequeño implante en la mano izquierda o mejor aún en la frente, permitirá conexión automática a la WWW. ¿Pues qué no está eso en la Biblia?

Tiempos extraños los nuestros.

5-7-14

Pontificando con el Pulpo Monopolio de Uso de Fuerza

¿Le conviene al planeta un Ejercito Único?

¿Cuál es la herramienta destructiva más poderosa hecha por el hombre? ¿Las Bombas Nucleares? ¿El CIDA? ¿Coca Cola? ¿Televisa? ¿HAARP?

Yo le voto a las Bombas Nucleares, pues he visto fotos de Hiroshima. Pero no estoy seguro. Es muy probable que alguien en algún lugar oscuro, escondido del mundo, este en este momento, probando su nuevo virus zombi con algunos pobres ratones blancos. De lo que estoy perfectamente seguro es que el poder destructivo de cualquier de estos horrores no es suficiente para el ser humano, pues siempre hay un horror peor, más atroz, más destructivo por descubrirse, y alguien, siempre alguien, lo va a buscar.

Y pues, eso nos lleva a la pregunta clave que todo agente de la CIA ha tratado de responder en algún momento de su carrera: "¿Cómo puede uno conseguir el Monopolio de Uso de Fuerza Mundial?" y una pregunta para aquellos de nosotros que no trabajamos para la agencia: "¿Y eso buena idea?"

La respuesta para civiles como yo a la segunda pregunta es evidente en el momento que se hace: ¡CLARO! Significa el fin a la guerra. La respuesta a la primera pregunta también es fácil si tan solo uno tiene el corazón de piedra: "¡Matándoles a todos!". Y justo por eso, vale la pena preguntarse dos veces, y tres y cuatro si la pregunta en si en un asunto justo y correcto en concebir.

Yo sospecho que la pregunta de un Ejercito Único o Monopolio de Uso de Fuerza global ha sido respuesta ya bastantes veces por el internet, y temo que esa respuesta resulte en una tragedia para todos nosotros, pero a tal nivel de barbaridad, es bueno entender que "ni tu ni yo..." somos mas que almas inmortales, y por lo siguiente, si hemos de matarnos todos a todos para llegar a un Ejercito Único, ya sea el Presidente del Planeta, o el Rey de Reyes o el Anticristo o el Imam Mahadi, tiene que llegar ese momento para nuestro planeta si hemos de sobrevivir, pues de otra manera, los "pequeños " tiranos como Putin, Obama, Peña Nieto y la Tuta terminaran matándonos todos. Y todo en nombre de alguna cosa grandiosa como "democracias" o "derechos humanos".

Los Generales detrás de toda esa muerte alrededor del mundo seguramente, como los de la agencia, ya se han dado cuenta de esto, y están buscando resolverlo como locos. El apocalipsis que todos queríamos en el 2012 no es cosa simple de deshacer. Añadimos un poco de temor a conspiraciones Illuminati, Islam, las Mafias y el resultado es aterrador.

Pero yo me clavo más en la inevitabilidad del evento, designado "Ejercito Mundial" al cual habrá opuesta seguramente una "Rebeldía al Ejercito Mundial" la cual, por su enorme tamaño y peso, puede literalmente, destruir el mundo. Y claro, ahí entiende uno mas profundamente que el "mundo" no se destruye. Es una gran bola de piedras y por mucho que quisiéramos destruirlo, es muy poco probable que lo logremos… ¿tal vez sacándola de su órbita? Mucho más frágiles somos nosotros, y nuestras "grandes" civilizaciones. A nosotros nos lleva fácil la cosa, con cualquier pequeño virus zombi o meteorito. De pasadita nos llevamos las abejas entre patas.

¿Y pues qué sigue?

Sigue buscar la paz interna, pues no creo que la encontraremos por fuera. Son demasiados los locos que desean el poder, y demasiado terribles nuestras armas. La sociedad humana se ha descarrilado y estamos simplemente viéndolo pasar lento en la tele, pero tan solo mencionamos algunos lugares extraños como Ucrania, Michoacán o Afganistán y nos damos cuenta que ya estamos al borde del precipicio, y un poco más y llegaremos al fondo.

Pero podemos soñar. Imaginar un mundo donde las armas ya no existen, y las bombas nucleares han sido desmantelados. Un mundo donde el Ejercito Único del Hombre es el Ejército de la Paz, que tiene como única misión prevenir la guerra. Cualquier otra cosa es ridícula.

5-8-14

Pontificando con el Pulpo Porque es mejor el jardín Suizo que el Inglés.

Para mejor explicar mi concepto, necesitaremos de algunas imágenes, las cuales pondremos aquí. ¿Si tuviera que elegir entre el exterminio de los Suizo o los Ingleses basado en su capacidad de hacer hermosos jardines, a quien exterminaría? Inglaterra, lo siento. Gano Holanda.

Ya que estamos en el tema de genocidios, vamos sobre plantas, pues ahí es donde se encuentra lo más útil de la palabra.. Para me que el CESPED, esa cosa verde que tira raíces fuertes y es difícil de quitar es la hierba más dañina a un buen jardín. Dame jitomates, girasoles, papa y zanahoria y puedo realmente pensar que eres un jardinero decente. Dame los Jardines de Luxemburgo y te diré que tienes buen gusto pero es difícil que alimente a tu familia. Dame una cancha de golf y te diré que estás loco. Dame un jardín casero sin arboles bien podado y buscare en tu casa la peor evidencia que pueda de algún crimen nefasto. Pues ya se de claridad que tu jardín ciertamente lo es. Dame un jardín de piedra Japonés y me sentare en Zazen contigo. Dame una mini-granja con gallinas y un chivo y me enamorare de ti.

A seguir, algunas imágenes de jardines que creo todos podemos crear, y que la neta, todos necesitamos en nuestros hogares para sobrevivir la apocalipsis zombi.

Los Suizos tienen huertas en sus jardines con verduras y vegetales, los cuales intercambian entre ellos para tener comida fresca

Estos increíbles jardines de techo se pueden encontrar en Tailandia. No es tan difícil poner plantas en el techo, y ayuda mucho con el medio ambiente.

Huerta de un metro cuadrado

PLANTAS PEQUEÑAS
- Rábanos
- Zanahorias
- Cebollas
- Espinacas
- Beterragas
- Lechugas
- Perejil

PLANTAS GRANDES
- Coles
- Brócolis
- Coliflores
- Pimientos
- Berenjenas

PLANTAS VERTICALES
- Tomates
- Pepinos
- Vainitas
- Arvejas
- Menestras

1 Este sistema pe empezar a cultiva un pequeño espacio.

2 El espacio per alcanzar toda la h para sembrar, regi cosechar, sin necesida caminar encima de él.

3 la rotación de cul es automática, cultivo de estación como el tomate, pued plantado entre otros cul de cosecha rápida y serán cosechadas a que la planta necesite espacio.

4 Ya que es po alcanzar la huer nivel de la cintura, formato facilita el culti discapacitados físicos.

- Ideal para pequeños espacios y cada vez más popular entre los jardineros urbanos, esta huerta es suficiente para el abastecimiento diario de legumbres de una persona, por un mes.

- Esta huerta se divide en cuadrados o rectángulos menores. Cada espacio tiene una legumbre, flor o hierba diferente.

- En la construcción de la estructura, se usan tubos de fierro o Pvc y alambres.

- Las plantas más grandes van en las filas de atrás, las más chicas en las filas posteriores, mas cercanas a la dirección en que les llegue la luz del sol.

- Las plantas verticales como los tomates, se cue de los tubos.

- Sujetar el marco verti con alambre para dar seguridad contra los vien fuertes.

Y finalmente esto, a todos nos hace falta una de estas.

5-9-14

Pontificando con el Pulpo la pornografía que vemos todos los días sin saberlo.

¿Qué es la pornografía y como saber si algo que uno ve es pornográfico? Como de costumbre en mis pontificados, cuando hay que aclarar una palabra, me refiero directamente a su significado en Wikipedia, la enciclopedia gratuita del internet. Veamos que dicen ahí sobre la "pornografía":

El término **pornografía** se refiere a todos aquellos materiales, imágenes o reproducciones que representan actos sexuales con el fin de provocar la excitación sexual del receptor.

Si basamos nuestra comprensión de la pornografía de ese significado, pues tenemos que darnos rápidamente cuenta que vivimos en un mundo altamente pornográfico, pues el 90% de todo anuncio comercial o propaganda es, por definición "pornográfico". Inclusive anuncios para jóvenes y niños pueden contener materiales altamente sexuales, pues todo buen creador de propaganda entiende perfectamente bien el poder de la sexualidad para crear excitación en el consumidor. Consideremos la muñeca favorita de todas las niñas: "Barbie". Esta extraña muñeca es sumamente sensual, y negarlo es negar sus dimensiones reales, las cuales no pueden existir naturalmente en un ser humano.

Y pues, si tratamos de quitarnos el velo de los ojos, podemos empezar a ver un patrón en nuestro mundo donde casi todos los productos y servicios más populares contienen, en sus anuncios, pornografía disimulada. Comerciales de cerveza, cigarros, chicles, llantas de coche, desodorante, inclusive hamburguesas y bancos, tienen como tema común, retratar algunas chicas guapísimas usando los productos o servicios. Si mis comentarios no traen a sus memorias comerciales eróticos rápidamente, es muy probable que ya ni siquiera se den cuenta de este hecho innegable de nuestro mundo moderno.

El sexo vende.

Preguntadle a cualquier ejecutivo de Televisa que elemento es necesario para el triunfo de una telenovela. Si no dice "sexo" pues seguramente no puede quedarse con su puesto demasiado tiempo. No quiero decir que podemos comparar la pornografía ordinaria del internet, la cual parece no tener fin, con "La Rosa de Guadalupe". No va al caso, pues los ejecutivos responsables del show saben demasiado bien que no pueden cruzar ciertas barreras invisibles entre pornografía y telenovela. Generalmente, barreras tan simples como la desnudez. Pero si uno compara el texto de una telenovela con el texto de una película pornográfica, hay muy poco cambio, y no hay realmente que ser un experto en telecomunicaciones que la pregunta no es si debe o no haber pornografía, pero más bien cuanta y de que calidad.

La censura, el arte de detener imágenes, historias, libros y cuadros de ser hechos es muy vieja. Viene desde el tabú original, cuando Adán y Eva se cubrieron sus partecitas con hojas hasta nuestros días, donde el tráfico de imágenes ilegales es una de las fuentes más poderosas de ingresos de las mafias globales.

El sexo vende.

Uno de mis héroes más difíciles de compartir es el Marqués de Sade. Increíble campeón en contra de la irracional censura del Vaticano, fue finalmente arrestado y murió en la cárcel, siempre desobediente, siempre libre. Es difícil de comprender el nivel de libertad (libertinaje dirán muchos) de mi héroe. Pero no es difícil de entender la importancia para el espíritu humano de su lucha.

Y pues, lo que podemos ver es una hipocresía terrible en lo que concierne la "pornografía". Por una parte, los medios nos bombardean diariamente con miles de imágenes altamente eróticas para vender sus productos. Por otra, gente que hace el sexo enfrente de las cámaras es censurada, marginalizada, brutalizada en algunos casos.

No es nada raro. Nuestra sociedad es altamente psicótica. Nos matamos entre nosotros mismos por cosas tan ridículas como el petróleo y diamantes. (lodo y piedras, señores y señoras!). También es nuestra sociedad esquizofrénica. Valoramos cosas sin ningún valor, como billetes de papel y números virtuales en cuentas de banco (que pueden todas rápidamente desaparecer con un virus informático). Cosas realmente importantes, como semillas, plumas, frutas y verduras, esas no las valoramos para nada. A tal grado es nuestra locura que decimos entre nosotros que el dinero no crece en los árboles. ¡Díganle eso a un limonero! Pero peor aún, la locura por el beneficio económico llega a nuestras camas, y vendemos nuestros cuerpos (y los cuerpos de nuestros hijos) al mejor postor. De ahí, amigos, viene la pornografía. Y si, está por todos lados, solo abran los ojos.

Pontificando con el Pulpo las Cucarachas en mi Oficina.

Hola, amigas. ¿Cómo les va? Un poco temerosas de mi mano, veo. Pues ni modo, falta de simbiosis creo. Y una reputación abominable. Oh, a mí no me molestáis, pues soy brujo, y vuestra compañía siempre es bienvenida, pero sabéis, a mi madre, bueno, ahí no hay mucho que hacer. Ella es así.

Y pues, os pido disculpas, compañeras, por los venenos, y pisotazos. El miedo de vosotros es grande en mi familia humana, y mis hermanos son barbaros, mucho menos amables que ustedes, es me queda claro, pero, me pregunto, ¿porque escogisteis mi computadora, notoriamente envenenada en vuestra contra por hogar?

Bajo los principios de Ahimsa, la no violencia, soy incapaz de lastimarles, pero cuando sois plaga en mi compu, y mi buena madre me ordena destruirles, no tengo muchas otras opciones. Y pues, me veo necesitado del genocidio, cosa que os aseguro, me causa mucho mas horror a mí que a ustedes.

La interminable guerra en vuestra contra no es nada comparada con la guerra contra las moscas, que nos infinitamente mas atrevidas que vosotras. ¿Y que decir la guerra contra mis propios fantasmas?, cosa mucho mas difícil, pues su exterminio significa el mío propio.

Es tal vez el Sol que mejor me lo explica, que aquello que os parece permanente, no lo es, y el conflicto entre vuestra especie y la mía es simplemente asunto de destinos divinos y cosas así, que es decir, cosas fuera de mi control y gusto.

Escondéis vuestros hijos en lugares incautos. Como bajo mi teclado. Y claro, cuando mis dedos, peligrosamente grandes, os aplastan accidentalmente, pues jamás lo haría adrede, y son tantos vuestros hijos, que me pregunto, ¿Qué aprenden de sus vidas y su relación con el Supremo? O la Suprema, o ambos, dependiendo en vuestra religión.

Cucarachas, sois marihuanas, es claro, pues la vieja canción nos avisa. Y curiosas, con antenas para calar nuestras intenciones mejor.

¿Cómo declarar la paz con vosotras, víctimas de mis más terribles asesinatos? Es demasiada la deuda con ustedes de mis hermanos humanos. Tal vez, por vuestra fuerza y ingobernabilidad, menos aun que al pobre Rhino Negro, el cual asesinamos sin piedad hace poco, o el jaguar ese con las manchitas bonitas que parecen ventanitas.

Ah, nada como los horrores de Kali Yuga para recordarnos que hay universos y mundos mejores. Espero algún día encontrarme con ustedes ahí. Donde nuestra enemistad biológica se ha convertido en simbiosis y podemos, los unos y los otros divertirnos como amigos y hermanos deben. En ese universo donde el perdón predomina sobre la riña, supongo que vuestra extraña y para muchos de los míos repugnante forma tenga colores o sonidos que no entendemos todavía, por la cual esa misma repugnante forma sea simplemente belleza oculta.

Veo una terrible boca devorándonos todos en este mismo mundo, una boca inescapable que toma por igual la forma de ustedes y la nuestra, y de poco se detiene para saborear las dos. La flaca que a todos nos iguala tiene tanta razón en hacerlo.

5-21-14

Pontificando con el Pulpo la Tiranía de la Moda

Bajo la ropa, todos somos más o menos iguales, algunos gordos, otros flacos, algunos jóvenes, otros viejos, pero desnudos, no tenemos nada que nos distinga demasiado de los demás que no sea nuestra condición física y edad.

Pero en el momento que nos ponemos el uniforme, todo eso cambia. Un policía puede disparar sobre nosotros con todo el permiso de la ley, un juez nos puede juzgar, un doctor nos puede curar y un sacerdote salvar nuestras almas. Hay algo perfectamente siniestro en la tiranía de la ropa, pues cualquier persona puede disfrazarse de juez o policía, o peor aún doctor, y con la autoridad de sus prendas, ejercer sobre los incautos la autoridad de la prenda que trae puesta.

Pero es peor aún. Pues nuestra ropa nos define por clase social y económica automáticamente. Nos es fácil a todos decidir si un hombre viene de buena o mala escuela, si tiene o no tiene dinero simplemente por los zapatos que usa. El costo del calzado es utilizado por los estratos altas de la sociedad como un medidor de clase automático y infalible, pues no son muchos los que pueden comprar ropa fina, y los lugares donde la gente compra esta ropa son conocidos por los más afluentes. ¿Nos extraña que presidentes y artistas del cine y la televisión salgan de compras a Paris y Beverly Hills? ¿Y que pueden comprar ahí que no puedan comprar en el Palacio de Hierro?

El asunto de la ropa es pernicioso desde hace mucho. Los nobles en Europa gastaban pequeñas fortunas en sus prendas, mandando importar sedas y telas exóticas desde remotos lugares para así demostrar su buen gusto y capacidad económica. Hoy en día, es común para algunos restaurantes, antros y salones tener "códigos" para determinar cómo debe uno estar vestido si desea ingresar.

En las altas esferas del poder, si no viste uno como los demás gastando por lo general miles de dólares en ropa, es posible que sea excluido totalmente de eventos importantes. Uno simplemente no va al Festival de Cine de Cannes vestido en ropa de Walmart. Y pues, la industria de la moda se convierte en nuestra carcelera, excluyendo a los pobres de los lugares de congregación de los poderosos, y forzando los poderosos a vestir de maneras especificas beneficiando … ¿A quien?

Para conseguir empleo o trabajar en las empresas más importantes, es sumamente necesario vestir de una manera que demuestre éxito económico. Ahí, nombres como Armani, Dior, Chanel, Vuitton y

Farragamo no solo cuestan mucho, pero son absolutamente necesarios para triunfar. Estas empresas se pelean por un lugar en las alfombras rojas de los eventos de las estrellas y las altas esferas políticas, y el costo de estas prendas puede llegar a los cientos de miles de dólares por cada una. Hay zapatos que cuestan más de 250 mil dólares, es decir, zapatos de más de 2 millones de pesos. ¿Exactamente para que sirven zapatos de 2 millones de pesos?

La respuesta es insidiosa: zapatos de 2 millones de pesos sirven para demostrar el desprecio por el dinero. Una persona que se pone zapatos de un precio tan elevado simplemente quiere demostrar a todos los que lo puedan ver que el dinero no tiene valor alguno para él o ella. Por lo mismo, ricos compran propiedades que nunca usan, vehículos que nunca manejan, y fieras salvajes que no pueden realmente disfrutar como mascotas. Es una manera de mostrarle a los plebeyos que ellos son mejores y más poderosos.

Y pues vemos que la alta moda sirve al mal de cerca. Lo peor del ser humano, su cinismo y egocentrismo es la causa que prendas como Louis Vuitton existan. Paradójicamente, muchos de los que se ponen estos disfraces de payasos multimillonarios dicen luchar por causas justas y proteger a los pobres e inocentes.

El ser humano es un animal despreciable. Es tan, pero tan fácil caer en la tiranía de la moda que muchas personas que no son específicamente malas caen en la trampa de la moda por ser alagados por sus contemporáneos cuando les chulean sus nuevos jeans o tal vez algún sombrero chistoso. Pero aguas, pues hay otro extremo, y ahí los que deciden tatuarse, o dejarse el pelo o las barbas crecer, pueden ser culto de exclusión, ridiculizados, marginalizados y atacados. No es la libertad de expresión que nos lleva a comprar ropa cara, pero lo opuesto.

5-22-14

Pontificando con el Pulpo Lo que mama y yo platicamos esta mañana.

Si tan solo pudiera acordarme.

Pero, no, claro, las mejores ideas se olvidan, especialmente con el uso de cierta hierbita que nos gusta mucho a mi madre y a mí y que últimamente se ha convertido en algo más difícil que conseguir que la iluminación.

Ósea, llegan a la mente ideas, pasan por ahí un rato, iluminan, y luego… floosh.. Como el sonido del escusado. Entonces lo que queda hacer es un "brainstorm" o lo que en castellano se podría conocer no muy acertadamente como tormenta cerebral, cosa común para los pachecos.

Lo que queda, de esta tormenta cerebral, señoras y señores es una lista, y ya os he dicho antes que me fascinan las listas. Una lista contundente y muy breve, pues lo que voy a listar puede realmente no tener fin, es decir, mis temas para pontificar. Y ahí les va, mi lista de lo que creo que discutimos mama y yo en el desayuno.

1.   La Guerra. Pues el más claro, el contundente, y el lógico tema a discutir es: como obtener la paz. La balacera mundial esta brava. Que a ese le daremos número uno, pues otras cosas no son tan importantes en tiempos como estos de guerras y rumores de guerras.

2.   La Guerra contra el Coche. Otro tema podría ser la enorme necesidad de reparar todos nuestros vehículos para que no usen gas. ¿Apoco quieren más carreteras en Mexico?

3.   La Guerra contra los Bichos no Humanos. Hay que encontrar una manera harmónica de convivir con espíritus ya no humanos. Vivos y muertos digo yo, no hay que andar peleando con ellos.

4.   La Guerra contra la sobriedad. Aun otro tema debería ser, como evadir mal viajarse en hongos. Y por ahí, alguien se conmovería por el mismo título pero sobre el peyote y la ayahuasca. ¿Y qué decir de mi hierbita amada?

5.   La Guerra contra la memoria. Pero no, ese tema tan importante, ese asunto que hubiera resuelto el petróleo, los narcos, los aliens,

Dios y todo lo que pueda ser relevante para el ser humano y los bichitos que nos comemos se nos ha olvidado. Así es la mente, y en particular la mía, que seguramente tiene la forma de queso Suizo, ósea llena de hoyos negros.

6. La Guerra contra los Gringos. ¿Qué no empezó con Santa Anna? ¿Y que no sigue ahora que nos cierran la frontera y nos dan de palos por ser Mexicanos una vez que logramos cruzarla?

7. La Guerra contra los Michoacanos. Y los Sinaloenses, y los Chiapanecos. Y cualquier otro grupo que no sea obediente al gobierno federal y sus dueños en Washington.

Bueno, en fin... No me acuerdo. Claro, hay un tema central, y ese es "la guerra", pues parece que todavía está sucediendo, si no aquí, en algunos otros lugares. A mí no me sorprende, pues estamos, por mis cálculos brujos en los últimos días del libro del apocalipsis en la biblia. Solo faltan los zombis.

5-24-14

Pontificando con el Pulpo Finalmente lo que Platicamos Mama y Yo

Pues efectivamente, mama y yo recordamos hoy de lo que habíamos pontificado hace pero poco, y es un asunto de política sutil. ¿Exactamente a que me refiero con "política sutil"? Pues a discusiones políticas desde un punto de vista "sutil" de la realidad, ósea, un punto más profundo.

Los personajes discutidos en nuestra discusión fueron Prabhupada, Jesús el Cristo, Mahoma, Gandhi, Buda, y ahí, conforme vamos recordando (y explorando el tema), surgirán otros, seguramente. No es una conversación nueva, sino más bien una exposición de una vieja conversación que lleva a muchos caminos mentales, pues es la mente que funciona en conversar, y conclusiones filosóficas inescapables.

Creo que empecé yo la discusión con una pregunta, y esa es: ¿porque los tres grandes libros sagrados del hombre, el Corán, la Biblia y el Bhagavad Gita parecen dar exactamente las indicaciones contrarias sobre el tema del pecado?

Desafortunadamente, no tomamos notas esa noche, y pues la conversación se perdió en las palabras olvidadas entre madre e hijo, pero, no el contexto ni la intención de la conversación, que siempre ha sido y será, la búsqueda de la verdad. La "Gran Yihad" de los Maestros Sufís.

Pues Gandhi resuelve ese viejo contexto con uso del Ahimsa, la no violencia, para derrotar el imperio sacro de Inglaterra, donde Reyes Santos todavía rigen, si desafortunadamente con las refrenas de un congreso y instituciones democráticas. El Papa no ha logrado conquistar el mundo en nombre de Jesús, pues todavía hay, en el planeta, musulmanes, ateos, budistas y otros herejes. El avatar de Avalokiteswara no ha llegado, o está determinado a no actuar por el momento en logro de la unificación humana en una sola religión. Kalki, último avatar de Visnu le faltan 400,000 mil años de este Kali Yuga, el Gran Hermano Blanco de los Hopis no ha dejado su huella y parece que el fin del mundo y la apocalipsis zombi van perfectamente bien en camino, con los zombis ganándole a los Seres Humanos casi 10 a 1.

En el Islam, las profecías cumplidas nos hacen pensar que el Imam Mahadi ya no tarda, o ya está aquí, y trabajando desde la sombra. Cosa peligrosa si hay una guerra contra el Islam por parte de la atea Democracia.

¿Y los ateos? ¿A quién pueden orar en el fin de los tiempos los ateos?

El fin de nuestros tiempos, sospecho, se termina en Jerusalén, ciudad marcada por los dioses. Pues ahí es donde siguen los sueños y esperanzas de cristianos, musulmanes y judíos para una resolución a las profecías de sus religiones. Entretanto, todavía hay una frontera entre México y Estados Unidos beneficiando a los ricos contra los pobres. Y los bobos que todavía se creen pertenecientes a estas naciones siguen pagando impuestos a ídolos extraños y aterradores con nombres como Obama y Peña Nieto. Estos actores, muy probablemente pagados por los verdaderos dueños, ocultos, de estas "naciones", siguen marchando sus órdenes, uno en Afganistán, el otro en Michoacán para perpetuar el gran teatro de guerra, que beneficia a pocos y lastima a muchos.

La locura colectiva del ser humano nos conduce, literalmente, al infierno en la tierra, tal cual predice la Biblia y el Corán. Y sobre nosotros, ángeles bailan con sus truenos, y pilares de flama, y eventos inexplicables, que nuestros arrogantes científicos siguen tratando de explicar.

¿A donde ha quedado el asombro, humanidad?

¿A dónde se fue la fe?

5-25-14

Pontificando con el Pulpo Maten al Coche

(originalmente de www.deoxy.org , traducido por la Prof. Radhakunda).

La historia cuenta que el 4 de junio de 1896, joven Hank Ford descubrió que su primer coche era demasiado grande para que pudiera pasar por las puertas del taller donde se había construido. Tomo un martillo, rompió el muro alrededor de la puerta para proporcionar una abertura lo suficientemente grande para el vehículo. Desde entonces, el automóvil ha estado haciendo más o menos lo mismo con el planeta.

El coche se convirtió muy rápidamente el artefacto central de la subjetividad individualista de la civilización capitalista industrial moderna. Cuando alguien compra un coche, no está simplemente buscando obtener el transporte necesario, sino creando una pseudo-identidad, y la ilusión de la libertad. Lástima si este fetiche trae consigo catástrofes sin precedentes para la red de la vida del planeta - los bosques, las aguas, los suelos, la atmósfera y para los más de medio millón de personas que murieron hoy en el mundo por cause de un accidente automovilístico, un tercio de ellos niños. Los vehículos motorizados también han revolucionado la guerra, haciendo posible mucho mayores panoplias de destrucción masiva.

Vivimos en una autocracia. Las generaciones futuras, las principales víctimas, serán incrédulos sobre nuestra Edad Oscura.

No sólo es el conductor moderno poco más que una variedad de esclavo participado en un trabajo sinsentido en su mayoría no remunerado (" Viaje a trabajar, el trabajo de conducir", dice el refrán), el petróleo es el requisito, combustible recurso fundamental para el capitalismo industrial. Lundberg cree que el petróleo se agotará en un futuro próximo, pero no estamos convencidos. Las empresas continúan anunciando el descubrimiento de potencialmente enormes reservas en los lugares más insospechados en todo el planeta (Groenlandia, el sudeste de Asia, etc.) El hecho es que algunos ecocidios se han generado por combustible en definitiva, fósil probablemente habrá llegado mucho antes que los pozos se sequen.

Poco o nada se está haciendo sobre el cataclismo que se aproxima rápidamente, ya sea por las consecuencias inevitables de una economía de producción-consumo en curso, o por las consecuencias lógicas de un posible agotamiento del colapso. En su lugar, incluso después de los horrores de la guerra del Golfo Pérsico, la negación sigue siendo el nombre del juego, con unos treinta millones de automóviles nuevos se producen cada año en busca de compradores. Y nada, ni siquiera los últimos remanentes de selva relativamente prístina, ya sea selva ecuatoriana o la tundra ártica, es inmune a esta fiebre. El comando puede venir de arriba, pero con el apoyo de lo condicionado a fondo más adelante; seguir taladrando. No parece importar, por ejemplo, que las empresas podrían drenar el Arctic National Wildlife Refuge y obtener en el mejor de los 400 días de la gasolina para la flota de 150 millones de automóviles EE.UU.

Las guerras del petróleo y los derrames químicos
El coche y la cultura del automóvil son parte integral de casi toda la patología destructiva en el capitalismo moderno. ¿Cuantos más kilómetros de carreteras se construyen? Todos las que se requieran para la crisis de expansión más interrelacionados, ecológicos y sociales. Se manifiestan, desde la extinción masiva de especies hasta el colapso atmosférico. No sólo las guerras por el petróleo y los derrames de petróleo y sustancias químicas masivas , pero en cada desastre, un dramático curso puede vincularse a ellos, entre ellos, son un millón más o menos los animales mueren cada día por los coches , el abuso arbitrariamente negligente de la tierra, la destrucción de bosques y tierras de cultivo , la enajenación opresivo de urbanismo , coches generados en pseudo- aldeas de extraños, una personalidad banal y vacía basada en la aceleración de un espacio en blanco, un lugar degradado a otro. Además, el empeoramiento de la contaminación del aire y la salud humana disminuida: todos los coches producidos dejan cincuenta barriles de desechos tóxicos en el proceso de producción, y eso sin contar el coche en sí, que es también un producto tóxico.

La Producción de coches es el suicidio
Para mencionar sólo un otro efecto sobre la salud, " cada año los Tres Grandes fabricantes de automóviles utilizan más de diez toneladas de mercurio - una de las sustancias más letales liberadas al medio ambiente por la producción industrial - para interruptores de luz " conveniencia " en los coches. Este no es un ejemplo de las personas que destruyen a sí mismos para cumplir con lo que podría pensarse a sus necesidades inmediatas y básicas - por ejemplo, el uso del petróleo en la agricultura y el transporte básico de alimentos y similares (al menos hasta que algunas otras formas más razonables de los estilos de vida sostenibles pueden emerger) - pero para la clase más trivial de confort acondicionado. Es una locura que con el tiempo debe tomar las élites del mundo y de sus proletarios juntos en el olvido - no a través de la destrucción mutua de los contendientes clases como Marx dijo una vez, sino a través de clase, colaboración patológica e insostenible.

Aquí, en Detroit, se piensa en una exhibición particularmente repulsiva en el último desfile del Día del Trabajo por Woodward Avenue. Allí, los trabajadores automotrices saludaban desde una carroza motorizada envuelto en banderas estadounidenses y mostrando un Ford Mustang rojo (proporcionado por la empresa). El coche rápido, que suele presentarse disparaba solo por algunos increíblemente hermoso desierto al atardecer - una imagen familiar para cualquiera que haya visto alguna vez un comercial para el automóvil, es toda del hombre masa (y de todas las mujeres en masa) más pírrica fantasía poder psíquico sexual. Pero el asfaltado sobre las ciudades del futuro, contaminado e inhabitable de lo que los inventos de Henry Ford han hecho a ellos, son lo real, mucho menos hermosa, sin vida del paisaje que nos espera.

Ford Como Iván Illich sostiene que la demanda es de conversión social y ecológica de inversión económica e industrial. La gente va a tener que encontrar mejores maneras de pasar su tiempo de hacer y conducir coches. Vamos a Reiteramos nuestro deseo de liberarnos , de una vez por todas, de la creación más representativa del capitalismo y todo lo que es más asqueroso , imbéciles y corruptos en ello, así como la mayoría completamente destructiva de las posibilidades de una verdadera armonía ecológica y social.

¡Abajo Coche Cultura! ¡Mata a los coches!

5-25-14

Pontificando con el Pulpo el Sacrificio del Poder

En las altas esferas de las teorías de conspiración, se habla mucho de algo llamado el "sacrificio del poder", un nefasto pacto con fuerzas del mal puro hecho en algún momento por todos los "grandes" de la historia, hombres y mujeres que han trascendido a la historia ya sea como grandes héroes o villanos, pero importantes, inolvidables, y que han cambiado al mundo.

El "Sacrificio del Poder" se trata de sacrificar a alguien de gran valor, alguien muy querido a cambio de poder y fama. Y empieza en la historia antigua con Agamenón que queriendo invadir Troya descubre por parte de los s videntes que la ira de la diosa no podría ser aplacada a menos que Ifigenia, su hija, le fuese ofrecida como sacrificio compensatorio. El buen Rey le hace matar. A cambio, gana la guerra de Troya y se asegura de su lugar en la historia.

El acto de sacrificar, verbo cuya etimología latina significa "hacer sagrado", consiste en matar ritualmente a un animal o a un ser humano que se ofrecen a una deidad con la esperanza de un beneficio para el que realiza o manda realizar el sacrificio. Aquí en casa, en Mesoamérica antigua la práctica del sacrificio humano estaba estrechamente vinculada con la guerra, que tenía un doble objetivo: conformar grandes unidades políticas y dominar a otros pueblos, aunque también conseguir víctimas para el sacrificio mismo. En efecto, los antiguos mexicanos no solían matar a sus enemigos en el campo de batalla, más bien procuraban capturarlos – incluso entre varios guerreros– para, después sacrificarlos ritualmente.

Hay razones para creer que estos sacrificios siguen siendo utilizados en la actualidad por personajes importantes, con el efecto de asegurar victoria y fama. Un ejemplo muy contundente de este posible hecho es la muerte de la sobrina de Adolfo Hitler, Geli Rubal, que sería la persona más querida por el dictador. Poco después de su misteriosa muerte, aparentemente por suicidio, Hitler subió rápidamente al poder conquistando toda Europa bajo su yugo. ¿Fue la muerte de la joven muchacha un sacrificio humano? Muchos estudiosos de Hitler así lo creen.

El Sacrificio del Poder no está limitado a la guerra. En internet, si uno hace una búsqueda de "sacrificio de sangre", hay amplias conspiraciones que hablan del sacrifico de los famosos por su fama. La pregunta de si las muertes repentinas y extrañas de parientes y amigos de los poderosos justo antes de que sean famosos fueron sacrificios o no es, tal vez algo ridículo, pero si realmente hay alguna manera de sacrificar otro ser humano a cambio del poder y la fama, tal vez no sea tan ridículo.

Evidentemente, la muerte de familiares y amigos de los famosos no pueden todas ser culpadas en sacrificios humanos, pero si hay algunas excepciones a esta regla, como por ejemplo es la muerte, sin resolver todavía, de John F. Kennedy. Es indudable que la muerte de John catapulto la carrera de Lyndon Johnson. ¿Fue la muerte de Kennedy un sacrificio humano? Ya nunca podremos saberlo con certeza.

Las extrañas muertes de Janis Joplin, Jimmy Hendrix y Jim Morrison, todos ellos por sobredosis cuando todos ellos seguían una vida muy atascada de psicodélicos como LSD y Peyote (que no llevan a la gente a la sobredosis), no solamente son sumamente sospechosos, y si lo pensamos, tienen algo de ritualista.

Claro, es un hecho que los sacrificios como tal, en cimas de pirámides, volcanes, pantanos sagrados, wicker-men y otros antiguos ya no existen. Ni siquiera tenemos el viejo Circo Romano donde gladiadores fueron sacrificados con cristianos y leones por el placer de la prole.

Pero pensar que sacrificios humanos ya no existen en nuestros tiempos es ingenuo. Solo hay que fijar nuestros ojos al vecino país del norte y a las incalculables muertes por silla eléctrica, inyección letal o cámara de gas. Si esos eventos privados no sirven como sacrificios humanos para satisfacer algún dios pagano de la venganza, pues entonces no estamos viéndoles como realmente son. Verdaderamente, la pena capital es devenida de un viejo dicho en la biblia (dioses paganos nuevamente!) que dice ojo-por-ojo y diente-por-diente. Y pues, con esa justificación, el estado tiene el derecho de sacrificar aquellos que han tomado vida humana por sus placeres y peculiaridades personales.

5-26-14

Pontificando con el Pulpo Invenciones buenas y Malas del Hombre

Es evidente para cualquiera que tenga inteligencia que no todas las invenciones del hombre son buenas para el mismo. Por otra parte, algunas invenciones son perfectamente esenciales para la educación del alma y la búsqueda de la iluminación espiritual. A seguir, voy a proveerles con una lista de cinco invenciones buenas y cinco malas creadas por el hombre para que puedan ver por sí mismos como nuestra inteligencia humana no siempre sirve nuestros mejores intereses, pero, si es utilizada con un poco de humildad y empeño en lo bueno, puede ser tambien nuestra salvación.

1.   Instrumentos Musicales vs. La Armas. La primera herramienta para crear música, seguramente fue el tambor, cuando algún primitivo golpeo rítmicamente un tronco con otro o con algún hueso grande. La primera arma fue sin duda idéntica al primer instrumento, pero con una intención distinta, golpeando, en vez de un tronco alguna cabeza. Desde ese entonces a la fecha, los instrumentos musicales y las armas han mejorado inmensamente, culminando, en la música, con unos teclados cibernéticos y en las armas con la bomba nuclear.

2.   La Medicina Moderna vs. Los Venenos Modernos. Para poder vencer enfermedades y problemas médicos, hay que saber más o menos que los puede causar, y pues, la industria medica es fuente por una parte de medicinas milagrosas que curan, entre otras cosas, la peste, siendo esta la mas gran asesina de seres humanos en la edad media, pero a la vez, creando algunos de los venenos más tóxicos y horribles de nuestra realidad, como el gas mostaza, ántrax y el virus zombi que seguramente terminara con nuestra sociedad algún día. Si no conocen el nombre de Monsanto, creadores de algunos de los pesticidas más comunes y letales para nuestra biosfera, les recomiendo que se enteren, y si pueden, actúen, para detenerles.

3.   La Escritura vs. La Religión. Cuando los hombres empezaron a comunicarse entre ellos dibujando monitos en paredes hace mucho mucho tiempo, algunos se dieron como grandes genios y inclusive, inspirados por los dioses. Ahí es donde comenzó el desmadre, y las muertes y genocidios. Primero, usando la escritura para condenar grupos enemigos por ser herejes, y finalmente, escribiendo palabras

consideradas sagradas e intachables. Algún día, estoy seguro que "El Señor de los Anillos" servirá de biblia para ingenuos del futuro. Sera entonces que las dos torres, confundidas eternamente con las torres gemelas de Nueva York servirán para asustar a los niños en vez de Satanás y Lucifer.

4.   La Meditación vs. La Política. Cuál fue el primer gran gurú que aprendo a sentarse pacíficamente a meditar sobre su existencia, probablemente nunca lo sabremos, pero desde ese momento hasta la fecha, incontables gurús y hombres sabios han transmitido las varias y muy diversas técnicas de meditación, el Zazen de los Budistas, los Mantras de los Hindús, el Peyote de los Huicholes... en fin, hay tantas formas de recibir la iluminación como culturas que las promueven. Igualmente, hace mucho tiempo, algún canijo se dio cuenta que creando facciones en la tribu se podía, de alguna manera, llegar a la cima del poder y tomar el lugar del alfa-macho para regir sobre todos los demás por razones políticas. Casi siempre, la forma de subir la cima política en la tribu fue asesinando a los rivales que buscaban el poder. Nada ha cambiado, y solo toca ver como la política ha degenerado la especie humana a un estado verdaderamente diabólico.

5.   Los Aviones vs. Los Aviones de Guerra. ¿No les parece extraño que las invenciones más maravillosas del hombre, como los aviones, que nos permiten volar como las aves siempre terminan como herramientas horribles de guerra? El sueño de volar como los pajaros ha perseguido al hombre desde que el primer primitivo vio una parvada en vuelo y quiso imitarles, brincando de algún barranco con grandes palmeras por alas. Finalmente, el 8 de agosto de 1709, el sacerdote brasileño Bartolomeu de Gusmão hizo la primera demostración de ascensión aérea en globo de aire caliente no tripulado en la Casa de Indias de Lisboa, ante la corte del rey Juan V de Portugal. Claro, el uso belico de estos globos fue casi inmediato. Lo mismo con el primer avión creado durante la década de 1890, por los hermanos Wilbur y Orville Wright.

Y pues, podemos ver la terrible dualidad de la inteligencia humana, por una parte elevando el espíritu (y hasta los cuerpos físicos) del hombre a grandes alturas, y por otra, tirando sobre nuestras cabezas mierda absolutamente innecesaria, como bombas y pesticidas.

5-30-14

Pontificando con el Pulpo Belcebú el Señor de las Moscas

Si viven en un rancho, como lo hago yo, es imposible evadir las moscas. La única herramienta más o menos adecuada para combatirles es un tipo de tira de pegamento que cuelga del techo y que atrae las moscas por su olor. Esta tira pega las moscas con su pegamento por los cientos, y claro, ahí yacen las pobres, muriendo lentamente de hambre y sed. Es un espectáculo horrendo que, en el caso de mi oficina, donde ya hay una infestación de cucarachas, no puedo aceptar, y pues, además de mis cucarachas, debo compartir mi computadora con docenas de moscas que merodean alrededor de mi cara. Un poco de incienso, especialmente copal, les ahuyenta, pero el copal es caro, y usarlo diariamente hora tras hora en mi oficina es un poco difícil.

Y pues, la otra herramienta que uso para escapar los incesantes ataques de estos bichos voladores es un matamoscas normal. Es chistoso, pero cada vez que lo agarro, las moscas salen literalmente volando, pensando que tengo ganas de matarlas. Es posible que las moscas de mi oficina sean psíquicas, pues cuando agarro el matamoscas es casi inevitable que no mate una u otra, aunque eso no me de gran gusto hacer. Todos estos asesinatos involuntarios se los voy a deber, en el otro mundo, al señor de las moscas. Ni modo, así es la ley del karma. Pinches moscas.

Belcebú o **Beelzebub**, derivado de Baal Zebub o más propiamente *Ba'al Z'vûv*, (en hebreo זבוב בעל, con muchas ligeras variantes), era el nombre de una divinidad filistea Baal Sebaoth (Deidad de los ejércitos) en hebreo. Adorada en épocas bíblicas en la ciudad filistea de Ecrón; la cual posteriormente sería asimilada a la tradición cristiana.

Se cree que Belcebú o Beelzebub deriva etimológicamente de "Ba'al Zvuv" que significa "El Señor de las Moscas". Por otro lado el nombre Beelzebub era usado por los hebreos como una forma de burla hacia los adoradores de Baal, debido a que en sus templos, la carne de los sacrificios se dejaba pudrir, por lo que estos lugares estaban infestados de moscas.

Sin embargo, la palabra que compone este nombre suena en hebreo *tsebal*, morada, especialmente en el sentido de la Gran Morada, los infiernos, y en boca del pueblo se confundió con *tsebub*, mosca. Y pasó este imponente nombre de "Señor de la Gran Morada" o "Señor del Abismo" a "Señor de las Moscas", que es la traducción que suele darse en los textos evangélicos.

Belcebú en sus formas alegóricas toma a veces una apariencia colosal; de rostro hinchado, coronado con una cinta de fuego, cornudo negro y amenazante, peludo y con alas de murciélago.

5-30-14

Pontificando con el Pulpo Belcebú el Señor de las Moscas

Si viven en un rancho, como lo hago yo, es imposible evadir las moscas. La única herramienta más o menos adecuada para combatirles es un tipo de tira de pegamento que cuelga del techo y que atrae las moscas por su olor. Esta tira pega las moscas con su pegamento por los cientos, y claro, ahí yacen las pobres, muriendo lentamente de hambre y sed. Es un espectáculo horrendo que, en el caso de mi oficina, donde ya hay una infestación de cucarachas, no puedo aceptar, y pues, además de mis cucarachas, debo compartir mi computadora con docenas de moscas que merodean alrededor de mi cara. Un poco de incienso, especialmente copal, les ahuyenta, pero el copal es caro, y usarlo diariamente hora tras hora en mi oficina es un poco difícil.

Y pues, la otra herramienta que uso para escapar los incesantes ataques de estos bichos voladores es un matamoscas normal. Es chistoso, pero cada vez que lo agarro, las moscas salen literalmente volando, pensando que tengo ganas de matarlas. Es posible que las moscas de mi oficina sean psíquicas, pues cuando agarro el matamoscas es casi inevitable que no mate una u otra, aunque eso no me de gran gusto hacer. Todos estos asesinatos involuntarios se los voy a deber, en el otro mundo, al señor de las moscas. Ni modo, así es la ley del karma. Pinches moscas.

Belcebú o **Beelzebub**, derivado de Baal Zebub o más propiamente *Ba'al Z'vûv*, (en hebreo זבוב בעל, con muchas ligeras variantes), era el nombre de una divinidad filistea Baal Sebaoth (Deidad de los ejércitos) en hebreo. Adorada en épocas bíblicas en la ciudad filistea de Ecrón; la cual posteriormente sería asimilada a la tradición cristiana.

Se cree que Belcebú o Beelzebub deriva etimológicamente de "Ba'al Zvuv" que significa "El Señor de las Moscas". Por otro lado el nombre Beelzebub era usado por los hebreos como una forma de burla hacia los adoradores de Baal, debido a que en sus templos, la carne de los sacrificios se dejaba pudrir, por lo que estos lugares estaban infestados de moscas.

Sin embargo, la palabra que compone este nombre suena en hebreo *tsebal*, morada, especialmente en el sentido de la Gran Morada, los infiernos, y en boca del pueblo se confundió con *tsebub*, mosca. Y pasó este imponente nombre de "Señor de la Gran Morada" o "Señor del Abismo" a "Señor de las Moscas", que es la traducción que suele darse en los textos evangélicos.

Belcebú en sus formas alegóricas toma a veces una apariencia colosal; de rostro hinchado, coronado con una cinta de fuego, cornudo negro y amenazante, peludo y con alas de murciélago.

Pontificando con el Pulpo Aracne la Señora de las Arañas

Me encantan las arañas. De niño, solía capturarles con vida y meterles en frascos para mirarlas comer. En particular, me gustaba capturar arañas brincadoras, unas cositas hermosas con grandes ojos y lo que parece ser bigotes enormes. Estos bichitos son sumamente inteligentes y pueden brincar de dedo en dedo, hacer malabares y mirarlo a uno con ojos sabios y penetrantes.

Claro, les respeto y jamás les mato, pero las venenosas tienen que salir de la casa, y generalmente tengo varias jarras de vidrio alrededor con justamente ese propósito, transportar arañas de un lugar a otro.
 Desde que fui a la cárcel, ya no me gusta tener ningún bichito encarcelado, y pues ya no colecciono arañas libres y sueltas. Las brincadoras las dejo en mi oficina para que se coman las moscas, y las arañas lobo, parientes de la tarántula, las dejo en mi oficina para que se coman mis cucarachas. Algunos de ustedes que leen mis columnas tal vez piensen que sería más práctico comprar insecticida y matar todos los bichos igualmente, pero la verdad es que sospecho que los insecticidas comunes son más tóxicos de lo que sus fabricantes nos quieren admitir, y seguramente, si mata arañas y cucarachas, no puede ser muy saludable para humanos y gatos, los otros moradores de mi oficina.

En fin, regresando a las arañas… la palabra "araña" viene de Aracne que era la hija de Idmón de Colofón, un tintorero que teñía la lana con púrpura de Tiro. Era famosa en Hipepa (Lidia), donde tenía su taller, por su gran habilidad para el tejido y el bordado.

Las alabanzas que recibía se le terminaron subiendo a la cabeza y terminó tan engreída de su destreza como tejedora que empezó a afirmar que sus habilidades eran superiores a las de Atenea, la diosa de la sabiduría y la guerra además de la artesanía.[4] La diosa se enfadó, pero dio a Aracne una oportunidad de redimirse. Adoptando la forma de una anciana, dijo a Aracne que no ofendiera a los dioses. La mortal se burló y propuso un concurso de tejido en el que pudiera demostrar su superioridad. Atenea se quitó el disfraz y el concurso comenzó.

Minerva tejió la escena de su victoria sobre Poseidón, que inspiró a los ciudadanos de Atenas para bautizar la ciudad en su honor. Según el relato latino de Ovidio, el tapiz de Aracne representaba veintidós episodios de infidelidades de los dioses disfrazados de animales: Zeus siendo infiel a Hera con Leda, con Europa, con Dánae y con otras.

Atenea admitió que la obra de Aracne era perfecta, pero se enfadó mucho por la irrespetuosa elección del motivo.[5] Perdiendo finalmente los estribos, la diosa destruyó el tapiz y el telar de Aracne golpeándolos con su lanzadera, y también golpeó en la cabeza a la joven. Aracne, que advirtió su insensatez y quedó embargada por la vergüenza, huyó y se ahorcó.

En el relato de Ovidio, Atenea se apiadó de Aracne. Para aflojarla, roció con jugo de acónito la soga, que se convirtió en una telaraña, y la propia Aracne se convirtió en araña.

La historia sugiere que se consideraba que el arte de tejer tenía su origen en la imitación de la labor de las arañas y que había sido desarrollada en Asia Menor.

6-3-14

Pontificando con el Pulpo La Masa Crítica de la Iluminación

Miles de millones de seres humanos han nacido , llevando cada uno por dentro la flor potencial de la conciencia crística. Son semillas. Miles de millones viven y mueren considerándose bendecidos. Sólo una pequeña proporción de la humanidad alcanza un pleno florecimiento.

La "masa crítica de la iluminación" se puede definir como el menor número de seres humanos despiertos cuya influencia colectiva puede iniciar un cambio significativo en la conciencia global. El proceso de crear suficientes iluminados para alcanzar esta masa crítica se puede comparar a la transformación de carbón en diamantes. La presión que rodea la inconsciencia humana crea una urgencia en el potencial de un iluminado a despertar de la ilusión. El peso total de tanto 'carbón' inconsciente ejerce una enorme presión , a través del cual algunas piedras de carbón alcanzan la masa apropiada para convertirse en ' diamantes '. Estos seres despiertos personifican la claridad cristalina de la conciencia iluminada que puede transformar el nivel de conciencia de todo el planeta. El número de personas iluminadas necesarias para desencadenar la liberación espiritual de la humanidad ha circulado por algunos de los visionarios de este siglo entre 5 a 200 Cristos. Varia profecías comparten una visión colectiva de una segunda venida de una figura de Cristo.

Dale nombre a ese Mesías!

El cristiano Mesías : La segunda venida de Jesucristo.

El Mesías islámico: Muntazar El sucesor de Mahoma , que en el " fin de los tiempos ' unirá las razas del mundo a través de la comprensión.

El Mesías azteca / maya El regreso de Quetzalcoatl - un hombre de piel aceitunada , con una barba blanca y seguidores en rojo.

El Mesías de los sioux: Un hombre en un manto rojo que viene del Este.

El Mesías de Indonesia : el profeta indonesio del siglo XII , Djojobojo , previó la venida de un gran Rey espiritual de Occidente a venir después de las ocupaciones holandeses y japoneses.

El Mesías de los Hopi Pahana el "verdadero hermano blanco ' de Oriente usará una gorra roja y capa y traer a dos ayudantes que sostienen los símbolos sagrados : la esvástica , la cruz y el símbolo de la energía del sol. Él restaurará la versión india del Dharma.

El Mesías budista Maitreya : Significando ' El Unificador Mundial "o simplemente" El Amigo ". Un Dios-hombre muy humano quien el Buda predijo será un Buda más grande que él.

Los mesías maoríes: Más de una docena de jefes maoríes en Nueva Zelanda desde el siglo XIX a través de los principios del siglo XX han reclamado el título.

El Mesías de los nómadas de Asia Central: Burkhan Blanco . Él vendrá cuando el pueblo de las estepas han abandonado sus antiguos dioses (Rusia comunista era atea) . Él vendrá a ofrecer a ellos ya toda la raza humana un renacimiento espiritual.

El Mesías Judío: El verdadero mensajero de Yahvé , el dios de los judíos , que ha de restaurarlos a su estado como el pueblo elegido de Dios. Su hora habrá llegado cuando se restablezca Israel y el templo de Salomón.

El Mesías hindú: Kalki o Javada El noveno y último avatar de este ciclo yuga . Su encarnación final aparecerá de Occidente.

El Mesías chií: El duodécimo Imam. El líder religioso último de la secta chiita del Islam. Él nunca ha muerto, pero volverá a aparecer al lado de Jesús antes del Día del Juicio Final para completar el Sagrado Corán (Corán) .

El Sufi Mesías: Khidr , el misterioso guía del camino prohibido espiritual islámico. Es la versión del sufí del duodécimo Imam chiita y Muntazar de los suníes .

El Mesías de Zoroastro: Saoshyant. Al igual que Zarathustra , está programado para entrar en el duodécimo milenio zoroástrica (AD 2000)

Los esquimales Mesías : los profetas del Ártico prevé que sea un hombre de piel aceitunada , con larga barba y pelo blanco que viene del Este .

¿Me falta alguno?

6-4-14

Pontificando con el Pulpo Descansa en Paz Sasha Shulgin

Alexander " Sasha " Shulgin , el químico , farmacólogo y autor conocido por popularizar el psicotrópico MDMA, mejor conocido por su nombre callejero "Ecstasy" y crear y sintetizar cientos de otras drogas psicoactivas , ha muerto a los 88 años . Shulgin , conocido como el " Padrino del éxtasis" , murió en su casa en California después de ser diagnosticado con cáncer de hígado. Él había estado sufriendo problemas de salud en los últimos años, entre ellos de haber sufrido un derrame cerebral en 2010. Su esposa, Ann Shulgin , confirmó su muerte a través de Facebook . Ella escribió: " Sasha murió hoy [02 de junio] , exactamente a las 5:00 de la tarde Estaba rodeado de música de la meditación budista de la familia y cuidadores y, casi sin lucha en absoluto. ".

Shulgin fue conocido por descubrir, crear y probar personalmente cientos de sustancias químicas psicoactivas y la documentación de los resultados , junto con su esposa , en sus libros y papeles. El Shulgins publicó los resultados de su investigación en dos volúmenes PIHKAL – o por sus siglas en inglés, "Fenetilaminas que he conocido y amado" - y Tihkal , que significa "Triptaminas que he conocido y amado."

Defensor del uso de La ketamina , LSD , los hongos mágicos y Éxtasis : Las drogas ilegales que puede ser buenas para la salud mental. Ecstasy es un tratamiento potencial para la ansiedad y el trastorno de estrés postraumático , afirman los científicos. Según Psychedelic Frontier, Shulgin calcula su uso de las drogas psicodélicas 4.000 veces durante su vida, más o menos una vez por semana durante más de 50 años.

Además de su trabajo con la psicodelia , Shulgin es también conocido por la introducción de la MDMA con psicólogos y su popularización como una droga recreativa en la década de 1980 .

Pese que el Ecstasy fue primero sintetizado en 1912 por el químico Anton Köllisch , la droga fue olvidada en gran medida hasta Shulgin se introdujo a ella en 1976. A partir de ahí , Shulgin colaboró con el psicólogo californiano Leo Zeff , quien quedó tan impresionado por la experiencia de la droga que salió de su retiro para introducir la sustancia a cientos de otros psicólogos como un ayudante de la psicoterapia y la terapia de conversación . En 1978 , Shulgin y el químico David Nichols publicaron el primer documento sobre el efecto positivo de MDMA en humanos. En la próxima década, el fármaco se convertiría en una droga recreativa muy popular , tendencia que aún continúa hasta nuestros días .

Los estudios médicos sobre los efectos positivos de la MDMA todavía se están llevando a cabo hasta la fecha, con los ensayos clínicos que muestran que tiene el potencial para ser utilizada como tratamiento para la ansiedad y el trastorno de estrés postraumático .

6-5-14

Pontificando con el Pulpo Los Ataúdes que se Mueven

 El 6 de julio de 1812, en Oistin (Isla de Barbados), un grupo de enterradores se dirige al cementerio de Christ Chursh llevando los restos mortales de la señora Dorcas Chase. En el panteón familiar, una edificación sólida, construida con grandes bloques de coral unidos con cemento, se encuentran ya los ataúdes de dos personas enterradas cinco años antes.

Cuando los sepultureros encienden sus quinqués, se encuentran con una visión realmente aterradora. Un ataúd había sido movido hacía un rincón y el otro se encontraba ahora pegado contra la pared opuesta a la entrada. Los enterradores y familiares asistentes no dan crédito a sus ojos y la tumba es de nuevo cerrada con gran dificultad, no sin antes haber depositado en el suelo el féretro de Dorcas Chase y puestos de nuevo en su sitio los otros dos.

Nadie comprendía cómo unos ataúdes, a la sazón revestidos de plomo, habían sido removidos en semejante lugar. En un intento por buscar culpables y racionalizar lo sucedido, se acuso a los esclavos negros de tal profanación.

Nada de todo aquello tenía el menor sentido, pues los ataúdes, aparte haber sido movidos, no habían sufrido ningún deterioro ni faltaba pieza alguna que hiciera pensar en un robo. ¿Era posible que los negros se tomaran una molestia tan grande para obtener unos resultados tan insignificantes?

Cuatro años después, la losa fue de nuevo levantada para enterrar a un niño, los ataúdes volvieron a encontrarse desordenados. Como en ocasiones anteriores, la culpa recayó otra vez sobre los negros, quienes insistieron en que no habían sido.

A los pocos meses se creó una gran expectación en Oistin, cuando otro difunto fue trasladado al panteón familiar de los Chase. Una gran multitud se congregó en el lugar para observar los extraños movimientos de ataúdes. Cuando la bóveda fue abierta… ¡todos los féretros habían sido cambiados de lugar!

Las paredes, el suelo y el techo, seguían estando en buen estado y no existía recodo alguno por el que pudieran pasar los posibles bromistas. Los ataúdes fueron reordenados, y la pesada losa fue vuelta a cimentarse en su sitio.

Durante tres años, el panteón, que no había sido vuelto a abrir, fue objeto de la visita de los curiosos. Su fama llegó incluso a Europa y muchos fueron los que tomaron interés por ese misterioso cementerio de Barbados.

Volvieron a desplazarse

El 17 de julio de 1819, usaron de nuevo el mausoleo; era tal la expectación que hasta el gobernador acudió. Y sus ansias quedaron satisfechas pues, cuando los albañiles retiraron la losa, los ataúdes del interior se hallaban otra vez desordenados y desperdigados por todo el lugar.

El registro que se hizo por los peones fue realmente exhaustivo, pero, como en ocasiones anteriores, no se encontró ningún indicio de profanación. Los féretros fueron entonces colocados en su sitio y se decidió recubrir el suelo entero de fina arena, para descubrir las huellas del posible culpable. Cuando la bóveda volvió a ser tapada, el vizconde de Combermere y dos funcionarios, marcaron el cemento con su sello, formando así una 'cerradura' infranqueable.

El 18 de abril de 1820, el panteón volvió a ser abierto y de nuevo aparecieron los ataúdes en diferentes sitios, el cemento estaba intacto y los sellos oficiales seguían en su lugar, sin haber sufrido ninguna perturbación. Nadie daba crédito a lo que estaba pasando.

Los cada vez más aterrorizados negros comprobaron que un ataúd se encontraba ahora empotrado en la pared del fondo, y de tal manera, que incluso el muro había sufrido daños.

Los demás féretros estaban diseminados por el suelo de forma caótica. El exterior de la bóveda seguía estando tan sólido como siempre, por lo que nadie podía haberse colado dentro por algún resquicio, y la fina arena depositada en el pavimento interior, no presentaba muestras de huellas o de presencia humana. Si alguien había entrado allí, dijo el gobernador, desde luego no era de este mundo.

Desde aquel día, los ataúdes no volvieron a dar motivos para el misterio, pues fueron sacados de la bóveda y trasladados a otros lugares del cementerio. Jamás se llegó a saber qué ocasionó semejante suceso incongruente y nunca más se le volvió a dar publicidad.

En Yucatán, a mediados del siglo pasado se supo de un caso similar en el panteón general, pero el hermetismo guardado en esa época y el poco interés prestado por los familiares hizo imposible hacer una investigación a fondo.

Pontificando con el Pulpo La Nueva Esclavitud en Estados Unidos

El gobierno de EE.UU. no permite que las empresas estadounidenses contraten a inmigrantes ilegales en Estados Unidos, pero ordena a más de 60.000 inmigrantes indocumentados a proporcionar mano de obra en los centros federales de detención después de ser capturados por la Patrulla Fronteriza.

El gobierno federal paga los inmigrantes 13 centavos la hora, o alrededor de $ 1 al día (una tasa que se estableció en 1950), informa The New York Times. Algunos inmigrantes no son ni siquiera pagados con dinero, pero son reembolsados con dulces o soda.

Si las empresas estadounidenses normales lo hacen, pueden ser procesadas y los dueños van a la cárcel. Reginald Wayne Miller fue arrestado recientemente tras el supuesto pago a estudiantes extranjeros de 50 dólares a la semana por 40 horas de trabajo, que es más de lo que el gobierno de EE.UU. paga a los reos.

De acuerdo con el Servicio de Inmigración de los Estados Unidos y Aduanas (ICE), este programa de trabajo es voluntario, legal y ahorra dinero a los contribuyentes.

Las empresas del gobierno de los EE.UU. y las empresas de penitenciarias privadas, que poseen algunos centros de detención, ahorran más de $ 40 millones al año por no pagar los estadounidenses de $ 7.25 por hora para los mismos puestos de trabajo.

La red noticiera "Russia Today" (RT.com) informa que en los centros de detención de Houston y San Francisco, los inmigrantes indocumentados preparan comidas para otras cárceles de la zona, a pesar de que estos inmigrantes no han sido condenados por un delito. Los inmigrantes son encarcelados hasta que su caso sea revisado por un juez de inmigración. La mitad de los inmigrantes se les permite permanecer encarcelados por jueces de inmigración.

"Pasé de ganar $ 15 la hora como un chef [en California, Minnesota y Carolina del Norte] a $ 1 al día en la cocina en el calabozo", Pedro Guzmán dijo a el New York Times. "Y yo estaba en el país legalmente."

En abril, una demanda presentada en nombre de los inmigrantes indocumentados por la ACLU (Unión Americana por las Libertades Cívicas) acusa a las autoridades federales de inmigración en Tacoma, Washington, de la colocación de los inmigrantes en régimen de aislamiento después de que dejaron de trabajar y se declararon en huelga de hambre.

Y pues, estos nuevos esclavos gringos tienen que trabajar en las cárceles, preparando alimentos, limpiando ropa, creando productos baratos como si fueran negros trabajando en los plantíos de algodón por el único crimen de ser de otra nación y querer vivir en Estados Unidos. ¿Por qué no hace algo nuestro gobierno al respecto?

6-8-14

Pontificando con el Pulpo Como Seria México bajo un Tlatoani y no un Presidente

Los caudillos originales de México no fueron españoles. Fueron Mexicas. Y en ese entonces, antes que llegara la cruz y la espada a poner orden, se contaban con familias reales, muy similares a las viejas aristocracias de Europa, Egipto y otros lugares.

Mediante la aglutinación de varios *tlahtohcāyōtl* o "reino" a través de guerras y alianzas se llega a formar un *huey tlahtohcāyōtl* o 'gran tlahtocayōtl' (o "imperio") cuya máxima autoridad era el *huēy(i)*

177

tlahtoāni impropiamente traducido como "emperador", en el sentido de "rey de reyes".

El tlatoāni era el máximo gobernante, con funciones tanto militares como religiosas. El cargo de *tlahtoāni* se obtenía en la Tenōchtitlān hegemónica por herencia de padre a hijo o a hermano, según el dictado de un consejo integrado por los principales miembros de la propia dinastía gobernante. El segundo gobernante del *tlahtohcāyōtl* era el *cihuācōhuātl* (cihuacoatl) o "mujer-serpiente", que se encargaba de los asuntos cotidianos de la ciudad y sustituía al *tlahtoāni* en situaciones especiales. Tlacaélel fue el *cihuacōhuātl* más famoso de *Mēxihco Tenōchtitlān*.

Antes de que sus líderes se designaran como tlahtoāni, a los gobernantes se les llamaba *cuāuhtlahto* (náhuatl: *el que habla como águila*)² que considera equivalente a "jefe de armas" o "caudillo".

De acuerdo con algunos registros existieron doce tlatoanis en México-Tenochtitlan. El primero de ellos, Tenoch, es considerado por muchos una figura mítica, en cualquier caso, más que considerarlo el primer gobernante hay que recordar que es el último caudillo (cuāuhtlahto). El último tlatoāni, Cuauhtémoc, fue ejecutado el 28 de febrero de 1525 por las tropas españolas al mando de Hernán Cortés cuatro años después de la caída de *México-Tenochtitlan*. Después de la muerte de Cuauhtémoc le continuaron tlatoanis títeres elegidos por los españoles; esto continuó hasta 1565 cuando finalmente el cargo de tlatoani fue abolido.

Por ahí, varios cientos de años después, nos encontramos con nuevos caudillos, escondidos de la responsabilidad del poder, pero ejerciendo más o menos el mismo rol militar y religioso, y son gentes que manejan grandes fortunas, fortunas transnacionales, banqueros, militares, industriales y claro, los medios.

Lo triste del asunto es que ahora no sabemos realmente quien rige sobre nuestras vidas. En los viejos tiempos, como cuando Porfirio Díaz fue caudillo de México, era evidente quien mandaba y quien era responsable. Pero ahora eso no es tan fácil de ver. El puesto de "presidente" es bastante cosmético, pues todos sabemos que hay potencias detrás de nuestro presidente que permanecen anónimas. Y claro, el presidente no es un sacerdote, es un ser sin vida espiritual u opiniones espirituales abiertas. Sospechamos que sabemos porque el presidente es líder de la nación, pero no es realmente claro ni transparente.

En fin, detrás del presidente hay gobernantes incognitos, y eso no fue así en los tiempos de Moctezuma y Cuauhtémoc.

6-9-14

Pontificando con el Pulpo los Avatares del Señor Visnu

¿Quién dijo que Dios tiene que tomar una forma humana? En las religiones judeocristianas, Dios crea al hombre en su propia imagen y semejanza, indicativo que Dios tiene forma humana, y no de algún otro animal. Pero eso no es necesariamente el caso en otras religiones más animistas, donde Dios puede tomar todo tipo de formas además de la humana y así demostrar que es Dios de todos los seres, no solamente el hombre.

En el caso de la religión Hindú, el Dios Visnu, que es uno de los 3 dioses primordiales de la cosmología hindú, toma varias formas o "avatares" para proteger al mundo de demonios distintos durante las cuatro yugas (o edades) del mundo, la edad de Oro, Plata, Bronce y Hierro. (por sus nombres en sanscrito satia, treta, duapara y Kali Yugas.

A seguir, una lista de estos avatares del Dios Visnu de los Hindús.

1. **Matsia**, el pez, apareció en Satia-Yugá.
2. **Kurma**, la tortuga, apareció en Satia-Yugá.
3. **Varaja**, el jabalí, apareció en Satia-Yugá.
4. **Narasinja**, la encarnación mitad hombre y mitad león, apareció en Satia-Yuga para matar al demonio Jirania Kashipú.
5. **Vananá**, el enano, apareció en Treta-Yugá.
6. **Parashurama** ('Rāma con hacha'), apareció en Treta-Yugá.
7. **Rama**, el rey de Aiodhia, apareció en Treta-Yugá.

8. **Krisná** (el Negro, o el Atractivo) apareció en Duapara-Yugá, junto con su hermano **Balaram**. De acuerdo con el *Bhágavata-purana*, Balaram apareció en duapara-Yuga(junto con Krisná) como encarnación de Ananta Shesha. La mayoría de los movimientos vishnuístas lo cuentan como encarnación de Vishnú. Las versiones de esta lista que no nombran a Buda como noveno avatara, lo enumeran a Balaram en su lugar.
9. **Buda** (el Inteligente) apareció en Kali-Yugá.
10. **Kalki** ('[destructor de la] impureza'), quien se espera que aparezca al final de Kali-Yuga(que comenzó en el año 3102 a. C., lo que debería suceder en el año 428.899.

Claro, los Hindús no son los únicos que adoraran dioses no-necesariamente humanos. En Grecia, Egipto y Mesopotamia, los dioses tomaban varias formas animales tambien. Aquí mismo, en México, nuestro Dios Verdadero se trataba de una Serpiente con plumas y por otra parte un Jaguar. Pena que eso ya se nos olvidó y asumimos adorar dioses ajenos a nuestro pueblo, pues ahora los jaguares están extintos y las serpientes, a quien nosotros alguna vez veneramos se han convertido en nuestro Satanás.

El asunto más importante de esta veneración de dioses no-humanos es determinar contundentemente si los animales tienen alma. En pláticas con varios sectas cristianas, he determinado que la mayoría no consideran los animales poseedores de un alma. Esta situación es sumamente triste, pues cualquier nativo puede decirle a los infames urbanos que todos los animales tienen alma. Es más, osaría decir que cualquier dueño de un gato o perro sabe con gran certeza que los animales tienen almas, son capaces de sentimientos y tienen su propio destino que descubrir.

6-9-14

Pontificando con el Pulpo el Fin de las Abejas

Un informe del gobierno publicado la semana pasada sorprendentemente admite que las abejas están muriendo a un ritmo demasiado alto para 'garantizar su supervivencia a largo plazo como especie.

El factor principal que conduce a esta extinción es la presencia de venenos neonicotinoides, presente en los insecticidas que se venden por y / o utilizados por empresas como Monsanto, Syngenta, Bayer, Dupont y sus productos.

Un estudio reciente de la Universidad de Harvard, publicado el 27 de marzo de este año, ha confirmado definitivamente lo que los científicos fuera de los EE.UU. han estado diciendo durante años: los neonicotinoides son la causa del desorden del colapso de colonias (CCD). El estudio mostró que el 50% de las colonias pobladas por las abejas que habían estado en contacto con estos plaguicidas se derrumbó, en comparación con sólo 1 de cada 6 que no estaban en contacto con los neonicotinoides. La Unión Europea entiende que la muerte de las abejas es una muerte sin precedentes para los seres humanos y la madre tierra, y han prohibido venenos neonicotinoides.

Sin embargo, los poderes estadounidenses se niegan a creer que el problema es insecticidas neonicotinoides y siguen en uso ahí y en México, satélite insignificante del vecino país del norte. Estas corporaciones con ejércitos de políticos comprados y pagados, como Monsanto, están jugando el tonto y lo que sugieren es que 'ácaros son la causa de la mortalidad de las abejas.

Si usted está leyendo esto, hay una buena probabilidad de absolutamente nada de esta información es nueva. Si las abejas no son protegidas hasta que se recuperen como especie, tendremos que decir adiós a estas cosas:

Manzanas   Mangos   Rambutan   Fruta de
kiwi   Ciruelas   Duraznos   Nectarinas
   Guayaba   Rose Hips   Pomegranites   Peras   Grosellas negras y
rojas   Alfalfa
   Okra   Fresas   Cebollas   Anacardos   Cactus   Nopal   Albaric
oques   Pimienta de Jamaica
   Aguacates   Fruta de la Pasión   Habas   Habichuelas   Frijoles
Adzuki   Judías verdes

Plantas de
orquídeas   Chirimoyas   Cerezas   Apio   Café   Nogal   Algodón
Lychee
Lino   Acerola - utilizado en los suplementos de vitamina
C   Nueces de Macadamia
Aceite de Girasol   Granos de
Goa   Limones   Alforfón   Higos   Hinojo   Limes
Membrillo   Zanahorias   Caquis   Aceite de
Palma   Níspero   Durian   Pepino
Avellana   Cantalupo   Tangelos   Cilantro   Alcaravea   Castañ
o   Sandía   Manzanas
estrellas   Coco   Tangerinas   Boysenberries   Carambola   Nuece
s de Brasil   Las remolachas
Semilla de mostaza   Colza   Brócoli   Coliflor   Repollo   Coles
de Bruselas   Bok Choy (col china)   Nabos   Frijoles   Pimientos
de chile, pimientos rojos, pimientos, pimientos verdes
Papaya   Cártamo   Sésamo   Berenjena   Frambuesas   Las
bayas de saúco   Blackberries
Trébol   Tamarindo   Cacao   Vainilla   Arándanos
agrios   Tomates y Uvas

6-10-14

Pontificando con el Pulpo Más de 800 especies añadidas a la lista de
especies amenazadas, incluyendo 44 lémures

Traducido del original de Jeremy Hance
mongabay.com

El famoso lemur de cola anillada (Lemur catta) aparece ahora como "En
Peligro", una de 90 especies de lémur considerados actualmente en
peligro de extinción. Los expertos han añadido 817 especies de las
categorías de amenaza de la Lista Roja de la UICN (por sus siglas la Unión
Internacional para la Conservación de la Naturaleza) en la última

actualización. Aquellos añadido incluyen 51 mamíferos-en su mayoría más de 400 plantas de lémures-y. La nueva actualización se encuentra que más del 90 por ciento de los lémures y el 79 por ciento de las orquídeas zapatilla templadas están amenazadas de extinción.

"Lo más sorprendente de esta evaluación fue el grado de amenaza de estas orquídeas", dijo Hassan Rankou, (SSC) Autoridad de la Comisión de Supervivencia de Especies de la UICN para el Grupo de Especialistas en Orquídeas, "Zapatillas de Venus son muy populares en la industria hortícola multimillonaria. Aunque la industria se sustenta en valores de especies cultivadas, la conservación de las especies silvestres es vital para su futuro ".

Orquídeas zapatilla templadas se encuentran en Europa, Norteamérica y Asia en climas templados, pero han llegado a estar en enorme en peligro debido a la pérdida de hábitat y la captura excesiva.

En cuanto a los lémures, la nueva actualización encontró que un sorprendente 94 por ciento de este grupo de primates-único que se encuentra en la isla de Madagascar, está en riesgo de extinción, por lo que uno de los grupos más amenazados del planeta. De hecho, los expertos buscan 36 especies de lémur de los cuales hay de una deficiente clasificación de datos (lo que significa que no hay suficiente información para tomar una determinación) de una de las tres categorías de amenaza, es decir, Vulnerable, En Peligro y En Peligro Crítico. Otros ocho fueron puestos en categorías inferiores de la amenaza. Aún así, los expertos dicen que la esperanza sigue existiendo para las especies en peligro de los lémures en el mundo.

"Los éxitos del pasado demuestran que la colaboración entre las comunidades locales, organizaciones no gubernamentales e investigadores pueden proteger a las especies de primates en peligro. Instamos urgentemente a todos los actores a unirse a nuestros esfuerzos para asegurar la subsistencia de los lémures", dijo Christoph Schwitzer, Vice-Presidente de Madagascar del Grupo SSC de Especialistas en Primates de la UICN. Lémures están más en peligro por la deforestación y la pérdida de hábitat, pero también se enfrentan a la caza furtiva por su carne. En total, 22.103 especies están clasificadas como amenazadas de las 73,686 evaluadas. Pero más de 10.000 de ellas figuran con Datos Insuficientes.

"Muy poca acción positiva ocurre sin la Lista Roja como punto de partida ... pero mucho más queda mucho por hacer", señaló el Director General de la UICN, Julia Marton-Lefèvre. "Tenemos que seguir ampliando nuestro conocimiento sobre las especies del mundo para comprender mejor los desafíos que enfrentamos, establecer prioridades mundiales de conservación y movilizar acciones concretas para poner fin a la crisis de la biodiversidad." Mas información sobre especies en peligro de extinción favor de visitar la página de web de la UICN: http://www.iucn.org/es/

6-11-14

Pontificando con el Pulpo   Edward Snowden

Traducido al español del articulo original de Greg Miller. June 14

Mientras el hombre que divulgo numerosos archivos secretos de las agencias de seguridad de Estados Unidos, Edward Snowden estaba atrapado en la zona de tránsito del aeropuerto Sheremetyevo de Moscú el año pasado, los funcionarios estadounidenses se enfrentaban a su propia escasez de opciones en la Sala de Situación de la Casa Blanca. Durante semanas, los funcionarios de alto rango del FBI, la CIA, el Departamento de Estado y otras agencias se reunieron casi todos los días en una búsqueda desesperada de una manera de aprehender al ex contratista de inteligencia que había expuesto el funcionamiento interno de espionaje americano luego huyó a Hong Kong antes de terminar en Moscú.

Convocado por el asesor de seguridad interna de la Casa Blanca Lisa Mónaco, las reuniones mantenidas terminaban en el mismo callejón sin salida: Sea que cada uno hace una nueva ronda de llamamientos a sus homólogos rusos o esperar que Snowden de un paso en falso.

"El mejor juego para nosotros es aterrizar en un tercer país", dijo Mónaco, de acuerdo a un funcionario que se reunió con ella en la Casa Blanca. El funcionario, que al igual que otros funcionarios y ex funcionarios entrevistados para este artículo analiza las deliberaciones internas sobre la condición de anonimato, añadió: "Nosotros esperábamos que iba a ser tan estúpido como para entrar en algún tipo de avión, y luego que tenemos un aliado decimos: 'Usted está en nuestro espacio aéreo. Land. '"

Las autoridades estadounidenses creyeron ver una abertura tal el 2 de julio, cuando el presidente boliviano, Evo Morales, quien expresó su apoyo a Snowden, salió de Moscú a bordo de su avión presidencial. La decisión de desviar el avión terminó en vergüenza cuando fue registrada en Viena y Snowden no estaba a bordo.

Un año más tarde, Snowden parece haber avanzado más allá del alcance de EE.UU.

Se espera que su estatus de asilo que expirará en Rusia se extienda este verano. Las negociaciones entre sus abogados y el Departamento de Justicia sobre un posible acuerdo para asegurar su regreso han estado inactivas durante meses.

Las autoridades estadounidenses ofrecen versiones contradictorias de lo mucho que saben sobre la situación de Snowden en Rusia.

"Es una investigación en curso", dijo el Fiscal General de EE.UU., Eric H. Holder Jr., en una entrevista. "Hemos hecho las cosas apropiadas en esta etapa de la investigación, y sabemos exactamente donde el Sr. Snowden está."

Otros dijeron que Estados Unidos carece de respuestas, aún cuestiones básicas sobre las circunstancias de Snowden, incluyendo donde vive y - quizás lo más importante - el papel de los servicios de seguridad de Rusia, el FSB, en su vida día a día.

Cuando se le preguntó si Estados Unidos sabe la ubicación de Snowden, un funcionario de EE.UU. mantiene periódicamente informados al respecto dijo: "Ese no es de nuestro entendimiento."

Las brechas persisten a pesar de la capacidad de Snowden para reunirse con periodistas estadounidenses en Moscú y hacer apariciones de alto perfil, incluyendo durante una presentación con llamadas en directo con el presidente ruso Vladimir Putin.

Michael McFaul, quien se desempeñó como embajador de EE.UU. en Rusia hasta febrero, dijo que nunca tuvo información detallada sobre el paradero del fugitivo estadounidense. "No sé dónde el Sr. Snowden vive, cuál es su relación con el gobierno ruso es o cómo se gana la vida", dijo McFaul, que ha vuelto a la facultad en la Universidad de Stanford.

Varios funcionarios estadounidenses citaron una complicación para la recogida de información sobre Snowden que podría ser vista como irónico: el hecho de que no ha habido una determinación de que él es un "agente de una potencia extranjera", una distinción legal necesaria para hacer un ciudadano americano blanco de espionaje en el extranjero.

Si esto es cierto, significa que el ex empleado de la CIA y el contratista Agencia de Seguridad Nacional, que filtró miles de archivos clasificados para exponer lo que él consideraba la vigilancia rampante e ilegal de ciudadanos de Estados Unidos, está protegido por lo menos en cierta medida de espionaje por sus antiguos empleadores.

Snowden se enfrenta a cargos relacionados con el espionaje, y el FBI tiene el poder para escuchar conversaciones telefónicas y contar con la NSA y la CIA en sus esfuerzos de investigación en el extranjero. Pero incluso con este tipo de ayuda, dijeron las autoridades, el alcance de la oficina en Moscú es limitado.

"El FBI no tiene ninguna capacidad para operar en Moscú sin la colaboración de la FSB", dijo un ex alto funcionario de inteligencia de EE.UU. que sirvió en la capital rusa.

La falta de una orden considerando Snowden un agente extranjero también pondría en duda las afirmaciones de algunos de sus críticos. Los funcionarios estadounidenses, entre ellos el representante Mike Rogers (R-Mich.), el presidente del Comité de Inteligencia de la Cámara, han especulado que Snowden recibió ayuda de Rusia en el robo de secretos de Estados Unidos y probablemente trabaja con el FSB ahora.

Snowden ha reconocido que fue abordado por la inteligencia rusa, a su llegada, pero él ha dicho que rechazó el terreno de juego, y no trajo ningún archivo de anuncios con él. Él insistió en una reciente entrevista televisiva NBC que él no tiene "ninguna relación" con el gobierno ruso.

Snowden abogado Ben Wizner, abogado de la Unión Americana de Libertades Civiles, que se correspondía con su cliente para este artículo, dijo Snowden no recibe apoyo financiero del gobierno ruso y no lo necesita.

Pontificando con el Pulpo lo que dicen por ahí sobre Irak y Isis.

JERUSALEM - Los miembros del Estado Islámico de Irak y el Levant, o ISIS, fueron capacitados en 2012 por instructores estadounidenses que trabajan en una base secreta en Jordania, según las autoridades jordanas informadas. Los funcionarios dijeron que decenas de miembros de ISIS fueron entrenados en su momento como parte de la ayuda encubierta a los insurgentes dirigidos en contra del régimen del presidente sirio Bashar al-Assad en Siria. Los funcionarios dijeron que el entrenamiento no estaba destinado a ser utilizado para cualquier futura campaña en Irak. Los funcionarios jordanos dijeron que todos los miembros de ISIS que recibieron capacitación EE.UU. para combatir en Siria fueron examinados por primera vez para determinar sus vínculos con grupos extremistas como Al Qaeda. Ese informe ya ha sido corroborado por numerosas otras cuentas de medios.

En marzo pasado, el semanario alemán Der Spiegel informó estadounidenses entrenaban rebeldes sirios en Jordania. Citando lo que decía estaban entrenando a los participantes y organizadores, Der Spiegel informó que no estaba claro si los estadounidenses trabajaban para empresas privadas o estaban con el Ejército de los EE.UU., pero la revista dijo que algunos organizadores llevaban uniformes. El entrenamiento en Jordania informa, se centró en el uso de las armas anti-tanque. La revista alemana reportó unos 200 hombres recibieron la capacitación en los últimos tres meses en medio de los planes de EEUU para entrenar a un total de 1.200 miembros del Ejército Libre de Siria en dos campamentos en el sur y el este de Jordania.

El Diario británico The Guardian también informó en marzo pasado que los entrenadores estadounidenses estaban ayudando a los rebeldes sirios en Jordania, junto con instructores británicos y franceses. Reuters informó un portavoz del Departamento de Defensa de EE.UU. declinó hacer comentarios sobre el informe de la revista alemana. El ministerio de Asuntos Exteriores francés y los ministerios de Exteriores y Defensa de Gran Bretaña también se negaron a comentar a Reuters. ISIS publico previamente un video en YouTube que amenazo con entrar en Jordania y "masacrar" al Rey Abdullah, a quien ven como un enemigo del Islam.

Lo que está o no está pasando en Irak es demasiado lejano de Valle de Bravo para poder decirles con certeza que está pasando. Y pues, como en los juegos del mundial en Brasil, me conformo con copiar algunas noticias pertinentes y dejarles hacer a ustedes vuestras propias investigaciones. La verdad es que la balacera es mundial, y no ponerle atención es ridículo, pero ponerle demasiada atención tampoco ayuda. Aquí en nuestra propia cancha, sigue la balacera en Michoacán, y les apuesto que para muchos Vallesanos, Michoacán esta tan lejano como Irak. ¡Y eso si es ridículo! Pero eso si, a ver si se nos olvida RAPIDO Y FURIOSO cuando llegue la balacera a nuestra vecindad.

6-13-14

Pontificando con el Pulpo el Exótico Genio de Wilhelm Reich

De Wikipedia aprendemos que....

Wilhelm Reich nació en Dobrzanica, Galitzia, Imperio austrohúngaro, 24 de marzo de 1897 y murió en Lewisburg, Pensilvania, Estados Unidos, 3 de noviembre de 1957. Fue un inventor, postulador de la teoría del orgón, médico, psiquiatra y psicoanalista austriaco-estadounidense de origen judío.

Fue miembro de la Sociedad Psicoanalítica de Viena, siendo inicialmente discípulo de Freud. Sin embargo, sus teorías se independizaron más tarde del psicoanálisis institucional. De sus estudios de Freud, los puntos que más le interesaron fueron el inconsciente, la neurosis y la libido. Mientras que algunos lo califican como uno de los pensadores más «lúcidos y revolucionarios» del siglo XX, cuyos libros fueron quemados; otros aseguran que sus ideas y teorías bien podrían catalogarse como delirios.

Fue expulsado de los círculos comunistas y de la escuela psicoanalítica por lo radical de sus planteamientos, perseguido por los nazis en Alemania por su libro *Psicología de masas del fascismo*, expulsado de Dinamarca y Noruega por presiones del gobierno nazi, y, finalmente, juzgado en Estados Unidos durante la *Caza de Brujas* del Senador McCarthy, donde se le diagnosticó esquizofrenia progresiva, siendo lanzados sus manuscritos a la hoguera en el Incinerador Gansevoort de Nueva York el 23 de octubre de 1956 (lo que sólo logró aumentar la curiosidad por su persona). Un año después, Reich murió en la cárcel de un ataque al corazón, un día antes de apelar su sentencia.

El concepto de la orgonita se atribuye a Reich quien afirmaba la existencia de una energía vital (conceptualmente similar al prana, qi, kundalini, etc. de diversas religiones y filosofías místicas asiáticas) presente en todas partes, pero que podía ser básicamente positiva o negativa, teniendo según esta polaridad efectos buenos o malos sobre los organismos vivos. Según su concepción, la orgonita ordena esa energía provocando consecuencias positivas en el entorno más inmediato.

Existen diversos tipos de comunidades alrededor de este tema, algunas pertenecen a creencias minoritarias que emplean la orgonita como herramienta, otras buscan hacer negocio con la venta de dispositivos de orgón, pero ninguna ha demostrado científicamente ninguna de las utilidades que le atribuyen a la orgonita. La orgonita y sus supuestos beneficios entrarían pues en el campo de la pseudociencia, ya que no existen estudios científicos fiables que lo puedan convertir en un campo científico comprobable, y experimentado según el método científico. Según los aficionados a este tipo de instrumentos, existen dispositivos de orgón para casi cualquier ocasión.

Un dispositivo muy común es el *cloudbuster*, que al usar tubos de cobre u otro metal sincroniza la energia del cielo con la de su base compuesta de cuarzo, fibras de metal y resina catalizada, ya que esta es positiva y se sincroniza con los tubos esta es llevada por ellos al cielo con energía orgónica positiva y absorbiendo la del cielo que en caso de ser negativa es trasformada, este dispositivo es ampliamente difundido entre aquellos que acreditan la existencia de los chemtrail. Está básicamente formado por tubos de cobre (pudiendo ser mas 6 es recomendable pero con 1 es suficiente) de unos dos metros de largo, clavados en un cubo lleno de orgonita, es decir, los tubos están clavados en una mezcla de virutas de hierro y resina. El más común es el *towerbuster* que sería orgonita hecha en moldes de flanes o pastelillos.

Además de los dispositivos descritos, Reich diseñó otros con la intención de reconducir esa energía y poder tratar zonas puntuales del cuerpo humano aplicando un tubo por el que sale la energía orgónica sobre la zona a curar. También diseñó una cápsula donde se introducía al paciente durante unos minutos con el fin de que todo su cuerpo recibiera una fuerte dosis de radiación beneficiosa·

6-15-14

Pontificando con el Pulpo el Dr. John C. Lily y el Lenguaje de los Delfines

Dr. John C. Lilly, MD (1915-2001) fue un médico y psicoanalista especializada en la biofísica, la neurofisiología, la electrónica, la teoría de la computación, y neuroanatomía. Inventor del método del tanque de aislamiento de la exploración de la conciencia. Este trabajo lo llevó a proyectos de investigación de comunicaciones entre el hombre y el delfín. Timothy Leary elogió a John como el Cristobal Colon del siglo XX, que trajo de vuelta los datos visibles de un viaje a un mundo mucho más interior, el del fondo del mar.

Lo siguiente es una traducción en parte de uno de sus trabajos más importantes sobre los delfines.

"Si uno trabaja con un día delfín nariz de botella todos los días por muchas horas, días y semanas, uno se sorprende con el hecho de que uno de los supuestos hechos básicos actuales conocidos e incluso las propias expectativas actuales conocidas determinan dentro de ciertos límites los resultados obtenidos con un animal en particular. Este efecto, por supuesto, se encuentra muy comúnmente con los compañeros en la especie humana.

"Esta hipótesis de trabajo de una capacidad avanzada planteó nuestro índice de sospecha y, a su vez sensibilizo nuestras mentes y métodos a las nuevas fuentes de información. Era esta preparación sutil del clima mental que nos permitió en 1957 escuchar algo más que los ruidos extraños que el delfín estaba produciendo en el laboratorio y revisar con mucho cuidado las cintas. Debido a la posibilidad de una gran capacidad cerebral y debido a las reflexiones sobre las posibles áreas de logros ya realizados en esta especie, pero aún no descubiertas por nosotros, nuestras mentes comenzaron a abrirse.

"Esta apertura de nuestras mentes fue un proceso sutil y doloroso. Comenzamos a tener sentimientos que son mejor descritos por la palabra 'rarezas'. La sensación era que estábamos contra el borde de una vasta región inexplorada en la que estábamos a punto de embarcarnos con una buena dosis de desconfianza en la idoneidad de nuestro propio equipo. La sensación de extrañeza vino sobre nosotros como los sonidos de esta pequeña ballena que se parecían cada vez más a la formación de palabras en nuestro propio idioma. Sentimos que estábamos en presencia de algo o Alguien que estaba en el otro lado de una barrera transparente que hasta ahora no habíamos visto. Los contornos oscuros de un Alguien comenzaron a aparecer. Empezamos a mirar el cuerpo de esta ballena con ojos recién abiertos y empezamos a pensar en términos de sus posibles "procesos mentales ', en lugar de en términos de la visión clásica de un condicionable, funcionamiento instintivo' animal. 'Empezamos a pedir disculpas a "los otros" lenguaje que usamos para deslizarnos fuera del lenguaje en la que podríamos llamarles 'personas' a los delfines y en el que empezamos a utilizar sus nombres propio1s como si fueran personas. Esto parecía cometer el pecado de la Ciencia del antropomorfismo. Si estos "animales" tienen "procesos mentales superiores", entonces ellos a su vez deben estar pensando en nosotros como muy peculiares incluso estúpidos seres. "

Una cuenta de los fenómenos de mimetismo con Elvar y otros delfines:

"La parte más dolorosa y humillante de esta experiencia que nosotros, como seres humanos habíamos sentido era que el hombre es el ente superior: estamos solos, y sin embargo aquí hay un« animal » que fue entrando en lo que era peculiarmente humano, es decir, el habla humana. No importaba cuán primitivo era su nivel de comunicación. O importante es que él estaba tomando el paso número uno antes que nosotros.

"Transmitirles a ustedes nuestra capacidad de asombro y sin embargo, el sentido de la necesidad de reorganizar incómoda y continuamente nuestros conceptos básicos es difícil. Nos arriesgamos a que Elvar diera el primer paso y lo hizo. (No lo hemos hecho nosotros tan bien como el con su lenguaje delphinese.) él nos impresionó con el hecho de que él dio el primer paso para reparar un espacio entre nuestras dos especies de al menos 30 millones años en unas pocas semanas. El pudo saltarse algunos de los esfuerzos gigantescos de la raza humana de los últimos 40.000 años para alcanzar nuestro presente.

"Estas experiencias ilustran la tesis de que uno puede protegerse a sí mismo mediante el mantenimiento de la propia ignorancia por menospreciar las experiencias perturbadoras. O uno puede nuevamente recuperar la sensibilidad y ser de mente abierta (incluso dolorosamente) y descubrir nuevos hechos. Descubrimiento, en mi experiencia, requiere desilusión primero, así como después. Hay que ser sacudido en las creencias básicas antes qué el descubrimiento pueda penetrar en la mente lo suficientemente por encima del umbral para que se detecte una cierta voluntad de enfrentar la censura, para ser un inconformista. Cuestionar las creencias de uno mismo, al revisarlas, es obviamente necesario. Pero lo que no es obvio es la forma de preparar la propia mente para recibir las transmisiones desde el otro lado de la pared transparente de protección que separa cada uno de nosotros desde el oscuro abismo de lo desconocido Quizás debemos darnos cuenta de que seguimos siendo bebés en el universo. Y hemos de tomar medidas nunca antes tomadas. A veces tendemos la mano de nuestra soledad para otra persona que puede o no existir. Pero por lo menos nos acercamos, y es gratificante ver que nuestros delfines llegan también, sin embargo primitivamente. Alcanzan hacia aquellos de nosotros que estamos dispuestos a llegar hacia ellos. Puede ser que algún día no muy lejano todos nos podemos quitar la gran "soledad de largo", como Loren Eiseley lo llamó ".

6-17-14

Pontificado con el Pulpo el Hedonismo Espiritual de Rasputín

De todos los místicos y hombres mágicos en la historia, nadie es realmente tan polémico o peculiar como Rasputín. Grigori Yefímovich Rasputín (en ruso: Григорий Ефимович Распутин) (22 de enero de 1869·- 30 de diciembre de 1916) fue un místico ruso con una gran influencia en los últimos días de la Dinastía Romanov. *Rasputín* es la transcripción al español procedente de la francesa, aunque más acorde con la pronunciación en ruso es la forma *Rasputin*.[1] También fue conocido como «el Monje Loco».

En su lugar de origen pretendía darse una apariencia de Jesucristo y tenía fama de sanador mediante el rezo, razón por la cual, y gracias a una amiga de la zarina llamada Anna Výrubova, en 1905 fue llamado al palacio de los zares para cortar una hemorragia de su hijo único Alexis Nikolaevich de Rusia, que padecía de hemofilia. El zarevich efectivamente mejoró — algunos investigadores sostienen que fue mediante hipnosis— y la familia Romanov, especialmente la zarina Alejandra, cayó bajo la influencia de este controvertido personaje.

El asunto con el monje loco es que su extraña manera de buscar la iluminación, el exceso absoluto, tuvo efectos interesantísimos para el resto del mundo, incluyendo el hecho de que parece que Rasputín cumplió varios milagros atreves de su vida, y gracias a él, Rusia cambio para siempre, dejando atrás la monarquía y convirtiéndose en un país estrictamente ateo y comunista. No es nada raro considerar a este hombre un místico, pues esa fue su profesión, y sus actos le dieron a conocer como tal.

Cuando tenía alrededor de 18 años se marchó a meditar al monasterio de Verjoturye (Óblast de Sverdlovsk), aunque también es posible que fuera enviado allí como pena por robar. Su experiencia durante los 3 meses escasos que permaneció en el recinto claustral, junto con una visión de la Virgen que presenció a la vuelta del monasterio, lo llevaron a convertirse en un místico. Ingresó poco después en una secta cristiana condenada por la Iglesia Ortodoxa Rusa conocida como *jlystý*, es decir "flagelantes".

Los *jlystý* creían que para llegar a la fe verdadera hacía falta el dolor. En las reuniones de esta secta las fiestas y orgías eran constantes y Grigori se convirtió en un acérrimo integrante. El ingreso en esta congregación marcó al profeta siberiano de por vida, y explica la notoria vida sexual que tuvo en años posteriores y que acabó ennegreciendo su reputación de hombre santo.

Según su doctrina, Jesús se reencarna periódicamente en un ser humano; el intercambio físico con este elegido (en quien habita un dios o bien el fuego de dios), terminaría por abolir y transformar el pecado en virtud. Enseñaban que dentro de cada ser humano habita una pequeña chispa divina -la llama interna-, y el reconocimiento de esta esencia mágica dentro de cada hombre era suficiente para liberarse de cualquier tipo de restricciones, ya fueran sociales, sexuales o intelectuales.

En sus asambleas, se azotan con ramas o telas entorchadas; entran en comunicación con el Eterno durante sesiones de éxtasis y de trance colectivo, donde realizan bailes giratorios, se embriagan y practican una frenética actividad sexual, seguido de un arrepentimiento contrito y angustiado, de donde salen purificados. Celebraban a antiguos dioses eslavos, como Yarilo y Rusalka, que eran la personificación de la pasión y el deseo, y al Domovói, el genio tutelar. Esta doctrina tiene un gran parecido a la predicada por los Hermanos del libre espíritu.

Rasputín, una vez que encontró favor con la corte de la Zarina, compenso una desenfrenada orgia de excesos sexuales, morales y corporales causando gran descontento con el pueblo, que lo vio como parte de un problema más grave, la monarquía misma. Aun así, sus predicciones del futuro nunca dejaron de asombrar a sus seguidores, algunos de los cuales estaban seguros que Rasputín era un santo venerable y sus poderes místicos devenían de Dios mismo.

El hedonismo como camino a la iluminación no ha sido practicado desde ese tiempo, y la secta de Rasputín cayó fuertemente durante la Revolución Rusa. Rasputín fue asesinado por sus rivales en la corte, y aun en su muerte, demostró poderes insólitos, pues fue envenenado, apuñalado, disparado, tirado de una azotea, ahogado y aun así no murió. Solo cuando le cortaron la cabeza con un sable finalmente abandono el cuerpo su espíritu.

6-18-14

Pontificando con el Pulpo la Gran Yihad vs la Pequeña Yihad

Es enteramente posible que ya les he mencionado, estimados lectores, que los mahometanos creen que existen dos tipos de guerra santa, las dos "Yihad". La primera se denomina la Gran Yihad, y se trata de un conflicto, eterno, y casi invencible donde uno se encuentra con su peor enemigo, que es uno mismo. Batallas en esta guerra sin cuartel se liberan diariamente por todos los seres humanos, y ganarles significa elegir el bien sobre el mal, pero perderles significa caer en las infinitas tentaciones creadas por el "Shaytan", el enemigo del hombre, conocido como Ibliss, el ángel de luz de Dios, caído por su orgullo a regir sobre los infiernos.

La segunda Yihad es la "pequeña" Yihad, que es cuando enemigos de la fe atacan a los fieles y la fe misma debe ser socorrida, inclusive por actos de derramamiento de sangre. Aquí cabe decir que aunque esta pequeña Yihad no ha sido ganada todavía por los mahometanos, siguen peleándola desde el inicio de su religión hace miles de años. El periodo más negro de la "pequeña Yihad" fueron las cruzadas, cuando la Santa Iglesia Católica decidió recuperar Jerusalén de los infieles al costo de la vida de varios millones, asesinados en crueles batallas de la fe. Algunos mahometanos concluyen que la cruzada nunca termino, y que deben seguir peleando los cristianos, ahora representados por el imperio Yanqui y sus aliados. Grupos "terroristas" como ISIS ciertamente se consideran a si mismos peleando una guerra santa, y es justamente eso lo que hace sus esfuerzos tan peligrosos para el mundo occidental. No es de gran ayuda para acabar con la Yihad que hay tanto petróleo y amapolas de opio en las regiones donde los mahometanos creen todavía en la guerra santa. A mi gusto, estas guerras tienen muchas cosas, pero no hay nada santo en ellas, pues los generales de ambos bandos casi siempre les mueven el tapete el dinero y las tropas que pueden controlar, no algún mandato de Dios.

La Gran Yihad, por otra parte, nos concierne a todos, o aunque sea a aquellos de nosotros que buscamos elevar nuestra consciencia. En un mundo de dualidades, no es sorprendente que se considere una guerra santa el conflicto eterno entre el bien y el mal de nuestro corazón. Uno no necesita musulmán para acreditar con dualidad a la realidad del ser humano. Y no es de menos darse cuenta que hay un bien y un mal, y que los seres humanos podemos escoger entre ambos. La vida no es ambigua, hay deciciones diarias que hacer, y una decisión es buena y una mala, no para nosotros mismos, pero para nuestros prójimos que dependen de nustra buena leche.

Y el hecho que tanta maldad exista en nuestro mundo es prueba incontestable que mucha gente va perdiendo la Gran Yihad todos los días. Si no fuera asi, pues este seria el paraíso y no habría ni guerra, ni crímenes, ni humanos lastimando humanos o otros seres vivientes. Pero la maldad del hombre es real, y demasiado pierden los seres humanos su decencia por búsqueda de alguna ganancia, económica, social, sexual… Hasta por tratar de no ser olvidados.

¿Cómo ganar la Gran Yihad? Lo primero es saber que existe, y que no vamos a ganarla solos. Es decir, la guerra que ocurre en nuestros corazones ya esta perdida, si la biblia y el Corán están en lo correcto. Pues todos los hombres sufrimos el "pecado" original, que es la causa de nuestra muerte. Los Hindús dirían que es el karma, nuestros actos pecaminosos revertidos sobre nosotros mismos. Da igual, hay maldad en todo corazón humano, y hay que ver donde se esconde, pues no conozco a ninguna persona que dice abiertamente a los demás: soy malo.

Y pues, para romper ese esquema, yo con gusto os confesare a todos: soy malo. Como carne, a sabiendas que es un terrible pecado conta los animalitos asesinados por mi adictivo gusto a la carne de cadáveres de puerco, borrego, pollo y otros. Y ese no es mi único pecado, pero aquí no es lugar de hacerles una lista. Si me lo preguntan, con gusto les diré.

Y pues, me declaro perdedor de la Gran Yihad todos los días alrededor de la hora del desayuno, pues bastante me gusta el tocino comer. Y claro, están también los huevitos al gusto, y chorizo, jamón, viandas frescas y peor.

¿Podre algún día ganar la "Gran Yihad"?

No, no lo creo. No soy un monstruo ni bestia humana, pero tampoco detengo mis apetitos, pues no siento necesidad. El pecado está en mí, y la locura, por ejemplo, de comer carne, viste mi mente y engaña mis sentidos.

6-19-14

Pontificando con el Pulpo el Negocio de la Muerte

La venta de servicios de previsión funeraria representa una gran oportunidad de negocio para la industria, cuyo valor asciende a 8 mil 500 millones de pesos al año en México. Este monto representa únicamente el 3% del mercado anual. Es decir, el 97% de la gente en México no está preparada para morir, y el negocio de la muerte está creciendo.

El costo de enterrar un ser humano, si uno se basa en todas las prácticas ordinarias de un funeral es prohibitivo para la mayoría de las familias. Pero esto no es realmente lo que pica mi interés. Hay reglamentos federales para como enterrar gente, o como cremar un cadáver. Agarrar tu muertito y enterrarlo en el monte es un crimen (contra la salud). Y aquí es donde se pone extraño, pues las opciones para disponer de un cadáver son muchas, pero legalmente son muy pocas.

Por ejemplo, hay ciertos cultos budistas en Corea que cocinan y devoran a sus muertitos para poderles ayudar a trascender. Ciertos monjes Sivaitas que habitan cerca del sagrado rio Ganges deben devorar los restos de un muerto que flote en el rio como parte de sus iniciaciones. Los nuevos vikingos, que se adhieren a la fe nórdica y adoran a Odín como su Dios tratan, generalmente en contra de la ley, de mandar sus muertos al paraíso vikingo llamado "Valhala" en un barco que dejan a la deriva en el mar y luego le tiran flechas en llamas.

El asunto es uno de dignidad y libertades básicas. Como disponer de un muerto debe ser, después de certificar que el muerto no fue asesinado, asunto de la familia del difunto y nunca de algún gobierno con intereses económicos en la industria de la muerte.

Claro, una sociedad saludable debe contar sus muertos para así proteger sus vivos de aquellos que les quitarían la vida. Pero no somos una sociedad saludable. En verdad, las narco fosas, los cuerpos colgantes de los puentes, las cabezas de los decapitados y una infinidad de cadáveres encontrados por las agencias de seguridad publica en un sinnúmero de horribles maneras descardados por sus asesinos, nos indica que somos una sociedad de perversos que no nos preocupamos debidamente de los muertos, y que decir de los vivos.

Pero la gente "decente" debe poder hacer lo que se les de la gana con sus muertos, y si eso implica, como en el caso de nuestros amigos vikingos mandar el cuerpo al mar y luego darle de flechazos y prenderle en llamas, pues que así sea. La absurda idea de enterrar un cuerpo en un ataúd carísimo después de quitarle toda la sangre (a donde va a parar esa sangre, señores?) y pintarle la piel con carísimos maquillajes para que parezca "más vivo" no es menos absurdo que lo que hacen nuestros amigos vikingos, y ciertamente no es menos salubre.

Las prácticas de entierro en México, adoptadas de la buena iglesia católica desde hace siglos vienen del antiguo Egipto, y son similares a la momificación. Deviene de pasajes en la biblia donde está escrito que Dios levantara a los muertos de sus tumbas. Obvio que si los muertos están cremados eso no funcionaría muy bien que digamos. La parte siniestra de todo esto es la industria que se crea alrededor de la muerte con familias llegando a la quiebra tratando de cumplir sus "ritos" con sus muertitos.

No quiero decirles que enterrar sus muertos esta "mal". Pero si quiero advertirles que no es mala idea pensar como lo van a hacer años antes de que suceda el inevitable, pues muchas familias llegan a enterrar sus muertos sin preparación alguna, y el costo es terrible.

Pensar en la muerte propia, prepararse para la muerte propia, es un deber de todo adulto consiente, y tener absoluta libertad en como desea uno de disponer de su propio cadáver después de muerto es imperativo.

Les voy a dar el ejemplo de mi propia persona. Yo he dejado varios documentos públicos donde he expresado mi deseo que mi piel sea preparada por un taxidermista para hacer algunos objetos útiles con ella los cuales deseo heredar a mis supervivientes. Tengo algunos tatuajes que quiero que permanezcan después de mi muerte en manos de mi familia. Es mi derecho, y extrañamente, en México, es ilegal. En tradición vikinga, deseo mi cráneo que sea usado para beber cerveza cuando yo me muera. Eso, y que mi carne sea devorada por bestias salvajes, pues así es la tradición budista bon. Estos deseos post-mortem no son comunes ni populares. Pero por todos los dioses, deberían ser mi derecho.

6-20-14

Pontificando con el Pulpo ¿Qué hay en la basura?

Los plásticos. Casi el 15% del contenido de una bolsa de basura son plásticos, generalmente en forma de envases de un sólo uso y envoltorios. En el vertedero tardan decenios en desaparecer y si se incineran generan CO_2 y toxinas. Los criminales responsables por la contaminación de estos productos son principalmente compañías como la Coca Cola que siguen produciendo envases de plástico. El consumidor puede ser estúpido, pero no produce la basura.

Los briks. Para su elaboración se requiere aluminio, celulosa y plástico, procedentes de materias primas no renovables. La separación de esos elementos es complicada, por lo que su reciclaje es aún limitado. Una vez mas, hay que culpar a las grandes industrias por estos residuos.

Las latas. Representan casi el 5% del contenido medio de una bolsa de basura estándar, aunque si sumamos todos los residuos metálicos, ese porcentaje se eleva hasta el 12%. Son fácilmente reciclables y reutilizables para fabricar otras latas. Nestle acaba de pontificar y declarar que el agua no es un derecho humano. Ellos producen muchísimas latas.

El vidrio. Es un material reciclable casi al 100%. Es inerte y no causa daño material al medio, aunque el abuso de los envases no retornables ha generado un incremento enorme de este tipo de residuo que no siempre está accesible a las redes de reciclaje. Claro, todo esto parece ridículo cuando pisamos un vidrio en el bosque y nos cortamos un pie.

Las pilas. Son uno de los residuos más peligrosos porque contienen mercurio y otros metales pesados de alto grado contaminante. Las minúsculas pilas botón son mucho más peligrosas que las tubulares o de petaca. Una sola de ellas es capaz de contaminar más de medio millón de litros de agua. Aquí realmente podemos culpar al consumidor de la destrucción ambiental. Pónganse pilas canijos, y lleven sus pilas viejas a desechar en algún lugar que las recoja.

El papel y el cartón. Estos residuos suponen más del 20% de cualquier bolsa de basura y su consumo va en aumento en nuestra sociedad. Su materia prima es la celulosa y se obtiene en gran medida de los árboles. Se recicla fácilmente, pero siempre se necesitan aportes de celulosa original para su reutilización. De esta forma, el reciclaje no soluciona completamente el problema de la tala masiva de los bosques. Tan fácil seria reparar el mundo si en vez de celulosa de árbol usaramos cáñamo para crear papel, como en el que esta escrita la constitución de los EEUU.

En fin, estamos tirando el mundo a la basura, y no tenemos otro. Deberiamos detener a las industrias que producen casi el 100% de estos desechos, pero no lo hacemos porque nos gusta demasiado nuestra botellita de 600 ml de coca, ¿verdad?

7-13-14

Pontificando con el Pulpo La Serpiente Cósmica el ADN

El ADN, la molécula responsable por la existencia de la vida, de la mente y es una molécula consciente. Es la sustancia del lenguaje de la vida, y vive dentro de todas las células de todos los seres vivos en la Tierra. A medida que sus ojos escanean estas palabras, hay dos metros de ADN en todas las células de los globos oculares, enrollándose y desenrollándose como una serpiente.

¿Cómo podría una molécula ser consciente? La biología presupone que el ADN no es consciente, pero ni siquiera entiende el cerebro humano, que es la sede de nuestra propia conciencia y que está construido de acuerdo a las instrucciones de nuestro ADN. ¿Cómo podría la naturaleza no ser consciente si nuestra propia conciencia es producida por la naturaleza?

El filósofo Joseph Campbell habla de dos momentos decisivos para "la serpiente cósmica" en la mitología del mundo. La primera ocurre en el contexto del patriarcado de la Edad del Hierro del primer milenio antes de Cristo, donde la mitología adoptada desde las civilizaciones neolíticas y la Edad de Bronce anteriores... se invirtió, para hacer un argumento justo lo contrario a ese de su origen. En la historia de la creación judeocristiana dijo en el primer libro de la Biblia, uno encuentra los elementos que son comunes a muchos de los mitos de creación del mundo: la serpiente, el árbol, y los seres individuales; pero por primera vez, la serpiente, que había sido venerada durante al menos 7.000 años antes de que la composición del Libro del Génesis, hace el papel del villano. Yahvé, que la sustituya en el papel de creador, termina derrotando a la serpiente del mar cósmico, Leviatán.

Para Campbell, el segundo punto de inflexión se produce en la mitología griega, donde Zeus fue representado inicialmente como una serpiente; pero alrededor de 500 AC, los mitos cambian, y Zeus se convierte en una serpiente asesina. Él asegura el reinado de los dioses patriarcales del Olimpo al derrotar a Tifón, la enorme serpiente-monstruo que es el hijo de la diosa de la tierra Gaia y la encarnación de las fuerzas de la naturaleza. Tifón "era tan grande que su cabeza golpeó contra la frecuencia de las estrellas y sus brazos podrían extenderse desde el amanecer hasta la puesta del sol." Con el fin de derrotar a Tifón, Zeus se puede contar sólo con la ayuda de Atenea, "La Razón", porque todos los otros atletas olímpicos han huido despavoridos a Egipto.

La cultura occidental se ha separado desde el principio de la serpiente / la vida, en otras palabras, el ADN, ya que adoptó un punto de vista exclusivamente racional. Los pueblos que practican lo que llamamos "chamanismo" se comunican con el ADN.

Paradójicamente, la parte de la humanidad que se alejó de la serpiente logró descubrir su existencia material en un laboratorio y asesino a Dios Padre, el asesino de Dios Madre, la Serpiente primordial de la vida misma.

¿Justicia poética en términos cósmicos?

Lo innegable para la ciencia y la religión es que la serpiente toma uno de los papeles principales en la creación del hombre. Como símbolo de la sabiduría y la reencarnación, la serpiente ha tomado su lugar como objeto de culto durante miles de años. Como adversario del hombre en la biblia, un poco menos tiempo. Pero si realmente la serpiente es, como acusan nuestros ancestros, la fuente de la vida misma del hombre, debemos preguntarnos qué tan ciertas son las teorías de conspiración referentes a los Annunaki, los supuestos creadores del hombre, que son de origen reptiliano.

Y la figura del ADN como ser consciente, gusanito medidor de las moléculas de la vida misma, un gigantesco rompecabezas serpentino que nos avisa de un plan divino para la vida, una secuencia molecular de complejidad incremental que nos lleva a la conclusión absoluta del ser perfecto, el ser ideal bajo las reglas de la evolución de las especies.

7-23-14

Pontificando con el Pulpo el Hombres del Futuro

¿Estamos siendo visitados por viajeros en el tiempo que vienen de nuestro propio futuro?
Un saboteador detenido tratando de sabotearel Gran Colisionador de Hadrones en Suiza, una maquina multimillonaria experimental que toma varias hectáreas de montañas para hacer que partículas sumamente pequeñas viajen a velocidades extraordinariamente veloces. El saboteador hizo la extraña afirmación de que venía desde el futuro para detener el fin del mundo. Eloi Cole, un joven extrañamente vestido, dijo que había viajado en el tiempo para evitar que el "LHC" (por sus siglas en inglés) destruyera el mundo en su próximo experimento.

El LHC colisionó con éxito partículas en vigor récord a principios de la semana. El Sr. Cole estaba tratando de perturbar los experimentos poniendo fin al suministro de Mountain Dew en las máquinas expendedoras del experimento. También se atribuyó el sabotaje "baguette" infame en noviembre del año pasado.

Sr. Cole fue capturado por la policía suiza después de los guardias de seguridad del CERN descubrieron a él hurgando en los contenedores. Explicó que él estaba buscando combustible para su "fuente de la máquina del tiempo ', un aparato que parecía una batidora de cocina.

La policía dijo que el señor Cole, que llevaba una corbata de lazo y más bien demasiado tweed para su edad, no quiso revelar su país de origen. "No existen países de dónde soy. El descubrimiento del bosón de Higgs llevó al poder ilimitado, la eliminación de la pobreza y Kit-Kats para todos. Es un infierno de chocolate comunista y yo estoy aquí para detenerlo.

Esta no es la primera vez que viaje en el tiempo se ha culpado por contratiempos en el LHC. El año pasado, el físico japonés Masao Ninomiya y danés pionero cadena de Holger Bech Nielsen teoría planteó la hipótesis de que el bosón de Higgs fue tan "aberrante" que causó alguna manera una onda en el tiempo que impidió su propio descubrimiento.

El profesor Brian Cox, físico del CERN y de tiempo completo científico TV rock'n'roll, simpatizaba con el señor Cole. "Bendito sea, suena bastante inofensivo. Al menos no mencionó los agujeros negros con sangre."

Sr. Cole fue llevado a un centro de salud mental segura en Ginebra, pero más tarde desapareció de su celda. La policía está desconcertada, pero no es tan molesta. ¿Fue el realmente un viajero en el tiempo que nos salvó a todos eliminando sodas de un laboratorio?
Solo el tiempo lo dirá.

7-23-14

Pontificando con el Pulpo la Guerra contra el Sexo Parte Uno

La siguiente es una traducción de ciertos artículos de la autora y psicóloga Judith Levine.

El grupo de edad con mucho, el mayor número de condenas por delitos sexuales son personas entre 14 y 20 años de edad. Estos son, casi todos ellos, actos consensuales de sexo entre los niños con alguien que está a unos 2 o 3 años más joven que ellos. En EEUU, hay 19.000 menores en registros de delincuentes sexuales a nivel nacional. 19.000! Algunas de estas personas son tan jóvenes como de 11 años de edad.

En todos los estados de la unión si tiene relaciones sexuales y es menor de edad es probable que esté cometiendo un delito grave. Voy a repetir esto. Si usted tiene 16 años en el estado de Georgia y tiene relaciones sexuales con otra persona de 16 años están cometiendo un acto criminal. Puede ser puesto en detención juvenil y después de que se puede poner en una prisión de adultos y después de que usted estará en un registro de delincuentes sexuales y una vez que estás en un registro de delincuentes sexuales de su vida es efectivamente terminado.

Usted no puede conseguir un trabajo.
No se puede vivir en muchos lugares.
No se puede entrar en el ejército.
No se puede entrar a la universidad.
Usted no puede conseguir un préstamo para un colegio.
Se puede vivir casi en ninguna parte, porque hay estas restricciones de residencia.
Realmente no se puede tener una relación o tener una familia, ya que no se le permite estar cerca de los niños, alguna vez realmente, incluso a sus propios hijos en caso de que ellos tienen.

Estas leyes son muy fáciles de conseguir en los libros. Ninguna cantidad de hechos los detendrá. Ahora bien, estos han estado en los libros desde hace mucho tiempo, desde hace varias décadas, por lo que hay una gran cantidad de evidencia que muestra que realmente no protegen a nadie.

Lo que las leyes hacen es generalmente amplían la definición de un crimen. Por ejemplo, se utiliza para la pornografía infantil para tomar una imagen de alguien que estaba bajo 12 años de edad. Realmente no encontraban suficiente pornografía infantil y tenían esta gran máquina para salir y arrestar a la gente por lo que a continuación, lo cambiaron a 14 años de edad y luego, todavía no es suficiente, 16 y ahora 18. Así que a ampliar la definición del delito, se obtiene más policías, que hacen más arrestos, pronto la gente se siente como Dios mío hay mucha delincuencia. Hay una percepción de que existe más crimen y así empiezan a clamar por más leyes y una vez que están en los libros son casi imposible de conseguir cambiarlas.

Los supuestos de este sistema sobre el sexo y la protección de la inocencia y la peligrosidad de los delincuentes sexuales y sobre la conveniencia de la intervención estatal en la vida sexual de menores de edad, ya sea a través de la criminalización o por medio de esta patologización de sexo en los adolescentes, estas suposiciones están tan extendidas, de modo hegemónico, que incluso las personas que critican el sistema de usan su propia lógica del sistema para hacerlo.

Esto es sólo el borde más extremo de un espectro en que el Estado trata de proteger a los niños mediante el castigo de ellos mismos. En 1982 pasaron lo que se llamó "la ley de castidad". Es el único dinero que el gobierno federal ha puesto nunca en la historia en la educación sexual, y adivinen qué, no funcionó tampoco. Billones de dólares se gastaron para convencer a los chicos de no hacer el sexo antes del matrimonio. Leyes fueron pasadas para proteger a los niños del "sexo" ilegal. Los niños no dejaron de tener sexo.

¿Por qué estamos tan jodidos sobre el sexo? Si te digo la verdad, no lo sé, porque usted va en cualquier otro lugar en el mundo y la gente está realmente atónita por nosotros (los gringos). Creo que la idea anarquista de que el Estado tiene que justificarse a sí mismo con el fin de perpetuarse funciona muy bien cuando usted está pensando en la vigilancia moral. Se pasan las leyes, burocracias se ponen en marcha, y no sólo las burocracias en el gobierno luego hay organizaciones profesionales y hay terapeutas y todo el resto de los profesionales, y luego está el complejo carcelario-industrial y entonces tienen que tener una razón para existir.

Es realmente difícil encontrar un padre que dice: "Claro, por supuesto, mis hijos van a tener relaciones sexuales y quiero que usen métodos anticonceptivos y no quieren que consigan alguna enfermedad de transmisión sexual, pero esto es maravilloso que quiero decir esto es parte de la gran placer de ser un niño y van a tropezar y van a aprender ".
Es muy raro encontrar eso.

Las fuerzas ideológicas que tratan de reprimir el sexo son flexibles. Son capaces de cambiar objetivos. En los años 80 el gran objetivo fue la protección de las mujeres, así que había todo un movimiento anti-pornografía en ese momento. Pero no funciono. Descubrieron que era anticonstitucional. Los defensores de la censura cambiaron sus estrategias y realmente comenzaron apuntar a la protección de los niños.

Los grupos anti-pornografía crearon una gran maquinaria política y policiaca en contra la pornografía infantil. Ahora, los niños están siendo arrestados por tomar fotos desnudos de sí mismos

-Esto se llama sexting y el envío de ellos en sus teléfonos móviles a sus amigos. Así que la persona puede ser un agresor y una víctima de la producción de pornografía infantil al mismo tiempo! Entonces los amigos que reciben las imágenes ahora están en posesión. Esto sucedió en Greensburg Pennsylvania. Procesamientos similares han tenido lugar en Alabama, Connecticut, Florida, Nueva Jersey, Nueva York, Michigan, Ohio, Texas y Utah, en el último recuento. Pero había una encuesta realizada a los niños acerca de su comportamiento en línea y 1 de cada 5 niños dijeron que habían hecho sexting. Así que eso es el 20% de los niños están haciendo algún tipo de delito.

Quedarse atrapado en la pornografía infantil no es poca cosa. Es un delito federal y las sanciones en caso de que son cuatro veces más altas, en general, de lo que son para el asesinato. Así que si un niño se procesado por una de estas cosas que están en serios problemas y, como con todos los delitos sexuales, van a estar en un registro de delincuentes sexuales después. La criminalización de sexo adolescente es muy bueno para las cárceles y la detención de menores se centra muchos de los cuales son privados.

El pánico que rodea la sexualidad juvenil puede quizás mejor puede comparar con la guerra contra las drogas: Ambos se basan en la ideología y no en la ciencia, y ninguna cantidad de evidencia puede cambiar la mente de los verdaderos creyentes. Ambos máscara agendas sociales subyacentes en el que la preocupación por los niños se utiliza para controlar el comportamiento de los adultos. Y ambos engendran problemas de credibilidad con los jóvenes que son exhortados a hacer lo que yo digo, no lo que hice por sus padres.

Lo que antes se llamaba jugar al doctor para niños pequeños o experimentación sexual normal de los adolescentes de más edad ya es suficiente para que un niño sea detenido, esposado, encarcelado en un centro juvenil, y sometido a la draconiana psicología de el tratamiento contra aberraciones. Esto no es sólo para el comportamiento agresivo o violento, pero por inocente, juego consensual entre los niños riendo. Es la penalización de un juego de niños.

7-23-14

Pontificando con el Pulpo la Guerra contra el Sexo Parte Uno

La siguiente es una traducción de ciertos artículos de la autora y psicóloga Judith Levine.

El grupo de edad con mucho, el mayor número de condenas por delitos sexuales son personas entre 14 y 20 años de edad. Estos son, casi todos ellos, actos consensuales de sexo entre los niños con alguien que está a unos 2 o 3 años más joven que ellos. En EEUU, hay 19.000 menores en registros de delincuentes sexuales a nivel nacional. 19.000! Algunas de estas personas son tan jóvenes como de 11 años de edad.

En todos los estados de la unión si tiene relaciones sexuales y es menor de edad es probable que esté cometiendo un delito grave. Voy a repetir esto. Si usted tiene 16 años en el estado de Georgia y tiene relaciones sexuales con otra persona de 16 años están cometiendo un acto criminal. Puede ser puesto en detención juvenil y después de que se puede poner en una prisión de adultos y después de que usted estará en un registro de delincuentes sexuales y una vez que estás en un registro de delincuentes sexuales de su vida es efectivamente terminado.

Usted no puede conseguir un trabajo.
No se puede vivir en muchos lugares.
No se puede entrar en el ejército.
No se puede entrar a la universidad.
Usted no puede conseguir un préstamo para un colegio.

Se puede vivir casi en ninguna parte, porque hay estas restricciones de residencia.

Realmente no se puede tener una relación o tener una familia, ya que no se le permite estar cerca de los niños, alguna vez realmente, incluso a sus propios hijos en caso de que ellos tienen.

Estas leyes son muy fáciles de conseguir en los libros. Ninguna cantidad de hechos los detendrá. Ahora bien, estos han estado en los libros desde hace mucho tiempo, desde hace varias décadas, por lo que hay una gran cantidad de evidencia que muestra que realmente no protegen a nadie.

Lo que las leyes hacen es generalmente amplían la definición de un crimen. Por ejemplo, se utiliza para la pornografía infantil para tomar una imagen de alguien que estaba bajo 12 años de edad. Realmente no encontraban suficiente pornografía infantil y tenían esta gran máquina para salir y arrestar a la gente por lo que a continuación, lo cambiaron a 14 años de edad y luego, todavía no es suficiente, 16 y ahora 18. Así que a ampliar la definición del delito, se obtiene más policías, que hacen más arrestos, pronto la gente se siente como Dios mío hay mucha delincuencia. Hay una percepción de que existe más crimen y así empiezan a clamar por más leyes y una vez que están en los libros son casi imposible de conseguir cambiarlas.

Los supuestos de este sistema sobre el sexo y la protección de la inocencia y la peligrosidad de los delincuentes sexuales y sobre la conveniencia de la intervención estatal en la vida sexual de menores de edad, ya sea a través de la criminalización o por medio de esta patologización de sexo en los adolescentes, estas suposiciones están tan extendidas, de modo hegemónico, que incluso las personas que critican el sistema de usan su propia lógica del sistema para hacerlo.

Esto es sólo el borde más extremo de un espectro en que el Estado trata de proteger a los niños mediante el castigo de ellos mismos. En 1982 pasaron lo que se llamó "la ley de castidad". Es el único dinero que el gobierno federal ha puesto nunca en la historia en la educación sexual, y adivinen qué, no funcionó tampoco. Billones de dólares se gastaron para convencer a los chicos de no hacer el sexo antes del matrimonio. Leyes fueron pasadas para proteger a los niños del "sexo" ilegal. Los niños no dejaron de tener sexo.

¿Por qué estamos tan jodidos sobre el sexo? Si te digo la verdad, no lo sé, porque usted va en cualquier otro lugar en el mundo y la gente está realmente atónita por nosotros (los gringos). Creo que la idea anarquista de que el Estado tiene que justificarse a sí mismo con el fin de perpetuarse funciona muy bien cuando usted está pensando en la vigilancia moral. Se pasan las leyes, burocracias se ponen en marcha, y no sólo las burocracias en el gobierno luego hay organizaciones profesionales y hay terapeutas y todo el resto de los profesionales, y luego está el complejo carcelario-industrial y entonces tienen que tener una razón para existir.

Es realmente difícil encontrar un padre que dice: "Claro, por supuesto, mis hijos van a tener relaciones sexuales y quiero que usen métodos anticonceptivos y no quieren que consigan alguna enfermedad de transmisión sexual, pero esto es maravilloso que quiero decir esto es parte de la gran placer de ser un niño y van a tropezar y van a aprender ".
Es muy raro encontrar eso.

Las fuerzas ideológicas que tratan de reprimir el sexo son flexibles. Son capaces de cambiar objetivos. En los años 80 el gran objetivo fue la protección de las mujeres, así que había todo un movimiento anti-pornografía en ese momento. Pero no funciono. Descubrieron que era anticonstitucional. Los defensores de la censura cambiaron sus estrategias y realmente comenzaron apuntar a la protección de los niños.

Los grupos anti-pornografía crearon una gran maquinaria política y policiaca en contra la pornografía infantil. Ahora, los niños están siendo arrestados por tomar fotos desnudos de sí mismos

-Esto se llama sexting y el envío de ellos en sus teléfonos móviles a sus amigos. Así que la persona puede ser un agresor y una víctima de la producción de pornografía infantil al mismo tiempo! Entonces los amigos que reciben las imágenes ahora están en posesión. Esto sucedió en Greensburg Pennsylvania. Procesamientos similares han tenido lugar en Alabama, Connecticut, Florida, Nueva Jersey, Nueva York, Michigan, Ohio, Texas y Utah, en el último recuento. Pero había una encuesta realizada a los niños acerca de su comportamiento en línea y 1 de cada 5 niños dijeron que habían hecho sexting. Así que eso es el 20% de los niños están haciendo algún tipo de delito.

Quedarse atrapado en la pornografía infantil no es poca cosa. Es un delito federal y las sanciones en caso de que son cuatro veces más altas, en general, de lo que son para el asesinato. Así que si un niño se procesado por una de estas cosas que están en serios problemas y, como con todos los delitos sexuales, van a estar en un registro de delincuentes sexuales después. La criminalización de sexo adolescente es muy bueno para las cárceles y la detención de menores se centra muchos de los cuales son privados.

El pánico que rodea la sexualidad juvenil puede quizás mejor puede comparar con la guerra contra las drogas: Ambos se basan en la ideología y no en la ciencia, y ninguna cantidad de evidencia puede cambiar la mente de los verdaderos creyentes. Ambos máscara agendas sociales subyacentes en el que la preocupación por los niños se utiliza para controlar el comportamiento de los adultos. Y ambos engendran problemas de credibilidad con los jóvenes que son exhortados a hacer lo que yo digo, no lo que hice por sus padres.

Lo que antes se llamaba jugar al doctor para niños pequeños o experimentación sexual normal de los adolescentes de más edad ya es suficiente para que un niño sea detenido, esposado, encarcelado en un centro juvenil, y sometido a la draconiana psicología de el tratamiento contra aberraciones. Esto no es sólo para el comportamiento agresivo o violento, pero por inocente, juego consensual entre los niños riendo. Es la penalización de un juego de niños.

7-24-14

Pontificando con el Pulpo ¡Orgias, orgias, queremos orgias!

Bacanales, Carnaval, Wicker Mann, los Sacrificios del Templo Mayor. ¿Dónde quedaron nuestras fiestas bravas? ¿En la Plaza de Toros? Tan bajo ha llegado "La Arena"? ¿Ha logrado Roma corromper, finalmente, todos los corazones humanos y robarse lo que le pertenece a Dios?

Y luego, en su falta de visión y claridad, Roma le ha dado el trabajo a Hollywood, donde rigen banqueros sin corazón para que las orgias y las fiestas sean las suyas propias, la fiesta del "ego" de los productores de Hollywood, una orgia sin fin de sangre y sexo pero notoriamente faltante de un contexto sagrado, como lo tenían nuestros ancestros.

En el antiguo mundo, el "primer bacanal" de un niño, aunque podía, en su más desquiciado momento, costarle la vida, también era un momento de decisión para convertirse en un verdadero hombre. Los rituales sangrientos y peligrosos de los antiguos permitían que los niños se enfrentaran a la muerte y o el sexo para así convertirse en adultos. Esos rituales, tan importantes para darle valor a la sociedad se han abandonado, permitiendo un tipo de sonambulismo genérico y adición a la adrenalina de juegos ridículos virtuales creados por Hollywood. Es evidente que el filósofo y trascendentalista Terence McKenna tenía razón en su llamada por un "renacimiento arcaico" para regresar a las enseñanzas de los antiguos, antes de la llegada de la iglesia y la espada y posteriormente, Hollywood, que ahora ha tomado su lugar.

Y claro, no todos los niños tratando de llegar a ser adultos son del calibre de viajar en peyote u hongos hasta el fondo de su corazón, como por ejemplo lo son los niños Huicholes, pero no hay muchacho que no se beneficiaria de un buen bacanal u otro rito iniciático para ser adultos de verdad.

Y claro, mi sospecha es que ahí, en Roma, donde los hacían Bacanales ancestralmente, los siguen haciendo para entrenar sus elegidos, pero al pueblo sumiso, solo se les da misa, tal vez los quince años y primera comunión, y de ahí, a la chingada con los que no saben la verdad sobre los rituales más fuertes de origen romano.

¿Y si me equivoco, pues porque tanta pederastia en Roma?

La biblia nos advierte que en los últimos tiempos, la gente buscara religiones donde pueden hacer lo que se les da la chingada gana, y que eso no le va a gustar el grandulón de la barba blanca en el cielo.

Ah, si mis romanos, no olvidemos las barbas de Dios, pues a demasiados de vuestros curitas los encuentro sin pelo alguno en la quijada, y así Dios no los hiso, y por eso no puedo culpar a vuestros enemigos mahometanos, que mínimamente, si se saben la de andar con barbas. A los mahometanos de romanos nadie los puede acusar.
¿Te tal si llegara Jesús de por ahí en el quinto paraíso, (donde fue a visitar a su primo Buda) y juzgue su iglesia por la forma en la que se viste? No pos a los romanos los va a poner como camote con sus túnicas de seda y joyas preciosas. Claro, que no creo que Jesús, si viene y cuando venga, ande juzgando gente por su ropa, pero eso sí, estar bien vestido en ese día no puede ser mala idea. Y eso implica una barba. Si no me creen, léanlo en la biblia, pues ahí está.

Y si viene, de seguro no va a favorecer a los que van armados, pues ahí las armas vienen sobrando, ¿Qué no? Es más, creo que lo que le gusta son los niños, pues ahí en la biblia dice que para entrar al reino de Dios hay que ser como niños. Pues sí, eso lo hace verse católico después de todo.

En eso de la moralidad, que tire la primera piedra el que no tenga pecado alguno.

En fin, el pontificado de esta alma perdida es sobre orgias, orgias, y más orgias porque queremos orgias.

¿Pero saben? Creo que el verdadero problema es que hay DEMACIADAS orgias ya en nuestro mundo. Pero no son del tipo de orgias que elevan al ser humano, sino más bien del tipo que divierten senadores y congresistas, sicarios, y claro curas pederastas. Los mismos canijos que inventaron la religión y la democracia.

Creo que lo que me molesta de las orgias de nuestros días es la hipocresía con la que se practican. El lado sacro se fue con la cruz, y la cruz sigue tirando su sombra sobre las viejas orgias paganas. Las mejores orgias son las que hacen los que saben voltear la cruz de cabeza. Y esos no nos lo van a comunicar públicamente.

Y ahora voy al grano. Recientemente, murió un Christopher Wallace, un hombre que se lanzó a las llamas en "Burning Man", una celebración artística anual en Utah, EEUU. Si fue o no fue un sacrifico consiente por parte de este hombre, no lo sé, pues no platique con el antes de que lo hiciera, pero lo que si se es que "Burning Man" tiene un origen celta con "Wicker Man" donde seres humanos y animales eran sacrificados por el bienestar de la tribu. Sería entonces el deber de todo que atendió al sacrificio, agradecer entonces al sacrificado. Así lo hacían nuestros ancestros en México. Pero eso es tema para otro pontificado, pues el tema de este pontificado es orgias, y de esas ya hay muchas... Sin sacrificio alguno.

7-23-14

Pontificando con el Pulpo el Corazón que se Come las Carreteras

Cuando era yo muy niño, de unos cinco o seis años de edad, tuve una pesadilla horrible donde un gigantesco corazón, como esos que se le dan a las chicas en día de San Valentín, con unas botitas y guantes como los de Mickey Mouse y una boca gigantesca y sonriente salía de un arcoíris y empezaba a comerse las carreteras. Lo interesante del sueño es que el símbolo del corazón, con su sonrisa y forma de caricatura, además de su enorme tamaño gigante, no es algo que me daría miedo, pero sus actos, devorarse las carreteras, como el "segundo piso" del Peje Lagarto es lo que me daba miedo.

Sospecho que platicas con los varios grupos de hippies con los que crecí acerca del terrible acorchamiento urbano me dejaron visiones terroríficas de un mundo donde las carreteras tendrían que ser "devoradas" por el amor. Por nada salía el corazón maleante de un arcoíris.

Han pasado casi más de 40 años desde que tuve ese sueño extraño. Y ahora reconozco ese corazón como el mío propio, pues si pudiera, "devoraría" las carreteras, calles, autopistas y segundos pisos del mundo y los reemplazaría con muchos, pero muchos árboles frutales. No toma un genio ver que el daño que le causamos al medio ambiente es principalmente perpetrado por vehículos y carreteras.

Aquí en Tepoztlán Morelos, donde estoy de vacaciones, hay una enorme guerra entre dos grupos de ciudadanos, los que apoyan la nueva carretera, y los que la odian. Es una guerra sin cuartel que rebana casi a la mitad la población. Los que apoyan la carretera dan argumentos prácticos sobre las necesidades de un creciente pueblo y especialmente, la urgente necesidad de permitir tráfico al hospital, pues salvaría muchas vidas hacerlo.

Los que oponen la carretera dan argumentos sobre el impacto al agua y al medio ambiente. Claro, como poca gente se preocupa por el medio ambiente, el argumento fuerte tiene que ver con el agua, y su contaminación eminente por otra carretera. Aquí en Tepoztlán el agua es un tema muy polémico, pues casi no hay, y la gente es obligada a llamar pipas para subsistir.

Pero siempre es el mismo conflicto: la economía vs. el medio ambiente. Y invariablemente, es la economía la que gana tales argumentos, pues la gente quiere trabajos, quiere vehículos propios, quiere más escuelas y hospitales, y eso necesariamente implica más carreteras. Los seres humanos quieren crecimiento económico. El hombre busca su beneficio propio inclusive en contra del beneficio de todos los demás. Esta es la tragedia humana que nos devora a todos con nuestras propias creaciones.

Si todos pudiéramos vivir como los gringos y los europeos, lo haríamos, pero pregúntense: Si todo el planeta estuviera pavimentado, como lo ya lo está en EEUU y Europa, ¿de dónde vendría el agua? El caso más patético de contaminación ambiental es China. Su crecimiento urbano absurdo, su dependencia en fábricas para crecer económicamente y su falta de protecciones ambientales desde un nivel gubernamental han creado algunas de las ciudades más contaminadas del mundo en muy poco tiempo. ¡Están locos los chinos!

En lo que nuestros partidos se preocupan por el petróleo en México y quien lo va a explotar, a nadie se le ocurre preguntar si es una buena idea hacerlo. Todos buscan el dinero, dinero, dinero... ¿Pero acaso vemos muchos pájaros volando en la Ciudad de México? ¿Y si los pájaros no pueden vivir ahí, porque los humanos si pueden?

Una pequeña búsqueda de vehículos eléctricos en internet nos revela que el vehículo eléctrico ya lleva más de 50 años de existencia, y todavía prevalecen vehículos de combustión de hidrocarburos no por falta de alguna tecnología para reemplazarlos, pero en vez, por razones económicas. Es decir, porque algunos canijos se hacen ricos vendiéndonos petróleo para alimentar nuestros ridículos vehículos traga-gasolina.

Y pues, ¿Cómo tomar a los políticos en serio cuando quieren "proteger el petróleo Mexicano?" Carajo, ya es hora de dejar de usar petróleo, no proteger su explotación. ¿Realmente queremos más pozos petroleros en la costa Yucateca? ¡Despierten, imbéciles!

7-24-14

Pontificando con el Pulpo Los Placeres de Limpieza Anal

Los sodomitas, los gomorreanos, los griegos y los romanos todos entendieron, mejor que los Judeocristianos como limpiar sus anos.

De limpieza anal, los campeones ahorita son los gringos, que ya llegaron al mercado con el "anal whitening", oh, blanqueamiento anal, cosa común en ciertas partes de California, el proceso requiero químicos dolorosos aplicados directamente en el hoyo anal, que tienen como resultado un despellejamiento de la piel del ano, y por esa causa blanqueamiento. Michael Jackson, sospecho, pero no puedo confirmar, hiso alzo similar pero por todo su cuerpo, pues padecía de una condición que conozco bien, pero cuyo nombre, por vida suya no me pregunten en este momento, que la causaba a ciertas partes de su piel perder su pigmento completamente, dejando otras pigmentadas. Tengo un tío con algo similar, y en verdad, encuentro los humanos de "dos colores" muy bonitos, pero como ellos lo consideran estigmatizaste, pues ya se ha convertido en "condición" y no en solo "fashion".

Para limpiar bien el ano, hay que entender algo de limpieza en general. Si tienen alguna duda de como limpiar un ano, platiquen con alguna enfermera bien pagada, pues seguramente lo hace dos o tres veces diarias para alguien, específicamente, alguien que le pague. Se hace, no con papel, pero con AGUA Y JABON.

Ahora pregúntenme: porque en toda casa la primera pregunta de visitantes cuando tienen que ir al baño es: "¿hay papel?". En baños públicos (que aquí en México son más bien lugares para que la gente se masturbe escuchándolo a uno cagar), uno paga… ¡¡¡PAGA!!!! Por un escusado y un poco de… papel.

¿Cómo esperan que se pueda uno limpiar el culo así? En los hoteles finos, todos los baños cuentan con un vadee, ósea una tasa que va al lado del escusado donde uno puede limpiarse el culo, el coño y los huevos con agua y jabón, y así asegurarse de que quien venga después a besarles el culo no se encuentre con una "sorpresita".

Claro, cuando uno es pobre, como yo, uno no puede elegir. Y toca limpiarse las nalgas en los baños públicos de a 3 pesos. Es fácil, así que escuchen con atención que no me gusta repetir esta lección: El papel me lo guardo. 1. Cago. 2. Le jalo. 3. Le jalo de nuevo y checo si quedo algo. 4. Meto la manota en el escusado y limpio mi culo con agua (ayuda si traigo jabón). Le jalo la última vez. Me pongo mi ropa, me lavo las manos (en el lavabo) y ya.

7-24

Pontificando con el Pulpo Lo que Necesita México es Regresar al Medio Evo

Cuando la Gran Tenochtitlan estaba en el Lago de Texcoco (y no el Museo de Antropologia), los caballeros Águilas, los Caballeros Serpientes, los Caballeros Jaguar y toda la bola de pendejos que les partían su madre si no se portaban bien no tenían inseguridad.

El agua sobraba en todos los hogares, y la comida también. Y el trabajo para todos era digno, apreciado y con lujo de buena salud, porque podían respirar el aire. Y luego llegaron los pinches españoles. Llenaron el lago de tierra, tumbaron los templos, le quitaron la comida, la tierra y el respeto al pueblo, y les dieron a cambio la ostia, la espada, y el paredón si no estaban de acuerdo.

Ay, pobre México.. ¿Cómo puedo regresarte al Medio Evo?

¿Cómo lo lograríamos, hermanos? ¿Hacer que México regrese al medioevo? Hacer que regresen los caballeros Águilas. Eso es fácil, por ahí hay un chingo de Halcones partiéndole su madre a todos. Y si no les gustan esos, pues hay Templarios de a madres.

Faltan las pirámides. Esas ya se las vendieron a los gringos para hacer show. Faltan plumas. Ya nos comimos todos los pájaros bonitos. Y claro, falta el lago de Texcoco. Creo que es por ahí que hay que empezar.

Necesitamos inundar completamente la Ciudad de México, Distrito Federal para que regrese el Lago de Texcoco. No es tan difícil, Miren lo que le paso a Valle de Bravo. Chinampas ayudarían mucho. ¿Ampas de china? ¿Es así como se hacen las chinampas?

¿Y toda la raza que vive ahí? ¿Pa donde mandaríamos esos canijos? Pues pal norte, pa donde todos quieren ir. ¿Qué chingados? ¿No podemos hacerlos llegar ahí? Los mandamos en un tianguis, desde Tepito hasta… Alaska. Eso es norte suficiente. Más norte que eso les va a dar frio. Sería un tianguis medieval, claro. Un circo bien grandote.

¿Y al que no le gustara que crucemos sus fronteras? ¿Como los del ICE?

Habría que hacerles una oferta que no pueden rechazar. Como las que hacen ahí en Nueva York los italianos. Y ahí en Boston los irlandeses. Toda esa raza es bastante medieval, da igual si su arma de preferencia es la sierra eléctrica y no el mangual.

¿Me pregunto si así se sienten los Palestinos?

7-24-14

Pontificando con el Pulpo Porque es Necesario Cargar Gasolina en las Combis

Acabo de llegar de hermoso Ocotitlan, Morelos. Andaban matando un pobre cristiano por ahí, pero yo fui a otros asuntos. En fin.

Una sola combi, en una carretera muy larga, y digamos, más larga de lo que tiene que ser si no existiera del todo, y paso una sola combi cada 30 minutos más o menos. Si conocen las carreteras escondidas de México, ya se abran dado cuenta que la ayuda y asistencia de buenos samaritanos es esencial para la supervivencia, física, mental y espiritual de cualquier güero como yo.

En camino de regreso a casa, platique con un pasajero y el conductor. El tema de la plática fue otra balacera, pero en algún momento, se cambió el tema a ese dé "a quien y a quien no hay de dejar entrar en una combi en una carretera olvidada de los dioses", y ahí, el tema de gente cargando combustible salió a la superficie.

Claro, el pasajero y yo estuvimos de acuerdo con el hecho de sentido común que si a alguien se le acaba el gas, o tiene un tanque sin gas en su vehículo, seria imperativo que lo pudieran recoger, y si es necesario, regresar al lugar de los hechos. El buen chofer nos informó que este procedimiento serial "ilegal". Que por ley, no puede llevar nisiquera alguien que cargue un "pescado".

Yo no se ustedes, pero un mundo en donde es ilegal que lo lleven a su auto par a ponerle gasolina, ha abandonado por completo el sentido común, la bondad básica que nos hace humanos, y la seguridad de que podremos, en algún momento, convivir como buenos hermanos todos. Ocotitlan no es Irak.

¿O sí?

Regresemos al tema original de la plática del chofer de la segunda balacera. ¿Bueno, carajo, cuantas platicas de balaceras hay diariamente en Ocotitlan? ¿Qué diablos les pasa a los Ocotitecos?

Y luego recuerdo que en verdad la enfermedad de la "inseguridad" es mundial. Las calles de Ocotitlan no son ni más ni menos seguras que las calles de Múnich, Alemania. Posiblemente, un poquiiiiiito mas seguras que las de Palestina en estos momentos, pero lo bueno, aunque sea, es que así si podemos decir con orgullo: "Todos somos Palestina."

O "todos somos Ucrania". O Nueva York.

¿Qué diablos nos ocurre, humanidad? ¿Dónde nos fuimos perdiendo del camino? Hoy, en los bosques de Ocotitlan, observe algunas arañas y orugas nuevas. Bichitos que jamás había visto antes. Aunque no necesariamente amistosos, no fueron, ciertamente agresivos. Anoche platique con un alacrán en el baño, y me dijo que estaba harto de los humanos. No lo culpo.

Las combis.. Deben recoger a la gente con su gasolina, y sus machetes. ¿Si no que carajaos? ¿Nos matamos todos entre todos de una buena vez? ¡Mejor a machetazos que con bombas y aviones!

7-24-14

Pontificando con el Pulpo los Dogones

Los **dogones** son un grupo étnico que vive en la región central de Malí, al sudoeste de la curva del río Níger, cerca de la ciudad de Bandiagara, en la región de Mopti. Su población está estimada entre 400 000 y 800 000 personas.[1] Los dogones son especialmente conocidos por sus tradiciones religiosas, sus bailes con máscaras, su escultura de madera y su arquitectura. El último siglo ha visto sucederse importantes cambios en su organización social, en su cultura material así como en sus creencias, en buena medida como consecuencia del atractivo turístico del país dogón.

Entre 1931 y 1956, el antropólogo francés Marcel Griaule (1898-1956) estudió a los dogones. Sus investigaciones incluyeron misiones de campo durante períodos de días hasta dos meses en 1931, 1935, 1937 y 1938.[16] A finales de 1946, Griaule pasó treinta y tres días consecutivos manteniendo conversaciones con el sabio dogón Ogotemeli, fuente de la mayor parte de las futuras publicaciones de Griaule.[17] Griaule escribió casi tres mil páginas acerca de las creencias de un hogón (chamán dogón) llamado Ogotemeli, con respecto a la clasificación de las plantas y la cosmogonía, entre otros temas. No nombró a Sirio en esos textos. Entre 1946 y 1956 Griaule viajó anualmente a la región de los dogones.[18]

En 1965, la antropóloga francesa Germaine Dieterlen (1903-1999) —que viajó varias veces con Griaule a Malí— publicó *Le renard pâle*, donde sostenía que el chamán Ogotemeli, en sus charlas con Griaule (ahora fallecido desde hacía nueve años):

- habría descrito a la Luna como «seca y estéril»;
- habría dicho que el planeta Júpiter tiene cuatro satélites (los únicos conocidos desde Galileo Galilei);[19]
  - en 1965 ya se conocían 9 satélites de Júpiter: Io, Europa, Ganímedes, Calisto (descubiertos por Galileo Galilei en 1610), Himalia (Perrine, 1904), Elara (Perrine, 1905), Pasífae (Melotte, 1908), Sinope (Nicholson, 1914), Lisitea, Carme (Nicholson, 1938) y Ananke (Nicholson, 1951);
  - hasta 2008 se conoce que Júpiter en realidad tiene por lo menos 63 satélites;

- Ogotemeli habría dicho conocer los anillos de Saturno (que en Occidente ya eran conocidos desde el siglo XVIII);[19]
    - sin embargo no conocía los anillos de Júpiter (porque fueron descubiertos en 1977), ni los de Urano (también descubiertos en 1977);[20]
- habría dicho que Sirio es un sistema triple (Sigui Tolo, o 'estrella del Sigui') formado por una estrella gemela (Po Tolo, «tan pesada que todos los hombres del planeta no podrían levantarla») y por una tercera estrella (Emme Ya) 4 veces más liviana que Po Tolo;
    - esa estrella compañera (Sirio B), y sus datos se conocían en Occidente desde 1862; su diámetro es similar al de la Tierra y su peso similar al de nuestro Sol;[21]
    - la idea de una tercera estrella fue una teoría de Ch. Volet (1932). En el año 1995 la NASA detectó anomalías en las órbitas de Sirio A y Sirio B de las que se dedujo la existencia de Sirio C.[22]
- habría hablado acerca de que los dioses nommo eran anfibios y llegaron desde el cielo en una nave voladora; predicaron ante la gente, que se reunía en grandes números alrededor del lago que se creó alrededor de la nave.[23] [24]

En ellas, estos informaron que los dogones creen que la estrella más brillante del firmamento, Sirio (Sigi Tolo o 'estrella del Sigui')[25] tiene dos estrellas compañeras, Pō Tolo (la estrella Digitaria) y Ęmmę Ya Tolo (la estrella femenina del Sorgo), respectivamente la primera y segunda compañera de Sirio A.[26] Sirio, en el sistema dogón, formó uno de los focos a partir de la órbita de una pequeña estrella, la estrella compañera Digitaria. Cuando Digitaria está más próxima a Sirio, esa estrella se ilumina. Cuando está más alejada de Sirio, produce el efecto de un pestañeo que hace que el observador vea varias estrellas. El ciclo orbital toma 50 años.[27] [24]

En 1976, el escritor Robert K. G. Temple publicó *The Sirius mystery*, donde popularizó la idea de que los dogón habían tenido contacto con extraterrestres; que el sistema dogón revelaba un conocimiento preciso de hechos cosmológicos solo conocidos a través del desarrollo de la astronomía moderna, ya que parecían conocer, según el relato de Griaule y Dieterlen, que Sirio forma parte de un sistema estelar binario, cuya segunda estrella, Sirio B, una enana blanca, había sido completamente invisible al ojo humano (del mismo modo que Digitaria es el grano más pequeño conocido para los dogones), y que toma 50 años para completar su órbita. La existencia de Sirio B solo había podido inferirse a través de cálculos matemáticos llevados a cabo por Friedrich Bessel en 1844. Temple argumentaba, a partir de lo anterior, que la información de los dogones, si se rastreaba hacia atrás en el tiempo hacia fuentes y mitos egipcios, podría indicar una transmisión extraterrestre de conocimiento de las estrellas.[28] [24] Ni Griaule ni Dieterlen habían llevado a cabo tales afirmaciones sobre una posible fuente esotérica del conocimiento dogón.

De modo más reciente, se han alzado dudas sobre la validez del trabajo de Griaule y Dieterlein.[29] [30] En un artículo publicado en 1991 en *Current Anthropology*, el antropólogo Walter van Beek publicó sus conclusiones tras su investigación sobre los dogones:

Aunque hablan acerca de Sigu Tolo [que es lo como Griaule afirmó que los dogones llamaban a Sirio] no están en absoluto de acuerdo entre ellos en el significado de la estrella. Para algunos es una estrella invisible que debería alzarse para anunciar el festival sigu, para otros es Venus, en otra posición, apareciendo como Sigu Tolo. Todos están de acuerdo, no obstante, que aprendieron acerca de esa estrella gracias a Griaule.[31]

En 1991, el antropólogo danés W. E. A. van Beek —que vivió once años entre los dogón, entre 1979 y 1990— publicó *Dogon restudied* donde criticó los métodos de investigación de Griaule y Dieterlen, y sugirió que ellos habían confiado en un solo informante (Ogotemeli), quien podría haber sido influenciado por un misionero jesuita que había vivido en la región antes de las repetidas visitas de Griaule y Dieterlen.[31]

El astrónomo estadounidense Carl Sagan escribió un libro llamado *Los dogones*, La conclusión inmediata es que el pueblo dogón ha mantenido contactos con una civilización cuyo avance tecnológico solo llegó hasta 1932.

Pontificando con el Pulpo Fracking

La fractura hidráulica, más conocida por su término anglosajón **fracking**, es una técnica de extracción de gas y petróleo de yacimientos no convencionales, generalmente de formaciones de esquistos (shale), arenas compactas (tight sands) y mantos de carbón (coalbed methane). Estas formaciones geológicas se ubican a varios miles de metros de profundidad y **para acceder a ellas se debe perforar hasta la formación** que alberga los hidrocarburos, empleando una técnica de perforación mixta. En primer lugar, se perfora verticalmente y posteriormente se continúa de forma horizontal, a lo largo de varios kilómetros.

El fracking conlleva una serie de impactos socioambientales a corto y largo plazo:

El agua inyectada para la fractura puede alojarse en fallas geológicas, produciendo la lubricación de las placas e incrementando la actividad sísmica. De hecho, en Lancashire (Inglaterra) y en Ohio (Estados Unidos) se han paralizado las prospecciones y explotaciones al notarse un aumento de los terremotos en la zona en la que se fractura. Del mismo modo, en Holanda, la opinión pública está en contra de los pozos que se están fracturando cerca de la ciudad de Groningen, al noreste del país, ya que se están registrando varios temblores que oscilan entre 2 y 3,4 grados de magnitud en la escala de Richter.

90% del gas natural se compone de metano, un gas con un potencial de efecto invernadero 21 veces superior al del dióxido de carbono. Los últimos estudios realizados apuntan a que la apuesta por la explotación de los hidrocarburos no convencionales agravaría el problema del cambio climático ya que libera una mayor cantidad de metano a la atmósfera.

El fracking implica un aumento de la ocupación del territorio, respecto de la explotación convencional, en detrimento de otros usos de la tierra. Cada locación para la perforación de pozos abarca entre 1,5 y 2 hectáreas, pero además, supone la apertura de nuevas carreteras y la construcción de infraestructura (tanques de almacenamiento, plantas deshidratadoras, gasoductos, etc).

El caso paradigmático de contaminación del aire en zonas cercanas a pozos de fracking es el de la ciudad de Dish, en Texas, en la que, tras un estudio se descubrió una cantidad de benceno (agente cancerígeno) muy superior a lo permitido. La contaminación del aire puede deberse bien a la evaporación proveniente de las piletas donde se almacenan las aguas residuales o por fugas en los pozos de gas y tuberías, que contribuyen a aumentar las emisiones de gases de efecto invernadero.

En 2011 un informe de la Casa de los Representantes de Estados Unidos dictaminó que de los 2500 productos empleados en la fractura hidráulica, más de 650 contienen químicos potencialmente cancerígenos. Esto pone en riesgo las aguas subterráneas y superficiales ya que la 'sopa química' que se inyecta durante la fractura puede filtrarse por problemas de cementación de las cañerías o migrar más allá de la formación geológica que se pretende intervenir, también derramarse durante su manipulación en superficie o tratamiento y disposición inadecuada de las aguas residuales.

7-26-14

Pontificando con el Pulpo Extinción Versus Genocidio Humano

Hay dos maneras de devastar un grupo o etnia humanos: el primero es por genocidio, como los nativos del continente fueron exterminados después de la llegada de Cristóbal Colon por los europeos en una variedad de maneras, incluyendo, enfermedades, guerra y esclavitud. El segundo es un proceso natural de mescolanza cultural y racial que "borra" los rasgos originales del grupo, como por ejemplo los Huicholes que dejan que sus hijos se conviertan al catolicismo, o los pelirrojos del mundo que representan solo el 1% de la raza humana, pero que por causa de mezclarse con los no pelirrojos, y tener hijos no-pelirrojos desaparecerán aproximadamente en 200 años.

Un asunto se llama genocidio, pues es un evento formado, planeado y ejecutado por un grupo de humanos tratando de deshacerse de otro grupo de humanos. De esto ya hemos visto mucho, y no hay mucho que podamos hacer al respecto más que enseñar la tolerancia y amor por todos los seres humanos de cualquier color y etnia a nuestros hijos.

La extinción "natural", es un poco más compleja, y infinitamente más difícil de detener. Veamos algunos casos históricos de extinción natural humana para ver que se puede hacer para prevenirla y como se puede tratar de proteger a los grupos en mayor peligro. Remontemos nuestra mirada a un pasado muy, pero muy remoto cuando Homo Sapiens cohabitaba con Homo Neandertales un mundo frio y peligroso.

Bastante más grandes y físicamente poderosos que nosotros, con una capacidad craneal mucho más desarrollada, los Neandertales no eran "brutos inconscientes" como muchos científicos antiguos les denominaban, pero seres humanos bastante distintos, pero con una inteligencia (y por consecuencia consciencia) posiblemente mayor que la nuestra. Estudios recientes de ADN Neandertal han demostrado que los Neandertales y los Homo Sapiens tuvieron relaciones sexuales y progenie. El resultado de esta progenie vive hoy en Europa, pero ya no pueden ser llamados "neandertales".

Es muy probable que además del sexo, neandertales y homo sapiens pelearon guerrillas por escasos recursos naturales, como el mamut. Pero es muy improbable que homo sapiens extermino completamente a homo neandertal. Mucho más probable es la teoría de que se trató de alguna enfermedad a la cual homo sapiens era inmune. Este exterminio se repitió hasta cierto punto cuando llegaron los españoles a México con enfermedades nuevas para las cuales los nativos no tenían ninguna inmunidad.

Claro, ahí el exterminio fue más complejo, pues los españoles efectivamente borraron la cultura y impusieron la suya propia. Pero el resultado fue muy similar, de una populación en los cientos de millones, los nativos fueron exterminados a unos cuantos cientos de miles en cuestión de un par de décadas.

Ahí también hay que distinguir entre un exterminio étnico y uno racial. La etnia representa las costumbres, lenguaje, religión, etc. de un pueblo. Eso se puede salvaguardar. La "rasa" representa la particular secuencia de ADN que le da características a un grupo, como por ejemplo, los pelirrojos, o la gente de ojos verdes. Si uno elimina esa "secuencia de ADN" la "rasa" se pierde para siempre y no puede ser recreada (fuera de algún futurístico laboratorio de Nazis en la luna). Es decir, del genocidio nos podemos recuperar, pero de la extinción, jamás.

¿Qué podemos hacer? Diariamente, etnias (y rasas) en peligro de extinción están siendo sometidas por las culturas más fuertes y grandes a fuerzas de extermino y en algunos casos extinción. Los Rappa Nui en Chile, los Sioux en las Dakotas, los Huicholes en las cierras. Todos ellos están en grave peligro de exterminio cultural, pues muchos de sus hijos deciden salirse del viejo camino, comprar sus SUVs y convertirse en Testigos de Jehovah. O peor aun... Militantes del PRD y el PRI.

Su extinción cultural (y posiblemente racial) no es un acto de maldad. Los testigos de Jehovah quieren más que nada ayudar a "los pobres" indígenas. Pero en hacerlo, como lo hicieron los curitas católicos anteriormente, les roban de su verdadera identidad y propósito, permitiendo que desaparezcan sus costumbres y inclusive, idiomas natales.

Pues lo único que podemos hacer es educarnos a celebrar nuestras diferencias como humanos, amar a todos los humanos con tolerancia, sin tratar de cambiarlos para que sean más como nosotros, y en especial, amar nuestra propia raza y cultura. Eso y luego, claro, casarnos todos con nuestros primos, pues así podremos garantizar que tengan el pelo rojo nuestros hijos. (o verde o azul o lo que sea, y hasta colita les podría salir)

Pontificando con el Pulpo Cuanto Cuesta un Alma

Hace rato, estaba platicando con un militar amigo mío sobre quiénes son los mejores guerreros. Él pensaba que los fanáticos religiosos son los mejores pues es que no le temen a la muerte. Yo le dije que los mejores soldados son los mercenarios, pues ellos no se detienen por razones morales o éticas en sus actos de guerra, y están dispuestos a torturar, exterminar, y hacer las peores cosas posibles a otros seres humanos en la búsqueda de ganancias económicas.

Eso me llevo a pensar cuanto costaba matar un ser humano. Específicamente, la gente encargada de asesinar otra gente en México legalmente son los soldados y los policías. Estos trabajadores tienen otras tareas mucho menos letales entre sus obligaciones, pero en efecto, policías y soldados son las personas encargadas del asesinato legal de enemigos de la patria y la paz. (cosa extraña cuando uno considera que matar gente no es muy pacifico tampoco). Pero en fin, según Sebastián Barragán del diario UN1ÓN El sueldo máximo de un militar es de 124 mil pesos y el mínimo de 8 mil 820, según el escalafón dentro de la <u>Secretaría de la Defensa Nacional</u> (**Sedena**). El departamento de Transparencia del Ejército establece 14 grados militares, desde soldado hasta general de brigada, los cuales tienen diversos beneficios y prestaciones sociales. Por ejemplo: Sólo los primero cuatro rangos reciben dinero por concepto de "Asignación Técnica Especial". Sólo los últimos cuatro reciben dinero por "Ayuda SVS" y "Asignación adicional al sueldo", peor no tienen fondo de ahorro ni Fondo de Garantía. Los últimos seis rangos tienen percepciones por "Comps SVS". Adicionalmente, su sueldo se multiplica dependiendo el tiempo de servicio: 10 años, 10 por ciento extra; 15 años, 15 por ciento extra y así sucesivamente hasta los 50 años.

Es posible que un soldado mexicano nunca tenga que matar a nadie. En tiempos de paz, el ejército no anda por ahí disparándoles a cristianos por el gusto de hacerlo. Lo mismo es verdad de las fuerzas policiacas, pues no buscan, por lo general, asesinar personas para ganar dinero, aunque tal vez se haga necesario.

Los soldados gringos en cambio, que tienen que pelear muchas más guerras que los mexicanos, tienen mejores beneficios y prestaciones, como educación universitaria, medicina gratis para toda la familia y vacaciones pagada. Reciben un promedio de 60 mil dólares al año, ósea unos 14,000 pesos al mes. Pero eso no es nada significativo si uno considera que hay de andar matando árabes, vietnamitas, coreanos, alemanes y quien sabe que más por todo el mundo.

Y eso no responde la pregunta: cuánto cuesta un alma. Hay que entrar al mundo del hampa si queremos saber eso. En internet, el costo promedio de un sicario para matar una persona de clase media es de cinco mil dólares en casi cualquier parte del mundo, pagado en "bitcoins", o monedas virtuales. Pero algunos asesinos se anuncian por hasta cinco mil pesos y yo personalmente conozco algunos malhechores del barrio que matarían hasta su propia madre por mil pesos y una caguama. Claro, ahí, hay que buscar el profesionalismo del asesino, pues no cualquier borracho de cantina puede matar a un militar o un policía de alto rango fácilmente. El riesgo del asesinato en estos casos establece el costo. Si tan solo fuera así para nuestros, y ese precio, generalmente es de entre 5 y 15 mil dólares. Si nuestros soldados recibieran ese dinero como recompensa por sus muertitos, ya serian ricos todos. La guerra verdaderamente es un infierno barato.

¿Quién dijo que el crimen no paga?

El costo de cuerpos humanos para trata de blancas depende de la calidad del cuerpo y el lugar donde un lo compra. Comprar un niño para uso de órganos en un país primermundista no es muy fácil y no es nada barato. Precios desde $30,000 dólares hasta $100,000 dólares son comunes. En Rio de Janeiro, uno puede comprar un niño para sacarle los órganos por $1000 dólares. Qué barbaridad. Cuestan más los niños gringos que los brasileños.

Y claro, como todo mercado negro se rige por el hampa, no es extraño encontrar que alguien haga trampa en estos negocios sangrientos y sucios. Pero eso sí, que a nadie le quepa duda alguna: matar gente para el gobierno no es ni remotamente tan beneficioso económicamente como matar gente para el hampa.

Y esto me lleva a la verdadera respuesta a mi pregunta original: ¿cuánto cuesta un alma?

La única respuesta lógica y correcta a esa pregunta es: un alma no tiene precio.

7-30-14

Pontificando con el Pulpo el Libro Tibetano de los Muertos

El **Bardo Thodol** (tibetano: བར་དོ་ཐོས་གྲོལ), en español: **La liberación por audición durante el estado intermedio**), más conocido en occidente como **El libro tibetano de los muertos**, es una guía de instrucciones para los los moribundos y los muertos que, según la creencia del budismo tántrico del Tíbet, permite alcanzar la iluminación durante el periodo inmediato posterior a la muerte y por algunos días más, a fin de evitar renacer e ingresar nuevamente al Samsara, que significa algo similar a "océano de sufrimiento por los deseos", pues se considera que la muerte dura 49 días y después de ello sobreviene un renacimiento en el ciclo de la reencarnación.

Así, el texto da algunas recomendaciones a tener en cuenta durante ese período intermedio conocido bajo el nombre tibetano de Bardo.

La tradición del budismo tibetano considera este texto como uno de los "tesoros" (*Gter ma*) de tierra, cuya autoría se atribuye a Padmasambhava en el siglo VIII, pero descubierto en una gruta por Karma Lingpa en el siglo XIV. En occidente, fue dado a conocer, por primera vez, a través de la traducción al inglés realizada por Walter Evans-Wentz en 1927.

Hay muchísimo que decir sobre este libro, pero no creo que sea posible en un solo artículo, y verdaderamente, es preferible que mis estimados lectores corran a su tienda de libros y consigan su propia copia, pues son muchos los conceptos y enigmas para resolver en este pequeño espacio.

De las revelaciones más importantes de este libro puede ser que la más aterradora sea que nuestra vida es solo otro "bardo", otra transición a la muerte, en un ciclo sin fin y lleno de sufrimiento por causa del deseo. Lo hermoso de ser tan espantados por tales cuentos es que ahora uno puede prepararse un poco mejor para lo inevitable, que es dejar el cuerpo al momento de la muerte, cosa que casi nadie quiere aceptar como un momento definitivo de sus vidas.

Supuestamente, después de morir, además de cosas como un gran túnel oscuro y una poderosa luz blanca, nos encontraremos primero con deidades benévolas, como serian en caso de nuestra cultura, Jesús, la Virgen María, San Pedro y Santa Claus. Estas deidades nos trataran de convencer de quedarnos con ellas, pero luego, si no podemos liberarnos, estas mismas deidades re-aparecerán como lo opuesto de si mismas, deidades terroríficas, como Satanás, Lucifer, y Belcebú... De estas deidades trataremos de escapar, con la posibilidad de perdernos en infinitos mundos infernales.

Dependiendo de cómo resolvemos estos problemas podemos tener mejores o peores nacimientos. Pero no termina ahí el asunto, pues si uno reconoce que estas deidades son alucines creados por nuestra propia alma, perdida en la ilusión de la creación, es posible encontrar iluminación y liberación. Finalmente se presentan dos posibilidades, liberación verdadera del o renacimiento. Renacimiento lleva a uno a un lugar donde muchas parejas están copulando, y ahí, uno escoge la pareja que se convertirán en sus nuevos parientes.

Como llegaron a estas conclusiones los tibetanos es un gran misterio, pero no importa pues en muchas ocasiones, personas que han "muerto" y regresado a la vida reportan exactamente el contenido del Libro Tibetano de los Muertos.

Aquí vale decir también que en el Tíbet, cuando alguien muere, llegan los monjes budistas a leerle al difunto el libro con la esperanza de ayudarle a transitar el difícil espacio del Bardo para liberar su alma. Por eso, considero una excelente idea tener una copia del libro en castellano por si alguien muere. No puede hacer ningún daño leerles el librito este si ya están muertos. ¿No creen?

7-30-14

Pontificando con el Pulpo el Libelo de Sangre

Los **libelos de sangre** o **calumnias de la sangre** fueron acusaciones falsas en las que se afirmaba que los judíos realizaban crímenes empleando sangre humana durante sus rituales religiosos. Esta práctica calumniosa, con alguna excepción aislada de los primeros siglos de nuestra era, tiene su origen en la Europa bajomedieval. Por regla general, los libelos de sangre culpabilizaban a los judíos de cometer una recreación de la muerte de Cristo sacrificando a niños cristianos durante la Pascua judía. Históricamente, estas acusaciones alegaban que la sangre de niños cristianos era especialmente apreciada. En muchos casos, los libelos de sangre antisemitas sirvieron de fundamento para que a la víctima se le atribuyera la cualidad de mártir y, en algunos casos, fuera canonizada.

En general la descripción del proceso es similar a la siguiente: un niño, normalmente un muchacho que todavía no ha alcanzado la pubertad, es secuestrado o a veces comprado y ocultado en la casa de un miembro prominente de la comunidad judía, una sinagoga, un sótano, etc. donde se le pueda mantener escondido hasta el momento de su sacrificio. Las preparaciones incluyen normalmente una reunión de miembros de la comunidad judía y la construcción o selección de los instrumentos de tortura y ejecución.

En el momento del sacrificio, habitualmente de noche, la multitud se reúne en el lugar de la ejecución (en algunos relatos la sinagoga misma) y se realiza una farsa en la que se enjuicia al niño. El niño será presentado ante el tribunal, en ocasiones desnudo y atado. Durante este "juicio", además de insultos y burlas, se le someterá a torturas entre las que se cuentan cortes, mutilaciones (incluyendo la circuncisión), pinchazos con agujas, golpes, estrangulación y latigazos. Finalmente es condenado a muerte.

Al final, la víctima medio muerta será coronada con espinos y atada o clavada a una cruz de madera. La cruz será elevada para que la sangre que cae de las heridas, particularmente las de las manos, pies y genitales, sea recogida en contenedores adecuados.

Finalmente, el niño será asesinado con un golpe de lanza, espada o puñal en el corazón. Su cuerpo sin vida será bajado de la cruz y enterrado en un sitio oculto. En algunos casos se relata que el cuerpo es usado para rituales de magia negra.

Esta historia, con sus variantes, se puede encontrar en todas las historias de asesinatos rituales realizados por judíos. Las historias más antiguas describen solamente la tortura y la agonía de la víctima y sugieren que la muerte del niño era el único fin del ritual. Con el tiempo y la proliferación del libelo, el foco se desplazó a la supuesta necesidad de recoger la sangre de las víctimas para propósitos místicos.

Las historias sobre libelos de sangre han aparecido en algunos medios de comunicación de países árabes y musulmanes. Libros promoviendo el mito del libelo de sangre judío no son raros.

A principios de enero de 2005, unos 20 miembros de la Duma rusa hicieron público un libelo de sangre contra los judíos. Se dirigieron a la oficina del fiscal general y exigieron que Rusia «prohibiera todas las organizaciones judías». Acusaron a los grupos judíos de ser extremistas, «anticristianos e inhumanos cuyas prácticas se extendían incluso a los asesinatos rituales». Aludiendo a decisiones judiciales antisemitas anteriores que acusaban a los judíos de asesinatos rituales, escribieron que «muchos hechos realizados por extremistas religiosos han sido probados por los tribunales». Las acusaciones incluían los típicos tópicos antisemitas, como «todo el mundo democrático está actualmente bajo el poder financiero y político de la internacional judía. Y no queremos que Rusia esté entre esos países no libres».

Esta petición fue publicada en forma de una carta abierta al fiscal general en el periódico *Rus Pravoslávnaya* ('Rusia ortodoxa'). El grupo estaba compuesto del ultranacionalista Partido Liberal Democrático de Rusia, el Partido Comunista de la Federación Rusa y el nacionalista Ródina (Unión Patriótica Nacional de la Madre Patria), con unos 500 partidarios. Los partidarios incluían editores y periodistas de periódicos nacionalistas. A finales del mes el grupo recibió fuertes críticas y se retractó en su demanda.

La actitud de la iglesia católica hacia estas acusaciones y el culto de niños supuestamente asesinados por judíos han sido varias. En algunas épocas se ha opuesto a ellas, pero en general ha hecho poco por parar el culto y en algunos casos los ha aprobado de manera explícita. El papa Benedicto XIV permitió que se continuara con el de forma local. Por otra parte el papa Gregorio X hizo pública una carta rechazando las acusaciones del libelo de sangre.

Me pregunto si algo similar ocurrió en México con los mayas y aztecas, y en Europa con los druidas celtas, godos y galos. Se dice que el sacrificio humano fue muy importante para todos ellos, pero ¿Qué tal si es una gran mentira? ¿Qué tal si todo eso de sacrificios humanos es una gran mentira perpetrada por la Iglesia Católica hace siglos para justificar el asesinato de millones de paganos? La iglesia tuvo los medios y el motivo para perpetrar tal mentira, y nunca ser descubiertos. Pero por supuesto, un complot de tal magnitud seria locura, ¿no creen?

Pontificando con el Pulpo Como Armar un Buen Día del Juicio y Terminar con la Historia del Hombre

Aunque usted no lo crea, estimado lector, la biblia tiene un excelente guion para terminar con la historia de la humanidad y llevarnos todos a un mundo radicalmente distinto. Este guion se llama el "libro del apocalipsis".

Para terminar con la historia de la humanidad, primero hay que estudiarla, y saber de qué se trata. La historia de la humanidad es la historia de la guerra, y las guerras entre naciones, tribus, razas, religiones y etnias por supremacía sobre el territorio terrestre. Si estas guerras dejaran de ocurrir, la "historia" terminaría en un final feliz donde toda la raza humana se comportaría como hermanos bajo el mismo techo azul.

El hecho es que el fin a la historia está previsto en el Corán, la Biblia y todos los libros sagrados del hombre. Este evento tiene muchos nombres, pero el más conocido por todos es el "Juicio Final", donde el Creador del hombre juzga a los vivos y los muertos por sus pecados y luego reina sobre ellos como un padre sobre sus hijos, llevándoles a todos a un paraíso de abundancia, justicia y paz.

Que buena mota.

En fin, el asunto aquí es el libro de apocalipsis, y ahí encontramos varias condiciones para este "juicio final" como lo es por ejemplo, las siete plagas de las siete copas de la furia de Dios. Primera trompeta, granizo y fuego del cielo. Bueno, diablos, eso es lo que paso en Irak. Segunda trompeta un monte ardiente cae en el mar y mata todo. Cielos, eso ya paso en el Golfo de México. Tercera trompeta… Ajenjo y las aguas amargas.. No, pos eso ya, ya no se puede beber de ningún rio ni lago. La cuarta trompeta. Se oscurece el cielo y no se pueden ver ni el sol ni la luna ni las estrellas. ¿Acaso se pueden ver en el Distrito Federal? Quinta trompeta.. Langostas gigantescas con caras de hombres que lastiman a todos y salen del infierno. Bueno, si esos no son los malditos helicópteros gringos, no sé qué pueda ser. Eso significa que Obama es Apolion, el Rey del Abismo. Pero yo más bien creo que es Mickey Mouse.

Ojo.. Quedan dos trompetas. Y la sexta es muy indicativa de lo que podría estar por suceder aquí en el planeta Tierra: los cuatro "ángeles" del Rio Éufrates son soltados de sus cadenas con el propósito de matar una ¡TERCERA PARTE DE TODOS LOS SERES HUMANOS! A caray. ¿Y quién va matando a todos? Pues jinetes que montan caballos de fuego y traen armaduras raras. Ósea.. ¿Tanques de guerra? ¿Hells Angels? ¿Un ejército nuevo vestido así pa dar miedo?

La ultima trompeta anuncia el juicio de toda la humanidad por parte de Jesucristo, que regresa a la tierra y es "visto por todas las multitudes, amen". Con televisiones, iPads, iPods, computadores y internet, esta parte de la profecía es la más fácil d todas, un gigantesco ser mediático que de momento, controla todas las señales de la tierra para emitir su gran "juicio" de los vivos y los muertos. ¿Sera Jesucristo Emilio Ezcarraga? Eso sí es de miedo.

Claro, no hay que olvidar que para que se cumpla todo esto, primero hay que cumplir la parte más importante, que es la sexta trompeta: hay que matar uno de tres seres humanos en el planeta. Mire a su alrededor. ¿Cuánta gente hay en el cuarto con usted? Digamos que son, mama, papa y el hijo. Solo dos de ustedes sobrevivirían. ¿A quién dejarían morir?

La verdad es que la tecnología necesaria para cumplir TODAS las profecías del apocalipsis bíblico ya ha llegado a nuestro mundo, y pues no sería nada raro si "alguien" pudiera aprovechar la biblia para tratar de convertirse en "Rey de Reyes".

Es un concepto aterrador. Es que eso quiere decir que un verdadero ser humano puede tratar de convertirse (o tiene la tecnología para convertirse) en un "anti-cristo" de carne y hueso. Cumpliendo todas las profecías, este personaje no tiene ningún obstáculo para engañar al mundo entero y traer paz al planeta tierra.

Un fin a la guerra.

Un fin a la historia.

Me pregunto si este "anti-cristo" ya existe, y si lo veremos pronto en nuestros televisores, anunciando el fin del viejo mundo y el comienzo del nuevo mundo. ¿Y si es verdad? ¿Pelearíamos contra alguien que nos ofrece un fin a la guerra? ¿Alguien que nos ofrece paz para todos los tiempos? Ahora, imaginemos que este personaje tiene un gigantesco ejercito de bikers que se visten como estrellas de rock and roll y andan matando todos los que no quieren ser "juzgados" por Jesús? ¿Sera Justin Bieber el anticristo? ¿Pelearían las masas contra Justin Bieber?

Creo que no. Especialmente si para entonces, ya han matado una tercera parte de todos nosotros. Qué horror. Qué maravilla. Que tiempos estos en los que nos tocó vivir.

8-8-14

Pontificando con El Pulpo Por Amor los Ángeles se Convirtieron en Demonios

Uno de los grandes misterios de la biblia es para mí porque fueron castigados los ángeles que decidieron tomar esposas humanas y tener hijos con ellas. No sería la primera vez que el Dios de los Judíos se mete en los asuntos románticos de sus criaturas. Pero posiblemente, es el momento donde Dios muestra más repudio por un acto de amor entre seres consientes.

El evento sucede justo antes del gran diluvio y es una condenación de los "gigantes" que nacieron entre las mujeres y los "hijos de Dios". A causa de esto, Dios se arrepiente de haber hecho el mundo entero y decide matar a todos los seres que ha creado, excepto, a Noé y su familia, que se escapan construyendo un arca.

Tengo varias dudas sobre este extraño relato: primero, quienes exactamente fueron los ¿"hijos de Dios"? Supongo que hablan ahí sobre ángeles creados antes de la creación del hombre, pero no lo sé con certeza, pues en algunos lugares, estos seres son dichos como los Nephilim, lo cual nos remota a las religiones babilónicas donde los "creadores" del hombre son varios, y todos ellos pelean en guerras fratricidas por desacuerdos sobre justamente si deben o no deben procrearse con los humanos.

Debemos aceptar que Dios creo al hombre a "su propia imagen y semejanza", y pues, sus "hijos" deben ser si no humanoides, ciertamente capaces de tener la forma humana, aunque de origen extraterrestre, pues no vienen de este mundo.

Si este es el caso… ¿Por qué Dios decreta que no pueden tener hijos con los humanos? ¿Acaso somos tan inferiores a "los hijos de Dios" que no debemos pensarnos capaces de amar la propia especie de Dios y vice-versa? Y claro, aquellos seres que procrearon con "las hijas del hombre", como las llaman en el Génesis bíblico, son condenados por el creador a exterminio u exilio del paraíso.

Para entender mejor el asunto, hay que leer un poco de religiones comparativas, lo que mal llamamos "mitologías" de otros lugares y gentes, especialmente los más cercanos a los Judíos que escribieron la biblia como la conocemos. El hecho que algunos Dioses tuvieron hijos con humanos no es extraño, pues Zeus, el mayor de los Dioses Greco-Romanos fue notorio por sus romances con mujeres humanas a las cuales les procreo todo tipo de hijos maravillosos, como Hércules y Perseo. Aquí la única opuesta a estas uniones fue Hera, la esposa amada de Zeus a quien las picardías de su notorio esposo con las humanas le cayeron de los mil demonios, y claro, quien castigo a todas sus rivales humanas de las maneras más crueles.

Pero una cosa es la rivalidad de una diosa con humanas. Otra cosa muy rara es el castigo divino del diluvio por crímenes de amor entre ángeles y humanos. En un relato, son los celos que motivan el desastre, en el otro… es una expresión extrañísima de virtud en no aceptar uniones entre seres distintos, pero supuestamente, iguales.

¿Qué pretendía Dios? ¿Por qué tanto odio por el amor? ¿Si realmente Dios es un Dios de amor, como puede detener a sus criaturas de amarse entre sí?

Hay otros detallitos… Las plagas en Egipto, el sacrificio de Jesús, la circuncisión… Detallitos que nos hacen creer que el Dios de los Judíos es cruel. En varias ocasiones le he preguntado a mis amigos eruditos de la biblia ¿Qué pretendía Dios? Sus respuestas son invariables: no podemos entender la mente de Dios, y no nos incumbe juzgarle.

Pero esto es lo que me fastidia de esta filosofía: si Dios no es justo, y actúa de una manera cruel con sus seres creados, ¿debemos seguir su ejemplo? El concepto del pecado presume una autoridad moral sobre los actos de los hombres pues Dios así lo desea. Pero si ese Dios no actúa moralmente con sus criaturas, ¿Por qué hemos de obedecerle?

Los "pecados" más pertinentes en este caso son los pecados del amor. La lista de los "Liebesverboten" (amor prohibido) o amor tabú es grande en el Corán, la Biblia y otros libros sagrados, y claro, los sacerdotes que practican estas religiones y condenan estos "pecados" de amor, todos son célibes. ¿Cómo es que el celibato esta proscrito para llegar a la iluminación de Dios? ¿Y cómo puede un hombre célibe entender el amor entre los hombres y mujeres que no lo son?

Como brujo del pueblo, tengo la obligación de ayudar a las parejas a ser honestas consigo mismas. Es inmundo el número de parejas que se engañan por alguna aventurita romántica con otras personas, temiendo decirle la verdad al compañero pues no quieren que conozcan sus "pecados". Invariablemente, mi consejo para estos mentirosos es el mismo: invita a tu "otra" persona a un pequeño "menage a trois", una orgia privada es mucho mejor que mentiras, engaños y decepciones entre parejas que profesan el amor entre ellos.

Y pues, la hipocresía de todo esto es repugnante. Una sociedad entera creada religiosamente para "no pecar" que termina mintiendo, engañando, falsificando y desamándose para "proteger su virtud". ¿Acaso no estaba casada María cuando Dios descendió a darle un hijo? ¿De quién es hijo Jesús?

8-8-14

Pontificando con el Pulpo la Revolución de la Cuchara

Soy más carnívoro que un Tiranosaurio Rex, pero muchos de mi familia y amigos son vegetarianos, y participan en un grupo llamado "La Revolución de la Cuchara", que comenzó hace ya rato en el corazón de Swami Bhakti Aloka Paramadveiti, el gurú particular de mi propia madre, mi hermana y mis sobrinos. El siguiente pontificado es en honor a ellos todos.

La Revolución de la Cuchara: Somos un grupo de personas voluntarias que trabajan para desarrollar alternativas de formación y difusión de información en conciencia ambiental, educación ante el consumo y promoción de hábitos de vida saludable. Trabajamos en defensa de las personas, los animales y el medio ambiente. Confiamos en la fuerza del trabajo voluntario y en el entusiasmo natural que se experimenta cuando se ayuda a los demás. Sabemos que han puesto la carne en tu plato... es hora de sacarla.

Después de que por décadas se ha intentado hacer la revolución por las armas, y después de que algunos han intentado hacer lo suyo con la pluma, o la política, hemos venido aquí a promover una nueva "arma" para que las cosas mejoren un poco.
Esperamos que los inconformes con lo que esta pasando encuentren esta herramienta útil para sus nobles fines. Conozca por qué sacar la carne del plato puede ser más efectivo que hacer marchas política o caridad.

Algunas ventajas: Esta revolución es diaria, persistente, y efectiva. Da resultados inmediatos. Además no se necesitan armas, no se derrama sangre (todo lo contrario), no se corren riesgos y en ella pueden participar en igual medida desde el cuentero hasta el policía.

Algunas personas que se oponen a los grupos armados de países latinoamericanos están patrocinando sin saberlo dichos grupos. Ya que ellos se financian de cosas abominables como el secuestro, la extorsión, el boleteo, el narcotráfico y la ga-na-de-ría. Por esta razón las marchas, las cartas y el lobby deberían ir acompañadas de un cambio en la dieta por un menú menos conveniente para estos grupos (y en general para gran parte de la clase dominante en los países de Latinoamérica), y que contribuya, a su vez, a disminuir el hambre en los países pobres.

"Al estudiar las cualidades y la disposición de los tan llamados animales inferiores, y contrastándolos con las del hombre, encuentro el resultado humillante para mí." (Mark Twain)

La vida es vida -- sea un gato, un perro o un humano. No hay diferencia entre un gato y un humano. La idea de la diferencia es una idea humana para provecho del hombre.

- Sri Aurobindo (poeta y filósofo)

Por fidelidad, devoción, amor, muchos animales de dos patas (el hombre) están por debajo del perro y el caballo. Felices estarían miles de personas si pudieran pararse al final frente al estrado en el Juicio y decir "He amado tan sinceramente y vivido tan decentemente como mi perro". ¡Y aún así les llamamos "sólo animales"!

- Henry Ward Beecher (abolicionista)

¿Qué es eso que debe dibujar la línea insuperable? ...La pregunta no es, ¿Pueden razonar? ni ¿Pueden hablar?, sino, ¿Pueden sufrir?

- Jeremy Bentham (filósofo)

Hasta que tengamos el valor de reconocer la crueldad por lo que es -- sea la víctima animal o humana -- no podemos esperar que las cosas estén mejor en este mundo. No podemos tener paz entre hombres cuyos corazones disfrutan matando cualquier cosa viva. Retrasamos el progreso de la humanidad con cada acto que glorifica o al menos tolera tan estúpido disfrute al matar.

- Rachel Carson (biólogo marino)

He, desde temprana edad, aborrecido el uso de la carne, y llegará el día en que los hombres verán el asesinato de animales como ahora ven el asesinato de hombres.

- Leonardo Da Vinci (artista y científico)

La no violencia conduce a la ética más alta, lo cual es la meta de toda evolución. Hasta que dejemos de lastimar otros seres vivos, seguiremos siendo salvajes.

- Thomas Edison (inventor)

Nada beneficiará la salud humana ni incrementará nuestra oportunidad de sobrevivir a la vida en la tierra más que la evolución hacia una dieta vegetariana.

- Albert Einstein (físico, Nobel 1921)

La grandeza de una nación y su progreso moral pueden ser juzgados por el modo en el que se trata a sus animales.

- Mahatma Gandhi (hombre de estado y filósofo)

Primero fue necesario civilizar al hombre en su relación con el hombre. Ahora es necesario civilizar al hombre en su relación con la naturaleza y los animales.

- Víctor Hugo (poeta, novelista y escritor de teatro)

Durante mi educación médica en la universidad de Basel encontré la disección horrible, bárbara, y sobre todo, innecesaria.

- Carl G. Jung (psicólogo)

Ahora te puedo ver en paz; ya no te como.

- Franz Kafka (novelista)

Si la libertad significa algo, es el derecho de decirle a la gente lo que no quiere oír.

- George Orwell (autor)

Mientras los hombres masacren a los animales, se matarán entre ellos. Ciertamente, aquel que siembre las semillas del dolor y el asesinato no puede cosechar gozo y amor.

- Pitágoras (filósofo y matemático)

La compasión por los animales está íntimamente conectada con la bondad de carácter, y se puede afirmar con seguridad que aquel que es cruel con los animales no puede ser un buen hombre.

- Arthur Schopenhauer (filósofo)

No habrá justicia mientras el hombre se pare con una navaja o con una pistola y destruya a aquel que es más débil que él.

- Isaac Bashevis Singer (autor, Nobel 1978)

Nada levanta más nuestro asco que el canibalismo, pero damos la misma impresión a los Budistas y vegetarianos, pues nos alimentamos de bebés aunque no los nuestros.

- Robert Louis Stevenson (novelista y poeta)

No me cabe duda de que forma parte del destino humano, en su mejoramiento gradual, dejar de comer animales.

- Henry David Thoreau (ensayista y poeta)

La ardilla que matas por broma, muere en serio.

- Henry David Thoreau (ensayista y poeta)

8-10-14

Pontificando con el Pulpo Abuso Satánico Ritual

El Abuso ritual satánico (ARS, también conocido como abuso ritual, abuso ritualista, abuso organizado, abuso ritual sádico y otras variantes) fue un pánico moral que se originó en Estados Unidos en la década de 1980, extendiéndose por todo el país y eventualmente a muchas partes del mundo, antes de desaparecer a finales de la década de 1990. Las alegaciones de ARS incluyen reportes de abuso físico y sexual de personas en el contexto del Ocultismo o rituales satánicos. En su definición más extrema implica una conspiración mundial en la cual participaba una rica y poderosa élite por las cual los niños eran secuestrados o criados para sacrificios, pornografía y prostitución.

Desde un comienzo todos los aspectos del ARS fueron controversiales, incluyendo su definición, la fuente de las alegaciones y la prueba de los mismas, siendo estas últimas, testimonios de las presuntas víctimas y los casos judiciales relacionados con las investigaciones criminales. El pánico afectó a abogados, terapeutas y trabajadores sociales que hicieron frente a acusaciones de abuso sexual de niños. Las alegaciones inicialmente provinieron de grupos muy diferentes, incluyendo a fundamentalistas religiosos, investigadores de la policía, defensores de niños, terapeutas y pacientes de psicoterapia. El movimiento se secularizó gradualmente, dejando de lado los aspectos "satánicos" de las denuncias a favor de denominaciones menos religiosas como "sádico" o simplemente "abuso ritual" y volviéndose más asociada con el trastorno de identidad disociativo y teorías conspirativas.

El pánico fue influenciado en gran medida por el testimonio de los niños y adultos que se obtienen mediante técnicas terapéuticas y el interrogatorio que ahora se consideran desacreditado. Publicidad inicial fue generado por la autobiografía ahora desacreditada Michelle Remembers, y sostenida y popularizó durante toda la década del juicio preescolar McMartin. Testimonios, listas de síntomas, los rumores y las técnicas para investigar o descubrir los recuerdos de SRA se difundieron a través de conferencias profesionales, populares y religiosas, así como a través de la atención de los programas de entrevistas, mantener y difundir el pánico moral más largo de los Estados Unidos y más allá. En algunos casos las denuncias dieron lugar a procesos penales con resultados variables, después de siete años en los tribunales, el juicio McMartin produjo ninguna condena por cualquiera de los acusados, mientras que otros casos dieron lugar a largas condenas. Interés académico en el tema construyó poco a poco, con el tiempo dando lugar a la conclusión de que el fenómeno era un pánico moral.

Las investigaciones oficiales producido ninguna evidencia de conspiraciones generalizadas o de la masacre de miles, y sólo un pequeño número de delitos verificados han incluso semejanzas remotas a cuentos de SRA. En la segunda mitad de la década de 1990 el interés en SRA disminuyó y el escepticismo se convirtió en la posición por defecto, y sólo una minoría de los creyentes dan ningún crédito a la existencia de SRA.

Historia: Precedentes históricos: El pánico producido por el SRA repite muchos de los eleméntos de los pánicos morales que se han manifestado a lo largo de la historia y teorías conspiratorias como la difamación de la sangre judía realizada por Apion en los años 30 antes de Cristo, de los cristianos en el Imperio Romano, rituales judíos en los que se sacrficaban bebés cristianos y profanar la Eucarastía, y las cazas de brujas de los Siglos XVI y XVII. Grupos externos denuncian actos horribles- como canibalismo, asesinatos de niños, torturas y orgías incestuosas- pueden haber servido para diferenciarse para los grupos minoritarios, y como chivos expiatorios para surtirse de excusas fáciles a problemas sociales complejos en tiempos de revueltos socialmente hablando. La tortura y la prisión eran usados para obtener confesiones de los supuestos satanistas, que eran luego usadas para justificar su propia ejecución. Los registros de estas antiguas acusasiones son usados en nuestros días para demostrar que los cultos satánicos son parte de una milenaria conspiración del mal, a pesar de que no hay evidencia contundente de cultos al Diablo en Europa. Un precedente más inmediato al contexto estadounidense es el McCartismo de los años 50. Las bases para el pánico moral actual se encuentran son cinco, y se dieron antes de los 1980: el establecimiento de el fundamentalimso cristiano y la organización política Mayoría Moral; el nacimiento de un movimiento anti- cultos que advierte de cultos abusivos que secuestran y lobotomizan a niños y adolescentes; la aparción de la Iglesia de Satán y otros grupos expresamente satanistas contribuyó a que el "mito" de las sectas satánicas ya no fuese visto como tal; el trabajo social y el desarrollo de los derechos del niño y toda una gama de profecionales dedicados a su cuidado; y la popularización del estrés post traumático, la memoria reprimida y el correspondiente movimiento de supervivientes.

8-14-14

Pontificando con el Pulpo Hyraniakasipu

La India tiene una gigantesca cultura desconocida por muchos en el occidente pero con una gran riqueza y profundidad espiritual que solo puede enriquecer el alma al conocerle. El mundo de los Hindús es mucho más antiguo que el nuestro, y ellos hablan de humanidades que estuvieron aquí hace millones de años, y que dejaron su huella en los cuentos y fabulas que cuentan sobre ellas pero que en vez de ser cuentos y fabulas, realmente representan una historia verídica de eventos que ocurrieron hace miles y en algunos casos millones de años atrás. El tiempo Hindú se cuenta en Yugas, que representan millones de años, y para ellos, el hombre siempre ha estado presente en este mundo, aunque las civilizaciones crecen, avanzan y caen en el olvido.

De estos relatos, uno de mis favoritos es el de Prahlad y Hyraniakasipu.

Hyraniakasipu fue un Rey del Mundo Entero, y un gran demonio también. Un gran yogui, Hyraniakasipu se colocó sobre un solo pie con sus brazos alzados sobre su cabeza por cientos de años en meditación hasta que lo cubrió el monte y hormigas hicieron de su cuerpo su hogar. Pero atreves de sus poderes místicos, logro sobrevivir y finalmente llamo la atención del Dios Brahma que vino a visitarle y otorgarle un deseo.

El deseo de Hyraniakasipu fue de no morir ni en manos de un hombre ni por un animal, ni de día, ni de noche, ni afuera, ni adentro de ningún lugar, ni por ninguna arma ni ninguna criatura creada por el creador. La práctica inmortalidad del demonio le dio mucha fuerza para conquistar en universo, y pronto, llego hasta el reino del Señor de los Cielos, el Dios Indra, y ahí toma su trono.

A Hyraniakasipu le nace un hijo, llamado Prahlad, pero en el vientre de su madre, el Señor Visnú, protector del universo le canta todas las escrituras sagradas. Y pues, conforme va creciendo Prahlad, el muchacho reta a su padre con su invencible fe en Dios.

Enfurecido, Hyraniakasipu manda matar a su propio hijo pues este se rehúsa a venerarle como el único Dios. Lo manda quemar, herir por armas, ser aplastado por elefantes, lo tira de un peñasco, lo manda morder por culebras venenosas. Pero nada funciona. Finalmente, enfurecido, agarra su mazo y está a punto de matarle pero su hijo le dice que no debe hacerle daño, pues el Señor Visnú esta por todos lados y todo lo ve. Hyraniakasipu le pregunta a su hijo si el Señor Visnú está adentro de un pilar de mármol del palacio, y Prahlad explica que sí, efectivamente, el Señor Visnú está en todas partes. Hyraniakasipu destroza el pilar con su mazo, pero el Señor Visnú aparece de ahí, en la forma de el Señor Nrshrimhadeva, mitad león, mitad hombre.

Tras un corto combate, el Señor Nrshrimhadeva captura a Hyraniakasipu, lo arrastra al borde entre las puertas del palacio justo durante el momento que el sol está saliendo, y lo destripa con sus uñas filosísimas, cumpliendo así con todos los requisitos de la bendición de Brahama para matarle. No es ni hombre ni animal, no es ni de día ni de noche, no está ni afuera ni adentro de ningún lugar y no es lastimado por ninguna arma, animal o humano, y no es ninguna criatura creada por el creador que le mata, pero Dios mismo en una forma terrorífica que desciende al mundo para castigarle.

El asunto de esta historia en verdad es interesante por varias razones. Primero que nada, se dice de Hyraniakasipu que se convirtió en "el Rey de los Mundos", incluyendo el hecho que tomo el Trono del Señor Indra, Dios de los Cielos. Y claro, este "Rey de los Mundos" vivió mucho antes de la historia conocida por el mundo occidental. Si tomamos esta historia como un relato verídico, cosa que no es fácil, pero no imposible, debemos aceptar que en el pasado hubo tecnologías y fuerzas desconocidas por los antropólogos y historiadores. Es decir, hubo imperios mundiales, viajes a otros mundos, poderes "mágicos" y seres que no eran necesariamente humanos, pero si de inteligencia y poderes que rivalizan con los humanos.

¿Bonitos cuentos de hadas? ¿Eventos reales de una antigüedad desconocida por el hombre, pero no menos real? Usted decida.

8-15-14

Pontificando con el Pulpo Pañales el Mas Gran Crimen Contra la Humanidad

¿Sabes cuánto contamina un pañal? ¿Cuánto tiempo tarda en descomponerse? Si no sabes la respuesta te encuentras entre la mayoría de los ciudadanos. El 85% de los padres desconoce el efecto nocivo para el medio ambiente de los pañales de sus hijos, según un estudio al que hemos tenido acceso.

Los pañales tradicionales tardan de 300 a 400 años en descomponerse, contienen, entre otras cosas como la celulosa, materiales derivados del petróleo, que tardan de tres a cuatro siglos en descomponerse.

Un estudio en España se realizó a 600 madres y padres sobre el uso del pañal, refleja que un 49% identifica la celulosa, material orgánico, como el material principal que compone los pañales. Sin embargo, y como era de esperar, casi el 50% de los encuestados desconoce que el pañal contiene productos derivados del petróleo (polipropileno, polietileno, elásticos, adhesivos y plásticos), altamente contaminantes.

Para los que no tienen hijos, en el informe se explica que un bebé español gasta una media de 6 pañales diarios, lo que supone que utiliza 5.400

pañales a lo largo de sus 30 primeros meses de vida (tiempo estimado que un bebe usa los pañales). Traducido a nivel de contaminación, significa más de una tonelada de residuos durante estos dos años y medio. Si hacemos el cálculo de lo que contaminan todos los bebés de España, la suma ascendería a más de 900.000 toneladas anuales, o lo que es lo mismo, llenar el estadio de fútbol dos veces con pañales sucios. Y eso es únicamente pañales sucios españoles. ¿Qué tal los pañales gringos?

El asunto es muy simple, nos estamos hundiendo como especie en la caca de bebes.

¿Y cuál es la solución, estimado Pulpo? ¿De qué sirve preocuparnos por los pañales de nuestros niños cuando ya se hace bastante difícil simplemente ganar suficiente dinero solo para cómpralos?

Para componer el problema solo hay que regresar el reloj algunos años antes que el pañal moderno fuera inventado. Los muy privilegiados tenían pañales de tela para sus bebes, cierto, pero los pobres dejaban a sus bebes ¡CON SUS COLITAS POR ENCUERADAS! Solo miren a las fotos antiguas y dibujos. No podrán encontrar un solo bebe con ropa. La razón es simple: limpiar pañales nunca fue práctico, solo para los muy ricos que tenían gente que lo hiciera por ellos. Y pues los bebes cagaban un poco como los perritos, en el suelo. Generalmente, pasaban MUCHO tiempo en el jardín o la calle.

Otra muestra de cómo la modernidad y el confort nos han hecho esclavos a una forma absurda de vivir. En verdad no es necesario viajar en el tiempo para demostrar la validez de mi punto, solo hay que viajar a países pobres, donde los bebes siguen andando en cueritos por las calles. Y hablo de Oaxaca, Chiapas, Guatemala, y todos los pueblitos. El problema ambiental de los pañales lo causan las grandes ciudades, con todos sus bebes de nalguitas rozadas.

Ah, claro, no hay que olvidar las rozaduras. Pues verán, si un bebe no usa pañal, no padecerá jamás de rozaduras, pues lo que causa las rozaduras son los pañales mismos. Y eso para que después puedan venderle a las mamas histéricas y absurdas todo tipo de cremitas y aceites.

Otro pequeño detalle, un bebe en cueritos aprende mucho más rápido que un bebe en pañales a cagar en el escusado. Eso es un hecho innegable, pues ya tienen pañales hasta para niños de 6 años. Y pues, la educación misma es corrupta por empresas fabricantes de estas malditas cosas que apestan, destruyen el medio ambiente, y causan rozaduras en las nalguitas de nuestros hijos.

8-15-14

Pontificando con el Pulpo Como Pintar una Utopía

Acabo de juntar todos los artículos que he escrito en el nativo desde que empecé a escribir aquí, y me he dado cuenta que atrás de todas las babosadas que digo como parte de mi pontificado, hay en verdad el inicio de un pequeño mapa de una utopía personal, pero tal vez no tan descabellada.

Una Utopía es un país o estado imaginario donde todos son felices. Como la felicidad humana depende de muchísimas cosas extrañas, e impredecibles, las Utopías no pueden funcionar jamás, pues lo que hace a un hombre feliz puede hacer a otro miserable. Por ejemplo, un sádico que se la pasa mirando niñas no va a desear para su utopía lo mismo que un santo que teme al sexo por ser pecado. Si todos los hombres fueran iguales, pues no sería difícil una utopía mundial, pero todos somos diferentes, y las cosas que deseamos ver son diferentes también.

Y pues, las utopías necesariamente tienen que ser individuales. Cada ser humano va a ver lo que quiere para si mismo como si fuera lo que quisiera para todos los demás. Eso también es nuestra naturaleza, y el tigre cree que todos tienen rayas.

Pero lo que sí puedo hacer es compartir mi visión para un mundo feliz.

Lo primero y más importante es que la guerra habrá desaparecido. Ya sea por la eliminación de las naciones, las religiones y las etnias, o por intervención divina, los hombres ya nunca tomaran las armas en contra los unos de los otros. Supongo que ese es el sueño de muchos.

También habrá desaparecido el dinero. Todo lo que los hombres, mujeres y niños del planeta requieran para su bienestar, comida, salud, educación, entretenimiento y lo que reste, será compartido entre todos y sin necesidad de comprarlo o venderlo. Supongo que si eso sucediera, la guerra ya no sería necesaria.

Regresaremos todos al campo, y las ciudades incorporaran el campo como parte de su arquitectura y planeación. En vez de pelear con la naturaleza, nos convertiremos en su aliado, ayudando a las otras especies que comparten el planeta a vivir y no extinguirse, pues en su extinción, encontraremos la nuestra. Eso quiere decir, más o menos que el León se acostara con la oveja, veo ciudades verdes, con muchos ríos y árboles frutales. Las calles, en vez de tener autos, tienen barcos como en Venecia, y hay muchos jardines y casas con muchos árboles. Fauna libre y suelta, venados, conejos, ardillas, y muchísimos pájaros. Cualquier persona que tenga hambre, puede recoger frutas de los árboles. Claro, el modo más como de transporte serian los caballos.

La tecnología seria excelente. Energía libre del sol, el viento y el agua. Aéreo naves para transporte público. Una red sin virus, sin compañías que monopolicen su uso y sin censura, libre para todos. La mejor medicina, gratis para todo quien la necesite.

Todos trabajarían para mejorar el mundo, y no habría trabajo inútil, como vender y comprar cosas. Nadie recibiría más que los regalos que unos se dieran a otros en compensación por su labor, pues todo sería gratis, y lo que uno da lo darían del corazón. Tacaños y acaparadores desaparecerían. Escuelas enseñarían a los niños la bondad, no la competitividad. Las escuelas enseñarían a los niños a ser amantes de la vida, de la naturaleza, y de la humanidad. El arte, la música, el teatro, la pintura. Todo eso sería lo más importante, pues ya no aprenderían a hacer la guerra nunca más. Otras cosas como la historia, la medicina, la ciencia y otras materias útiles seguirían su curso natural, pero desaparecerían materias como la ley, los negocios, y la economía. Esas cosas ya no tendrían pertinencia.

Sobre la "ley". Los criminales, los malignos, asesinos, violadores, mentirosos, ladrones y todo aquel que dañara a otro, su único y irremediable castigo seria el exilio. Tal vez tomaríamos Australia como un lugar para exiliarles. Tal vez la luna. Pero castigarles con cárceles o muerte o tortura ya no sería necesario, pues en una sociedad iluminada, "castigar" a otros simplemente no ocurre. La sociedad dejaría de buscar el "castigo" de sus ciudadanos, y en vez, trataría de dejarles libres para hacer sus estupideces, pero muy alejados de la Utopía. Y el sentido de "crimen" cambiaria para siempre. De ahora en adelante, el único "crimen" seria causarles daño a otros, incluyendo, a los animales, esos hermanitos nuestros que ningún daño nos hacen. Crímenes "contra la moral" dejarían de existir, pues la moral seria individual e independiente para cada ser, y solo aquellos que lastimaran a otros serian culpables de "crímenes", y su castigo seria el exilio, tal cual fue el castigo de Adán y Eva.

Bueno, esos son unos pincelazos muy amplios para diseñar un mundo. Pero imagino que los detalles, ahí donde se esconde el diablo, podrían darle dolor de cabeza a cualquier Hitler o Mao. Y como no soy uno de esos, mejor lo dejamos así, en pincelazos amplios.

¿Y usted, estimado lector? ¿Cómo sería su Utopía?

8-18-14

Pontificando con el Pulpo la Música Maldita de Hollywood

Indudablemente, la música es una poderosa herramienta para crear sentimientos, emociones, pensamientos y elevar el alma. ¿Pero qué pasa cuando la música es utilizada con otros fines más nefastos?

Desde Paganini, el "violinista del diablo" de quien se dije vendió su alma para ser el mejor violinista de todos los tiempos, Robert Johnson, el guitarrista y cantante de blues que conocio al diablo y vendio su alma para tocar el blues, Ozzy Osborune, Marilyn Manson, AC/DC, Lady Gaga, Vionce y casi cualquier rapero, se dice que los músicos modernos, especialmente aquellos que logran conseguir contratos multimillonarios en las grandes empresas de música, como Sony, M-TV, y Motown Records, han vendido sus almas al nefasto para conseguir su fama y fortuna.

¿Qué tan real es esto?

Indudablemente, si escuchamos las canciones modernas, desde hace rato, muchas de ellas glorifican abiertamente al diablo, satanás, lucifer y todos los demonios. Algunos artistas, como Ozzy Osbourne y Marilyn Manson son "abiertamente" adoradores del demonio. Otros glorifican el crimen, el amor fuera del matrimonio, la ganancia del dinero y todo otro tipo de "pecados" y actitudes destructivas.

Pero hay más, pues las palabras que son cantadas por los artistas en las canciones, pueden inspirar y perturbar a gran escala millones de personas. En el antiguo medioevo, los bardos y cantantes tenían la responsabilidad de recontar las historias populares del momento, convirtiendo a hombres en héroes o villanos dependiendo de quién pagaba. De ahí surgieron los himnos de las diferentes naciones, siempre tratando de capturar el espíritu de un pueblo con sus versos y melodías. No es sorprendente que el himno mexicano hable principalmente sobre guerra, muerte y sangre. Captura muy bien el espíritu guerrero y sanguinario de nuestro pueblo.

¿Pero entonces, aquellos artistas, y hay cientos, que adoran al diablo y a los peores actos del hombre en sus canciones, acaso no seducen toda una generación a hacer lo mismo? ¡Pues claro esta! Un debe estar muy ciego para no ver la conexión entre música que exhorta al crimen, y un incremento en actos criminales. Lo mismo en la adoración del diablo.

¿Es esto parte de una conspiración macabra para atraer al diablo a nuestro mundo y coronarle amo y señor? Tal vez, no niego la posibilidad, pero hay algo mucho más probable: la música "demoniaca" vende más y mejor que la música sacra. Muchos más jóvenes están interesados en escuchar a Lady Gaga hablar de un "romance maldito" que a los niños cantores de Viena cantar sobre el Señor Jesucristo. Y claro, no ayuda mucho el asunto que el dinero que las compañías de música gastan en la promoción d Lady Gaga es infinitamente más que el dinero que gastan los niños cantores para promover música que no ha cambiado en más de 500 años.

Lo que es verdaderamente asqueroso es que muchos jóvenes nunca serán expuestos a la "verdadera música", la música que cuesta años de estudio para poder tocarse. Y eso solo por razones económicas. Las compañías de discos quieren vender artistas nuevos que puedan controlar, y no hay realmente causa económica para seguir educando al pueblo musicalmente.

Claro, si uno es educado en Harvard o Yale, sería muy improbable que no sea expuesto a grandes compositores y sus músicas, pues en las buenas universidades, la música es elemental para la educación de sus alumnos. Pero lo que falta ver es si esos mismos alumnos de Yale y Harvard no prefieren escuchar a Lady Gaga que a Beethoven. La presión entre ellos para ser popular es muy grande, y nadie quiere aparentar ser un "nerd", escuchando música clásica.

Y finalmente, el mensaje de la música siempre está en la letra. Es ahí donde más atención hay que prestar. Yo pase toda mi juventud escuchando metaleros como Ozzy Osbourne, AC/DC, Judas Priest y Twisted Sister. En en los 70s y 80s era lo más popular. Todas estas bandas eran "satánicas" y yo, como joven y estúpido, ni cuenta me daba. Ni cuenta me daba que mi cerebro estaba pudriéndose por escuchar basura. Eso solo se da uno cuenta después del hecho.

8-18-14

Pontificando con el Pulpo Facebook y la Seguridad

No parece nada sorprendente que Mike Zuckerberg, el notorio inventor de Facebook se ha aliado con el FBI y otras agencias de seguridad norteamericanas para "proteger a los usuarios" de Facebook del terrible costo del "narcotráfico" en línea. Después de todo, Zuckerberg y todos los nerds de Harvard, Yale y las otras universidades importantes de los EEUU han probado aunque sea alguna vez marihuana y seguramente otras substancias también, y pues, como buenos usuarios cobardes (no confundir con usuarios valientes que no son soplones), quieren delatar a todos los otros si el temor de la ley entra en sus corazones.

El asunto es que atreves de Facebook y las redes sociales se han creado como un mega-mercado para gente de intereses comunes. Es decir, personas interesadas en usar marihuana, cocaína y heroína se empiezan a juntar en la red como pequeñas mosquitas esperando la mordida de la temible araña que ha creado la red misma. Y la araña es el gobierno estadounidense.

Lo que me mata a mí de todo este asunto es la hipocresía. Por una parte, nos dan esta excelente herramienta para despertar consciencias, levantar revoluciones para mejorar el mundo, lograr unificar a todos, y luego, empiezan a señalar los "indeseables" como si fuera la gran inquisición. Es fácil empezar a señalar gente que no es popular, por ejemplo, narcotraficantes. ¿Pero quién sigue?

Pero veamos el caso de la marihuana, que es nada más y nada menos que el producto de exportación más importante además del petróleo en México. Si la marihuana fuera legal en México, cosa que ya lo es en muchos estados de EEUU, el gobierno se beneficiaria de miles de millones de pesos en impuestos que podrían pagar por escuelas, hospitales, y tal vez, mejores sueldos para la policía, para que no fuera tan fácil corromperles. Pero como los carteles no pagan impuestos, pueden en vez corromper a los políticos que siguen permitiendo la guerra impunemente en México. Si analizamos la situación, podemos entender que es la guerra contra el narcotráfico es, esencialmente una guerra contra México y los intereses de su pueblo, especialmente los más jodidos. Más o menos así fue la bronca para Colombia. ¿Y quién declaro esta guerra? ¡¡Pues jodidamente fue EEUU!!

Ahora tienen la herramienta perfecta para atrapar a todos los narcos. Se llama internet. Una red social gigantesca que permite al gobierno de EEUU fisgonear por todo el planeta impunemente y decretar para todos quien va y quien no va a la cárcel.

Y todos posteando sus "selfis" con un churro en mano, o con un guato. ¿Quién gana? Pues el FBI y la DEA, que recibirán trillones de dólares para meter al bote a todos esos tontos. Y claro, la industria de las cárceles, que ya privatizada, solo puede crecer metiendo más gente al bote. No es sorprendente que ahora podemos ver todo tipo de golpizas y levantones en EEUU como si fuera Tlatelolco gringo. Con tanta gente que arrestar, ya no van a poder leerles sus derechos y hacer el "show" de un país democrático. Los verdaderos colores de EEUU van a empezar a mostrarse, y son completamente totalitarios.

El mundo tendría que "ocupar" Facebook para vencerles. Es decir, quitárselo de las manos a Zuckerberg, y las agencias de seguridad gringas. Hacerlo realmente libre de intereses ajenos al mundo mismo. Debemos detener al "Gran Hermano" antes de que acapare todo, y eso significa liberar el internet completamente, u apagarlo para siempre.

De las dos opciones, preferiría liberarlo, y mis razones son una cierta fe en la bondad humana, y el la capacidad de los seres humanos de aprender cosas nuevas. Pero si Zuckerberg y el FBI terminan usando Facebook para controlar a todos, y los intereses de algunos pocos son lo que dirigen el flujo de información mundial, pues… a la mierda. Apaguemos el internet.

Estamos en el momento del juicio final, camaradas. Tenemos dos opciones: Esclavitud perpetua o libertad absoluta. Aquellos de ustedes que nunca han sido encadenados o enjaulados, aprendan de nosotros que si lo hemos: la jaula y las cadenas solo pueden enseñar algo a los seres humanos y eso es el odio absoluto y sin cuartel por aquellos que te encadenan. La libertad es demasiado importante para quitarle a otro ser humano, sea la que sea la causa.

Pontificando con el Pulpo las Mentiras que Matan

Los gobiernos y gobernantes del planeta entero son responsables, en este momento, de la muerte de miles de personas diariamente. Y la causa de estas muertes son las "mentiras que matan". Permitan explicarles.

Los medios de comunicación, como este periódico, son herramientas de guerra. Pregúntenle a los alemanes luchando contra Adolfo Hitler en Alemania Nazi, durante la guerra la importancia absoluto de tener una imprenta, o un radio o algún medio de difusión. Evidentemente, el ministerio de propaganda Alemán, bajo el brillante Joseph Gobbles, lucho muy duro para apagar cualquier voz de rebeldía en Alemania. Y eso que en la guerra hubo muchas naciones tratando de difundir una visión distinta de la realidad a los alemanes para que dejaran de apoyar el régimen de Hitler. Gobbles fue muy exitoso en detenerles. Y luego perdieron la guerra.

Y ahora, los medios de difusión masiva, el internet, la televisión, la radio y claro, el periódico, están controlados, por la mayor parte, por menos y menos personas. El internet, en particular, ha creado un efecto extraño informático, donde versiones muy distintas del punto de vista de las grandes empresas de noticias, como CNN, Fox News y claro Televisa, son relegadas a "conspiraciones" y se asume que la gente que difunde estas extrañas noticias están locos o tienen una "agenda" en contra del gobierno. Pero la verdad es un poco menos simple, pues generalmente, cuando alguien sale con algún video viral de opiniones "desbaratadas", y luego se puede comprobar que no es tan desbaratado lo que decían, como es el ejemplo de las páginas de conspiraciones sobre Septiembre 11. Hace poco, cualquier persona que culpara al gobierno de EEUU de encubrir información sobre Septiembre 11, era considerada un "loco de conspiración". Ahora, es evidente que el gobierno de EEUU encubrió mucho sobre Septiembre 11, y que es muy probable que fue, entre otras cosas, un trabajo negro del mismo gobierno. Pero es un poco demasiado tarde, pues Saddam Hussein está muerto y también lo está Osama Bin Laden.

Y ahora tenemos la narco guerra en México, y Mireles y todo el desmadre en Michoacán. Por ahí dicen que la primera muerte en una guerra es la muerte de la verdad. ¿Cómo podemos saber lo que no sabemos que no sabemos? ¿Ya se nos olvidó Plan Mérida y Rápido y Furioso? Los generales que planean el tipo de acciones militares que cuestan miles de vidas casi siempre las planean años antes de que ocurran, en sus mesas de juegos virtuales. Y pues, la guerras entre las grandes naciones casi siempre están decididas años antes de que ocurran, lo que nos debe hacer preguntarnos ¿Por qué ocurren entonces?

La verdadera razón casi siempre tiene que ver con la economía bélica y el crecimiento militar. Ya nos había advertido Dwight Eisenhower y John F. Kennedy de una conspiración militar-industrial. Si no hay enemigos que pelear, los generales ya no tienen razón para cobrar impuestos del pueblo para defenderles, y eso significa que sus ejércitos disminuyen y sus salarios también.

El momento que podamos realizar que la seguridad mundial es superior a la seguridad nacional de cualquier nación, en ese momento, la industria de la guerra termina para siempre, y tendremos que voltear a ver nuestro oscuro corazón como la única verdadera causa de las guerras entre hombres. De no hacerlo en este momento histórico, con las poderosísimas armas que tenemos, arriesgamos la extinción de la especie entera, ¿y que decir la extinción de tantas otras especies que comparten el planeta con seres tan estúpidos como nosotros?

¿Y pues, cuales son las "mentiras que matan"?

Empecemos por la mentira de que necesitamos un "ejército nacional". Yo les digo esto, si mi ejército no es mundial, y en servicio de toda la raza humana, ya no es mi ejército, pues el juego de guerras entre naciones ya no tiene chiste.

8-19-14

Pontificando con el Pulpo las Adicciones

Recientemente, en mi visita a Tejupilco, me encontré, muy pacheco, llegando casi por accidente a una junta pequeña de Alcohólicos Anónimos. Evidentemente, la plática fue sobre las adicciones, y yo, siendo un defensor implacable de las substancias alucinógenas, trate, con todo fervor de defender el uso de estas substancias en el peor lugar indicado.

Pero durante mi defensa de estas substancias, si logre, creo yo, pontificar sobre las adiciones a substancias que no contamos como dañinas, pero que pueden, dependiendo de su nivel de abuso, causar todo tipo de daños, incluido la muerte y la locura.

La adición a la substancia más común y más peligrosa de todos es una que ataca especialmente a los niños y esa substancia es la azúcar blanca. Abuso de azúcar puede resultar en hipoglucemia, diabetes, obesidad, problemas con el hígado, riñones, corazón, apéndice, páncreas y el sistema circulatorio. Puede ser causa de glaucoma, y todo tipo de problemas con la piel. Y aun así, la policía rechaza que hay que arrestar a los contrabandistas de esta substancia toxica.

Otra substancia potencialmente letal y causa no solo de daño al cuerpo pero también al espíritu humano es la carne roja. Es un hecho reconocido que si un niño nunca es introducido a esta peligrosa droga no suele gustarles la primera vez. La carne puede causar todo desde mal humor, indigestión, obesidad, y varios problemas internos de salud, y que decir de las pobres criaturitas de cuatro patas, a las cuales el consumo de carne siempre les causa la muerte.

Claro, no hay que ingerir alimentos tóxicos para considerarse adictos, pues muchas adicciones perfectamente nefastas no tienen nada que ver con cosas que uno come, fuma o se inyecta. Hablo de las adicciones a la televisión, a los celulares, al internet, y a todo lo que representa la nueva tecnología para "pasar el tiempo". Más gente se ha matado conduciendo y hablando por celular que conduciendo y fumando marihuana.

Y ahora la substancia más adictiva de todas: la política. ¿Cómo diablos podemos permitir que personas adictas a la política practiquen la política para hacer leyes requiriendo más política? ¡Basta ya! La ingobernabilidad del mexicano común y corriente debería de ser suficiente cura contra esta adicción política, pero son demasiado ambiciosos los paisanos, y quieren a todo costo, ser dueños del país, y por esa razón, y solo por esa razón, siguen siendo dueños. La política es un veneno que solo puede hacerle daño al individuo y a la sociedad. ¿Por qué no arrestan a los adictos a la política en vez de a nosotros los pachecos?

Regresando a la adicción a la televisión, si no nos cae el veinte que Televisa es la droga más peligrosa del mundo, estamos realmente alucinados. Por ahí, entre tanta apocalipsis zombi, a veces puede uno ver algo de importancia en televisa, pero lo terrible del asunto es que canales donde cosas realmente importantes son puestas en escena, como sería el canal 11 o el 22, del IPN y la televisión pública casi no tienen substancia adictiva, como lo tiene televisa, y por esa razón no son peligrosas para la salud. Pero ahí los creadores de programación de televisa llevan el premio por poder apendejar al pueblo mejor que cualquier otro, incluyendo el opio, la heroína, la cocaína o la marihuana.

Y claro, el Mexicano es adicto a una substancia particularmente venenosa ambos en su forma líquida y gaseosa, que es el petróleo. Es criminal pensar que los capos del petróleo van libres cuando farmacéuticos caseros como los de la Tuta y el Chapo son castigados. El problema del petróleo es que uno nisiquiera nececita querer usarlo, pues si uno va al Distrito Federal, la gran nube de smog que atormenta los ojos, deja residuos letales en los pulmones, ensucia la piel con resinas toxicas y generalmente hace la vida horrible, es para todos, y no solo para usuarios voluntarios.

Se los dejo de tarea, tratar de ver cual otras adicciones tenemos alrededor que ni siquiera nos damos cuenta que existen, pero les aseguro que son muchas, y que no hay respiro de ellas en esta sociedad.

Pontificando con el Pulpo porque no podemos ser libres.

En el Bhagavad Gita, hay cuatro clases de hombres, sacerdotes, guerreros, mercaderes y esclavos. El número de personas en estas clases disminuye conforme su necesidad para la sociedad. Es decir, hay muchos menos sacerdotes que esclavos y hay más mercaderes que guerreros. Los privilegios de cada clase son específicos y muy marcados. En la antigua India, se veneraban los hombres sabios por encima de todos los hombres, y se les daba comida, alojamiento y bienes. Los guerreros se consideraban la clase de "reyes" que gobernaban sobre todos con el apoyo de la clase de sacerdotes, que formaban la educación de los reyes. Entre la clase de reyes había varios niveles de realeza, pero todos ellos eran formados principalmente como guerreros, para poder participar en ese ejercicio tan importante para los gobernantes: matar a otros.

Los mercaderes y los esclavos se ocupaban del resto de la sociedad, y entre los esclavos, había una clase de "intocables" que pertenecían a la clase de personas que trabajaban sepultando muertos, recogiendo basura y destazando ganado. Es decir, el renglón más bajo de la sociedad pertenecía a los funerarios, los basureros y los carniceros. Las razones de esta diversificación eran religiosas, pues en la religión hindú, trabajar con muertos, ya sea humanos o animales es tan toxico espiritualmente, que hace a uno intocable por los demás. Pero ciertamente, el hecho de que la mayor parte de la población eran esclavos es muy indicativa de algo muy peculiar en el ser humano: la esclavitud.

Pensar que la esclavitud ha sido renegada a la historia es ingenuo. Pregúntele a cualquier trabajador de Wal-Mart, ocupado ocho horas diarias por un sueldo mínimo. O mejor aún, pregúntele a un reo de las varias cárceles del mundo que trabaja sin sueldo alguno. Hay muchísimas formas de esclavitud moderna, y entre ellas, una de las más horrendas es la trata de blancas para prostituir niños y mujeres. Generalmente, los dueños de estos esclavos son los mismos parientes, que venden sus hijos e hijas a las mafias por razón de pobreza extrema.

Los seres humanos son horribles. Se encadenan y encarcelan entre ellos por cualquier razón estúpida, incluyendo el uso de psicotrópicos como la marihuana, tratar de cruzar "fronteras" sin documentos, no pagar impuestos, bajar archivos de películas o música gratis en internet, criticar al gobierno, y muchísimas otras razones. La industria de las cárceles crece diariamente, y nuestro vecino país del norte tiene más gente tras las rejas que cualquier otro país del mundo, siendo ellos los "defensores" de la "libertad".

¿Qué nos pasa? ¿Cómo puede el mundo soportar tanta esclavitud, tras haber peleado muchas guerras para acabar con ella? ¿Hay algo inherente en el ser humano que nos hace propensos a querer enjaularnos los unos a los otros? No hay ninguna otra especie animal que sea tan violenta y tan horrible con sus propios miembros. Por ejemplo, las ratas, que practican el canibalismo ocasionalmente, jamás se ven a sí mismas en guerras organizadas. Si una tribu de ratas se encuentra con otra tribu de ratas, hay algunas peleas y luego la tribu más débil abandona el territorio. Las hormigas, más cercanas al hombre por su capacidad social, pelean guerras, cierto, pero nunca para exterminarse, solo para controlar el territorio. Y no hay ningún animal que construya prisiones y cárceles. Eso solo le toca al hombre.

¿De dónde surge esta perversidad en nuestra especie?

¿Y cómo podríamos cambiarlo?

Ante todo, la esclavitud más común es la económica. Es decir, hay miles de millones de "esclavos" que simplemente para poner comida en sus mesas y un techo sobre sus cabezas, están forzados a trabajar largas horas del día para algún "dueño" que seguramente no necesita trabajar para nada. Especialmente en México, los trabajadores de baja educación están obligados a trabajar para patrones que heredaron sus riquezas de otra generación, y que por su propia parte, no suelen permitir la emancipación del país. Pero no solo en México ocurre esto, pues podemos ver como en EEUU, los Mexicanos que cruzan la frontera en búsqueda de "mejores oportunidades" terminan esclavizados a nuevos amos simplemente por el hecho de no tener documentos que les permiten trabajar normalmente, y esa fuerza de labor barata es un enorme paro para los gringos, aunque digan que no. ¿Entonces, cambiar la economía mundial acabaría con la esclavitud humana?

Me temo que no, pues los esclavos más difíciles de liberar son aquellos que no entienden que son esclavos, y eso implica todos los seres humanos en el planeta. ¿Y a que somos todos esclavos, finalmente? A la condición humana misma, la suma total de la ridiculez de nuestra especie.

8-25-14

Pontificando con el Pulpo Liebesverbot

El gran genio, Ricardo Wagner compuso la ópera "Liebesverbot" que maneja el tema de la prostitución, los burdeles, y la prohibición del sexo. La palabra "Liebesverbot" significa la prohibición del amor y Wagner la utilizo para demostrar la hipocresía de las leyes que prohíbian los burdeles cuando los mismos sacerdotes y políticos que las promovían eran los clientes más conocidos ahí.

Pero mi objetivo no es Wagner ni su espectacular opera. Mi objetivo es demostrar la hipocresía de nuestra cultura referente a las relaciones sexuales entre adultos consientes. Hasta hace poco, el adulterio fue perseguido como un crimen en México. La causa fue las leyes draconicas impuestas por políticos afiliados y apoyados por la iglesia. Poco a poco el sentido común empezó a tomar fuerza entre el pueblo y la libertad para traicionar los votos del matrimonio empezó a ser más tolerada. Todavía es causa válida para perder los niños en un divorcio, y tal vez peor, pero por lo menos, ya no es causa para ir a la cárcel y pudrirse en una celda por una escapadita romántica.

Lo más perseguido, lo más tabú, lo más prohibido en nuestro mundo siempre ha sido el amor.

Ya sea el amor entre hombres que aman a hombres, o mujeres que aman a mujeres, o el amor entre parientes enamorados, aquellos que aman a los que ya están casados, o son de diferentes clases, de diferentes razas, diferentes religiones… Siempre hay causa para censurar el amor, y nunca es causa de los enamorados, sino más bien de terceros entrometidos que no tienen nada que perder en arruinar el amor entre aquellos que lo buscan donde esta prohibido.

La hipocresía humana nunca deja de sorprenderme. Con el pretexto del "pecado" la iglesia ha castigado a los adúlteros, homosexuales y polígamos durante miles de años, pero cuando les descubren sus sabanas sucias en sus propias recamaras, descubren también una pederastia casi institucionalizada.

Los alemanes son los primeros en crear leyes contra la zoofilia, pero también son los que tienen más videos "caviar" en sus tiendas dedicadas a la pornografía. Si no saben que es un video "caviar", mejor no pregunten, pues no quiero hacerles vomitar si están desayunando al leer el periódico.

Los musulmanes no tienen problema en cubrir sus hembras de pies a cabeza para que no se conviertan en objeto de deseo sexual, pero a cambio, pueden casarse con cuantas puedan cuidar y el mismísimo Mahoma se casó con Aisha cuando ella tenía 8 años y él ya estaba de cincuenta para arriba.

Y pues nos vemos rodeados de pornografía en las calles, vendiendo ropa, shampoo, refrescos, y todo tipo de productos inútiles, pero por otra parte, castigamos a los que bajan la pornografía en internet. Y cuando se trata de educar a los niños sobre la sexualidad en las escuelas, nos volvemos violentos y estúpidos, pero cuando nuestra niña de 12 años llega embarazada, culpamos al "sistema".

Castigamos a los jóvenes por querer expresar sus romances, pero no nos molesta comprar el sexo de ellos.

Hablamos de la importancia del matrimonio y la castidad, pero nuestras mujeres no conocen el orgasmo y el placer. Hablamos del amor entre parejas, pero es un amor seco, asexual que lleva inevitablemente a los hombres a salir al table-dance y a las mujeres a detestar el sexo desde temprana edad. Hablamos de la importancia de la pareja como núcleo de la sociedad moderna, pero vamos con sacerdotes célibes para aconsejarnos como mantener nuestras parejas unidas.

Lo que se ha perdido es el sexo sagrado, el sexo como unión entre el hombre y los dioses. Hemos perdido a nuestra diosa Afrodita y la hemos convertido en la gran remera. ¿Cómo podemos esperar saber algo del amor cuando la diosa del amor es ahora una remera?

Me apena tanto ser de la especie humana.

8-25-14

Pontificando con el Pulpo el Paraíso y el Infierno

Me permito con el uso de este medio, estimado lector a preguntarle: ¿Vive usted en el paraíso o vive usted en el infierno?

Para entender la diferencia entre los dos lugares, hay que entender la frase clave en la entrada del infierno como fue descrito por Dante Aligere. Y esa frase es: "Abandonad toda esperanza aquel que aquí entre".

El paraíso se llama Fe y Esperanza. Y el infierno se llama desesperanza, es decir, la ausencia de esperanza. ¿Vive usted en la desesperanza, estimado lector?

En el budismo, hay tres grandes verdades, y esas son que todo ser humano debe enfrentar la vejez, la enfermedad y la muerte. Si no fuera por el desapego y la meditación, ciertamente, los budistas aceptarían el inevitable hecho que viven en la desesperanza absoluta, y pues, por entendido, en el infierno. No me sorprende, que la gran mayoría de humanos vive en el infierno, pues la mayoría no tiene las herramientas para evitar la inevitable certeza budista de vejez, enfermedad y muerte, y esos tres eventos inevitables pueden, por su naturaleza, quitarle la esperanza a todo acto y pensamiento humano.

Y claro, entre los creyentes, la esperanza es de algo que haga valida la condición humana, un alma inmortal en cada ser que no es teñida por la muerte. Y aquí entra el detalle del pecado, y que para poder ser validado como alma espiritual después de la muerte, necesariamente necesitamos vivir vidas justas y morales, basando esa moral en las costumbres actuales de la iglesia y sus aliados.

La idea del castigo después de la muerte ha sido, universalmente, la raíz de todo pensamiento moral por los últimos 2,000 años en los que la iglesia ha gobernado sobre las almas humanas. Y la esperanza del paraíso o desesperanza del infierno se ha utilizado como herramienta de control social, incluyendo la absurda noción que el matrimonio sacro es entre un solo hombre y una sola mujer y cualquier desviación de eso es pecado mortal.

Lo extraño de esto, es que más allá de control social, en mis propios viajes psicodélicos, he tenido en carne propia experiencias del infierno y el paraíso después de la muerte. Específicamente, con el uso de un brebaje llamado Ayahuasca, pude ver como mi "infierno" particular eran las trincheras de Verdun y mi "paraíso" particular era la pirámide de Kukulkan Chichen Itzá. En ese "viaje" me di cuenta que los actos en vida tienen trascendencia después de la muerte, y que esa trascendencia está por encima del tiempo y el espacio. Pero esto lo debo relegar a "alucines" propios, pues vino gracias a una substancia científicamente conocida por sus propiedades alucinatorias.

En subsecuentes viajes, también he descubierto que el "tiempo" y como existimos en él es la causa del infierno y el paraíso. Cada instante es infinito, y por esa razón, si actuamos de una manera donde la esperanza y la fe no motiva nuestros actos, actuamos en el "infierno" de nuestra propia existencia, pero si en cambio, podemos existir actuando con fe y esperanza en cada instante, lo hacemos consientes de un paraíso real y contundente de nuestro propio ser.

El infierno es dolor para uno mismo y para los demás. El paraíso es placer para uno mismo y para los demás. Lo que más placer da, generalmente en la sociedad humana es el actuar en bondad hacia los otros, y recibir el amor de los otros a causa de los actos bondadosos que actuamos diariamente. Pregúntele a cualquier padre de familia que es lo que más le da placer en la vida, y si es un padre bueno, su respuesta, casi universalmente es: "ver sonreír a mis hijos". Ahora pregúntele al mismo padre que es lo que más le da angustia y dolor, y sin duda su respuesta tiene que ser: "Ver a mis hijos sufrir". En esto reconocemos que la bondad y el amor a los demás es el verdadero paraíso en nuestro mundo, y la esperanza de poder proveer placer y gozo a los seres queridos es el evento más deleitable posible.

Claro, hay cientos de miles de millones de humanos que sufren diariamente y que son forzados a ver sufrir a sus parientes, amigos y conocidos. El infierno es muy real y muy presente en todos los rincones del mundo, y casi siempre tiene un origen humano, pues cuando los humanos se juntan para tratar de quitar el dolo de sus sociedades, generalmente lo logran para la mayoría, pero, desafortunadamente, no muy a menudo lo hacen.

Y pues, mi consejo para ustedes que viven en el infierno es este: Nunca abandonen la fe y la esperanza. Es ahí donde encontraran las puertas para salir.

8-28-14

Pontificando con el Pulpo Como Meditar Za Zen

¡Hari bol! Este artículo es tan aburrido que me voy a esperar a hacerlo mañana.

Okay, ya es mañana, y estoy preparado para recontarles cómo es eso de la meditación Za Zen. Antes que nada, agradecer a mi maestro de Za Zen, Richard Baker Roshi el maestro de Crestone Mountain Zen Center, donde aprendí la meditación Za Zen hace ya décadas. Alumno de Suzuki Roshi, de los primeros japoneses que trajeron el Budismo Zen a América Richard fue un maestro duro pero magnifico, y siempre lo tendré en mi corazón.

De acuerdo con los relatos tradicionales, el *dhiana* llegó a China de la mano de un monje indio llamado Bodhidharma (Daruma Taishi en japonés) alrededor del siglo VI. Era el 28.º sucesor en una línea de transmisión de enseñanza que la tradición remonta hasta Mahakashyapa, discípulo de Buda. De acuerdo con el *Registro jĭngdé de transmisión de la lámpara* se embarcó alrededor del año 520 d. C. en un viaje que le llevó al reino de Liáng, ubicado al sur de China. En ese reino, durante un famoso intercambio con el emperador Wŭ, declaró que las buenas acciones hechas con intenciones egoístas eran inútiles para lograr la iluminación. Más tarde se dirigió a un monasterio cerca de Luòyáng, en el este de China y, de acuerdo con la leyenda, estuvo meditando frente a la pared de un acantilado antes de aceptar discípulo alguno. Finalmente, falleció en el templo Shàolín de la montaña Sōng (嵩山少林寺), la más alta de las Cinco Montañas Sagradas, en el condado Dēngfēng (provincia de Hénán), en China.

Como héroe cultural legendario, a Bodhidharma también se le vincula al templo Shàolín y la consiguiente difusión de las artes marciales de Asia oriental, especialmente en la tradición oral de escuelas de Gōngfu y Tàijíquán, así como en los populares trabajos de ficción del género wǔxiá. No obstante, hoy se sabe con certeza que las artes marciales no estuvieron presentes en el budismo chino ni en el templo de Shàolín hasta bastantes siglos después. Del mismo modo, también hoy se sabe que Bodhidharma no estuvo literalmente "frente a un muro", sino que hablaba de un muro como un estado de la mente. Los descubrimientos y traducciones contemporáneas arrojan una mayor claridad sobre los orígenes de esta escuela budista.

Lo que si les puedo platicar es que en el templo de Crestone, efectivamente pasábamos horas y horas sentadas frente a un muro. La idea es de observar el pensamiento como un rio el cual no tiene ni comienzo ni fin. Cuando finalmente uno reconoce pensamientos por eventos sin gran importancia, hay un rompimiento con la mente ordinaria para llegar a un estado extraordinario que algunos llamas "la mente de principiante" que es una manera de observar la realidad sin filtros y distracciones, sin prejuicios y temores.

¿Puede uno ser "iluminado" por la meditación Zen?

Depende de que quiere decir "iluminado". Si piensan que en iluminase un monje del zen se apoderara de poderes místicos, levitar, volver los muertos a la vida y todas esas fanfarronerías, pues no, nada que ver, pero si por "iluminación" queremos decir la cierta capacidad de ver el mundo claramente, sin ilusiones y fantasías, pues si, entonces la meditación Za Zen es para usted.

En susodicho caso, si van a intentar la meditación Za Zen, recomiendo que lo hagan con un guía fidedigno y no empiezan a inventar sus propias babosadas. Es peligroso abrir ciertas puertas y el Za Zen ciertamente es una de ellas, pues al abrir la mente clara, uno puede empoderarse o volverse loco.

8-29-14

Pontificando con el Pulpo ¿Porque diablos hay que comprar un modem telcel para activar mi Internet?

¡OCUPEMOS el WIFI!

Telmex y Telcel como sabemos todos es propiedad privada de mi cuate Carlos Slim, también conocido como el dueño de México, Dios y Tu Papi. Generalmente, no me preocupa Carlos, pues no es como que lo tengo en mi celular para pedirle favores, pero la neta, algo anda mal con todos nosotros si no ponemos atención a lo siguiente:

El internet es una tecnología que puede, literalmente, cambiar el mundo. Hemos desaparecido distancias, fronteras, censuras y todo eso. Un buen hacker no necesita mucho más que un laptop, y tal vez una pequeña antena parabólica para poder entrar, sin pagar a nadie, a los rincones más oscuros de la DEEP WEB que ya he discutido antes. Es decir, para los inteligentes, el internet siempre será y es, libre.

Un buen hacker.

Pero yo no soy un buen hacker. Soy un pobre consumidor de Telcel que tiene que comprar un pequeño modem que se ubica en mi USB para conectarme con una cuenta de teléfono celular que me da

Telmex la cual, por más o menos cien pesos me da acceso a unas cuantas Gigas de navegación. Es decir, si quiero descargar ilegalmente películas ¡apenas me alcanza para una o dos y ya! Mejor las compro piratas en Tepito.

Claro, a Carlitos Slim si le doy mi dinero, pues aunque no me interesa tanto descargar películas ilegales en internet, si me interesa comunicarme con mis amigos y familiares en otros estados. Y pues, solo lo puedo hacer si le pago al gordito ese sus miserables 100 pesos que si tan solo fuera yo un hacker decente, no tendría que hacer.

Y tal vez si fuera un poco más competitivo el asunto, pagaría menos, pero da igual, pues los hackers solo necesitan el equipo para conectarse a la red y de alguna mágica y maravillosa manera consiguen todo lo que necesitan, incluyendo cuentas de banco que están llenas de dinero de otras personas, sin necesidad de pagarle a Carlos un centavo. Ahora, si esos mismos hackers pudieran hacer sus secretos públicos, permitiendo internet gratis para todo el planeta, pues no sería un gran paro, y en vez de decirles criminales les alagaríamos como nuestros héroes.

Tal vez el gobierno (suspiro) podría ganarle la jugada a los hackers y ofrecer WiFi gratis para cada rincón de la república. Es decir que yo podría prender mi laptop e inmediatamente estar conectado al internet sin necesidad de cajitas, módems y babosadas, pues la verdad es que cuando voy a mi café favorito, ellos tienen su cuenta de WiFi para los clientes, y puedo pasarme horas y horas descargando música y películas ilegalmente (¡es chiste!) sin tener que preocuparme ni un segundo por pagarle al gordo Slim.

Liberemos el internet de la censura y de las manos codiciosas que quieren hacerlo propiedad privada. El internet es el aire, y el aire, hasta donde yo sé, es todavía gratis, ¿no?

Y de pasadita, chequemos otro canijillo que quiere el cobrarnos por el aire, y ese sería mi cuate Emilio Azscarraga con su ley televisa. A ver, mexicanos, ¿porque diablos debemos pagar por el aire? Si no pagamos por el aire, ¡no hay que pagar por el "tiempo-aire" tampoco!

Pontificando con el Pulpo ¿Es el Cosmos sólo un gran holograma?

¿Qué pasa si nuestro Universo 4D (altura, longitud, profundidad y tiempo) no es en realidad 4D? Ingrese el principio holográfico-la cosa más loca que usted leerá acerca de la actualidad.

El Universo en que vivimos parece ser de cuatro dimensiones: las tres dimensiones de la altura, la longitud y la profundidad, junto con el tiempo. Junto a los que se conoce como el espacio-tiempo, que es el fondo de nuestras teorías exitosas que describen las fuerzas que rigen la materia y el universo. Otros modelos, como la teoría de cuerdas, proponen más dimensiones, pero los que se enrollan demasiado pequeños para ser vistos.

Pero hay otra idea: tal vez una de las tres dimensiones ordinarias del espacio es necesario para la plena comprensión del Universo, con la información de "profundidad" codificado en las otras dimensiones. Debido a que el concepto es similar a un holograma, la idea se conoce como el principio holográfico, y es un tema candente entre los que tratan de comprender la naturaleza cuántica de la gravedad.

El principio holográfico no es una teoría que describe nuestro universo aún: es más una conjetura fascinante que podría dejar a resolver algunos problemas espinosos en la física fundamental algún día. Sin embargo, algunos investigadores piensan que podría ser capaz de detectar algunas discrepancias entre las tres dimensiones del espacio que percibimos y un holograma de menor dimensión en la estructura del espacio-tiempo en el nivel más microscópico.

Su experimento se conoce como el holómetro, situado en el Fermilab en Illinois. El holómetro está empezando operaciones para detectar hipotético "ruido holográfico": las vibraciones en la estructura del espacio-tiempo causado por la codificación de la tercera dimensión en los otros dos.

Sin embargo, no todo el que estudia el tema está de acuerdo en si existe ruido holográfico o no, y el fracaso para detectar cualquier cosa no nos dirán si el universo es un holograma o no. Para ver por qué esto es, sin embargo, tenemos que mirar más de cerca el principio holográfico.

Un holograma ordinario se construye típicamente mediante el uso de láser para escanear objetos tridimensionales, lo que resulta en una imagen que se ve diferente dependiendo del ángulo de visión. La tercera dimensión está codificado en la superficie de visión, engañar a nuestros ojos en profundidad el ver que no está allí. La ilusión no es perfecto: nadie más que Homer Simpson se deje engañar en pensar que el holograma de una rosquilla en realidad era una rosquilla.

Nos sería muy difícil-saber que vivimos en un holograma, porque la correspondencia entre el mundo tridimensional que vemos y el holograma de dos dimensiones es casi perfecto.

El principio holográfico es una cuestión ligeramente diferente. La idea se deriva de una correspondencia matemática interesante entre dos teorías: un universo de juguete de cinco dimensiones lleno de una variación de la energía oscura, la materia que hace que nuestro Universo real de acelerar) y un universo de juguete de cuatro dimensiones sin gravedad.

Si bien ninguno de estos modelos se describe el mundo real, que muestran, en principio, que un holograma inferior-dimensional podría contener toda la información de un cosmos más complejos. Y lo más importante, la correspondencia es exacta: a diferencia de un holograma normal, usted no sería capaz de echar un vistazo alrededor del borde del holograma cósmico a notar que en realidad es plana.

El principio holográfico puede o no puede trabajar para nuestro Universo real; es un área de investigación activa. Con base en estudios de agujeros negros, algunos físicos creen que el principio holográfico será parte de cualquier teoría cuántica de la gravedad razonable. Aunque esta teoría no existe en cualquier forma completa, es la reconciliación esperada de las dos ramas principales de la física teórica moderna: la relatividad general, que describe la gravedad y la teoría cuántica de campos, que cubre las otras fuerzas fundamentales de la naturaleza.

En su forma más pura, el principio holográfico no tiene ningún consecuencias contrastables inmediatos: estaríamos en apuros para saber que vivimos en un holograma, ya que la correspondencia entre el mundo tridimensional que vemos y el holograma de dos dimensiones es casi perfecto. (Digo "casi" porque debería tener consecuencias para el comportamiento de los agujeros negros y otros fenómenos exóticos, pero eso es una historia para otro día.)

Fermilab físico Craig Hogan propone un refinamiento: tal vez la codificación del Universo en tres dimensiones en el holograma no es perfecto, pero en cambio es "pixelada" en una escala muy pequeña, lo que lleva al ruido holográfico. El holómetro está diseñado para poner a prueba esta idea mediante dos interferómetros láser: dispositivos que miden la diferencia en los que viaja la luz a lo largo de la distancia diferentes caminos. Si la idea del ruido holográfico de Hogan es correcta, no debe haber fluctuaciones aleatorias en los interferómetros no considerados por cualquier otra explicación.

Pero eso significa que el holómetro en realidad no prueba si el cosmos es un holograma, sólo si hay ruido holográfico. Debido a que el ruido en los interferómetros puede venir de una gran cantidad de diferentes-pero muy comunes-las fuentes, el equipo holómetro tiene que estar muy seguro de que pueden dar cuenta de cada pedazo de él. Irónicamente, una de las motivaciones originales de Hogan para su hipótesis era misteriosa fluctuación en el detector de ondas gravitatorias GEO600, que desde entonces se han aclarado a través de un método mejorado de lectura de los datos experimentales.

Son posibles varios resultados del experimento holómetro. El más interesante, pero probablemente menos probable resultado sería la detección de ruido holográfico, inexplicable por las fuentes más mundanas. Eso sería un buen poco de evidencia para el principio holográfico, pero sin decirle mucho acerca de la naturaleza del holograma que habitamos. El resultado más probable (y decepcionante) es que cualquier señal será ambigua o inexistente, lo que no nos dice nada acerca de si vivimos en un holograma o no. Después de todo, mientras que el principio holográfico es necesario para el ruido holográfico, lo contrario no es cierto.

Así que no estoy sosteniendo la esperanza de que el holómetro revelará de cualquier manera ya sea que vivamos en un universo holográfico, pero respeto el equipo de investigación para probar la teoría del ruido holográfico. Mientras que algunas ideas de la ciencia pueden ser verdad pero no comprobable (por ejemplo, estamos muy seguro de que hay galaxias demasiado lejos para ver), que está sobre todos las pruebas. Y si no la holómetro, tal vez otro experimento en el futuro nos puede decir si vivimos en un holograma o no.

9-14-14

Pontificando con el Pulpo como no convertirse en asesino en serie,

Hola, mis estimados asesinos seriales: soldados, políticos, policía, y claro, el resto de ustedes. ¿Cómo va el negocio de la muerte? Creo que se me olvido añadir doctores y periodistas, pues valla que si se benefician esos del asesinato serial. Solo pregúntenle al gran periodista, William Randolph Hearst. No exactamente tan peor que lo que hiso el mismísimo Herman Goering. Me pregunto a cuantos habéis matado hoy.

Veamos..

A Televisa y TV Azteca les doy unos 1,000. Ya añadidas las guerrillas, pues son en los cientos de miles este año, pero digamos de hoy, de solo daños colaterales. Policía, pues, en las docenas.

¿Ejercito?

Esa es la principal, la importante. Si contamos Afganistán, Irak y Ucrania. Y claro, Michoacán, demasiados. Pero eso es solo para aquellos de nosotros que están de acuerdo que el Ejército debe pertenecer al Planeta, no a cualquier nación.

¿Y pues me pregunto, que tan necesarios fueron los dichos países? Si agenda 23 es real, y su propósito es terminar con todas las naciones, y por consecuencia, la guerra misma para el resto de la historia, pues… diría… no suficientes. ¿Qué no quedaron en 1 de 3?

Pero cómo va la cosa, también a veces me pregunto si no es mejor detener agenda 23, aunque claro, para que sea pública, ya no es como que sería fácil.

Ah, es que ustedes, pobres mortales, desconocen la Agenda 23, ¿verdad? Esperen, ¿no será la Agenda 21? Hmmmm….

Da igual, la idea de Agenda Veinte y Algo es matar muchísima gente para garantizar un gobierno global que quedara en manos de los actuales líderes del mundo. Muchos teoréticos de conspiración sospechan que el nuevo gobierno mundial tendrá su sede en Jerusalén, en el Templo de Solomon. Ya para estas alturas del partido, da igual, ¿no creen?

Algunos creen que tiene que ver con una invasión extraterrestre falsa, creada para poder continuar el ejercicio del poder militar sobre la industria a pesar del fin de las naciones por razones políticas y sociales. En este caso, los ejércitos del mundo dejarían de pelear entre si para enfrentar un nuevo enemigo que no es nisiquera humano. Y pues, aquí también se acabaría una significante porción del mundo humano por causa de asesinato, pero en esta versión, seria por extraterrestres falsos.

Como si no fueran suficientes las conspiraciones, hay un verdadero y muy presente peligro de guerra santa con la Cruzada que empezó George Bush en el 2001. Ya llevamos 13 años de guerra con Afganistán y el mundo islámico y hemos visto la caída de muchos regímenes. Pero falta ver que van a hacer los Rusos y los Chinos sobre esta guerra sin fin, y si realmente aparecerá el Imam Mahadi, el gran maestro espiritual que rescatara el islam de los infieles en su momento más peligroso, y terminara la guerra suprema contra el "dajjal" el diablo del apocalipsis bíblico.

Sin duda, la inseguridad en México podría tener causas ajenas, como un posible complot yanqui para apoderarse de lo que queda de las reservas petroleras, o simplemente para implementar el famoso "Amero" una moneda única para Canadá, México y EEUU. Esto le daría en la torre a todo el resto de América Latina económicamente. Como si no estuvieran más amolados "los de abajo".

En tiempos de guerra, los únicos que no son culpables son los que corren por sus vidas y escapan a tiempo. Todo el resto es carne de cañón para el Gran dios Ares. Conocido como Huichilopoztli entre nosotros, el sanguinario dios de la guerra está trabajando tiempos extra en nuestra época, y darle más alimento con nacionalismos ridículos, patriotismos fascistas y racismos ridículos es simplemente suicidio.

No tengan prisa de ir a suicidar a los "enemigos del estado", pues cuando el estado manda gente matar, el enemigo es el estado mismo.

9-14-14

Pontificando con el Pulpo la Meditación del Espejo y la meditación del Espejo Negro

Cuando fumo marihuana, me da por hacer cosas extrañas. De ellas, no la más extraña, pero tal vez si la más… peculiar, no es el Tarot, ni la meditación Za Zen. No… la más bizarra es la meditación del espejo.

Popularizada por el enigmático periodista Dross Rentrak, la meditación del espejo es un ejercicio sumamente fácil, pero extremadamente difícil para algunos. Se trata de mirarse en el espejo fijamente durante algunos minutos. Eventualmente, si el ejercicio es exitoso, el rostro de uno mismo desaparece por completo, dejando algo así como un hoyo negro en la forma de la silueta de la sombra de no mismo.

Si continúan haciéndolo, eventualmente, otros rostros, aparecen. Son espíritus, y … bueno, no recomiendo hacerlo tanto tiempo.

Algunas cosas importantes que recordar haciendo el ejercicio el espejo negro. Primero que nada, si quieren garantizar la aparición del nuestro señor Tezcatlipoca (el diablo pa ustedes cristianitos locos) pues un niño sagrado o un poco de santa María ayuda mucho. Si tienen que preguntar ¿Qué es eso? Pues mejor ya dejar de leer, pues todavía pueden hacerlo sin peligro.

Pero sois realmente estúpidos o valientes los que siguen los siguientes pasos para el ejercicio del espejo….

Tocad vuestra propia frente tres veces, y decid vuestro nombre cada vez para no ser poseído cuando dejen de ver el espejo… Y luego, llamad cualquier espíritu que queréis.. Y esperad.

Mucho cuidadito con quien exactamente llamáis, pues primero llegara el Señor Tezcatlipoca, señor del espejo humeante a anunciar la llegada de ese espíritu.

Y luego llegara el. O ella.

O peor aún, absolutamente nadie del todo.

¡Mariguanadas! Diréis.

Pero estaréis equivocados, pues el espejo es realmente una puerta al presente, el pasado y el futuro. Y solo hay que saber abrirle.

Los espejos se han considerado mágicos desde que aparecieron como utensilios de tocador y objeto manual. Fueron muy usados en las civilizaciones egipcia, griega, etrusca y romana. Fue usado en la cultura hebrea, era parte de la fuente de metal que estaba a la entrada del

Tabernáculo de la Reunión. Al lavarse los sacerdotes podían ver sus imperfecciones (Éxodo 38:7-9; 30:18; escrito aproximadamente en el 1447 a. C). Se elaboraban siempre con metal bruñido, generalmente cobre, plata o bronce, a este proceso se le conoce como plateo. Tenían forma de placa redonda u oval, decorada ordinariamente con grabados o relieves mitológicos en el reverso (los romanos carecen de grabados, pero no de relieves) y con mango tallado para asirlos cómodamente; de ellos, se conservan todavía muchos ejemplares en algunos museos arqueológicos. Durante la alta Edad Media, apenas se hizo uso del espejo, hasta que en el siglo XIII se inventó la fabricación de los de vidrio y de cristal de roca sobre lámina metálica (o con amalgama de plomo o estaño que son los *espejos azogados*), sin dejar por esto de construirse los de sólo metal hasta el siglo XVIII.

El hecho de que brujos, hechiceros y alquimistas han utilizado espejos para invocar seres de otros planos de existencia es muy antiguo, y también se remota al antiguo Egipto. Entre los muchos magos y hechiceros que usaron espejos en sus conjuros están Hermes Trigamestus, Caligostro, Aleister Crowley y otros muchos.

El espejo ocupa un lugar importante en la mitología y las supersticiones de muchos pueblos. La imagen que en él se refleja se identifica a menudo con el alma o espíritu de la persona: de ahí por ejemplo que los vampiros, cuerpos sin alma, no se reflejen en él. Cuando un moribundo está a punto de dejar este mundo, es común que se cubran los espejos, por temor a que el alma del agonizante quede encerrada en ellos.

El espejo se concibe, así, como ventana al mundo de los espíritus. La leyenda urbana de Verónica aprovecha ejemplarmente esta visión. Viceversa, el mundo de los espíritus tiende a imaginarse como una contrapartida especular del de los vivos. Lewis Carroll desarrolla magistralmente la idea del espejo como entrada a un mundo inverso en la segunda parte de las aventuras de Alicia.

El espejo es también objeto frecuente de consulta: se le juzga capaz de mostrar sucesos y objetos distantes en el tiempo o el espacio. En el cuento de *Blancanieves*, el espejo tiene la facultad de hablar y responde a las preguntas que le formula la madrastra. J. R. R. Tolkien retoma con su célebre «espejo de Galadriel» la tradición del espejo capaz de mostrar el futuro. En la novela *Harry Potter y la piedra filosofal*, de J. K. Rowling, aparece el espejo de Oesed (*Deseo* leído a la inversa), que no refleja la imagen de quien lo contempla, sino sus deseos más profundos.

También es notable el Espejo de la Sabiduría (en el que se refleja «todas las cosas del cielo y de la tierra excepto el rostro de quien se mira en él»), descrito por Oscar Wilde en el cuento «El pescador y su alma».

9-19-14

La Marihuana: Medicina Ancestral

Aquí y ahora, la marihuana es considerada un crimen contra la salud… ¿Pero sabía usted que muchas civilizaciones de la historia han usado la marihuana como medicina?

Hasta 2008, la evidencia más antigua del uso de la marihuana en las manos del hombre se remonta a unos 10.000 años un pueblo prehistórico descubierto en Taiwán en 1972. Fragmentos de alfarería desenterrados allí llevaban la clara impresión de cuerda de cáñamo, de manera concluyente que demuestre que la marihuana ha estado en uso desde la Edad de Piedra. Sin embargo, en 2008, los expertos están a punto de publicar los resultados en una excavación en Asia Central, que cuenta con evidencia del uso de cannabis por un hechicero prehistórico unos 27.000 años atrás.

Conocida en chino como Ma, esta hierba resistente, anual es sin duda la "madre" de la civilización agrícola. Ma proporcionada a ser una fuente de alimento renovable y una fibra textil resistente para la fabricación de cuerdas y tela, además de sus muchos usos medicinales, los rendimientos de marihuana ricos en vitaminas del complejo B, proteínas y aminoácidos, los cuales han servido como segunda o tercera de China fuente de alimentación más importante agrícola durante miles de años. La evidencia de la marihuana en su uso como un medicamento se ha encontrado en las ruinas egipcias de fecha tan temprana como el siglo 16, y excavaciones en antiguos lugares hebreos han descubierto pruebas de la marihuana medicinal como ayuda para el parto mucho antes de la época de Cristo, los muchos usos de Ma ha demostrado ser un recurso muy valioso para la supervivencia continua de la cultura china desde sus lejanos orígenes hasta la actualidad.

El primer material conocido como tela de cáñamo identificado fue encontrado en un antiguo cementerio de la dinastía Chou (1122-1249 aC), confirmando numerosas referencias históricas a la importancia del cáñamo en la antigua China. En el rito libro de Ritos (circa 200 aC), los asistentes fueron instruidos para usar tela de cáñamo, por respeto a los muertos, una tradición que sobrevive hasta nuestros días.

Tal vez lo más importante, el invento chino de papel de cáñamo alrededor del año 200 aC revolucionado los procesos de mantenimiento de registros fundamentales para un gobierno ordenado. Aunque el secreto se mantuvo desde el resto del mundo durante 900 años, la fabricación de papel de cáñamo con el tiempo se convirtió en indispensable para el rápido desarrollo de todas las civilizaciones de todo el mundo. Miles de años antes de que el papel de cáñamo se convirtió en un accesorio central de las civilizaciones europeas, los usos industriales y médicos de Ma estaban muy arraigadas en China, el país históricamente conocido como "la tierra de la morera y el cáñamo."

En la antigua China, los curanderos utilizan tallos de cáñamo talladas con figuras de serpientes adornadas como amuletos mágicos para exorcizar los demonios que se cree que la causa de la enfermedad física. Estos curanderos intentaron curar todo tipo de enfermedades al derrotar a los cabeceros de las camas de los pacientes con tallos de cáñamo mágicos mientras recitaba conjuros y encantamientos. Sacerdotes sintoístas japoneses emplearon una ceremonia similar usando una varita corta atada con fibras de cáñamo sin teñir. La pureza del blanco cáñamo fue pensado para exorcizar los demonios del mal. Mientras que los científicos contemporáneos descartar las cuentas que supersticiones ignorantes, un observador más atento podría reflexionar sobre los orígenes de estas longevas leyendas.

Shen-Nung, un emperador chino que reinó alrededor de 2800 aC, se le atribuye la introducción de medicamentos para el pueblo chino. Como todas las figuras míticas, que se recuerda en el tiempo, tanto de hecho y la fantasía. Se dice que Shen-Nung tenía un abdomen transparente e intencionalmente ingiere tantas como 70 plantas diferentes por día para que pudiera ver sus efectos y descubrir sus diversas cualidades. Shen-Nung identificado cientos de diferentes medicamentos, que se compilan en el más antiguo texto médico del mundo, el Ts'ao Pen. Para eso fue deificado y sigue siendo aclamado como el padre de la medicina tradicional china. Antes de la reorganización de China como un país comunista, los minoristas de drogas medicinales ofrecen descuentos periódicos en honor de Shen-Nung.

De acuerdo con el Pen Ts'ao, ma-fen, las flores de la planta de marihuana hembra, contienen la mayor cantidad de energía yin: yin es el atributo femenino receptivo, es decir, en la filosofía tradicional china y la medicina, de forma dinámica vinculada con el yang, el elemento masculino creativo. Ma-fen se prescribe en casos de pérdida de yin, tales como la fatiga menstrual, el reumatismo, malaria, beri beri, el estreñimiento, y la distracción. El Pen Ts'ao advirtió que el consumo de semillas Ma podría causar ver demonios, pero que, a lo largo de un largo período de tiempo, semillas de marihuana podría permitir uno comunicarse con los espíritus. Shen-Nung también instruyó al pueblo chino en el cultivo de cáñamo para la ropa y otros usos textiles, un arte que todavía se practica la agricultura en las zonas rurales de China.

En el siglo I dC, los alquimistas taoístas inhalaban el humo de quema de semillas de cáñamo con el fin de provocar visiones, que fueron valorados como un medio para alcanzar la inmortalidad. La marihuana era considerada un elixir superior que rejuvenece la mente y el cuerpo. En disciplinas más pragmáticos, los médicos tradicionales chinos han utilizado Ma para una amplia variedad de condiciones médicas. Hua T'o, un cirujano famoso del siglo II dC, realizó una cirugía complicada con ma-yo, un anestésico hecha de resina de cáñamo y vino. Cuando la acupuntura y las medicinas no pudo efectuar una cura, Hua T'o realizar cirugías complejas, incluidas amputaciones y los injertos de órganos vinculados con suturas. Con el uso de ma-yo, estas cirugías fueron supuestamente indoloras. En el siglo X, los médicos chinos informaron que ma-yo era útil en el tratamiento de enfermedades y lesiones residuales. Ma fue utilizada para limpiar la sangre y contra fiebres frías, así como para curar el reumatismo y para facilitar el parto.

9-14-14

EL GEONOCIDIO ESPIRITUAL EN WIRIKUTA

El Consejo Regional Wixárika, interpuso el pasado 1 de marzo un recurso ante la Secretaría de Economía, en Guadalajara "exigiendo la cancelación de siete concesiones mineras en las que de manera ilegal han realizado trabajos de exploración como parte del denominado Proyecto Universo, que abarca todo el bajío del territorio sagrado ceremonial de Wirikuta y que pone en riesgo varios de los principales altares donde el pueblo Wixárika acampa, reza, vela y realiza ceremonias en su peregrinación".

Esta es solo la ultima en una serie de batallas espirituales entre el pueblo Huichol y sus aliados y el pueblo Canadiense que apoya la explotación minera de Wirikuta. Claro, el nefasto pueblo Mexicano, conocido por su absoluto desinterés en asuntos de genocidio contra sus súbditos, en lo general apoya a los Canadienses contra los Huicholes. El malinchismo sigue vivo y fuerte en nuestra tierra, pero este conflicto no es como los otros conflictos étnicos de nuestra nación. Este es una guerra por nuestra alma, y de pasadita, por el alma de los Canadienses y otros que no saben nada de nuestros pueblos y costumbres.

Solo quedan alrededor de 20,000 Huicholes que todavía mantienen sus viejas costumbres y religión. El mas gran genocida espiritual de todos, la temible Iglesia Católica Apostólica Romana ha logrado convencer muchos Huicholes de abandonar sus creencias y costumbres por el Catolicismo. Y ahora, los Canadienses quieren cambiar lo sacro por oro, ofreciéndoles a los jóvenes Huicholes la habilidad de vender sus almas por algunas cuantas monedas de oro.

En la Jornada de Jalisco, reportero Cristian Chávez nos dice que los Huicholes: "Con un diagnóstico científico técnico preciso y sin precedentes sostuvieron la no viabilidad en la zona de la explotación minera y reiteraron que su exigencia es la reactivación urgente de la economía de la región de Wirikuta, con estricto respeto a los derechos humanos y territoriales de los pueblos campesinos del desierto, cancelando todas y cada una de las concesiones mineras y prohibiendo esta actividad en cualquiera de sus modalidades, pues como se lo dijeron en su escrito dirigido a Enrique Peña Nieto en su carácter de Jefe del Estado Mexicano el 7 de febrero de 2013, de ello depende su vida como pueblo y los equilibrios fundamentales de la vida del mundo."

Pero yo voy a ser mas claro. La guerra contra las mineras Canadienses no es solo un asunto económico. Estamos hablando de genocidio. Estamos hablando de pelear por la EXISTENCIA de un pueblo que tiene un vinculo espiritual con un lugar sagrado. Si los mineros ganan, habremos vendido a los últimos Huicholes por un poco de oro, y eso es un golpe contra el mismísimo concepto de México como nación.

Bajo el grito de "¡Wirikuta No Se vende, se ama y se defiende!" El pueblo Huichol se defiende del Genocidio Espiritual que algunos ricachones quieren perpetuar en sus tierras sagradas. Se defienden no con armas, con fusiles y bombas, pero con música, arte y el innegable derecho humano a su existencia.

Algunas de las declaraciones del consejo:

- A pesar de los intentos de dividirnos el pueblo wixarika mantiene una sola palabra: "La cancelación de las concesiones mineras". Y le informan Al presidente Peña Nieto que de ello depende su supervivencia como pueblo.

- Exigen la acción del Gobierno Federal para detener la campaña de desinformación emprendida por el gobierno municipal de Catorce y la empresa First Majestic Silver.
- Arrancan nueva etapa de lucha con una serie diálogos con pobladores de Wirikuta, científicos y gobierno federal
- Exigen la reactivación de la economía regional, en base al respeto a los derechos humanos y territoriales de los pueblos del desierto y el pueblo Wixárika

- Las comunidades representadas por el Consejo Regional Wixárika le informan en este documento al jefe del Estado Mexicano las implicaciones de permitir la destrucción de Wirikuta "es la base del conocimiento de nuestros mayores y consejos de ancianos que trasmiten a los niños y jóvenes. Es la base de los calendarios de nuestras autoridades tradicionales, civiles y agrarias. Es decir, es la base de absolutamente todos los tejidos sociales de nuestro pueblo"

Nuestro pueblo está de pié de lucha

- Con un recuento de las acciones que han llevado a cabo como pueblo reiteran las que han sido sus exigencias fundamentales, que fueron expresadas en una Primer Carta Urgente dirigida al Presidente de México a los pueblos y Gobiernos del mundo, entregada el 9 de Mayo del año 2011.

- - Se cancelen las concesiones mineras como expone la CNDH en su recomendación 56/2012 por ser ilegales, recomendación que por cierto ha sido aceptada en todos sus términos por las autoridades federales.

- - Sean clausuradas los trabajos agroindustriales que destruyen ilegalmente cientos de hectáreas

- - Se inscriba a Wirikuta en Listado de Patrimonio Natural y Cultural de la Humanidad de la UNESCO, retirando la absurda nominación hecha por la administración anterior para su reconocimiento solo como patrimonio inmaterial

Una vez más, México es lugar de un genocidio por intereses económicos. ¿Como puede ser que salvemos a las Ballenas pero no a los Huicholes? Y a aquellos que se venden por algunas monedas de oro y dejan sus deberes espirituales, una advertencia: ya han hablado los ancianos sobre estos días, y ya nos advirtieron, hace mucho, que los Dioses no toleraran que sus tierras sagradas sean destruidas. Culpo menos a los Canadienses, que no saben nada de los Huicholes, que a nustro propio pueblo, que pretende venderlos a cambio de oro.

Mas información en: http://salvemoswirikuta.blogspot.mx/

http://frenteendefensadewirikuta.org/wirikuta/

9-20-14

Ayahuasca

El hombre es un ser en búsqueda de algo desconocido. Generalmente los hombres buscan cosas prácticas como dinero, amor y salud... Pero no todos buscamos cosas prácticas. Muchos buscan el poder sobre los demás, la venganza, y hasta la auto-destrucción. Todos buscamos cosas distintas. No siempre es para nuestro beneficio.

Entre los buscadores humanos, los más avanzados son los chamanes. Los chamanes buscan abrir portales entre los mundos de los vivos y los espíritus, y así conocer la verdad en sangre propia, no atreves de libros o maestros. De los chamanes del mundo, aquellos con la reputación de conocer como abrir mejor esos portales con el uso de pócimas y plantas sagradas son los chamanes que tuvieron la fortuna de nacer en la región del Amazonas. Ahí, una pócima mágica, de nombre Ayahuasca es posiblemente la manera más rápida y efectiva de abrir los ojos al mundo de los espíritus.

Se conoce como **ayahuasca** a diversas bebidas enteogénicas resultantes de las decocciones de múltiples plantas. El componente básico es una decocción de la liana Banisteriopsis caapi, cuya propiedad es su contenido de inhibidores de la monoaminooxidasa, conocidos como (IMAOs).

En quechua *ayahuasca* significa 'soga de muerto' por su etimología *aya* 'muerto, difunto, espíritu' y *waska* 'soga, cuerda', ya que en la cosmovisión de los pueblos nativos el ayahuasca es la soga que permite que el espíritu salga del cuerpo sin que este muera. Es usado para rituales médicos y/o religiosos y en la medicina tradicional de los pueblos nativos amazónicos.

La preparación varía según los grupos indígenas, las poblaciones y los médicos chamanes de cada población, guardando cada uno su secreto y habiendo diversas recetas con diferentes agregados.

El ayahuasca es pues la poción por excelencia del mundo Amazónico y nexo de unión entre diversas culturas que tienen en común el consumo individual o grupal de la ayahuasca con diversos fines, que abarcan desde lo curativo a lo que tiene un carácter espiritual o de revelación personal.

Es una herramienta que está mostrándose de utilidad en ciertas aproximaciones terapéuticas y de autoconocimiento, y está siendo estudiada desde hace tiempo por médicos, farmacólogos, psicólogos y psiquiatras de todo el mundo como herramienta para diversos problemas, con especial relevancia en ayudar a los sujetos a romper con los procesos y hábitos dañinos para sí mismos y para otros. De hecho su uso en tratamientos de desintoxicación y adicciones es un hecho en países como Brasil y Perú configurándose como uno de los tratamientos más punteros para las drogodependencias.

Todas las ceremonias de ayahuasca, se realizan en las noches y puede durar unas 4 horas, durante la ceremonia de ayahuasca el chamán guía a través de sus icaros (canciones del chamán dada por los espíritus de la naturaleza), después de beber la bebida sagrada, la ayahuasca tiene una acción profunda en el cuerpo, mente, emociones y espíritu, que nos permite confrontar y conquistar nuestros miedos más profundos, revitalizar energías vitales y despertar un mayor nivel de conciencia En la ceremonia se abre una conexión con la espiritualidad que durará toda la vida, la ingestión de la ayahuasca no produce ningún tipo de dependencia. Muchas veces en una ceremonia pueden producirse vómitos, diarreas, sudoraciones y otros efectos.

El reto de la persona es entender el significado real de las visiones que muestra la planta Ayahuasca y utilizar ese aprendizaje en su vida diaria.

Actualmente en el Perú y en todo el mundo se encuentran instituciones con equipos mixtos de chamanes nativos y médicos, psiquiatras y psicólogos que trabajan en conjunto las terapias con ayahuasca. Investigadores de medicina moderna como el doctor Rick Strassman M.D. han estudiado a fondo la forma y mecanismos de acción de los alcaloides activos de la ayahuasca y sus conexiones con la cosmovisión y religiosidad de los pueblos originarios de esta tradición y otras culturas del mundo como la egipcia, considerando imprescindible el nexo con la experiencia fisiológica y la experiencia espiritual que existe en los estados que provoca el ayahuasca y su alcaloide activo visionario (DMT). En su caso es la primera investigación seria y oficial hecha en Estados Unidos con una metodología científica y profesional.

La ayahuasca es, así mismo, el sacramento de varias iglesias brasileñas, como el Santo Daime o la União do Vegetal, que se han expandido por Estados Unidos y Europa, con un uso adecuado y respaldado por la experiencia y las investigaciones del gobierno brasileño y americano. Estas instituciones religiosas, de corte sincrético e integradoras del complejo legado cultural amazónico en el que convergen lo puramente amazónico y lo cristiano, han constatado el progresivo reconocimiento de su actividad y práctica religiosa. Tal reconocimiento jurídico encuentra su base en el ejercicio de la libertad religiosa y en tanto expresión tradicional de la cultura amazónica.

La ayahuasca también ha sido declarada patrimonio cultural del Perú y Brasil para ofrecer mayor protección a la planta, a los ritos y a la cultura asociada a su uso. El uso de la ayahuasca en países como el Perú, Brasil, Ecuador y Estados Unidos de América está amparado legalmente por el reconocimiento de sus usos tradicionales y religiosos en el propio marco que sirve el reconocimiento jurídico de los <u>derechos</u> de los grupos tribales nativos así como de instituciones religiosas como la Unión do Vegetal o el Santo Daime.

Actualmente y desde hace algunos años, en varias ciudades de <u>Venezuela</u> se realizan ceremonias de Ayahuasca, guiadas por taitas (chamanes) mayormente provenientes del alto y del bajo <u>Putumayo (Colombia)</u>. Es común que durante las ceremonias haya música y cantos, y que al final de ellas los indígenas realizen "limpias" a los presentes, las cuales varían según las costumbres rituales de cada taita y/o de la etnia a la que pertenezca.

9-21-14

SAN MALAQUÍAS Y LA PROFECIA DEL ÚLTIMO PAPA

Estimados lectores del Vocero... Desafortunadamente para nosotros los pronosticadores del desastre, el mundo no se acabo con el fin del Calendario Maya el 21 de Diciembre del años pasado, y Peña Nieto es todavía presidente. Obama todavía está mandando aviones robot a matar Afganos. Walmart todavía quiere poner su franquicia en Valle de Bravo, hay menos agua para todos, y solo nos queda buscarle a ver que otras apocalipsis podemos sacar de la manga para mejorar el mundo. En este esfuerzo apocalíptico, les presento a San Malaquías y la profecía del Papa Negro.

Nació en Armagh, Irlanda, en 1094 en la familia O'Morgair, según San Bernardo de la nobleza. Fue bautizado con el nombre de Maelmhaedhoc (latinizado como Malaquías). Fue educado por Imhar O'Hagan y después por el Abbad Armagh. Fue ordenado sacerdote por St. Cellach (Celsus) en 1119. Se le atribuyen muchos milagros pero por lo que más se le recuerda es por su don de profecía. Entre estas la mas famosa es la referente a los papas (ver abajo). Fue canonizado por el Papa Clemente III, el 6 Julio de 1199. Su fiesta se celebra el 3 de noviembre.

Las Profecías de San Malaquías.

Sobre su propia muerte

Según nos relata San Bernardo, San Malaquías anunció el día exacto de sus muerte (2 de noviembre) estando con el en la abadía de Clairvaux.

Sobre los Papas

La mas famosa de las profecías atribuidas a San Malaquías es sobre los Papas. Está compuesta de "lemas" para cada uno de **112 Papas**, desde Celestino II, elegido en 1130, hasta el fin del mundo. Estos "lemas" descriptivos de los Papas pueden referirse a un símbolo de su país de origen, a su nombre, su escudo de armas, a su talento o cualquier otra cosa referente al Papa. Por ejemplo, el lema de Urbano VIII es *Lilium et Rosa*; El era de Florencia, Italia, en cuyo escudo aparece la *fleur-de-lis.*

Los últimos Papas.

#104: **"Religio Depopulata"** (Religión devastada). **Benedicto XV** (1914-1922). Pues aquí la Primera Guerra Mundial no solo devasto a la religión, pero a todo lo demás de pasadita.

105: **"Fides intrepida"** (La Fe Intrépida). **Pío XI** (1922 –1939).

106: **"Pastor angelicus"** (Pastor angélico). **Pío XII** (1939-1958). Reconocido como un gran intelectual y defensor de la paz. Enfrento la amenaza Nazi y defendió la Iglesia de esos paganos.

107: **"Pastor y nauta"** (Pastor y navegante). **Juan XXIII** (1958-1963) Juan XXIII fue Cardenal de Venecia, ciudad de navegantes. Condujo la Iglesia al Con. Vat II.

108: **"Flos florum"** (Flor de las flores). **Pablo VI** (1963-1978). Su escudo contiene la flor de lis (la flor de las flores).

109: **"De medietate Lunae"** (De la Media Luna). **Juan Pablo I** (1978-1978). Su nombre era "Albino Luciani" (luz blanca). Nació en la diócesis de Belluno (del latín bella luna). Fue elegido el 26 de agosto del 1978. La noche del 25 al 26 la luna estaba en "media luna". Murió tras un eclipse de la luna. También su nacimiento, su ordenación sacerdotal y episcopal ocurrieron en noches de media luna.

 # 110: "De labore solis" (De la fatiga o trabajo del sol). **Juan Pablo II** (1978-2005). Ha sido capaz de un trabajo extraordinario y extenso. Los días de su nacimiento y muerte hubo eclipses solares. Logro la emancipación de los Polacos del ateísmo del régimen comunista. Y fue parte de la caída del imperio comunista en Russia.

 # 111: "Gloria Olivae" (La gloria del olivo). **Benedicto XVI** (2005). Toma su nombre por San Benito y Benedicto XV. Los Benedictinos tuvieron una rama llamada los "olivetans". Benedicto XV se destacó por sus esfuerzos por la paz durante la Primera Guerra Mundial.

Y ahora hay que decir que solo queda un Papa en la lista de Malaquías, que quiere decir que el Papa que sigue a Benedicto XVI será el último Papa antes del Juicio Final por el Justo Juez (o el regreso de Jesucristo):

- **# 112: "Petrus Romanus"** (Pedro Romano). Quién será el último Papa ya que en su reinado ocurrirá el fin:

Escribió San Malaquías: "En la persecución final de la Santa Iglesia Romana reinará *Petrus Romanus* (Pedro el Romano), quien alimentará a su rebaño en medio de muchas tribulaciones. Después de esto la ciudad de las siete colinas (Roma, sede del Vaticano) será destruida y el temido juez juzgará a su pueblo. El Fin."

Y pues, aquellos de nosotros que quedamos decepcionados por que no llegaron los marcianos a comerse al Pentágono, Los Pinos y la Casa Blanca tenemos una nueva oportunidad de esperar por el fin de todos los tiempos, que es el fin de la Iglesia Católica por la oportuna llegada de su fundador y principal Jefe Ejecutivo: Jesucristo. Claro, si no llega el Justo Juez, pues ni modo, tendremos que pagar la cuenta de Luz y aceptar otro sexenio del PRI, pero no hay que quitarle la esperanza a la gente.

Malaquías no es el único profeta en esto de que la salida de Benedicto anuncia la llegada del "ultimo Papa". Otras profecías que han marcado historia son las del reconocido nombre de Nostradamus.

De acuerdo con una predicción del profeta Nostradamus, la elección de un papa negro en el siglo XXI marcará el fin del mundo. Entre los posibles reemplazantes de Benedicto XVI hay dos cardenales africanos. Según una profecía de Nostradamus, el sucesor de piel oscura será el último antes del temido Apocalipsis. Y pues, solo podemos esperar que los cardenales responsables por la elección del sucesor de Benedicto consideren a los Africanos en sus encuestas por el Sumo Sacerdote. Aquí la prole ya se dio cuenta que hace falta un cambio, y el apocalipsis parece ser justamente el tipo de cambio que hace falta.

9-21-14

LOS MITOS DE LA PROPIEDAD INTELECTUAL

La propiedad intelectual es un tema principal en la era del internet. Las leyes de derechos de autor son la forma en que televisa y Hollywood dominan al mundo de las ideas. El llamado "copyright" en ingles, la idea que algunas ideas son "propiedad" de ciertas personas y grupos y que estas ideas pueden ser protegidas por la ley. Los derechos de autor como son utilizados por los medios se basan en varias inconsistencias y mitos. Vamos a tratar de desenmascarar algunos de estos mitos:

1.   Los derechos de autor son muy antiguos.

La propiedad intelectual es un concepto moderno que hiso su debut hace muy poco. La primera ley de patentes fue promulgada en 1623, y el precursor de los modernos derechos de autor en el Estatuto de Anne en 1710. Estas primeras leyes eran de alcance limitado y restringido a sólo unos pocos tipos de información, la interpretación más amplia de estos principios utilizados en la actualidad es bastante moderna.

2.   La propiedad intelectual es reconocida en todo el mundo.

Como un enfrentamiento reciente de Estados Unidos con China demuestra, la propiedad intelectual no es un concepto que tiene aceptación en todo el mundo. De hecho, un objetivo importante de la política exterior de los Estados Unidos ha sido obligar a otros países a cumplir con sus leyes sobre la propiedad intelectual una forma desagradable de imperialismo intelectual que con demasiada frecuencia ignorado por nuestro gobierno.

3.   . Sin propiedad intelectual, nadie va a producir un trabajo original.

Teniendo en cuenta que la ley de propiedad intelectual hizo su debut en 1623, que correctamente puede considerar cualquier trabajo producido antes de este tiempo para disipar el mito. El hombre creado durante milenios antes de la aparición de la propiedad intelectual, sino que se creará para muchos miles de años más después de haber sido abandonado.

4. La propiedad intelectual se desprende directamente de la noción de propiedad física.

Derechos de Propiedad Física se derivan del hecho básico de que un objeto físico no puede estar en dos lugares al mismo tiempo. Información, sin embargo, difiere de la propiedad física en un número de maneras, una de las cuales es que puede estar en muchos lugares a la vez. Decir que una "idea" es propiedad de alguien es como decir que el viento lo es.

6. La propiedad intelectual es necesaria crear incentivos para la producción de obras originales.

Este mito de la propiedad intelectual se ha convertido en el mantra de los partidarios de los derechos de autor. A menudo repetido, se dice que los creadores de contenido novedoso necesitan la protección del estado con toda su fuerza para garantizar que sus ideas no sean robadas.

Consideremos, por ejemplo, la industria del software. Los primeros avances en software fueron compartidos entre todos gratis. Con la reciente introducción de la ley de patentes en informática, sin embargo, muchos programadores individuales viven con el temor de demandas por parte de las grandes corporaciones que dicen "propiedad" de técnicas tales como el desplazamiento de búfer. ¿Quién se beneficia de esto? Ciertamente no los creadores! Derecho de propiedad intelectual, desde su creación, ha sido acerca de los editores y otras firmas poderosas como mucho que perder.

Mientras el debate sobre el futuro de la propiedad intelectual se desarrolla, será más importante que nunca para los participantes y espectadores, para tener una buena información sobre la naturaleza de la propiedad intelectual. Al eliminar los mitos y conceptos erróneos que rodean la propiedad intelectual, podemos tomar mejores decisiones en cuanto a su estado correcto en nuestra sociedad.

Este documento debe ser considerada de dominio público por favor distribuir libremente.

9-10-14

Pontificando con el Pulpo las Historias de Horror de Reddit.

Usted está buscando una historia horrible que le mantendrá hasta esta noche, no pierda todo ese tiempo viendo una película de terror. Reddit nos ha provisto de páginas de historias de horror aterrador envueltos en dos frases o menos. Aquí hay veinte de nuestras historias favoritas garantizados para que usted mantenga sus luces prendidas esta noche.

1. Therealhatman
Me desperté al oír golpes en el vidrio. Al principio, pensé que era la ventana hasta que oí que vienen desde el espejo.

2. Jmperson
Lo último que vi fue a mi despertador intermitente 12:07 antes de que ella se apartó una mano en mi pecho, su otra mano amortiguando mis

gritos. Me senté de golpe, aliviado de que era sólo un sueño, pero cuando vi mi reloj despertador leer 12:06, escuché la puerta de mi armario abrirse.

3. Miami_Metro
Crecer con los gatos y los perros, me acostumbré a los sonidos de arañazos en la puerta de mi cuarto mientras yo dormía. Ahora que vivo solo, es mucho más inquietante.

4. EvilSteveDave
En todo el tiempo que he vivido sola en esta casa, lo juro por Dios que he cerrado más puertas que he abierto.

5. Drrd777
Una chica oyó a su madre gritar su nombre de la planta baja, así que ella se levantó y comenzó a dirigirse hacia abajo. Como llegó a las escaleras, su madre la llevó a su habitación y le dijo: "Yo escuché eso, también."

6. Calamitosity
Ella me preguntó por qué estaba respirando tan pesadamente. Yo no estaba respirando.

7. The_D_String
Mi esposa me despertó ayer por la noche para decirme que había un intruso en nuestra casa. Fue asesinada por un intruso hace 2 años.

8. Doctordevice
Me desperté con el sonido del monitor del bebé del chisporroteo con una voz reconfortante mi hijo primogénito. Como me ajusté a una nueva posición, mi brazo rozó mi esposa, durmiendo junto a mí.

9. Hangukbrian
Siempre pensé que mi gato tenía un problema mirando - ella siempre parecía obsesionada con mi cara. Hasta que un día, cuando me di cuenta de que ella siempre estaba mirando justo detrás de mí.

10. Wartortlesthebestest
No hay nada como la risa de un bebé. A menos que sea 1 a.m. y estás solo en la casa.

11. Vigridarena

Yo estaba teniendo un sueño agradable cuando lo que sonaba como martilleo me despertó. Después de eso, apenas podía oír el sonido sordo de la suciedad que cubre el ataúd sobre mis propios gritos.

12. Vaultkid321

"No puedo dormir," susurró ella, metete en la cama conmigo. Me desperté frío, agarrando el vestido que fue enterrado con ella.

9-11-14

Pontificando con el Pulpo La Condesa Erszbeth, Reina de Los Vampiros

Nació en una de las familias más antiguas y adineradas de Transilvania: los Erdély. Sus padres, Anna y Jorge Báthory, eran primos. Su abuelo materno fue Esteban Báthory de Somlyó. Su tío materno fue Esteban I Báthory, príncipe de Transilvania y rey polaco entre 1575 y 1586. El escudo de armas de su familia consiste en tres dientes de jabalí de plata sobre un campo de gules. Entre el resto de familiares se encuentran un cardenal y varios príncipes. Su infancia transcurrió en el castillo de Csejte y antes de cumplir los seis años sufría ataques de lo que se puede considerar epilepsia.

A los once años fue prometida con su primo Ferenc Nádasdy, conde (anteriormente barón). A los doce empezaron a vivir juntos en el castillo de él y nunca tuvo buena relación con su suegra, Úrsula. A diferencia de lo que era propio en la época, recibió una buena educación y su cultura sobrepasaba a la de la mayoría de los hombres de entonces. Era excepcional, "hablaba perfectamente el húngaro, el latín y el alemán, mientras que la mayoría de los nobles húngaros no sabían ni deletrear ni escribir [...] hasta el Príncipe de Transilvania era prácticamente analfabeto".

A los quince años, el 8 de mayo de 1575, se casó con Ferenc, que entonces contaba 20 años de edad. La ceremonia tuvo lugar con gran lujo en el castillo de Varannó (su nombre eslovaco es Vranov nad Toplou); acudieron más de 4500 invitados, incluso se invitó al emperador Maximiliano II, que no pudo acudir. Fue Ferenc quien adoptó el apellido de soltera de su esposa, mucho más ilustre que el suyo. Se fueron a vivir al castillo de Čachtice, en compañía de su suegra Úrsula y otros miembros de la casa. El joven conde no pasaba mucho tiempo por allí: la mayor parte del tiempo estaba combatiendo en alguna de las muchas guerras de la zona (empalando a sus enemigos), lo que le mereció el apodo de "Caballero Negro de Hungría". Existe un registro epistolar de cómo Ferenc e Isabel intercambiaban información sobre las maneras más apropiadas de castigar a sus sirvientes, esto era normal entre los nobles de la época. Las posesiones de esta pareja de nobles húngaros eran enormes, y se requería además un férreo control sobre la población local, de origen húngaro, rumano y eslovaco.

Ferenc e Isabel apenas se veían debido a las actividades guerreras del primero, así que no fue hasta 1585, diez años después de su matrimonio, que la condesa tuvo a su primera hija, Ana, y en los nueve años siguientes dio también a luz a Úrsula y Catalina. Finalmente, en 1598, alumbró a su único hijo varón, Pablo.

En 4 de enero de 1604, el Caballero Negro de Hungría, como se conocía a Ferenc por su fiereza a la hora de combatir, murió de súbita enfermedad durante una de sus batallas y dejó viuda a Isabel, que contaba con 44 años. Es aquí cuando comienzan, según sus acusadores, sus crímenes. Para empezar, despidió a su muy odiada suegra del castillo, junto con el resto de la parentela Nádasdy; las muchachas a las que ésta protegía en esos momentos fueron llevadas a los sótanos y allí recibieron por fin los castigos que, en opinión de Isabel, se merecían.

Esto dejó a Erzsébet en una situación peculiar. Señora feudal de un importante condado de Transilvania, metida en todas las intrigas políticas de aquellos tiempos convulsos, pero sin ejército con que proteger su poderío. Por la misma época, su primo Gábor I Báthory se convirtió en Príncipe de Transilvania, con el apoyo económico de la riquísima Erzsébet. Gábor (Gabriel) se metió pronto en una guerra contra los alemanes por complejas razones políticas. Esto la ponía en peligro de ser acusada de traición por el Rey Matías II de Hungría. Viuda como era, se vio más vulnerable y aislada que nunca.

Es por esta época que empiezan a escucharse rumores de que algo muy siniestro ocurre en el castillo de Čachtice. A través de un pastor protestante local, llegan historias de que la condesa practica la brujería (explícitamente, la magia roja) y para ello utiliza la sangre de muchachas jóvenes -una típica acusación muy popular en la época, similar a las que se realizaban contra los judíos y disidentes-. Matías ordena a un primo de Isabel, el conde palatino Jorge Thurzó -enemistado con ella-, que tome el lugar con sus soldados y realice una investigación. Dado que la señora de Báthory carecía de fuerza militar propia, no hubo resistencia.

Según la investigación del conde Thurzó, hallaron en el castillo numerosas muchachas torturadas en distintos estados de desangrado, y un montón de cadáveres por los alrededores. En 1612 se inició un juicio en Bitcse (Bytča en eslovaco). Erzsébet se negó a declararse inocente o culpable, y no compareció, acogiéndose a sus derechos nobiliarios. Quienes sí lo hicieron, por la fuerza, fueron sus colaboradores. Juan Ujváry, el mayordomo (conocido como Ficzkó),[3] testificó que en su presencia se habían asesinado como mínimo a 37 "mujeres solteras" de entre once y veintiséis años; a seis de ellas las había reclutado él personalmente para trabajar en el castillo. La acusación se concentró en los asesinatos de jóvenes nobles, pues los de las siervas carecían de importancia. En la sentencia todos fueron declarados culpables, algunos de brujería, otros de asesinato y los demás de cooperación.

Todos los seguidores de Isabel, excepto las brujas, fueron decapitados y sus cadáveres quemados; éste fue el destino de su colaborador Ficzkó. A las brujas Dorotea, Helena y Piroska les arrancaron los dedos con tenazas al rojo vivo "por haberlos empapado en sangre de cristianos" y las quemaron vivas. Erzsi Majorova, una burguesa de la zona acusada de cooperación, también fue ejecutada. Katryna, que con catorce años era la más joven de las ayudantes de Erzsébet, salvó la vida por petición expresa de una superviviente, aunque recibió cien latigazos en el cuerpo.

Pero la ley impedía que Isabel, una noble, fuese procesada. Fue encerrada en su castillo. Tras introducirla en su mazmorra, los albañiles sellaron puertas y ventanas, dejando tan sólo un pequeño orificio para pasar la comida. Finalmente, el rey Matías II pidió su cabeza por las jóvenes aristócratas que supuestamente habían muerto a sus manos, pero su primo el Gran Príncipe de Transilvania, le convenció para que retrasara el cumplimiento de la sentencia de por vida. Así es que la condenaron a cadena perpetua en confinamiento solitario. Esta pena implicaba también la confiscación de todas sus propiedades, lo que Matías venía ambicionando desde tiempo atrás.

El 31 de julio de 1614, Erzsébet, de 54 años, dictó testamento y últimas voluntades a dos sacerdotes de la catedral del arzobispado de Esztergom. Ordenó que lo que quedaba de las posesiones familiares fuese dividido entre sus hijos.

El 21 de agosto de 1614, uno de los carceleros la vio caída en el suelo, boca abajo. La Condesa Isabel Báthory estaba muerta después de haber pasado cuatro largos años emparedada, sin ni siquiera ver la luz del sol. Pretendieron enterrarla en la iglesia de Čachtice, pero los habitantes locales decidieron que era una aberración que la "Señora Infame" fuera enterrada en el pueblo, y además en tierra sagrada. Finalmente, y como era "uno de los últimos descendientes de la línea Ecsed de la familia Báthory" la llevaron a enterrar al pueblo de Ecsed, en el noreste de Hungría, el lugar de procedencia de la poderosa familia. Todos sus documentos fueron sellados durante más de un siglo, y se prohibió hablar de ella en todo el país.

9-21-14

Pontificando con el Pulpo el Gnosticismo Antiguo

Debemos, si queremos hablar seriamente de las religiones, mirar a su efecto histórico, y ponerles en contexto de los movimientos políticos de las diversas naciones y tribus. Solo así podremos realmente entender el porqué de ciertos eventos y tabús religiosos.

El gran apóstol, Jesús, - refiriéndose a las "autoridades de la oscuridad" - nos dijo que "nuestro combate no es contra sangre y carne, sino las autoridades del universo y los espíritus de la maldad".

Ahora, toca entender la visión gnóstica antigua de estas palabras, pues ahí, los gnósticos dicen que su "jefe" es ciego; a causa de su poder y de su ignorancia y su arrogancia, dijo, con su poder, "Soy yo, que soy Dios, y no hay ninguno fuera de mí." Y cuando dijo esto, pecó contra la totalidad.

Las creencias cristianas gnósticas antiguas vieron el mundo material (imperfecto ilusorio) mundo creado por el llamado demiurgo (de "demiorgos" del griego, significando literalmente constructor público...) el que se presenta a sí mismo como Dios, pero en realidad era Satanás.

También consideraban figuras como Cristo no como divinidades o profetas, sino que ayudaban a los peregrinos. No hay pecado o arrepentimiento allí involucrados, en su lugar hay ilusión y la iluminación. Cuando el discípulo alcanza la iluminación, Jesús ya no sirve como su maestro espiritual, pero los dos se hacen iguales e idénticos.

Jesús dijo: "Yo no soy tu maestro. Porque has bebido, te has embriagado de la corriente burbujeante que he repartido al medirlo... El va a beber de mi boca se volverá a mí: yo mismo me convertiré en él, y las cosas que están ocultas será reveladas a él."

Los gnósticos también hicieron culto a la presencia femenina en los evangelios como cuestión de hechos, María Magdalena fue considerada por encima de los doce apóstoles, como la mas visionaria. La compañera del Salvador es María Magdalena. Pero Cristo la amaba más que a todos los discípulos y solía besarla frecuentemente en la boca. El resto de los discípulos se ofendieron... Ellos le dijeron: ¿Por qué la amas más que a todos nosotros? " El Salvador respondió y les dijo: ¿Por qué yo no te amo como la amo?

aquí tenemos un extracto de un famoso poema gnóstico, escrito alrededor de 2 CE

Porque yo soy el primero y el último.
Yo soy el honrado y la escarnecida.
Yo soy la puta y el santo.
Yo soy la esposa y la virgen.
Soy la madre y la hija.
Yo soy los miembros de mi madre.
Yo soy la estéril
    quien muchos de ellos son sus hijos.
Yo soy aquella cuya boda es grande,
    y no he tenido un marido.
Yo soy la partera y la que no da.
Yo soy el consuelo de mis dolores de parto.
Yo soy la novia y el novio,
    y es mi marido que me engendró.
Yo soy la madre de mi padre
    y la hermana de mi marido

y él es mi descendencia.
Yo soy la esclava del que me preparó.
Yo soy el señor de mi descendencia.
  Pero él es quien me engendró antes de la hora en un cumpleaños.
  Y él es mi descendencia en el tiempo,
  y mi poder es de él.
Yo soy el personal de su poder en su juventud,
  y él es la vara de mi vejez.
  Y todo lo que él quiere que me pase.
Yo soy el silencio que es incomprensible
  y la idea cuyo recuerdo es frecuente.
Yo soy la voz cuyo sonido es múltiple
  y la palabra cuya apariencia es múltiple.
Yo soy la pronunciación de mi nombre.

¿Por qué, ustedes que me odian, ¿me aman,
  y odian a los que me aman?
Tú que me niegas, me confiesas,
  y ustedes que me confiesen, me niegan.
Tú que dices la verdad acerca de mí, mientes acerca de mí,
  y ustedes que han mentido sobre mí, dicen la verdad acerca de
mí.
Ustedes que me conocen, me ignoran,
  y los que no me han conocido, me conocen.

En los Balcanes, el gnosticismo tubo una de sus cunas importantes:

Bogomilism era una secta religioso-gnóstica fundada en el Primer
Imperio Búlgaro por el sacerdote Bogomil durante el reinado del zar
Petar I en el siglo 10. El bogomilos pidió un regreso a los primeros
cristianos, rechazando la jerarquía eclesiástica, y sus tendencias
políticas principales fueron la resistencia a las autoridades del estado
y de la iglesia.

El bogomilos tenía un sistema de creencias ortodoxas tradicionales
alteradas y rituales. La esencia detrás de su enseñanza era una
doctrina dualista de que el mundo se divide entre Dios y Satanás (el
bien y el mal). Dios gobierna la parte espiritual del mundo, y Satanás

el material. Consideraban cada material ser la obra de Satanás. También se opusieron a las formas establecidas de gobierno e iglesia.

Una obra del siglo 12 por el autor Eutimio Zigabenus afirmó que los bogomilos pensaban que el alma del hombre fue creada por Dios, y que toda la materia fue inventada por Satanás, el hijo mayor de Dios. Como consecuencia de su creencia de que la gracia de Dios no podía adherirse a la carne los bogomilos pensaban que Cristo sólo tenía la apariencia de un cuerpo humano. También rechazan la Eucaristía y otros sacramentos, así como reliquias... sobre la base de sus vínculos con la naturaleza física. También practicaban un ascetismo muy austero, el vegetarianismo y el celibato como los cátaros y albigenses, debido a su odio hacia sus propios cuerpos carnales.

Muy pocos de estos pensamientos sobrevivieron la Gran Inquisición. Pero hoy en día, escuelas gnósticas perduran a pesar de todo, y son fácilmente accesibles en la red.

9-21-14

Pontificando con el Pulpo la visión Psicodélica de Sam Harris

Ateísta y escritor estadounidense que publica para el Washington Post, Sam Harris expuso sus ideas sobre el uso de drogas psicodélicas. Aquí esta una traducción de su artículo original. "Drugs and the Meaning of Life".

Todo lo que hacemos es con el propósito de alterar la conciencia. Formamos amistades para que podamos sentir ciertas emociones, como el amor, y evitar otras, como la soledad. Comemos alimentos específicos para disfrutar de su fugaz presencia en nuestras lenguas. Leemos por el placer de tener pensamientos de otra persona. Cada despertar momento incluso en nuestros sueños luchamos para dirigir el flujo de la sensación, la emoción y la cognición hacia estados de conciencia que valoramos.

Las drogas son otro medio para este fin. Algunas son ilegales; algunas están estigmatizadas; algunas son peligrosas embargo, contra toda lógica, estos conjuntos se cruzan sólo parcialmente. Algunos medicamentos de extraordinaria potencia y utilidad, como la psilocibina (el compuesto activo en "hongos mágicos") y la dietilamida del ácido lisérgico (LSD), no suponen ningún riesgo aparente de la adicción y están físicamente bien tolerados, y sin embargo, aún se pueden enviar a prisión por su uso-mientras que las drogas como el tabaco y el alcohol, que han arruinado muchas vidas, se disfrutan a voluntad en casi todas las sociedades del mundo. Hay otros puntos en este continuo: MDMA, o éxtasis, tiene potencial terapéutico notable, pero también es susceptible de abuso, y alguna evidencia sugiere que puede ser neurotóxico [1].

Una de las grandes responsabilidades que tenemos como sociedad es educar a nosotros mismos, junto con la próxima generación, sobre los que las sustancias son dignas de ingerir y con qué propósito y cuáles no. El problema, sin embargo, es que nos referimos a todos los compuestos biológicamente activos por un solo término, las drogas, por lo que es casi imposible tener una discusión inteligente sobre los temas psicológicos, médicos, éticos y legales en torno a su uso. La pobreza de nuestro lenguaje se ha aliviado sólo ligeramente por la introducción de las drogas psicodélicas plazo para diferenciar ciertos compuestos visionarios, que puede producir percepciones extraordinarias, de narcóticos y otros agentes clásicos de la estupefacción y el abuso.

Discuto cuestiones de la política de drogas en detalle en mi primer libro, "El Fin de la Fe", y mi forma de pensar sobre el tema no ha cambiado. La "guerra contra las drogas" se ha perdido y nunca debió haber sido librada. No se me ocurre ningún derecho más fundamental que el derecho a modificar pacíficamente el contenido de la propia conciencia. El hecho de que nos arruinamos inútilmente las vidas de los consumidores de drogas no violentos por encarcelarlos, con grandes gastos, constituye uno de los grandes fracasos morales de nuestro tiempo. (Y el hecho de que hagamos lugar para ellos en nuestras prisiones por asesinos de libertad bajo palabra, violadores y abusadores de niños hace que uno se pregunte si la civilización no está simplemente condenada.)

Esto no quiere decir que todo el mundo debería participar en la psicodelia. Como voy a dejar claro a continuación, estos fármacos presentan ciertos peligros. Sin duda, algunas personas no pueden darse el lujo de dar el ancla de la cordura ni el más mínimo tirón. Han pasado muchos años desde que tomé psicodélicos yo mismo, y mi abstinencia nace de un saludable respeto por los riesgos que implica. Sin embargo, hubo un período en mis veinte años cuando me encontré con la psilocibina y el LSD como herramientas indispensables, y algunas de las horas más importantes de mi vida pase bajo su influencia. Sin ellos, nunca podría haber descubierto que había un paisaje interior de la mente vale la pena explorar.

Los seres humanos han ingerido drogas psicodélicas a base de plantas durante miles de años, pero la investigación científica sobre estos compuestos no comenzó hasta la década de 1950. Para 1965, se habían publicado un millar de estudios, principalmente en la psilocibina y el LSD, muchas de las cuales fe de la utilidad de los psicodélicos en el tratamiento de la depresión clínica, trastorno obsesivo-compulsivo, la adicción al alcohol, y el dolor y la ansiedad asociada con el cáncer terminal. En pocos años, sin embargo, todo este campo de la investigación fue abolida en un esfuerzo por detener la propagación de estas drogas entre el público. Después de un paréntesis que duró toda una generación, la investigación científica sobre la farmacología y el valor terapéutico de drogas psicodélicas se ha reanudado en silencio.

Psicodélicos como la psilocibina, LSD, DMT, y la mescalina todo alteran poderosamente la cognición, la percepción y el estado de ánimo. La mayoría parecen ejercer su influencia a través del sistema de la serotonina en el cerebro, sobre todo mediante la unión a los receptores 5-HT 2A (aunque varios tienen afinidad por otros receptores, así), lo que lleva a una mayor actividad en la corteza prefrontal (PFC). Aunque el PFC a su vez modula la producción-y la dopamina subcortical algunos de estos compuestos, como el LSD, se unen directamente a los receptores de la dopamina-el efecto de drogas psicodélicas parece tener lugar en gran parte fuera de las vías de la dopamina, lo que podría explicar por qué estos medicamentos no crean hábito .

La eficacia de los psicodélicos podría parecer para establecer la base material de la vida mental y espiritual más allá de cualquier duda, para la introducción de estas sustancias en el cerebro es la causa evidente de cualquier apocalipsis numinoso que sigue. Es posible, sin embargo, si no realmente plausibles, a aprovechar esta evidencia desde el otro extremo y argumentar, como Aldous Huxley hizo en su clásico Las puertas de la percepción, que la función principal del cerebro puede ser eliminativa: Su finalidad puede ser la de prevenir una dimensión transpersonal de la mente inunde la conciencia, por lo tanto permitiendo que los simios como nosotros para hacer su camino en el mundo sin ser deslumbrado a cada paso por fenómenos visionarios que son irrelevantes para su supervivencia física. Huxley pensaba en el cerebro como una especie de "válvula reductora" para "Mind at Large". De hecho, la idea de que el cerebro es un filtro más que el origen de la mente se remonta al menos en lo que Henri Bergson y William James. En opinión de Huxley, esto explicaría la eficacia de las drogas psicodélicas: Pueden ser simplemente un medio material de abrir el grifo.

Huxley estaba operando bajo la suposición de que los psicodélicos disminuyen la actividad cerebral. Algunos datos recientes han prestado su apoyo a este punto de vista; por ejemplo, un estudio de neuroimagen de la psilocibina sugiere que el fármaco reduce principalmente la actividad en la corteza cingulada anterior, una región implicada en una amplia variedad de tareas relacionadas con el autocontrol. Sin embargo, otros estudios han encontrado que los psicodélicos aumentan la actividad en todo el cerebro. Cualquiera que sea el caso, la acción de estos fármacos no descarta el dualismo, o la existencia de reinos de la mente más allá del cerebro-pero luego, nada hace. Ese es uno de los problemas con los puntos de vista de este tipo:. Parecen ser infalsificable [3]

Tenemos razones para ser escépticos de la tesis del cerebro-como-barrera. Si el cerebro fuera simplemente un filtro en la mente, dañando debe aumentar la cognición. De hecho, dañando estratégicamente el cerebro debe ser el método más fiable de la práctica espiritual disponible para cualquier persona. En casi todos los casos, la pérdida de cerebro debe rendir más cuenta. Pero no es así como funciona la mente.

Algunas personas tratan de evitar esto lo que sugiere que el cerebro puede funcionar más como una radio, un receptor de estados conscientes en vez de un obstáculo para ellos. A primera vista, esto parece dar cuenta de los efectos nocivos de la lesión neurológica y la enfermedad, ya que si uno rompe una radio con un martillo, que dejará de funcionar correctamente. Hay un problema con esta metáfora, sin embargo. Quienes emplean invariablemente nos olvidemos de que somos la música, no la radio. Si el cerebro fuera nada más que un receptor de estados conscientes, debe ser imposible disminuir la experiencia del cosmos de una persona al dañar su cerebro. Ella puede parecer inconsciente desde el exterior-como una fractura de radio-pero, subjetivamente hablando, la música sería jugar.

Reducciones específicas en la actividad cerebral podrían beneficiar a las personas de ciertas maneras, recuerdos desenmascarar o habilidades que se están inhibidas de forma activa por las regiones en cuestión. Pero no hay ninguna razón para pensar que la destrucción generalizada del sistema nervioso central dejaría la mente no afectada (y mucho menos mejorado). Los medicamentos que reducen la ansiedad en general, funcionan aumentando el efecto del neurotransmisor inhibidor GABA, disminuyendo así la actividad neuronal en diversas partes del cerebro. Pero el hecho de que amortiguar la excitación de esta manera puede hacer que la gente se sienta mejor no sugieren que se sentirían mejor aún si estuvieran drogados en coma. Del mismo modo, sería sorprendente si la psilocibina reduce la actividad cerebral en las áreas responsables de autocontrol, porque eso podría, en parte, dar cuenta de las experiencias que a menudo se asocian con la droga. Esto no nos da ninguna razón para creer que apagar el cerebro completamente daría una mayor conciencia de las realidades espirituales.

Sin embargo, el cerebro hace excluir una cantidad extraordinaria de información de la conciencia. Y, al igual que muchos de los que han tomado psicodélicos, puedo dar fe de que estos compuestos abrir las puertas. La postulación de la existencia de una Inteligencia Libre es más tentador en algunos estados de conciencia que en otros. Sin embargo, estos fármacos también pueden producir estados mentales que se ven mejor como formas de psicosis. En términos generales, creo que hay que ser muy lento para sacar conclusiones acerca de la naturaleza del cosmos sobre la base de las experiencias internas-no importa qué tan profundo que parezcan.

Una cosa es cierta: La mente es más vasto y más fluido que nuestra ordinaria, la conciencia despierta sugiere. Y es simplemente imposible comunicar la profundidad (o profundidad aparente) de estados psicodélicos a aquellos que nunca los han experimentado. De hecho, es incluso difícil de recordar a uno mismo del poder de estos estados una vez que han pasado.

Mucha gente se pregunta acerca de la diferencia entre la meditación (y otras prácticas contemplativas) y psicodélicos. ¿Son estas drogas una forma de engaño, o son los únicos medios de auténtico despertar? No son ni. Todas las drogas psicoactivas modulan la neuroquímica del cerebro existente, ya sea mediante la imitación de neurotransmisores específicos o por los propios neurotransmisores causando a ser más o menos activa. Todo lo que uno puede experimentar en un medicamento es, en cierto nivel, una expresión del potencial del cerebro. Por lo tanto, todo lo que uno ha visto o sentido después es probable que se haya visto o sentido por alguien, en algún lugar, y sin que la ingestión de LSD.

Sin embargo, no se puede negar que los psicodélicos son un medio singularmente potentes de la alteración de la conciencia. Enseñe a una persona para meditar, orar, cantar, o hacer yoga, y no hay ninguna garantía de que nada va a suceder. Dependiendo de su aptitud o interés, la única recompensa por sus esfuerzos puede ser el aburrimiento y un dolor de espalda. Sin embargo, si una persona ingiere 100 microgramos de LSD, lo que sucede a continuación dependerá de una variedad de factores, pero no hay duda de que algo va a suceder. Y el aburrimiento no está simplemente en las tarjetas. En una hora, el significado de su existencia se hará cargo sobre él como una avalancha. Como el difunto Terence McKenna [4] no se cansó de señalar, esta garantía de efecto profundo, para bien o para mal, es lo que separa a los psicodélicos de cualquier otro método de investigación espiritual.

La ingestión de una dosis poderosa de una droga psicodélica es como flejes de uno mismo a un cohete sin un sistema de guía. Uno podría terminar en algún lugar vale la pena ir, y, dependiendo del compuesto y uno de "set and setting" ciertas trayectorias son más probables que otros. Pero sin embargo metódicamente uno se prepara para el viaje, uno puede todavía ser arrojados en los estados de ánimo tan dolorosas y confusas como para ser indistinguibles de la psicosis. Por lo tanto, los términos psychotomimetic y psychotogenic que ocasionalmente aplicado a estos fármacos.

He visitado los dos extremos del continuo psicodélico. Las experiencias positivas fueron más sublime de lo que jamás podría haber imaginado o que ahora puedo recordar fielmente. Estos productos químicos revelan capas de la belleza que el arte es impotente para capturar y para el que la belleza de la naturaleza misma es un mero simulacro. Es una cosa es ser asombrado por la visión de una secuoya gigante y sorprendido por los detalles de su historia y la biología subyacente. Otra cosa muy diferente para pasar una eternidad aparente en comunión con él sin ego. Experiencias psicodélicas positivos a menudo revelan cómo maravillosamente a gusto en el universo un ser humano puede ser-y para la mayoría de nosotros, la conciencia normal de vigilia no ofrecer siquiera un atisbo de esas posibilidades más profundas.

La gente en general vienen lejos de tales experiencias con la sensación de que los estados convencionales de la conciencia oscura y truncar conocimientos sagrados y emociones. Si los patriarcas y matriarcas de las religiones del mundo experimentaron esos estados de ánimo, muchas de sus afirmaciones acerca de la naturaleza de la realidad tendría sentido subjetivo. Una visión beatífica no le dice nada sobre el nacimiento del cosmos, pero sí revela cuán completamente transfigurada una mente puede ser por una colisión total con el momento presente.

Sin embargo, como los picos son altos, los valles son profundos. Mis "malos viajes" eran, sin lugar a dudas, las horas más terribles que he sufrido, y hacen la noción de infierno-como metáfora si no un destino real-parece perfectamente apto. Si nada más, estas experiencias atroces pueden convertirse en una fuente de la compasión. Creo que puede ser imposible de imaginar lo que es padecer una enfermedad mental sin tener brevemente tocó sus costas.

En ambos extremos del continuo, el tiempo se dilata de una manera que no se pueden describir-aparte de la mera observación de que estas experiencias pueden parecer eternas. He pasado horas, tanto buenos como malos, en los que se perdió toda la comprensión que había ingerido una droga, y todos los recuerdos de mi pasado junto con él. Inmersión en el momento presente a este grado es sinónimo de la sensación de que uno siempre ha sido y siempre será, precisamente, en esta condición. En función del carácter de la experiencia de uno a ese punto, las nociones de la salvación o la condenación bien pueden aplicar. Línea de Blake sobre contemplando "la eternidad en una hora" ni promesas ni amenaza demasiado.

Al principio, mis experiencias con la psilocibina y el LSD fueron tan positivos que yo no veo cómo podría ser posible un mal viaje. Las nociones de "ajustar y ajuste," ciertamente vago, parecía suficiente para dar cuenta de mi buena suerte. Mi actitud mental era exactamente como debía ser-yo era un investigador espiritual seria de mi propia mente-y mi entorno era generalmente uno de cualquiera de belleza natural o la soledad seguro.

No puedo explicar por qué mis aventuras con drogas psicodélicas eran uniformemente agradable hasta que no lo eran, pero una vez que las puertas del infierno se abrió, que parecía haber quedado permanentemente entreabierta. A partir de entonces, si un viaje fue bueno en su conjunto, por lo general implicaba algún desvío insoportable en el camino hacia lo sublime. ¿Alguna vez has viajado, más allá de todas meras metáforas, a la montaña de la vergüenza y se quedó durante mil años? Yo no lo recomiendo.

Las drogas y el Significado de la Vida

En mi primer viaje a Nepal, tomé un bote de remos en el lago Phewa en Pokhara, que ofrece una impresionante vista de la gama de Annapurna. Era temprano por la mañana, y yo estaba solo. Al salir el sol sobre el agua, que ingería 400 microgramos de LSD. Yo tenía veinte años y había tomado la droga al menos diez veces anteriormente. ¿Qué podría salir mal?

Todo, como resulta. Bueno, no todo-No me ahogo. Tengo un vago recuerdo de la deriva a tierra y estar rodeado de un grupo de soldados nepalíes. Después de que me miraba por un tiempo, como yo las ogled sobre la borda como un loco, que parecía a punto de decidir qué hacer conmigo. Algunas palabras corteses de Esperanto y algunos golpes de remo locos, y yo estaba en alta mar y en el olvido. Supongo que podría haber terminado de manera diferente.

Pero pronto no había lago oa las montañas o en barco-y si hubiera caído en el agua, estoy bastante seguro de que no habría habido nadie a nadar. Para las próximas horas mi mente se convirtió en un perfecto instrumento de auto-tortura. Todo lo que quedaba era una rotura continua y el terror para los que no tengo palabras.

Un encuentro como el que se lleva algo de ti. Incluso si el LSD y fármacos similares son biológicamente seguro, que tienen el potencial de producir experiencias extremadamente desagradables y desestabilizadoras. Creo que fue afectada positivamente por mis buenos viajes, y afectado negativamente por las malas, durante semanas y meses.

La meditación puede abrir la mente a un rango similar de los estados de conciencia, pero mucho menos al azar. Si el LSD es como estar atado a un cohete, aprender a meditar es como levantar suavemente una vela. Sí, es posible, incluso con la orientación, para terminar en algún lugar aterrador, y algunas personas probablemente no debería pasar largas temporadas en la práctica intensiva. Pero el efecto general de la formación es la meditación de la solución cada vez más plenamente en la piel de uno mismo y sufrir menos allí.

Como dije en El Fin de la Fe, veo experiencias más psicodélicas como potencialmente engañosa. Psicodélicos no garantizan la sabiduría o un claro reconocimiento de la naturaleza altruista de la conciencia. Se limitan a garantizar que los contenidos de la conciencia va a cambiar. Tales experiencias visionarias, considerados en su totalidad, me parecen ser éticamente neutral. Por lo tanto, parece que los éxtasis psicodélico deben ser dirigidos hacia nuestro bienestar personal y colectivo por algún otro principio. Como Daniel Pinchbeck señaló en su muy entretenido libro Breaking Open the Head, el hecho de que tanto los mayas y los aztecas usaban psicodélicos, siendo entusiastas practicantes de sacrificios humanos, hace que cualquier conexión entre el chamanismo idealista basada en vegetales y una sociedad ilustrada parecer terriblemente ingenuo.

Como analizo en otra parte de mi trabajo, la forma de la trascendencia que parece enlazar directamente con el comportamiento ético y el bienestar humano es la que se produce en medio de la vida de vigilia ordinaria. Es al dejar de aferrarse a los contenidos de la conciencia-en nuestro pensamientos, estados de ánimo, y desires- que hacemos progreso. Este proyecto no tiene en principio requiere que experimentamos más contenido. [5] La libertad de uno mismo que es a la vez el objetivo y fundamento de la vida "espiritual" es coincidente con la percepción normal y la cognición, aunque, es cierto, esto puede ser difícil darse cuenta de .

El poder de la psicodelia, sin embargo, es que a menudo revelan, en el lapso de unas pocas horas, más profundo de admiración y comprensión que pueden de otro modo eludiéndonos para toda la vida. William James dijo que sobre tan bien como cualquiera: [6]

Una conclusión se impone a mi mente en ese momento, y mi impresión de su verdad desde entonces ha permanecido inalterable. Es que nuestra conciencia normal de vigilia, la conciencia racional como lo llamamos, no es más que un tipo especial de conciencia, mientras que todo sobre él, separado de ella por el filmiest de pantallas, yacen formas potenciales de conciencia completamente diferente. Podemos ir por la vida sin sospechar su existencia; sino que se aplican los estímulos necesarios, y con un solo toque que están allí en toda su integridad, tipos definidos de mentalidad que probablemente en algún lugar tienen su campo de aplicación y la adaptación. ¿No tienes cuenta del universo en su totalidad puede ser final que deja estas otras formas de conciencia muy en cuenta. Cómo considerarlos es la cuestión; porque son tan discontinua con la conciencia ordinaria. Sin embargo, ellos pueden determinar las actitudes aunque no pueden proporcionar fórmulas, y abrir una región a pesar de que no dan un mapa. En cualquier caso, que prohíben un cierre prematuro de nuestras cuentas con la realidad.

9-21-14

Pontificando con el Pulpo Famosos que Vendieron su Alma al Diablo

Si nos ceñimos a la creencia tradicional católica sobre la brujería, el pacto hecho entre una persona y el demonio (o demonios) significa que la persona ofrece su alma a cambio de favores de este. Estos favores solían ser juventud, conocimiento, riqueza o poder.

A continuación, les ofrecemos algunos ejemplos de personajes famosos de la historia que, según se rumoreó en la época, hicieron un pacto con el diablo para destacar:

Niccolò Paganini

Violinista italiano. Sus contemporáneos decían que era imposible que Paganini dominase el violón con tanta perfección. La leyenda se acentuó cuando en vísperas de su muerte se negó a recibir la Extremaunción de un obispo. Como dato curioso, ningún sacerdote aceptó enterrarlo en suelo sagrado, hasta que cinco años después el hijo consiguió una autorización para ello del mismísimo Papa.

Giuseppe Tartini

Violinista y compositor italiano. Afirmó que soñó en una ocasión con que hacía un pacto con el diablo y que este le iba a conceder cualquier deseo. Compuso, a raíz de aquel sueño, la "Sonata del Diablo".

Infernus

Pseudónimo de Roger Tiegs, fundador del movimiento Black Metal noruego y satánico. Afirma ser el representante de Satanás en la tierra. Afirma haber hecho un pacto con el diablo en 1992.

Gilles de Rais

Soldado francés. Luchó al lado de Juana de Arco. Se dice que invocó al diablo varias veces al querer ser el hombre más poderoso de Francia. No se cumplió y acabó siendo un asesino en serie hasta que fue ejecutado.

Johann Georg Fuast

Alquimista, astrónomo y mago alemán del Renacimiento. Se comenta que vendió su alma al diablo para conseguir realizar con éxito sus experimentos. Su muerte está envuelta en misterio. Muchos dicen que murió debido a una explosión cuando realizaba un experimento. Asimismo, el estado de mutilación de su cuerpo llevó a pensar que el diablo había ido a recoger su alma.

Los integrantes del grupo de rock "Black Sabbath"

Uno de los primeros grupos de "heavy metal" de la historia y el primero en adoptar públicamente la temática y estilo satánicos. Se fundó en 1968 y está constatado que varias letras son homenaje al diablo.

Anton Le Vey

Sacerdote supremo de "La Iglesia de Satanás" formada en San Francisco en los años 60s. Su popularidad y fama crecieron muchísimo entre los poderosos de Hollywood y sus legendarias fiestas satánicas fueron esplendidas orgias para los famosos y poderosos en Estados Unidos.

9-21-14

Pontificando con el Pulpo In Vino Veritas

En la antigua Roma, un dicho popular fue "In Vino Veritas" que literalmente quiere decir, en el vino esta la verdad. Otra forma del dicho, "Vino filis veritas" el vino es el hermano de la verdad. La causa era simple, la substancia mejor conocida para sacarle la verdad a la gente en ese entonces fue el vino, y claro la embriaguez. El mismísimo Julio Cesar siempre fue de la opinión que prefería tener hombres gordos y briagos a su lado, pues ellos no padecían el hambre de los flacos y sobrios (como lo fue el mismo).

En nuestro continente, los Sioux, Navajo y Lakota tenían como parte de sus rituales tribales comer peyote entre los sabios antes de tomar decisiones importantes para toda la tribu, una velada de peyote para después platicar los temas, ya sobriamente, el día siguiente.

En Europa, En el mundo griego y romano, las bacanales (latín: *Bacchanalia*) eran fiestas en honor a Baco (dios mitológico romano del vino, del que procede el nombre) o Dioniso (su equivalente griego), en las que se bebía sin medida. Las sacerdotisas organizadoras de la ceremonia se llamaban bacantes y el nombre ha quedado asociado a las orgías romanas. El culto primitivo era exclusivamente de mujeres para mujeres y procedía del culto original al dios Pan.

Introducidas en Roma (*c.* 200 a. C.) desde la Magna Grecia o a través de la Etruria influida por Grecia, las bacanales se celebraban en secreto y con la sola participación de mujeres en la arboleda de Simila, cerca del monte Aventino el 16 y 17 de marzo. Posteriormente, se extendió la participación en los ritos a los hombres y las celebraciones tenían lugar cinco veces al mes.

Una cortesana llamada Hispala Fecenia reveló el secreto de estas prácticas a un joven que amaba, Publio Aebutio, para protegerlo de su propia madre que quería iniciarlo en los misterios de Baco.

Siguiendo el consejo de Hispala, Publio se negó a ser iniciado. Fue obligado por su madre y por el marido de ella, pero buscó refugio donde una de sus tías, la cual le aconsejó que le contara esta historia al cónsul Postumio.

El cónsul decidió llevar a cabo una investigación secreta. El Senado temió que, bajo la secta, se ocultase una conspiración contra la República. Encargó a los cónsules informes contra las bacanales y los sacrificios nocturnos, prometiendo recompensas a los informantes y prohibiendo las reuniones de iniciados.

La notoriedad de estas fiestas, donde se suponía que se planeaban muchas clases de crímenes y conspiraciones políticas, provocó en 186 a. C. un decreto del Senado —el llamado *Senatus consultum de Bacchanalibus,* inscrito en una tablilla de bronce descubierta en Calabria (1640) y actualmente en Viena— por el que las bacanales fueron prohibidas en toda Italia, excepto en ciertas ocasiones especiales que debían ser aprobadas específicamente por el Senado. Pese al severo castigo infligido a quienes se sorprendiera violando este decreto, las bacanales no fueron sofocadas, especialmente en el sur de Italia, durante mucho tiempo.

Los carnavales actuales provienen de la herencia de las antiguas bacanales, saturnales y lupercales.

9-21-14

Pontificando con el Pulpo la Mafia X de Luis Carlos Campos

Asimismo como el Inglés David Icke, maestro de las conspiraciones reptilianas, los españoles ya tienen su líder en temas de conspiraciones extrañas, y se trata del investigador Luis Carlos Campos. Luis toma libremente temas compartidos por otros conspiracionalistas anglosajones, como David Icke y Alex Jones, pero les da a sus reportajes un sabor castellano muy respetable y agradable para sus fanáticos.

Campos ha decidido llamar a la mafia que controla el mundo "Mafia X", un término genérico para definir el cabal de personajes importantísimos que han decidido el curso de la historia y la sociedad por los últimos cientos de años. Como muchos de sus predecesores, considera estos personajes miembros de familias antiguas que pueden registrar su linaje hasta la antigua Babilonia, y claro antes que eso.

Pero Campos, como sus colegas, va más que de solo incriminar a las familias de la Mafia X como los causantes de guerras y hambrunas, también los acusa de ser asociados de los "jefes" de esa mafia, que son nada menos que demonios de otra dimensión, los cuales, con sus alianzas sanguíneas con estas familias, establecen el orden de las cosas.

Llámenlos reptilianos, Annunaki o simplemente demonios, los seres que controlan nuestro mundo se alimentan de la negatividad del hombre desde tiempos inmemoriales, y nosotros somos su ganado. Han elegido algunos privilegiados para cuidar el rebaño de nuestra propia raza, pero al fin del día, somos alimento para estos seres de oscuridad, que prefieren mantener a los hombres ignorantes de su verdadera naturaleza divina y creadora.

Entre las muchas mentiras que nos han contado para controlarnos está el hecho de que la luna está habitada, que seres extraterrestres crearon al hombre, sus religiones y sus afiliaciones políticas, y que todos los "grandes hombres" tuvieron contacto con estos seres extraños, vampíricos y reptilianos.

Efectivamente, si uno busca en la red, estas teorías son bastante populares, y tienen, como toda gran teoría política, algún alcance de la verdad. Los hechos hablan por si mismos, y podemos ver el poder de la banca mundial sobre el tercer mundo y que ese poder no es utilizado, en lo general, para el beneficio de la mayoría de los residentes del tercer mundo, además, hay que notar que muchas de las "profecías" de Campos se han cumplido fidedignamente, como por ejemplo el hecho de que una banca importante europea llegaría a la quiebra este año.

¿Pero qué tan serio podemos tomar reptiles vampiros de Venus que controlan el planeta? Parece, por mucho que no quiere hacerlo, como ciencia ficción de tercera. Y es justamente eso el problema con Campos y los otros "conspiracionalistas": los aciertos sobre la banca, el sistema militar-industrial y todo lo demás queda mudo ante las revelaciones de seres de ultratumba, y pues miles que llegan a leer artículos o ver sus programas los rechazan rápidamente como mariguanadas por causa de las teorías más extremas, tomando menos en serio los verdaderamente cruciales temas sociales, como los muchos abusos de la CIA, la ONU y el Club de Roma.

9-25-14

Pontificando con el Pulpo La Ruta de la Seda

 El gobierno federal gringo se está preparando para usar el caso contra el presunto fundador de "Silk Road" de nombre Ross Ulbricht como un caballo de Troya para destripar las libertades de Internet y hacer que propietarios de sitios web penalmente responsable por las acciones de sus usuarios, estableciendo el precedente para nuevas leyes escalofriantes que cambiaría drásticamente la cara de la World Wide Web.

Ulbricht se enfrenta actualmente a cargos de tráfico de drogas, la piratería informática, lavado de dinero, y de participar en una empresa criminal por su papel en la creación de Ruta de la Seda, un mercado en línea que permite a los usuarios comprar productos de forma anónima, incluyendo drogas ilegales, usando bitcoins como método de pago. En octubre de 2013, el FBI cerró la Ruta de la Seda y arrestó a Ross Ulbricht.

Aunque la cobertura de los medios de comunicación en torno al caso se ha centrado casi exclusivamente en la acusación de que Ruta de la Seda fue un refugio de delincuentes y traficantes de drogas, el problema más grande de la forma en que el gobierno federal está explotando el caso para establecer un peligroso precedente para las leyes que aplastarían a Internet básico y las libertades financieras se han pasado por alto.

El hecho es que Ulbricht no es culpable de ninguno de los cargos presentados contra él, sólo por supuestamente dirigir un sitio web en el que fueron acusados de haber llevado a cabo este tipo de actividades. Como señala el sitio web gratuito Ross Ulbricht, "Si Ulbricht es declarado culpable, se abre la puerta a la censura y la erosión de un Internet libre. Bajo la ley actual, anfitriones del sitio web no son responsables en los casos civiles para acciones ilegales en sus sitios. Este caso podría sentar precedente para la responsabilidad penal de servidores web ".

En una entrevista con Julia Tourianski, la madre de Ulbricht Lyn Ulbricht explica por qué el caso plantea la mayor amenaza para el futuro de la Internet después de SOPA y PIPA.

"Este caso va a abrir el camino a nuevas leyes y nuevas interpretaciones de la ley", dijo Ulbricht, y añadió que el abogado de Ross Ulbricht, Joshua Dratel enfatizó el hecho de que el gobierno utiliza a menudo casos de alto perfil para promulgar una legislación draconiana.

"Se harán leyes basadas en el caso del camino de seda", advirtió Ulbricht, y agregó que la autonomía de Internet y la privacidad podrían ser diezmadas, mientras que el estado de bitcoin como moneda virtual sería revocado para ponerla bajo las regulaciones de lavado de dinero, destripando con ello todo el fundamento de bitcoin como cripto-moneda anónima.

Sin duda, la precedente que podría surgir del caso haría propietarios de sitios web penalmente responsables del comportamiento de sus usuarios. Ulbricht está siendo golpeado con cargos de piratería a pesar de que él nunca hackeado personalmente en un ordenador, con la acusación citando el hecho de que el software que puede haber sido utilizado para hackear ordenadores fue vendido en Ruta de la Seda, y que Ulbricht es responsable en virtud de la definición legal de "intención de transferido."

En efecto, esto sentaría el precedente de que eBay y otros minoristas en línea, tanto grandes como pequeños, son penalmente responsables de todo lo que se vende en su plataforma, a pesar del hecho de que, "la intención de transferido" es una violación de la sección 230 de la de la Ley de Decencia en las Comunicaciones. También abren los propietarios de sitios web para ser penalmente responsables de los comentarios de sus usuarios, amenazas y expresiones de odio, lo que inevitablemente conducirá a la libertad de expresión en la web y las redes sociales sean sofocadas.

El caso también es probable que sea explotado como un emblema de la agenda de muchos años para abolir el anonimato de Internet por completo e imponer la regulación draconiana en línea con el programa de "identidades de confianza" de la Casa Blanca.

Otro ejemplo en el que podrían aplicarse nuevas leyes es que si los ISP se vuelven penalmente responsables de la actividad de navegación y descarga de sus usuarios, lo que podría engrasar los patines para los filtros de sitios web obligatorios (otros ejemplos de los cuales han censurado contenido completamente inocente), así como la vigilancia estricta de los usuarios para compensar la posible responsabilidad.

"Van a usar este caso para expandir su poder", dijo Ulbricht, y agregó que el futuro de Internet está en la línea. "Este caso va a establecer el derecho de entrar en el siglo 21 - que va a impactar en la Internet que nos impacta a todos - se hacen las leyes y se establecerá un precedente."

La cobertura mediática del caso Ruta de la Seda se ha prevaricado en gran parte de las denuncias no probadas de "asesinato por encargo" contra Ross Ulbricht, mientras que el mal precedente que podría ser ajustado para el Internet en términos de privacidad, el anonimato y la responsabilidad penal de los propietarios de sitios web ha sido casi universalmente ignorado.

Lyn Ulbricht dijo que los cargos de "asesinato por encargo", cinco de cada seis de los cuales ya han sido expulsados, permitió a los medios del establishment manchar la reputación de su hijo y suprimir la recaudación de fondos, además de servir para negar Ulbricht fianza y viola sus derechos al debido proceso porque no se les permita ver los detalles de su propio caso.

Cobertura por prensa "Mainstream" del caso ha sido vehementemente de una cara, con los periodistas alegremente regurgitando la afirmación del gobierno de que Ross Ulbricht y un individuo apodado 'DPR' eran una y la misma persona, a pesar de que esto no se ha demostrado, con el fin de denigrar El personaje de Ulbricht.

"Si la fiscalía puede aplicar mal la ley en caso de Ross, lo puede hacer a cualquiera de nosotros", dijo Ulbricht. "Lo que están haciendo es creando leyes que fueron diseñadas para el mundo físico, y no coinciden con las acusaciones... y tratando de obligar a cumplir, el brazo fuerte de las acusaciones que simplemente no coinciden. Esto es inconstitucional y por lo que a mí respecta, si van a operar de esa manera se trata de una amenaza para todos nosotros, advirtió Ulbricht, y agregó:" Si no tenemos estado de derecho y cumplir con la Constitución y los fiscales pueden usar la ley a su antojo, sin pasar por la legislatura para hacer leyes que se ajustan, es una amenaza para todos nosotros ".

9-26-14

Pontificando con el Pulpo Google y la CIA

Esto, al parecer, directamente traducido de un comunicado de Julián Assange... La página original de internet es:

http://www.lewrockwell.com/2013/08/julian-assange/google-y-el-nsa/

Se ha revelado hoy, gracias a Edward Snowden, que Google y otras empresas de alta tecnología de Estados Unidos recibieron millones de dólares de la NSA para su cumplimiento con el sistema de vigilancia masiva PRISM

¿Qué tan cerca es Google del EE.UU.? Ya en 2011 tuve un encuentro con Eric Schmidt, el entonces Presidente de Google, que vino a verme con otras tres personas mientras estaba bajo arresto domiciliario. Usted puede ver que supongamos que venir a verme era el gesto que él y los otros chicos grandes en Google estaban en secreto de nuestro lado: que apoyan por lo que luchamos en WikiLeaks: la justicia, la transparencia del gobierno, y la privacidad de los individuos. Pero eso sería una falsa suposición. Su agenda era mucho más compleja, y como nos enteramos, era inseparable de la del Departamento de Estado de Estados Unidos. La transcripción completa de nuestra reunión está disponible en línea a través del sitio web WikiLeaks.

El pretexto de su visita era que Schmidt fue entonces que estaba investigando un nuevo libro, un tomo banal que desde entonces ha salido como "la nueva era digital". Mi menos entusiasta reseña de este libro fue publicado en el New York Times a finales de mayo de este año. En la parte posterior de ese libro hay una serie de avales previos a la publicación: Henry Kissinger, Bill Clinton, Madeleine Albright, Michael Hayden (ex jefe de la CIA y la NSA) y Tony Blair. Dentro del libro Henry Kissinger aparece una vez más, esta vez le dio un lugar de honor en los agradecimientos.

El libro de Schmidt no es sobre la comunicación con el público. Él es digno de $ 6.1 mil millones y no tiene que vender libros. Más bien, este libro es un mecanismo por el cual Google busca proyectarse hacia Washington. Muestra Washington que Google puede ser su socio, su visión de futuro geopolítico, que le ayudará a Washington ver más acerca de los intereses de Estados Unidos. Y por atarse al estado de EE.UU., Google con ello consolida su propia seguridad, a expensas de todos los competidores.

Dos meses después de mí encuentro con Eric Schmidt, WikiLeaks tenía una razón legal para llamar a Hilary Clinton y documentar que estábamos llamando la a ella. Es interesante que si se llama a la recepción del Departamento de Estado y pide a Hillary Clinton, en realidad se puede llegar muy cerca, y eso fue muy bueno para nosotros. Cualquiera que haya visto el doctor Strangelove puede recordar la fantástica escena cuando Peter Sellers llama a la Casa Blanca desde un teléfono público en la base del ejército y se encuentra retenido en su llamada conforme se mueve gradualmente a través de los niveles. Bueno WikiLeaks periodista Sarah Harrison, haciéndose pasar por mi asistente de producción, entro una llamada nuestra al Departamento de Estado, y al igual que Peter Sellers empezo moviéndose a través de los niveles, y finalmente llegamos al asesor legal principal de Hillary Clinton, quien dijo que seríamos llamados.

Poco después otro de nuestro grupo, WikiLeaks el 'embajador Joseph Farrell, recibió una llamada de vuelta, no del Departamento de Estado, sino de Lisa Shields, la entonces novia de Eric Schmidt, que no trabaja formalmente por el Departamento de Estado de Estados Unidos. Así que vamos revisar esta situación: El Presidente de la novia de Google estaba siendo utilizado como un canal de retorno para Hillary Clinton. Esto es ilustrativo. Esto demuestra que en este nivel de la sociedad estadounidense, como en otros estados corporativos, todo se trata de las sillas musicales.

Esa visita de Google mientras estaba bajo arresto domiciliario era, según parece, una visita no oficial del Departamento de Estado. Basta con contemplar las personas que acompañaron a Schmidt en esa visita: su novia Lisa Shields, vicepresidente de comunicaciones en el CFR; Scott Malcolmson, ex alto asesor del Departamento de Estado; y Jared Cohen, asesor tanto Hillary Clinton y Condoleezza Rice, una especie de figura de Generación y Kissinger - un ruidoso americano impasible como el autor Graham Greene podría haberlo dicho.

Google comenzó como parte de la cultura californiana de estudiantes graduados alrededor de la bahía de San Francisco. Pero como Google creció se encontró con el gran mundo malo. Se encontró con barreras para su expansión en forma de redes políticas complejas y reglamentos extranjeros. Así que comenzó a hacer lo que las grandes malas compañías americanas hacen, de Coca Cola a Northrop Grumman. Comenzó apoyándose pesadamente en el Departamento de Estado para la ayuda, y al hacerlo, se introdujo en el sistema de Washington DC. Una estadística recientemente publicada muestra que Google ahora gasta más dinero del que Lockheed Martin en cabilderos pagados en Washington.

Jared Cohen fue el co-escritor del libro de Eric Schmidt, y su papel como puente entre Google y el Departamento de Estado dice mucho acerca de cómo funciona el sistema de seguridad estadounidense. Cohen solía trabajar directamente para el Departamento de Estado y fue un asesor cercano tanto a Condolezza Rice y Hillary Clinton. Pero desde 2010 ha sido director de Google Ideas, con su "pensar / hacer" e ideas creativas propias.

Documentos publicados el año pasado por WikiLeaks obtenidos del contratista de inteligencia estadounidense Stratfor, muestran que en 2011 Jared Cohen, entonces (como ahora) Director de Google Ideas, estaba corriendo fuera de misiones secretas hasta el borde de Irán en Azerbaiyán. En estos correos electrónicos internos, Fred Burton, vicepresidente de Stratfor para Inteligencia y un ex alto funcionario del Departamento de Estado, describe Google de la siguiente manera:

"Google está consiguiendo WH [Casa Blanca] y Departamento de Estado de apoyo y aire cubierta. En realidad ellos están haciendo las cosas de la CIA no puede hacer ... [Cohen] va a ser secuestrados o asesinado. Podría ser la mejor cosa que suceda al exponer papel encubierto de Google en la formación de espuma hasta-levantamientos, para ser franco. Los EE.UU. pueden entonces negar el conocimiento y Google se queda con la bolsa de mierda"

En otra comunicación interna, Burton posteriormente aclara sus fuentes sobre las actividades de Cohen como Marty Lev, director de Google de la seguridad y la seguridad y .. Eric Schmidt.

Cables de WikiLeaks revelan también que previamente Cohen, cuando trabajaba para el Departamento de Estado, estaba en Afganistán tratando de convencer a los cuatro principales empresas de telefonía móvil afganas para mover sus antenas en las bases militares. En el Líbano secretamente trabajó para establecer, en nombre del Departamento de Estado, un "think-tank" anti-Hezbolá chiita. ¿Y en Londres? Estaba ofreciendo ejecutivos de Bollywood fondos para insertar contenido anti-extremista en las películas de Bollywood y con la promesa de conectarlos a las redes relacionadas en Hollywood. Ese es el Director de "Google Ideas". Cohen es, efectivamente, director de cambio de régimen de Google. Él es el Departamento de Estado canalizando Silicon Valley.

Que Google estaba tomando dinero de la NSA a cambio de la entrega de los datos de las personas no es ninguna sorpresa. Cuando Google se encontró con el mundo feroz, el propio Google hizo grande y malo.

9-27-14

Pontificando con el Pulpo la guerra contra las drogas es una guerra racista.

Si legalizamos la marihuana, entonces usted está legalizando una "droga de las personas de color marrón" Henry Rollins dice con un tono sarcástico. "Y realmente no vamos a seguir al pueblo marrón en lo que hace falta en este país. No lo hemos hecho si nos fijamos en la historia. Si la marihuana es legal, entonces sus hijos estarán tomando lo que utilizan los 'jazz' jigaboos para levantarse." Según Rollins, la agenda racista detrás de la prohibición de la droga es más curiosa que las percepciones actuales de prohibición de la marihuana.

Ese sólo uno de los temas del antiguo aullador de la Bandera Negra. "The Rollins Band" explorará 10 cosas que no sabías sobre la marihuana y otros temas en una serie que alberga la cadena de música H2

"La conexión de Estados Unidos con el cáñamo es interesante", dice Rollins para Rolling Stone. "Harry Anslinger, el tipo que dijo que apuñalaría a sus hijos si fumaban estas cosas y que llevó a su prohibición en los años treinta, era básicamente promover del racismo y la intolerancia con la excusa de vivir con una buena ética de la moral cristiana.

"Realmente, usted debe salvar a América del analfabetismo y la ignorancia testaruda como el racismo y la misoginia y la homofobia Esa es su peligro,. No la mala hierba que Louis Armstrong aparentemente fumaba, al igual que yo, todos los días - y a pesar de que parecía tocar muy bonito su cuerno en lo que mi récord colección me dice."

Mientras trabajaba en el episodio de la marihuana, Rollins - que subraya que no tiene interés en fumar marihuana el mismo - descubrio que se instó a los estadounidenses coloniales para cultivar cáñamo para la cuerda, ropa y velas y que el aceite de cáñamo era tan común que se podía comprar desde el Sears, catálogo de Roebuck. Visitó la Cannabis Cup en Denver para el episodio, y se metió dentro de la casa donde es cultivado y financiado por el gobierno en Mississippi, el único en América. "Los efectos visuales son una locura", dice. "Es como un edificio de Walmart de tamaño de cultivo hidropónico. Cucharas de aceite de hachís. Bolsas de lona de las malas hierbas."

Más allá de la marihuana, Rollins se adentró profundamente en el movimiento de derechos civiles para brillar una luz sobre Claudette Colvin, una chica afroamericana de 15 años de edad, quien se negó a ceder su asiento en un autobús a una persona blanca nueve meses antes de Rosa Parks . "Ella sólo estaba siendo un buen décimo grado", dice Rollins. "Pero ella no estaba lista para el horario estelar - ella es un menor de edad - por lo que Rosa Parks estaba listo para el horario estelar activistas de los derechos civiles vieron que esto podría ser un buen vehículo para obtener esta discusión va, en cuanto a la igualdad y la discriminación, y tenían razón. y Rosa Parks logro desagregar los autobuses".

Si los gringos ya llevan un buen rato fumando legalmente, debemos preguntarnos: ¿Cuándo comprenderán los políticos Mexicanos el daño que hacen criminalizando esta noble y antigua hierba? ¡Cuando dejen de recibir dinero del narcotráfico!

9-27-14

Pontificando con el Pulpo el Club de los 27

Bluesman **Robert Johnson** estaba desesperado, desolado por la falta de fortuna, dinero y reconocimiento. Estaba convencido además que no poseía el suficiente talento ni como guitarrista ni como cantante para seducir a las audiencias. Un buen día, alrededor de la medianoche, en el cruce de la Highway 61 con la 49, en Clarksdale , muy cerca de la Plantación Dockery, Robert invocó al diablo con una pequeña oración de encantación que había recopilado de un viejo esclavo . Reclamó a Satán que le diera rapidez para que sus dedos pudieran bailar por su guitarra. Además, que satánicamente le proporciona la voz de los ángeles. A cambio, su alma sería propiedad del mísmísimo demonio. Desde aquella noche, **Robert Johnson** se transfiguró. Le cambió la expresión de su rostro y cuando cantaba rompía con una voz quebrada, expresiva que se metía en tu alma pecadora como el propio diablo. Y sus dedos eran milagros acariciando su guitarra. Todo lo cuenta su compañero de fatigas de aquellos días, **Willie Brown.** Robert Johnson murió cerca de Greenwood Missisipi , el 16 de agosto de 1938 . Tenía 27 años.

Cincuenta y ocho años más tarde, Wendy Fradenburg Cobain O´Connor , la madre de Kurt Cobain, el líder del grupo Nirvana, que se acaba de suicidar, le decía al diario "The Daily World" de Aberdeen, de Washington: "Ahora Kurt se ha unido a ese estúpido club de músicos muertos con 27 años, con el que solía estar obsesionado, a pesar de que yo le decía que se olvidara de esas tonterías".

Pero diecisiete años después, al mediodía de un sábado 23 de julio del año 2011, una nueva víctima se unía al ya famoso Club 27 y la presumible leyenda de su Maldición. Ni más ni menos Amy Winehouse. También con 27 años. Se magnificaba aún más lo que ya se llamaba Maldición del 27, Forever 27 Club o Eternal 27.

Los personajes más famosos del club se llamaban Brian Jones (muerto el 3 de julio de 1969), Jimi Hendrix (18 de septiembre de 1970), Janis Joplin (4 de octubre de 1970), Jim Morrison (3 de julio de 1971), Kurt Cobain (5 de abril de 1994) y Amy Winehouse (23 de julio de 2011). Pero biógrafos, expertos del Club 27 añaden a esta lista por supuesto a nuestro Fausto favorito, Robert Johnson, que fue el primero e incluso Richey Edwards, guitarrista del grupo galés

Manic Street Preachers , que parece que se suicidó arrojandose al vacío del Río Wye, en el Severn Bridge , al norte de Bristol, un puente frecuentado por los suicidas de la zona. Richey desapareció el 1 de febrero de 1995.Tenía 27 años. Su cuerpo todavía no se ha encontrado.

Todas sus muertes tiene un denominador común. Todas ocurrieron en misteriosas circunstancias. Hasta la fecha pervive la especulación , la controversia, entre el asesinato inducido, el suicidio, la muerte circunstancial y hasta la intromisión del diablo. Como decía Friedich Nietzsche , el numero 27 siempre estaba muy ligado a la más terrible definición de la astrología numérica.

El Club 27 fue incluso asaltado como luz inspiradora para crear nuevas canciones. Hay temas de artistas como Fallout Boy, Biffy Clyro y la Dave Mathews Band que tiene ese club como sujeto principal de las canciones. Incluso se conoce una banda de rock de Boston que, simplemente, lleva el nombre de Club 27.

9-27-14

Pontificando con el Pulpo las Ocho Grandes Extinciones Masivas

Mi sospecha profunda es que hay infinidades mucho más grandes que ocho Grandes Extinciones, y esto por enterarme de las Yugas y en especial de la Maha Pralaya, o destrucción completa del universo material por el Señor Siva.

Eso, acopiado con el apocalipsis "Isis" de Jesus y el Mahadi que ya me tienen hasta …

Pero además de mis mariguanadas, la ciencia científica, ósea, los barbudos esos con batas blancas que te dan tus deliciosas inyecciones de morfina, metadona, y LSD. Los favoritos de la CIA y el SS, pues. Los que contrata la Ford. Esos locos dicen que las extinciones masivas fueron:

La Extinción del Precámbrico. Hace unos 600 millones de años. Trilobites especie dominante... Para aquellos de ustedes que no conocen a mis amigos del Planeta Trilobite, son cucarachas marinas gigantes y su peor enemigo es un alacrán todavía más grande. Termina por frio. Los pobres bichitos se congelan, y pues adiós, trilobites.

La Extinción del Cámbrico. Hace unos 500 millones de años. Trilobites y peces con mandíbula se combaten por quien come a quien, mucho como Peña Nieto y el Peje lo hacen ahora. Llega Mr. Freeze, y se acaba todo. Termina por frio. Adiós, Trilobites. De nuevo.

La Extinción del Devónico Tardío. Por ahí de 360 millones de años. Tiktaalic y Ichtyostega, tipos de peces que caminan salen a ver qué onda con la vida terrestre. Yo sospecho que lo primero que se encuentran es una hierbita sabrosa, pero igual y mis amigos científicos..., Llegan los grandes Árboles. La causa de esta extinción es totalmente desconocida y pues, se la podemos acatar, sin duda alguna, a Peña Nieto, Obama y el PRI.. ¿O era el Tri?.

La Extinción del Pérmico Triásico. Dicen que unos 300 millones de años atrás. La causa de su destrucción fue Actividad Volcánica. El Popo se encabrono con estos paisanos, pues. El efecto fue invernadero. Dimetrodonte fue en ese entonces él illuminati del triángulo de la cadena alimenticia. Se parece a una lagartija gigante con un abanico en su espalda. Sexy.

La Extinción del Triásico Jurásico. Y el "Jefe de Jefes" pues.. chales, si tengo que decirlo… T-Rex… ¿Quién más? Los Tiranosaurios son realmente … uff… osea. Pero los más chingones fueron los estegosaurios… En serio. Jurásico quiere decir hace unos 220 millones de años antes que nosotros. Seguro ya había nacido tu abuelita. Actividad volcánica los mato a todos. Osea el Popo de nuez. Eso y el famoso efecto invernadero.

La Extinción del Cretácico Terciario. Que fue hace 145 millones de años. Triceratops. Velociraptor. Las batallas fueron … demasiado hermosas, aquí es la edad de oro de las lagartijas, y realmente, su belleza y astucia no tiene igual. Ya no los mata el Popo, ahroa le toca a un Asteroide en el golfo de México. Dios se ecabrono con los Mexicanos de nuevo y eso paso hace 65 Millones. Por ahí quedo el cráter pa probarlo.

El Holoceno. 33 Millones de años. Mastodontes el mamífero terrestre más grande. Fueron unos 9 mil años atrás. ¿Y saben que los mato? Casa masiva por homo sapiens. Osea, nosotros.

Octava extinción: El Futuro. ¿O sea ya el presente? ¿Saben quién mata a quien ahora? Lo llamo suicidio colectivo.

9-30-14

Pontificando con el Pulpo porque defecar en el bosque es mejor que el escusado.

¿Nunca se ponen a pensar a donde va su caca? Yo por uno, considero la caca de vaca sagrada, y salgo a recogerla después de las lluvias, cuando los champiñones están en su punto. En la India, la usan para todo, desde enjuague para el pelo, para las chimeneas, y claro, abono para los plantíos. Cualquier hombre de granja me entiende. Han vivido con caca de vaca suficiente para llegar a amarla, como yo.

Pero, ¿y la nuestra?

Generalmente, un caño desemboca en el drenaje de la ciudad, y casi invariablemente, el drenaje desemboca en el rio, lago o mar más cercano. No sé si lo entienden, pero eso no es el uso más favorable de nuestra sagrada caca. Evidentemente, podríamos comerla, como los japoneses, podríamos usarla de abono para nuestros jardines en los techos de nuestra casa, y claro, en peor caso, como combustible, para nuestros motores de combustión de orgánicos.

Pero nuestra sociedad, en absoluto abandono del sentido común, prefiere envenenar a nuestros peces con ella, y eso no sería tan terrible, pero para que no apeste (ósea que la caca no huela mal ¿WTF?) la metemos con químicos perfectamente macabros y letales, como Raid y Ajax.

Ya en otras ocacciones he tenido el gusto de discutir mis cacas con ustedes. Parece un tema popular. Y verdaderamente, es tal vez el tema a priori para muchos, pues de pañales ya todos estamos hartos. Pero para poder amar la caca, hay que entenderla. Y eso quiere decir estudiarla, minuciosamente, como uno estudia lo más importante en la vida. Hay que dejar atrás el miedo a la caca.

Estreñimiento, diarrea y hemorroides todos devienen de poco interés en la salud de la caca, y la caca bien cagada es salud. Preguntadle a cualquier médico.

Desafortunadamente, pocos médicos educados prueban mucho de su propia medicina como para saber done buscarla. No veo a mi proctólogo correteando champiñones tras el ganado local. Lástima eso, pues si lo hicieran, nuestra medicina avanzaría mucho y si no me creen, pregúntenle al difunto Dr. Hoffman. Por ahí lo vi no hace mucho.

Y pues, cuando los humanos aprendan a usar el escusado del oso, tal vez sobreviremos la apocalipsis zombi después de todo.

9-30-14

Pontificando con el Pulpo las teorías sexuales de Wilhelm Reich

De todos los filósofos y psicólogos modernos, Leary, McKenna, Ram Dass, Freud, Jung, Fromm y muchos otros mas, nadie, pero nadie ha tenido el valor, el coraje, la fuerza de Wilhelm Reich, **Wilhelm Reich**

(Dobrzanica, Galitzia, Imperio austrohúngaro, 24 de marzo de 1897 – Lewisburg, Pensilvania, Estados Unidos, 3 de noviembre de 1957) fue un inventor, postulador de la teoría del orgón, médico, psiquiatra y psicoanalista austriaco-estadounidense de origen judío.

En algún otro pontificado, ya discutí con ustedes, estimados lectores, sobre la vida de este impresionante personaje. Pero hoy, quiero empaparlos de su teoría sexual.

Para entender a Reich, uno primero debe comprender sus tiempos, pues el empezó sus teorías alrededor del tiempo que Adolfo Hitler estaba en pleno tour de Europa. Eso quiere decir que para Reich, el Fascismo, sus causas, y su remedio era muy importante para él, especialmente siendo un judío Austriaco.

Y pues, su obra maestra, su libro *Psicología de masas del fascismo* (aparecido en 1933) había sido traducido a varios idiomas. Hitler, para entonces, ya tenía campos de concentración en Alemania y Freud estaba a punto de salir de Austria –luego que su hija Anna fuera detenida por la Gestapo– gracias a las peticiones de embajadores, científicos y hasta de Mussolini.

Wilhelm Reich había sido expulsado de la Asociación Psicoanalítica Internacional y del Partido Comunista en 1934. Para los primeros, por ser demasiado marxista; y para los segundos, por 'la edición de un libro contrarrevolucionario'. En ese libro Reich utilizaba categorías psicoanalíticas, y sus nuevas teorías de la Estructura Caracterial (Análisis del carácter) para explicar cómo individuos criados desde la infancia en familias dominadas por el padre, generan sometimiento, son preparados para ser rebaño, y por qué la necesidad de un Führer o un Duce. En el capítulo: "La sumisión automática a las costumbres y el verdadero problema" (*Crimen y costumbre en la sociedad salvaje*) se ve también una clara influencia de las ideas antropológicas sobre Reich.

Y aquí os presento la joya de su teoría: el fascismo ocurre únicamente en sociedades donde el orgasmo ha sido saboteado por la cultura. Es decir, el tabú sobre la sexualidad humana, el tabú a la gratificación sexual lleva al individuo a buscar un líder absolutista. Es decir, la iglesia católica alemana, y sus fuertes tabús en contra de la sexualidad fue la principal causa de la mesiánica llegada de Hitler.

En otro de sus libros, *La irrupción de la moral sexual* (primera versión en 1932) Plantea el origen de la represión sexual, La economía sexual en la sociedad matriarcal, Contradicciones económicas y sexuales en los Trobiandeses, El comunismo primitivo-matriarcado, Propiedad privada-patriarcado, un estudio sobre las teorías de Morgan y Engels.

En el presente, no es difícil ver como su teoría podría aplicar a nuestras guerras. El Islam y el Protestantismo anglosajón son los dos principales rivales por supremacía petrolera en el medio oriente, y ambos son fuertemente críticos de la sexualidad humana, con numerosas reglas para censurar, por ejemplo, a los homosexuales. La falta de orgasmos legítimos entre los guerreros santos del Islam y los pobres gringos frustrados podría ser, realmente, la principal causa de la lujuria por el petróleo, como un lubricante para los erotógenos motores de vehículos gringos. No es por nada, pero dicen que los chavos que compran grandes autos casi siempre lo hacen para impresionar chicas por falta de autoestima sexual.

Claro, también debe uno anal-izar el aspecto fálico de los cañones, bombas y fusiles que cargan los marines a la batalla contra los barbudos del desierto. Si uno no puede ver la similitud entre un misil gringo y un "consolador" femenino, uno no puede ver la realidad de la sexualidad en la guerra. La guerra gringa es simplemente una orgia gigantesca, sin sexualidad pornográfica. La pornografía del cadáver lleno de orificios obscenos no es compartida por los medios como CNN y Fox News. Pero un show sin fin de erectos misiles preparados para sodomizar al enemigo continúa día tras día. La idolatría del macho americano con su pistola en la mano.

Y pues, yo personalmente sí creo que Reich tenía razón, y que el fascismo es causado por la represión sexual. Y pues, el único antídoto real a la guerra es el amor… Y el orgasmo.

10-5-14

Pontificando con el Pulpo Edipo vs la Re-Encarnacion.

La re-encarnacion resuelve todos los problemas espirituales del alma. Esa es la teoría del hinduismo, y una que yo particularmente apruebo como muy realista. En la teoría de la re-encarnacion, todo ser viviente ha vivido un sinnúmero d vidas anteriores en cuerpos distintos, y vivirá un sinnúmero de vidas futuras después de la muerte. Seres que pueden trascender la muerte no requieren renacer en otro cuerpo, olvidando, generalmente, sus vidas pasadas, pues en la trascendencia, la muerte es conquistada por la consciencia.

La idea es que con cada vida, aprendemos un poco más lo necesario para trascender la vida misma, y dependiendo de nuestros buenos y malos actos, llegaremos a cuerpos cada vez mejores o peores. Actos de bondad y inteligencia garantizaran nacimientos en cuerpos de seres divinos o familias auspiciosas. Actos de maldad e ignorancia garantizaran nacimientos en cuerpos de animales y demonios.

Hay pocas historias tan trágicas o traumáticas espiritualmente hablando, como la del Rey Edipo. El hombre que mató a su padre, el Rey Layo para después casarse sin saberlo, con su propia madre, la Reina Yocasta. Su destino seguramente vino de actos en vidas pasadas sumamente terribles donde sus fechorías imperdonables tuvieron que ser "castigadas" con un karma absolutamente horrífico.

Ahora, si tomamos la re-encarnacion en serio, debemos entender que Edipo, en sus futuros nacimientos, tendrá una vida como el Rey Layo, y será asesinado por su propio hijo, y luego tendrá una vida como su madre Yocasta, y terminara casándose con su propio hijo. Eso quiere decir que todas las posibles combinaciones de sufrimiento en la trágica historia serán repetidas por todos los mismo personajes, tomando turnos cada uno en un rol distinto para poder trascender los tres roles con sus respectivas lecciones y sufrimiento.

Pongámosle de otra manera. Ahora entenderán lo terrible que es el karma y la re-encarnacion, pero también podrán entender lo justo del sistema de Dios: seres humanos que matan un animal, están condenados por el karma a renacer como ese mismo animal en alguna vida futura. Eso quiere decir que a cada pollito que ustedes se han comido, le deben una vida, y por cada pollo, tendrán que renacer como un pollo que vive en condiciones idénticas a las que el pollo que ustedes comieron vivió.

Una persona común puede vivir a tener 85 años. Y eso quiere decir que vivirá alrededor de 30,600 días. Si ese ser humano come pollo una vez a la semana eso quiere decir que tiene que renacer como pollo un total de 4,372 vidas. Osea, el Señor Kentucky Fried que le gusta mucho el pollo Kentucky tendrá que vivir 4,372 veces en un cuerpo de pollo Kentucky. No sé ustedes, pero eso a mí se me hace absolutamente aterrador. ¡Pero es peor! ¿Conocen esos pega-moscas que usan todos en el verano? Si usted coloco uno de esas pegamoscas, tendrá que nacer como cada mosca que murió en él. ¿La cucaracha que aplasto con su zapato en la cocina? ¿La araña en el baño? Todos van a querer una vida para emparejarse con usted.

Hablamos, concretamente de la teoría del karma y la re-encarnacion.

De repente, el infierno y el paraíso de los cristianos ya no suenan tan feo. Aunque todavía tengo ciertos problemas con la frase "toda la eternidad", pues eso es un muy, pero muy largo tiempo. Y claro, un yogui iluminado no mataría "ni una mosca". No después de comprender el proceso del karma y la re-encarnacion. Y los cristianos, musulmanes y judíos por ahí todavía se están matando unos a los otros en el medio oriente.

10-5-14

Pontificando con el Pulpo Magu la diosa de la Mariguana China

Principio del formulario

De Wikipedia, la enciclopedia libre

Magu (chino: 麻姑, pinyin: Magu, Wade-Giles: Ma-ku; literalmente: "Señorita del Cañamo") es un leyenda taoísta xian (仙 "inmortal; trascendente") asociada con el elixir de la vida, y un protector simbólico de las mujeres en la mitología china. Historias de la literatura china describen Magu como una hermosa mujer joven con uñas largas de pájaro, mientras sus primeros mitos la asocian con cuevas. Magu xian shou (麻姑 獻 壽 "Magu da sus saludos de cumpleaños") es un motivo popular en el arte chino.

Magu (麻姑) se llama Mago en coreano y en japonés Mako. Mago (마고, 麻姑) es una diosa cosmogónico en mitos de la creación de Corea. Hwang (2004: 1) la llama "la Gran Diosa" y propone "Magoism, la matriz cultural ginocéntrico arcaica de Asia Oriental, que se deriva de la adoración de Mago como creadora, madre fundadora, y soberana." Según el Budoji, Corea mito-historia comenzó con la "Era de Mago." Mako japonés (麻姑) suele ser una referencia literaria de la historia china (abajo) sobre las uñas largas de Magu.

¿Diosa de la mariguana?

Magu se puede traducir literalmente "Cañamo diosa / sacerdotisa". El Camino de la Armonía Infinita es una secta taoísta moderna que adora Magu y defiende el uso espiritual del cannabis. Reseña del libro de Hellmut Wilhelm (1944: 213) de un libro original en alemán de Eberhard (1943) sugirió que Magu se asoció con cannabis. El historiador y sinólogo Joseph Needham conectados mitos sobre Magu "el cáñamo Damisela" con los primeros usos religiosos taoístas de cannabis. Cannabis sativa es descrito por la farmacopea china más antigua, la (ca. 100 dC) Shennong Bencaojing 神農 本草 經 ("Materia Médica clásico de Shennong").

Las flores cuando irrumpieron (cuando se dispersa el polen) se llaman 麻 蕡 [mafen] o 麻 勃 [mabo]. La mejor época para la recolección es el séptimo día del séptimo mes. Las semillas se recolectan en el mes noveno. Las semillas que han entrado en el suelo son perjudiciales para el hombre. Crece en el Monte Tai. (. tr Bretschenider 1895: 378)

Needham (1974: 152) señaló que Magu era diosa de la sagrada montaña Taishan de Shandong, donde el cannabis "se suponía que iba a ser reunido en el séptimo día del séptimo mes, al día de banquetes sesiones espiritistas en las comunidades taoístas." El (ca. 570 dC) taoísta enciclopedia Wushang Biyao 無上 秘要 ("El Secreto Supremo", Needham, 1974: 150) registra que el cannabis fue introducido en incensarios rituales. Needham llegó a esa conclusión,

Así que en general hay muchas razones para pensar que los antiguos taoístas experimentaron sistemáticamente con humos alucinógenas, utilizando técnicas que surgieron directamente de la observancia litúrgica. ... En todo caso el incensario siguió siendo el centro de los cambios y transformaciones relacionados con el culto, el sacrificio, ascendiendo perfume de olor grato, el fuego, la combustión, la desintegración, la transformación, la visión, la comunicación con los seres espirituales, y las garantías de la inmortalidad.

10-5-14

Pontificando con el Pulpo las Revelaciones de WikiLeaks mas importantes

La caja de Pandora llamada internet no puede ser cerrada por nadie y en ella, uno puede encontrar cosas terribles, cierto, pero también cosas importantes, trascedentes, esenciales, que si simplemente les ponemos atención, despertaran nuestros corazones a la increíble necesidad de la verdad, y específicamente, a la verdad sin censura. WikiLeaks es una página de web que sin miedo alguno de las ramificaciones de sus descubrimientos, nos permite entrar y ver con nuestros propios ojos documentos clasificados de todo el mundo, cosas ocultas que nos afectan personalmente.

Siguiente, la lista del periodista cibernético Dross de las revelaciones más importantes de WikiLeaks.

Numero 1: La Censura del Internet. Documentos reveladores de un plan macabro para controlar el internet con el uso de leyes draconicas por parte de Estados Unidos y Europa han surgido constantemente. No solo SOPA hay que temer.

Numero 2: El Opio y la CIA. WikiLeaks ha demostrado con la publicación de documentos prohibidos del gobierno gringo lo que todos los mexicanos siempre supimos: que después de sacudir el control del Talibán, la CIA ahora controla el narcotráfico en Afganistán.

Numero 3: Papa Benedicto y la Pedófila. No es secreto que el encubrimiento de abuso sexual por parte de sacerdotes católicos por todo el mundo tuvo mucho que ver con el retiro de Benedicto del trono de San Pedro.

Numero 4: El terrible plan transgénico de Monsanto. WikiLeaks fueron los primeros en despertar las consciencias de aquellos que desconocían el macabro plan de empresas alimenticias como Monsanto para patentar plantas y animales esenciales para el consumo humano, como el maíz, y luego destruir los originales no transgénicos de estas especies para poder controlar el mercado. ¡Nos están envenenando adrede!

Numero 5: El Espionaje gringo de archivos psicológicos de mandatarios mundiales. Los gringos, y especialmente Hilary Clinton tienen detallados archivos robados de los psicólogos de casi todos los mandatarios más importantes en el mundo, incluyendo Rusia, Alemania y claro México. WikiLeaks los hackeo de los archivos secretos de Hilary, pero la verdadera pregunta es ¿Cómo logro Hilary conseguirlos?

Numero 6: USA, China y Rusia pelean actualmente una guerra fría informática usando virus informáticos. El uso de viruses de internet por parte de las tres grandes potencias es casi diario, y el propósito nefasto: destruir, hackear, dañar...

Numero 7: PRISM. Los agentes de seguridad de Estados Unidos han creado un programa de cómputo terrible que puede literalmente ver todo lo que sucede en línea en cualquier parte del mundo. Es decir, su privacidad, amigo, ya no exi

10-10-14

Pontificando con el Pulpo los Últimos 40 Años del Planeta Tierra

Original de Damian Carrington "The Guardian" de lunes 29 de septiembre 2014.

El número de animales salvajes en la Tierra se ha reducido a la mitad en los últimos 40 años, según un nuevo análisis. Criaturas de toda la tierra, los ríos y los mares están siendo diezmados por los humanos que los matan por comida en números insostenibles, a pesar de contaminar o destruir sus hábitats, la investigación realizada por científicos de WWF y la Sociedad Zoológica de Londres encontró.

"Si la mitad de los animales murieron en el zoo de Londres la próxima semana sería noticia de primera plana", dijo el profesor Ken Norris, director de ciencia de ZSL. "Pero lo que está sucediendo en la vida al aire libre. Este daño no es inevitable, sino una consecuencia de la forma en que elegimos vivir."

Dijo también que la naturaleza, que proporciona alimento y agua y aire limpios, era esencial para el bienestar humano.

"Hemos perdido la mitad de la población animal y saber que esto es impulsado por el consumo humano, esto es claramente un llamado a las armas y debemos actuar ahora", dijo Mike Barratt, director de la ciencia y la política de WWF. Dijo que más de la Tierra debe ser protegida desde el desarrollo y la deforestación, mientras que los alimentos y la energía tienen que ser producidos de forma sostenible.

El fuerte descenso del número de animales, peces y aves se calculó mediante el análisis de 10.000 poblaciones diferentes, cubriendo 3,000 especies en total. Este dato fue entonces, por primera vez, utilizado para crear un r "Index del Planeta Viviente" que refleja el estado de todas las 45.000 especies de vertebrados conocidos.

Un segundo índice en el nuevo informe Planeta Vivo calcula la "huella ecológica" de la humanidad, es decir, la escala a la que se están consumiendo los recursos naturales. Actualmente, la tala de árboles es más rápida de lo que vuelven a crecer, la captura de peces más rápida que los océanos pueden reponer, el bombeo de agua de los ríos y de los acuíferos más rápido que las precipitaciones pueden reponer y que emite más dióxido de carbono climático-calentamiento de los océanos y los bosques pueden absorber.

El informe concluye que la tasa mundial promedio actual de consumo necesitaría 1,5 planetas Tierra para sostenerlo. Pero cuatro planetas serían necesarios para mantener los niveles de consumo de los Estados Unidos, o 2,5 planetas Tierra para que coincida con los niveles de consumo del Reino Unido.

El descenso más rápido entre las poblaciones de animales se encontró en los ecosistemas de agua dulce, donde los números se han desplomado un 75% desde 1970 "Los ríos son la parte inferior del sistema," dijo Dave Tickner, jefe de asesores de agua dulce de WWF. "Pase lo que pase en la tierra, todo termina en los ríos." Por ejemplo, dijo, decenas de miles de millones de toneladas de efluentes se vierten en el Ganges en la India cada año.

Además de la contaminación, las presas y la creciente abstracción de los sistemas de agua dulce del daños del agua. Hay más de 45.000 grandes presas - 15m o superior - de todo el mundo. "Estos ríos fueron rebanados en mil pedazos", dijo Tickner, impidiendo el flujo saludable de agua. Mientras que la población ha aumentado cuatro veces en el último siglo, el uso del agua ha aumentado siete veces. "Estamos viviendo vidas más sedientas", dijo.

Pero mientras que las especies de agua dulce como la anguila europea y la salamandra hellbender en los EE.UU. se han acabado, también se han visto recuperaciones. Nutrias estaban cerca de extinguirse en Inglaterra, pero gracias a los esfuerzos de conservación viven ahora en todos los condados.

El número de animales que viven en la tierra se ha reducido en un 40% desde 1970 De elefantes del bosque en África central, donde ahora las tasas de saqueo exceden las tasas de natalidad, al gibón Hoolock en Bangladesh y las serpientes de Europa, como las víboras prado y asp, destrucción de hábitat poblaciones ha visto caen. Pero una vez más intensos esfuerzos de conservación puede girar en torno a la disminución, como ha ocurrido con los tigres en Nepal.

Poblaciones de animales marinos también han caído en un 40% en general, con las tortugas que sufren en particular. La caza, la destrucción de zonas de anidación y ahogarse en las redes de pesca se han visto los números de tortugas caen en un 80%. Algunas aves han sido fuertemente afectadas también. El número de perdices grises en el Reino Unido se hundió en un 50% desde 1970 debido a la intensificación de la agricultura, mientras que los playeros zarapito en Australia perdió 80% de su número en los 20 años para 2005.

Los mayores descensos en el número de animales se han visto en bajos ingresos, las naciones en desarrollo, mientras que los esfuerzos de conservación en los países ricos han visto pequeñas mejoras en general. Pero los grandes descensos en la vida silvestre en los países ricos ya habían ocurrido mucho antes de año base del nuevo informe de 1970 - el último lobo en el Reino Unido se disparó en 1680.

Además, mediante la importación de alimentos y otros bienes producidos a través de la destrucción del hábitat en las naciones en desarrollo, los países ricos son "externalización" declive de la fauna de esos países, dijo Norris. Por ejemplo, un tercio de todos los productos de la deforestación como la madera, la carne de vaca y de soja se exporta a la UE entre 1990 y 2008.

David Nussbaum, director ejecutivo de WWF-Reino Unido, dijo:

"La escala de la destrucción de relieve en este informe debe ser una llamada de atención para todos nosotros. Pero 2015 - cuando los países del mundo se deben a reunirse para acordar un nuevo acuerdo climático global, así como un conjunto de objetivos de desarrollo sostenible - nos presenta una oportunidad única para invertir las tendencias.

"Todos nosotros - los políticos, las empresas y las personas - tienen un interés y una responsabilidad, a actuar para garantizar que protegemos lo que todo valor:. Un futuro saludable para las personas y la naturaleza"

10-10-14

Pontificando con el Pulpo ¿Tubo Hitler razón?

Estoy bien pinche loco, marihuano, (aunque a mí Microsoft Word no le guste la palabra como la conozco) fui muy racista, elitista, y básicamente el peor que podría conocer su hija, estimado lector o lectora... Pero uno de mis buenos aciertos en la vida es preguntas lo que nadie más está dispuesto a preguntar.

Esta es una de esas preguntas. Pero si no se las hago yo... ¿Pues quien más?

Veamos: En solo cuatro años logró elevar la calidad de vida de los alemanes a unos niveles no conocidos. **Elevó la calidad de los servicios sanitarios** "a un grado tal que muchos extranjeros quedaron impresionados" (J.Toland). Redujo la mortalidad infantil drásticamente. Enfermedades, como la tuberculosis, disminuyeron notablemente.

Se **dignificó al trabajador**: con más ventanas, menos hacinamientos y mejores lavabos. Todas las oficinas y talleres se mantenían limpios y ordenados; había flores en abundancia, de modo que los trabajadores pudieran también disfrutar su entorno. Nunca el obrero había gozado de privilegios semejantes". A los obreros se les ofrecía acceso a la cultura y podían ver gratis teatro, exposiciones, películas y cursos educativos. Hitler desarrolló un plan nacional de autopista y un vehículo para el pueblo el Volkswagen, con el que todos los alemanes, independientemente de su renta, podrían viajar, conocer cada rincón de su país, así nacía el **Turismo**.

Gracias a él, nacieron sistemas eficaces extendidos a toda la sociedad como era la **Seguridad Social**. También gracias a él, se promulgaron las primeras **leyes contra el maltrato animal**, algo de lo que han hecho su bandera sus enemigos. Acabar con 6 millones de desempleados, la recuperación de la "Gran Guerra", la reconciliación de todos los alemanes, **reformar la banca** para que la economía estuviera al servicio del Pueblo y no el Pueblo al servicio de la economía, la **construcción de viviendas populares**...

Y bueno, claro, hubo un pequeño asunto con los judíos que termino con unos cuantos millones de seres humanos que fueron asesinados sin piedad. Y por esa principal razón, su nombre hoy es coludido con el horror. ¿Pero y los prehispánicos? ¿Y Los negros en África? ¿Y los libaneses de hoy? Hitler fue un hombre de su tiempo y circunstancia y castigo los enemigos de su pueblo "los arios" como él lo vio necesario, igual que los Españoles en México castigaron a los Aztecas o los Ingleses en Estados Unidos a todos los que no eran anglosajones protestantes. (Excepto que los españoles y los ingleses invadieron pueblos ajenos, ¿qué no?) Hitler no invento el genocidio, pero si lo perfecciono. Y el genocidio continúa hoy en día sin piedad solo platiquen con alguien de Wirikuta. O Rappa Nui. Pero ahora los actores son distintos. Ciertamente no hemos aprendido nada de Hitler.

10-23-14

Pontificando con el Pupo mi humilde solución a la guerra

Hace ya más de una década, empecé a formular en mi cabecita loca una solución a la guerra. Verdaderamente, el sueño de todo general desde el primer guerrero desde el Rey David hasta el presente, y pasando por todos los grandes y terribles hombres de la historia: Alejandro Magno, Julio Cesar, Hitler, Obama.

La proliferación de armas, vendedores de armas y fabricantes de armas, incluyendo armas de destrucción masiva es el problema. Si los terroristas y psicópatas solo tienen machetes para matarnos a todos, se les hace mucho más difícil, ¿no?

Y pues lo que hace falta es un monopolio de uso de fuerza global que no sea utilizado para beneficiar a ninguna nación, grupo económico o religioso. Eso indica que necesitamos un "Rex Mundi"! Un Rey Mundial, a quien todos los ejércitos obedecerán o serán destruidos. Bajo este Rex Mundi, los ejércitos de todas las naciones tendrían que aceptar lealtad absoluta a él, o ser destruidos. Hasta ahí, todo es predecible, y bíblico, de alguna manera. Es el "juego final" de los illuminati.

Pero el chiste es que este "Rex Mundi" debería dejar a las naciones, tribus, religiones y todos otros los grupos de personas ser libres para determinar su propio futuro. El solamente necesitaría tener el monopolio de uso de fuerza absoluto y inquebrantable. Eso quiere decir que lo único que sería de interés para este líder tendría que ser desarmar a todos los seres humanos que no fueran leales a su persona, incluyendo naciones, tribus, religiones, etc. Cualquier otro asunto no sería de su incumbencia, pues su única función seria el mismo monopolio de uso de fuerza, para detener, de una vez por todas, la guerra entre naciones.

No llegaría para salvar a las ballenas, y darle de comer a los muertos de hambre. Eso no es importante, pues siempre y en cuando hay "naciones" que tengan sus propias armas, habrá desigualdades, y es mas importante mantener las armas y el uso de fuerza a lo mínimo, lo que indica que los problemas locales tendrían que encontrar soluciones locales, solo que la solución jamás podría llevarles a las armas, pues ahí si le incumbiera al Rex Mundi, y él tendría que desarmar a todos los grupos participando en combate armado, sin importar su causa o intención.

Para poder financiar su "ejercito mundial" el Rex Mundi necesitaría un tributo único de 10% de todas las riquezas reales del planeta. Llámenlo "dinero de protección" del capi-di-tuti-capi. Pero el asunto es que este tributo existiría para sostener el "ejército único del mundo" cuyo único propósito seria detener la proliferación de armas y destrucción de grupos armados no leales al Rex Mundi.

Por necesidad, las sociedades y naciones del mundo buscarían que este Rex Mundi fuera el agente de justicia o juez. Pero lo imperativo para que funcione el plan es que el Rex Mundi no podría decidir sobre cosas y juicios locales de naciones leales. Únicamente en caso de rebelión donde un grupo decidiera tratar de arrebatarle su monopolio de uso de fuerza podría actuar. Eso garantizaría su inocencia sobre asuntos sociales de menor importancia.

Resultado: el fin a la guerra.

Todos serían sus esclavos, pues nadie podría rebelarse en su contra. Pero también serian libres de hacer lo que les pareciera, siempre y en cuando pagaran su diezmo al ejército. Las fronteras y naciones caerían. Sus fronteras no podrían ser defendidas más que por el Rex Mundi, y él no se interesaría en defenderlas. Los "dueños" de las cosas, sin sus ejércitos privados de seguridad, no podrían defender sus propiedades, a menos que fuera con el buen trato de la gente que viviría en esos lugares. La legalidad, sin un brazo armado para defenderla, dejaría de ser importante, y eso indicaría que el sentido común, y no la ley, prevalecerían como el eje moral de las sociedades.

Los ricos, sin nadie que proteger sus bienes, tendrían que ser más justos o perder lo suyo. Los pobres, numerosos y peligrosos, sin manera de rebelarse contra el Rex Mundi tendrían que ser apoyados por los ricos para no caer en necesidad de "crimen" para vivir. La única "ley" que continuaría existiendo seria la ley del diezmo, y claro, el fin a las armas. La justicia tomaría el lugar de la ley.

¿Creen que funcionaria?

Pontificando con el Pulpo los Hashashins

Nuevamente, remoto mi pontificado a Wikipedia.

Nizaríes (Redirigido desde «Hashashins»)

Los **nizaríes,** cuyos detractores nominaron **Hashshashin**, deriv. del árabe
"حشيش," tr. "ḥašīš" [haʃíːʃ], orig.), fueron una rama de la secta religiosa chií-
ismaelita de los musulmanes en Oriente Medio, activa entre los siglos X y
XIII. Se hizo famosa a partir del siglo XI cuando tuvo su máximo poder en
la dinastía Fatimí, por su actividad estratégica de asesinatos selectivos
contra dirigentes políticos, militares y reyes.

El grupo, en origen, era una comunidad de partidarios del ismaelismo en
Irán, (por eso recibió el nombre de Orden de los Ismaelitas) es decir, una
secta minoritaria del chiismo, a su vez minoritario en un país
eminentemente sunní. El gran centro de poder ismaelí era el Califato
Fatimí, con sede en El Cairo. En 1090, para ponerse a salvo de las
persecuciones, y dirigidos por el carismático Hasan-i Sabbah, tomaron la
fortaleza de Alamut, una posición inexpugnable en las montañas, al sur
del mar Caspio.

Aunque su principal y más conocida sede era Alamut, poseían muchas
otras plazas fuertes en Irán y Siria, de modo que conformaban una red
cohesionada y bien comunicada, a la que algunos autores califican de
"Estado". Los castillos nizaríes eran difícilmente conquistables: se
construían en lugares poco accesibles, aprovechando accidentes del
terreno, y solían estar bien provistos en cuanto a fuentes de agua y
alimentos. Desde estos lugares, los nizaríes extendieron su predicación
por Irán y Siria, lo que fue visto como una amenaza por los sultanes de la
dinastía turca de los selyúcidas, que controlaban Irán. Estos emprendieron

varias acciones militares contra los ismailíes, que no tuvieron gran éxito. En revancha, los ismailíes emprendieron su estrategia de asesinatos contra dirigentes políticos o militares. Una de sus primeras víctimas fue Nizam al-Mulk, visir del sultán selyúcida Malik Shah, en 1092.

Dos años más tarde, en 1094, murió el califa fatimí al-Mustansir, cabeza del ismailismo, y estalló una guerra de sucesión entre sus hijos Al-Musta'li y Nizar. Los ismailíes de Irán tomaron partido por este último, que finalmente fue derrotado, provocando una ruptura entre los seguidores de Hasan-i Sabbah (que en lo sucesivo se llamarían nizaríes) y la mayoría de los ismailíes.

"El nombre viejo de la montaña no designa a una persona individual, sino que era el título -en árabe SHEIK-AL-JEBAL, príncipe de la montaña -de una serie de jefes que presidieron de 1090 a 1258 una comunidad u orden militar de fanáticos sectarios musulmanes, llamados los asesinos, repartidos por Persia y Siria, aunque tenían sus guardias en las áreas montañosas. si bien no cabe duda de que las palabras asesino y asesinato, relativos a la acción de dar muerte con alevosía, y concretamente mediante apuñalamiento, son una reminiscencia de los hábitos de esta vieja comunidad persa y siria, la etimología original de la palabra asesinos para referirse a una comunidad no es tan segura. Skeat considera que se trata tan solo de la palabra árabe hashishim "bebedores de hashish", y la atribuye al hecho o a la suposición, de que, cuando los esbirros del viejo de la montaña partían en misión criminal, lo hacían fortalecidos por la embriaguez del hashish o cáñamo indio". (cita pag.36, Del asesinato considerado como una de las bellas artes, Thomas De Quincey) La época de Hassan bin Sabbah, llamado también el Viejo de la Montaña, ha pasado a la historia como la del auge de la secta, del mismo modo que se ha considerado a Alamut como el principal centro de irradiación nizarí. Hassan es fácilmente representable como el arquetipo de personaje de astuto, escurridizo, poderoso y muy poco conformista. Se cree que Hassan ponía a sus seguidores bajo los efectos del hachís, donde disfrutaban de cualquier tipo de deseos carnales y, cuando despertaban de los efectos de la droga, hacían lo que Hassan les ordenara para poder volver a dicho paraíso. Una leyenda cuenta que un forastero amenazó con conquistar Alamut, pronunciando que sus hombres eran los más valientes de todos, pero Hassan, poniendo en duda las palabras de dicho forastero, ordenó a uno de sus hombres que se lanzara desde la torre más alta hacia el vacío, demostrado así que sus hombres eran los más valientes, pues no temían a la Muerte. En contrapartida, muchos autores, y desde luego los actuales ismaolíes, hablan de su gran producción intelectual, su carácter piadoso y austero, su convicción y su genio militar. Lo cierto es que los nizaríes siguieron existiendo tras su muerte en 1124, y desde varios puntos de vista, los aspectos más importantes de la secta son posteriores al carismático líder. Los dirigentes de la secta residieron en otros lugares aparte de Alamut, y muchos de ellos fueron conocidos también con el sobrenombre "Viejo de la montaña", lo que es lógico teniendo en cuenta que se les aplicaba el tratamiento de jeque, que etimológicamente significa "anciano" (en el sentido de "venerable"), y que forzosamente residían en la montaña, pues las fortificaciones nizaríes se construían en lugares escarpados para defenderse mejor de sus múltiples enemigos.

A Hassan le sucedió su lugarteniente, Buzurg Ummid ("Gran esperanza"), y tras él su hijo, Muhammad I, en 1138. Los nizaríes seguirán practicando sus estrategias de asesinato contra los turcos y otros enemigos políticos de manera intermitente, aunque sonada: algunos de sus asesinatos más famosos son de esta época posterior a Bin Sabbah, como se ha dicho más arriba.

En tanto que rama minoritaria del ismailismo, que a su vez es rama minoritaria del chiismo, y éste rama minoritaria del islam, los nizaríes eran percibidos por la población (mayoritariamente suní) como la heterodoxia dentro de la heterodoxia, lo que explica que la mayor parte de la documentación que existe sobre la secta dé a entender que su carácter islámico era solamente aparente. Se suele insistir en su aspecto *batiní*, esto es, esotérico, y se dice que incluso llegaron a negociar con el rey Amalarico I de Jerusalén su conversión al cristianismo por razones de conveniencia, pretensión que habría sido abortada por las maquinaciones de los templarios.

El hecho es que el islam ismailí, aunque se atiene al ritual y las prescripciones legales de la religión, considera que éstas son secundarias respecto a la finalidad realmente importante, que es el conocimiento esotérico de los mensajes ocultos en el Corán. Esto ha propiciado que del ismailismo hayan surgido, en una nueva vuelta de tuerca, derivaciones cuya "islamicidad" está puesta en tela de juicio por la mayoría de los musulmanes, como las de los drusos y alauíes.

En 1162, Hasan II sucede a su padre Muhammad I. Bajo su mandato se produce una de esas "vueltas de tuerca", uno de los hechos más notables en la historia de los nizaríes. En el mes de Ramadán de 1164, anunció, en nombre del Imán oculto, que había llegado el momento de la "gran resurrección" (*qiyama*), con lo que ya no tenía sentido cumplir las prescripciones musulmanas ni seguir la sharia. El ayuno de Ramadán fue prohibido, y se alentó a los fieles a beber libremente alcohol. El reinado de Hasan II será breve, ya que 18 meses más tarde será asesinado por un partidario de la vieja doctrina. Sin embargo, su hijo Muhammad II siguió los pasos de su padre. Fue el hijo de éste, Hasan III, quien puso fin a la herejía tras la muerte de Muhammad II, en 1210. Además, los nizaríes seguirán en adelante los rituales suníes y no los chiíes.

10-24-15

Pontificando con el Pulpo las Cuatro Esquinas y los Hopi

Por ahí entre Arizona y Nuevo México hay una tribu muy especial de nativos llamados los Hopi. Estos cuates tienen visiones fuertes del futuro, y aquí se las comparto.

El fin de todo el ceremonialismo Hopi vendrá cuando una "Kachina" se quite su máscara durante una danza en la plaza ante los niños no iniciados [el público general]. Durante un momento no habrá más ceremonias, no más fe. Luego, Oraibi será rejuvenecido con su fe y ceremonias, marcando el comienzo de un Nuevo ciclo de vida Hopi.

La III Guerra Mundial será comenzada por esas personas que primero revelaron la luz (la sabiduría divina, o inteligencia) en las otras tierras antiguas (India, China, Naciones Islámicas, África.)

Los Estados Unidos serán destruidos, tierra y personas, por bombas atómicas y radioactividad. Solamente los Hopis y su tierra hogar serán preservados como un oasis hacia el cual huirán los refugiados. Los abrigos de bombas son una falacia.

> "Solo son las personas materialistas quienes buscan hacer abrigos. Aquellos que están en paz en sus corazones ya están en el gran abrigo de la vida. No hay abrigo para la maldad. Aquellos que no toman parte en la división del mundo por ideologías están listos para reasumir vida en otro mundo, ya sean de raza negra, blanca, roja o amarilla. Todos ellos son uno, hermanos."

La guerra será,

> "un conflicto espiritual con asuntos materiales. Los asuntos materiales serán destruidos por seres espirituales que permanecerán para crear un mundo y una nación bajo un poder, aquel del Creador."

Ese tiempo no es tan lejano. Vendrá cuando el *Saquasohuh* (Estrella Azul) *Kachina* baile en la plaza y se quite su máscara. El representa una estrella azul, muy lejos y todavía invisible, la cual hará pronto su aparición. El tiempo es anticipado por una canción cantada durante la ceremonia Wuwuchim. Fue cantada en 1914, justo antes de la I Guerra Mundial, y, de nuevo en 1040 antes de la II Guerra Mundial, describiendo la desunión, la corrupción y el odio contaminando los rituales Hopi, los cuales fueron seguidos por las mismas maldades extendiéndose por el mundo.

Esta misma canción fue cantada en 1961 durante la ceremonia Wuwuchim.

La Aparición al Quinto Mundo ha comenzado. Está siendo hecha por la gente humilde de pequeñas naciones, tribus y minorías raciales.

> "Usted puede leer esto en la tierra misma. Las formas de plantas de mundos previos están comenzando a brotar como semillas"

Esto podría comenzar un Nuevo estudio de botánica si las personas fuesen lo suficientemente sabias para leerlas. La misma clase de semillas están siendo plantadas en el cielo como estrellas. La misma clase de semillas están siendo plantadas en nuestros corazones. Todo esto es lo mismo, dependiendo cómo usted lo vea.

Esto es lo que hace la Aparición del próximo Quinto Mundo.

> "Éstos abarcan las nueve más importantes profecías de los Hopis, conectadas con la creación de los nueve mundos: los tres mundos previos en los cuales vivimos, el presente Cuarto Mundo, los tres futuros mundos que tenemos todavía que experimentar, y el mundo de Taiowa, el Creador, y su sobrino, Sotuknang."

Los Hopi y otros que fueron salvados de la Gran Inundación hicieron un convenio sagrado con el Gran Espíritu, de nunca apartarse de él. El hizo un juego de tablillas sagradas de piedra, llamadas Tiponi, en las cuales él respiró sus enseñanzas, profecías y advertencias. Antes de que el Gran Espíritu se escondiera de nuevo, el colocó ante los líderes de los cuatro diferentes grupos raciales, cuatro diferentes colores y tamaños de maíz; cada uno debía escoger cuál sería su comida en este mundo. Los Hopi esperaron hasta el final, y escogieron la espiga más pequeña de trigo.

Ante esto, el Gran Espíritu dijo:

> "Está bien hecho. Ustedes han obtenido el verdadero maíz, ya que todos los demás son imitaciones en las cuales están escondidas semillas de diferentes plantas. Ustedes me han mostrado su inteligencia; por esta razón yo colocaré en vuestras manos estas tablillas secretas de piedra, Tiponi, símbolo de poder y autoridad sobre toda tierra y vida, para que la guarden I protejan y sostengan en confianza para mi hasta que yo regrese a ustedes, en un día más tarde, pues yo soy el Primero y el Último."

El Gran Cacique del Clan del Arco guío a los fieles a esta nueva tierra, pero el cayó en malos caminos. Sus dos hijos lo regañaron por su error, y después de que el murió, ellos asumieron las responsabilidades del liderazgo. Cada hermano fue dado un juego de Tiponi, y ambos fueron instruidos a acarrearlos a un lugar al cual los dirigió el Gran Espíritu.

Al hermano mayor [de la noche resplandeciente] de dijeron que fuera inmediatamente al este, hacia el sol naciente, y al llegar a su destino para comenzar inmediatamente su regreso, que viera a su hermano menor, quien permanecía en la Isla Tortuga [*el continente de los Estados Unidos de América*].

Su misión era la de ayudar a su hermano menor a causar el Día de la Purificación, a cuyo tiempo todos los hacedores de maldad serían castigados o destruidos, después de lo cual, una paz real, hermandad y una vida eterna serían establecidos. El hermano mayor restauraría toda la tierra a su hermano menor, de quien el Maligno entre los hombres blancos le había quitado. El hermano mayor [de la luz resplandeciente] también vendría a ver las tablillas Tiponi y cumplir la misión dada a él por el Gran espíritu.

Al hermano menor le dieron las instrucciones de viajar a través de la tierra y marcar sus pasos mientras caminaba alrededor. Ambos hermanos fueron dichos que una gran estrella blanca aparecería en el cielo; cuando esto sucediera, todas las personas sabrían que el hermano mayor había alcanzado su destino. Al suceder esto, toda la gente debía instalarse dondequiera que se encontraran en ese momento, y que se quedaran allí hasta que regresara el hermano mayor.

Los Hopi se establecieron en el área ahora conocida como las Cuatro Esquinas, donde linden los estados de Arizona, Nuevo México, Utah y Colorado. Ellos vivían en humilde simplicidad, y la tierra producía abundantes cosechas. Esta área es el "corazón" de la Isla Tortuga (los Estados Unidos) y de la Madre Tierra,, y es la imagen microcósmica del macrocosmo del planeta entero. Cada clan Hopi perpetúa una ceremonia única y las ceremonias juntas mantienen el balance de las fuerzas naturales de la luz solar, la lluvia y vientos, y reafirman el respeto Hopi por toda vida, y confianza en el Gran Espíritu.

10-26-14

Pontificando con el Pulpo el Hachís como dice Word y Hashish como digo yo.

Creo que Wikipedia lo dice mejor.

Hachís (Redirigido desde «Hashish»)

El **hachís** es un producto del cannabis, definido como la resina separada, en bruto o purificada, obtenida de la planta de cannabis.[1] Es más potente que otras preparaciones, y proviene de las secreciones de las sumidades floridas y partes femeninas de la planta *Cannabis sativa*.[1][2] Estas han sido presionadas conjuntamente en ladrillos o bultos que varían de color amarillo, marrón y negro.[1] El hachís es fumado en cigarrillos o pipas, a menudo mezclado con tabaco.[1]

El contenido de THC del hachís suele ser de 8 a 15 por ciento, dependiendo de la calidad del material vegetal y los adulterantes.[1] Suele ser adulterado y coloreado de negro para dar la impresión de tener calidad alta, comúnmente con alheña ("henna"), regaliz, césped común, harina y estiércol.[1] El hachís es la forma más común de cannabis en Asia, África y Europa. En las zonas de cultivo, el hachís se presiona en bolas masivas o ladrillos. Los comerciantes a menudo llevan un cuchillo y venden a los clientes.[1]

La palabra "hachís" proviene directamente de la palabra árabe *hashish*, que significa "césped", "hierba seca" e incluso "cáñamo".[3][4]

La **legalidad del cannabis** o **regulación legal del cannabis**, referida al uso del cannabis como droga, ha sido y es objeto de debate y controversia desde hace décadas.

Prácticamente todos los países tienen leyes concernientes al cultivo, posesión, venta y consumo de cannabis. Los productos no psicoactivos (p.ej. fibra y semillas) son legales en muchos países y en ellos las autoridades pueden dar licencia para el cultivo orientado a dichos fines. La hierba, sin embargo, es una sustancia controlada en casi todo el planeta, aunque existen excepciones por motivos médicos. El fracaso de las políticas prohibicionistas y policiales frente al tráfico de drogas ha llevado a personalidades mundiales a solicitar cambios en su regulación.[5]

Y habiendo dicho todo eso, solo puedo sugerirles que lo prueben. Por ahí dijo algún sabio, Lincoln o Washington o Jefferson... ¿Qué se yo? Dijo el "sabio" que es el deber de los hombres desobedecer las leyes injustas. Cosa interesante, pues todos los mencionados cultivaron la mariguana en su país.

Saludos, lectores.

10-26-14

Pontificando con el Pulpo las Profecías de los Hopis Cuarta y Última Parte

Otra profecía Hopi advierte que nada deberá traerse de regreso de la Luna – obviamente anticipándose a la misión Apolo 11, que regresó con muestras de basalto lunar. Si esto se hiciera, advirtieron los Hopi, el balance de las leyes naturales y universales, y las fuerzas serían perturbadas, dando como resultado terremotos, cambios severos en patrones climáticos y malestar social. Todas estas cosas están sucediendo ahora, aunque, por supuesto, no necesariamente por las rocas lunares.

Los Hopi también predijeron que cuando el "corazón" de la tierra Hopi sea cavado, grandes perturbaciones se desarrollarán en el balance de la naturaleza, puesto que la tierra Hopi sagrada es la imagen microcósmica del planeta entero; cualquier violación de la naturaleza en la región de las cuatro esquinas será reflejada y amplificada por toda la Tierra

En 1959, una delegación de seis hombres de tradicionales líderes Hopi, guiados por el finado líder espiritual, **Dan Katchongva**, viajó al Edificio de las Naciones Unidas en Nueva York para cumplir con una sagrada misión, de acuerdo con antiguas instrucciones Hopi. Por su conocimiento profético, los líderes Hopi sintieron que era tiempo de ir al este, a la esquina de su tierra madre, donde una "casa de mica" (el edificio de Las Naciones Unidas) estaría erguida allí en este tiempo, donde los Grandes Líderes de muchas tierras estarían reunidos para ayudar a cualquier pueblo que estuviera en problemas."

Tenían que ir cuando la tierra madre de los Hopi o algunos otros hermanos Indios estuviera por ser quitada de ellos, y su modo de vida estuviera en peligro de ser completamente destruido por los malvados entre los Hombres Blandos, y por algunos otros hermanos Indios que estaban influenciados por la Raza Blanca. Este es un peligro claro y actual: la traición de tratados Indios-E.E.U.U., ventas de tierras, y la minería de carbón y uranio está destruyendo la tierra Hopi y a su pueblo – y todos los otros pueblos y tierras, en un eventual efecto…

Según la profecía, por lo menos uno, dos o tres líderes o naciones escucharían y comprenderían las advertencias Hoy, como,

> "Se ha dicho que ellos también deberían conocer estas instrucciones antiguas".

Al escuchar el mensaje de los Hopi, ellos actuarían inmediatamente para corregir muchos errores que son hechos a la raza elegida – el Hombre Rojo, que fue concedido el permiso de sostener, en confianza, toda tierra y vida del Gran Espíritu. Esta profecía parecería que ha fallado. La profecía Hopi también declara que las puertas de la "Casa de Cristal" serían cerradas a ellos.

Este era el caso al principio, aunque ellos habían entregado su mensaje a la Asamblea de las Naciones Unidas desde entonces:

> "Cuando los Grandes Líderes en la Casa de Cristal se negaran a abrir la puerta a ustedes, cuando se paren ante ella ese día, [Repetido, de nuevo, en 1993], no se desalienten o se den la vuelta por el camino que andan, sino que tomen coraje, determinación, y sean regocijados en sus corazones, porque desde ese día, la Raza Blanca, que está en su tierra con ustedes, se cortarán a ellos mismos de ustedes, y desde entonces se conducirán a sí mismos al Mayor Castigo al Día de la Purificación. Muchos serán destruidos por sus errores y maneras del mal. El Gran Espíritu ha decretado y nadie lo podrá parar, cambiar, o aumentar nada. ¡Será cumplido!"

El 7 de agosto de 1970, un espectacular avistamiento OVNI fue presenciado por docenas de personas y fotografiado por **Chuck Roberts** del "Courier" de Prescott (Arizona). Este avistamiento curio después de una "llamada OVNI" por Paul Solem y varios Indios Hopi. Este avistamiento fue interpretado por algunos Hopis como siento un cumplimiento parcial de ciertas profecías Hopi, dadas por el Gran Espíritu Maasau, e inscritas en la Segunda Mesa, advirtiendo de la venida del *Día de la Purificación*, cuando los verdaderos Hopi serían llevados en vuelo a otros planetas, en "naves sin alas."

La profecía Hopi también nos dice que habrá una migración masiva de Indios hacia el norte de México, América Central y del Sur. La migración será conducida por un viejo Indio, de 130 años, llamado **Atchata Eetchana**. El movimiento vendrá después de un enorme fuego y explosión que anunciará el advenimiento del Verdadero Hermano Blanco.

Según la creencia de los Hopi, los sobrevivientes del Gran Diluvio hace millares de años, se dividieron en cuatro grupos que me mudaron al norte, sur, este y oeste. Solamente un grupo complete su jornada – hacia el Polo Norte y de regreso – bajo la guía de una brillante "estrella", en la cual viajaba el Gran Espíritu Maasau. Cuando arribó, el extrajo un petroglifo en Segunda Mesa, mostrando una virgen (con el tradicional arreglo "mariposa" de cabello), montando en una nave sin alas, con forma de domo. El petroglifo significa el venidero Día de la Purificación, cuando los verdaderos Hopi volarán a otros planetas en "naves sin alas."

La profecía también advierte que habrá tres divisiones entre los Hopi

- La primera división fue en 1906 entre los Tradicionalistas y los Modernistas. Los Tradicionalistas fueron forzados a dejar Oraibi y moverse a Hotevilla.

- La segunda división tuvo lugar en la vigilia de la espectacular aparición de OVNIs en Agosto de 1970.

Cerca de Oraibi, Arizona, hay un petroglifo conocido conocido como la Roca de la Profecía, la cual simboliza muchas profecías Hopi.

Su interpretación es:

La figura humana a la izquierda es el Gran Espíritu. El arco a su izquierda representa sus instrucciones a los

Hopi de bajar sus armas. La línea vertical a la derecha del Gran Espíritu es una escala de tiempo en miles de años. El punto en el cual el gran Espíritu toca la línea es el tiempo de su retorno.

El "camino de la vida" establecido por el Gran Espíritu se divide en los caminos más bajos, estrechos de continua Vida en armonía con la naturaleza, y el camino ancho de arriba es el del hombre blanco con sus logros científicos. La barra entre los caminos, arriba de la cruz, es la llegada la hombres blancos; la Cruz es aquella de la *Cristiandad*. El círculo abajo de la cruz representa el continuo *Camino de la Vida*.

Las cuatro pequeñas figures humanas en el camino de arriba representan, en un nivel, los tres mundos pasados y el presente; en otro nivel, las figuras indican que algunos de los Hopi viajarán en el camino del hombre blanco, habiendo sido seducidos por su encanto.

Los dos círculos en el *Camino de la Vida* más abajo son las "grandes sacudidas de la tierra" (Guerras Mundiales Una y Dos). La swástica en el sol y la cruz celta representan los dos ayudantes de Pahana, el *Verdadero Hermano Blanco*.

La línea corta que regresa al recto *Camino de la Vida* es la última oportunidad par alas personas, a que regresen a la naturaleza antes de que se desintegre y se disipe el camino de arriba. El círculo pequeño arriba del camino de la Vida, después de la última oportunidad, está la Gran Purificación, después de la cual el maíz crecerá en abundancia de nuevo, cuando regrese el Gran Espíritu. Y el Camino de la Vida continúa por siempre…

El escudo Hopi en la esquina inferior derecha simboliza la Tierra y el área de las Cuatro Esquinas, donde los Hopi han sido puestos en reserva. Los brazos de la cruz también representan las cuatro direcciones hacia las cuales ellos emigraron, según las instrucciones del Gran Espíritu.

Los puntos representan los cuatro colores del maíz Hopi, y los cuatro colores raciales de la humanidad.

Pontificando con el Pulpo las Profecías de los Hopi Segunda Parte

Aquí continuamos explorando las profecías de los Hopis, gente nativa del continente que los Europeos llaman América, pero los Hopis llaman Isla Tortuga. Francamente, prefiero el nombre de Isla Tortuga. Después del todo, ¿quién diablos fue Americo Vespusio para nombrar todo nuestro continente por él?

A los Hopi les dijeron que después de un tiempo, Hombre Blancos vendrían y les tomarían su tierra y tratarían de guiar a los Hopi a caminos de maldad. Pero a pesar de todas las presiones en su contra, a los Hopi les dijeron que ellos debían sostener su Antigua religión y su tierra, aunque siempre sin violencia. De tener éxito, les prometieron que su gente y su tierra serían un centro desde donde re-despertaría el Verdadero Espíritu.

Se dice que después de muchos años, el hermano mayor podría cambiar el color de su piel, pero su cabello permanecería negro. El tendría la habilidad de escribir, y el sería la única persona capaz de leer el Tiponi. Cuando el regresara a encontrar a su hermano menor, el Tiponi sería colocado lado a lado para mostrar a todo el mundo que son verdaderos hermanos. Luego tendría lugar el Gran Juicio, puesto que el mayor le ayudará al hermano menor a obtener justicia real para todos los hermanos Indios que han sido cruelmente maltratados por el hombre blanco desde que éste llegó a la Isla Tortuga.

El hermano mayor transformado, el <u>Verdadero Hermano Blanco</u>, usará una bata roja o una gorra roja, similar al patrón en la parte posterior de un sapo con cuernos. El no traerá más religión que la suya propia, y traerá con el las tablillas Tiponi. El será todo-poderoso; ninguno será capaz de resistir contra el. El vendrá rápidamente, y en un día ganará control del continente entero.

Se ha dicho,

"Si el viene del Este, la destrucción no será tan mala.
Pero si viene del Oeste, no se levanten en los techos de
sus casas para ver, porque el no tendrá misericordia."

El *Verdadero Hermano Blanco* traerá con el dos grandes ayudantes, poderosos e inteligentes, uno de los cuales tendrá un signo de swastika (el símbolo masculino de pureza), y el signo del sol. El segundo gran ayudante tendrá el signo de una cruz celta con líneas rojas (representando la sangre femenina) entre los brazos de la cruz.

Cuando esté cerca la gran purificación, estos ayudantes sacudirán la tierra primero por un corto período en preparación. Después de haber sacudido la tierra dos veces más, se les unirá el Verdadero Hermano Blanco, quien se volverá uno con ellos y traerá el Día de la Purificación al mundo. Los tres ayudarán al "hermano menor" (el Hopi y otras gentes de corazón puro) para hacer un mundo mayor. En las profecías, los dos ayudantes son designados por la palabra Hopi para "población", como si fuesen grandes grupos de gente.

Los Hopi fueron advertidos que si estos tres grandes seres fallaban, terrible maldad acontecería en el mundo y grandes números de gente serían muertos. No obstante, también se dijo que tendrían éxito si suficientes Hopi permanecían fieles al antiguo espíritu de su gente. El *Verdadero Hermano Blanco* y sus ayudantes le mostraría a la gente de la tierra un nuevo gran plan de vida que conduciría a la vida eterna. La tierra se volvería nueva y bella de nuevo, con una abundancia de vida y alimento.

Aquellos que se salven compartirán todo por igual. Todas las razas se mezclarán y hablarán una lengua para ser una familia.

La profecía Hopi declara que la III Guerra Mundial será comenzada por la gente que primero recibió la Luz – **China, Palestina, India** y **África**.

Cuando venga la guerra, los Estados Unidos serán destruidos por "calabazas de cenizas" que caerían al suelo, haciendo hervir a los ríos y quemando la tierra, donde no crecería hierba durante muchos años, y causando una enfermedad que ninguna medicina podría curar. Esto solamente significa bombas nucleares o atómicas; ninguna otra arma causa tales efectos.

Los refugios contra las bombas serán inútiles, ya que,

> "Aquellos que estén en paz en sus corazones ya está en
> el Gran Refugio de la Vida. No hay refugio contra la
> maldad. Cuando el Saquahuh (Estrella Azul) Kachina

dance en la plaza y se quite su máscara, el tiempo del gran juicio estará allí."

Los Hopi creen que solo ellos serán salvados.

Los Hopi también ha profetizado que,

> "La Isla Tortuga podría volcarse más de dos o tres veces, y los océanos podrían unir sus manos y encontrarse con el cielo."

Esto parece ser una profecía de un "cambio de polo" – la movida de un solo tirón del planeta sobre su eje. Los Hopi llaman a esta inminente condición – y aquella de nuestra sociedad ahora – "Koyaanisqatsi", lo que significa "mundo fuera de balance... un estado de vida que clama por otro camino".

10-26-14

Pontificando con el Pulpo las Profecías de los Hopis Parte Tercera

Continuando las profecías Hopis...

La siguiente extraordinaria Profecía Hopi fue publicada por primera vez en un manuscrito mimeografiado que circuló entre varias iglesias metodistas y presbiterianas en 1959. Algunas de las profecías fueron publicadas en 1963 por **Frank Waters** en *El Libro de los Hopi* (The Book of the Hopi).

El cuento comienza describiendo cómo, mientras estaba manejando a lo largo de una autopista del desierto, un día caluroso, en el verano de 1958, un ministro llamado **David Young** paró a ofrecer a un anciano Indio llevarlo en su coche, quien aceptó con un cabeceo.

Después de varios minutos de silencio, el Indio dijo:

"Yo soy Pluma Blanca, un Hopi del antiguo Clan del Oso. En mi larga vida he viajado a través de esta tierra, buscando a mis hermanos, y aprendiendo de ellos muchas cosas llenas de sabiduría. Yo he seguido los caminos sagrados de mi gente, que habitan los bosques y muchos lagos en el este, y la tierra de hielo y largas noches en el norte, y los lugares de santos altares de piedra, construidos hace muchos años por mis los padres de mis hermanos en el sur. De todo esto, he escuchado las historias del pasado, y las profecías del futuro. Ahora, muchas de las profecías se han convertido en historias, y pocas quedan – el pasado se vuelve más largo, y el futuro más corto.

"Y ahora Pluma Blanca está muriendo. Sus hijos, todos se han unido a sus ancestros, y pronto el también estará con ellos. Pero no queda nadie, nadie para recitar y pasar hacia delante la Antigua sabiduría. Mi pueblo se ha cansado de las viejas costumbres – las grandes ceremonias que cuentan de nuestros orígenes, de nuestra aparición en el Cuarto Mundo, están casi todas abandonadas, olvidadas, sin embargo, aun esto ha sido profetizado. El tiempo se vuelve corto.

"Mi gente espera a Pahana, el Hermano Blanco perdido, (de las estrellas), como lo hacen todos nuestros hermanos en la tierra. El no será como los hombres plancos que conocemos ahora, quienes son crueles y codiciosos. Nos han dicho de su venida hace mucho tiempo. Pero aun así, nosotros esperamos a Pahana.

"El traerá con el los símbolos, y la pieza faltante de aquella tablilla sagrada, ahora guardada por los ancianos, dada a el cuándo se fue, que lo identificará como nuestro Verdadero Hermano Blanco.

"El Cuarto Mundo terminará pronto, y el Quinto Mundo comenzará. Esto lo saben los ancianos en todas partes. Las Señales han sido cumplidas sobre muchos años, y pocas son las que quedan.

"Esta es la Primera Señal: Nos han dicho de la venida de hombres de piel Blanca, como Pahana, pero que no viven como los hombres Pahana, quienes tomaron la tierra que no era de ellos. Y hombres que golpeaban a sus enemigos con truenos.

"Esta es la Segunda Señal: Nuestras tierras verán la venida de ruedas giratorias llenas de voces. En su juventud, mi padre vio esta profecía volverse verdad con sus propios ojos – los hombres blancos trayendo a sus familias en carros a través de las praderas."

"Esta es la tercera Señal: Una extraña bestia, como un buffalo, pero con grandes y largos cuernos, correrá por la tierra en grandes números. Esto, Pluma Blanca lo vio con sus ojos – la venida del ganado de los hombres blancos."

"Esta es la Cuarta Señal: La tierra será cruzada por serpientes de hierro."

"Ésta es la Quinta Señal: La tierra será entrecruzada por una gigantesca tela de araña."

"Esta es la Sexta señal: La tierra será entrecruzada con ríos de piedra que hacen cuadros en el sol."

"Esta es la séptima señal: Usted oirá del mar volviéndose negro, y muchas cosas vivientes muriendo por esta causa."

"Y esta es la Octava Señal: Usted verá muchos jóvenes que llevarán sus cabellos largos, como mi gente, venir y unirse a las naciones tribales para aprender sus costumbres y su sabiduría."

"Y esta es la Novena y última Señal: Usted escuchará de un lugar de morada en los cielos, arriba de la tierra, que caerá con gran desplome. Aparecerá como una estrella azul. Muy pronto después de esto, cesarán las ceremonias de mi pueblo."

"Estas son las Señales que una gran destrucción está

por venir. El mundo se mecerá hacia delante y hacia atrás. El hombre blanco batallará en contra de otros pueblos en otras tierras – con aquellos que poseyeron la primera luz de sabiduría. Habrá muchas columnas de humo y fuego, así como las ha visto Pluma Blanca que hace el hombre blanco en los desiertos, no lejos de aquí. Solo aquellos que vendrán causarán enfermedades y una gran mortandad.

"Muchos de mi pueblo, comprendiendo las profecías, estarán seguros. Aquellos que permanezcan y vivan en los lugares de mi pueglo también estarán seguros. Luego habrá mucho para reconstruir. Y pronto – muy pronto después regresará Pahana. El traerá con el el amanecer del Quinto Mundo. El plantará las semillas de su sabiduría en sus corazones. Aun ahora, las semillas están siendo plantadas. Estas suavizarán el camino para la Aparición del Quinto Mundo.

"Pero Pluma Blanca no lo verá. Yo estoy Viejo y estoy muriendo. Tu – quizás lo versa. A su tiempo, a su tiempo…"

El viejo Indio cayó en el silencio. Ellos habían llegado a su destino, y el Reverendo David Young paró para dejarlo salir del vehículo. Nunca más se volvieron a encontrar. El Reverendo Young murió en 1976, por lo que no vivió para ver el cumplimiento de esta notable profecía.

Las señales son interpretadas como sigue:

- La primera señal es sobre armas.

- La segunda Señal es de los vagones cubiertos de los pioneros.

- La Tercera Señal es del Ganado de largos cuernos.

- La Cuarta Señal describe los rieles de ferrocarriles.

- La Quinta Señal es una clara imagen de nuestras líneas de energía eléctrica y líneas telefónicas.

- La Sexta Señal describe autopistas de concreto y sus efectos que producen espejismos.

- La Séptima Señal cuenta de derrames de petróleo en el océano.

- La Octava Señal claramente indica el "Movimiento Hippy" de los años sesenta.

- La Novena Señal era la Estación Espacial estadounidense, Skylab, que cayó a la Tierra en 1979. Según un testigo ocular australiano, parecía azul al estar quemándose. azul.

10-27-14

Pontificando con el Pulpo el Efecto Y2K38

¿Se acuerdan del apocalipsis Y2K? Eso fue anterior a la apocalipsis Maya del 2012, o la presente apocalipsis del Ebola, la influenza de las aves, la influenza de los cerdos, Osama Bin Laden y creo que Sadam Hussein.

En esa apocalipsis, por ahí del año 2000, se pensaba que las computadoras del mundo no reconocerían la nueva fecha y dejarían de funcionar el 1er día de Enero del 2001. Un caos apocalíptico destruiría la civilización humana cuando dejaran de funcionar los bancos, los hospitales, los teléfonos, las televisiones y básicamente, cualquier cosa que este conectada a una computadora en ese momento.

Bueno, el día llego y se fue como si nada, y tal vez hubo uno que otro problemita por ahí de máquinas que no funcionaron bien. Pero el mundo no se acabó, y las cosas continuaron más o menos como siempre. Pero si son fans del apocalipsis como yo, no dejen sus esperanzas, y continúen rezando por el fin del mundo, pues nosotros los apocalípticos tenemos otra nueva opción para acabar con el mundo.

Se llama Y2K38.

En informática, el **problema del año 2038** (conocido también por el numerónimo **Y2K38**) podría causar que una parte del software falle en ese año. El problema afecta a los programas que usen la representación del tiempo basada en el sistema POSIX, que se basa en contar el número de segundos transcurridos desde el 1 de enero de 1970 a las 00:00:00 (ignorando los segundos intercalares).

Esta representación es un estándar *de facto* en los sistemas tipo Unix y también en los programas escritos para muchos otros sistemas operativos debido al gran alcance del lenguaje de programación C. En la mayoría de sistemas de 32 bits, el tipo de dato `time_t` usado para guardar el contador de segundos es un entero de 32 bits con signo, es decir, que puede representar un rango de números entre -2.147.483.648 y 2.147.483.647 (-2^{31} y 2^{31}-1; 1 bit para el signo, y 31 para el valor absoluto), por lo que el último segundo representable con este formato será a las 03:14:07 UTC del 19 de enero de 2038, cuando el contador llegue a 2.147.483.647. Un segundo después, el contador se desbordará y saltará al valor -2.147.483.648, que causará el fallo de programas que interpretarán el tiempo como que están en 1901 (dependiendo de la implementación), en vez de en 2038. A su vez, esto causaría cálculo y procesamiento incorrecto y causaría un problema mundial.

No hay una forma sencilla de arreglar este problema para las combinaciones existentes de CPU/SO. Cambiar la definición de `time_t` para usar un tipo de 64 bits rompería la compatibilidad binaria para el software, almacenamiento de datos y, por lo general, cualquier cosa que tenga algo que ver con la representación binaria del tiempo. Cambiar `time_t` a un entero de 32 bits sin signo afectaría a los programas que hacen cálculos con diferencias de tiempo.

La mayoría de sistemas operativos para arquitecturas de 64 bits utilizan enteros de 64 bits para `time_t`. La migración a estos sistemas está todavía en proceso y se espera que se complete mucho antes de 2038. Usar un entero de 64 bits retrasaría la fecha del problema unos 2,90 billones de años ($2,9 \times 10^{12}$). Es decir, 220 veces la edad aproximada del Universo.

El problema hace que los dispositivos <u>Android</u> (al menos algunas versiones) se bloqueen y no reinicien cuando se cambia la fecha a esa fecha. Para comprobar esto se puede ir a la configuración de fecha y hora en el dispositivo, y al tratar de cambiar la fecha y hora al 2038; se encontrará con la sorpresa de que solo le permite cambiarlo hasta el 31 de diciembre de 2037.[1]

En los dispositivos iOS 7 el sistema permite cambiar la fecha hasta el 1 de enero de 2038. Concretamente, el problema afecta a los programas que usan la representación del tiempo basada en el sistema POSIX, que es el explicado en el párrafo anterior. Es la representación estándar en los sistemas tipo Unix y en todos los programas escritos en el lenguaje de programación C. La mayoría del software actual cae dentro de ese grupo y fallarán, dependiendo de como estén implementados, como si estuviesen funcionando en 1901 ó 1970, en vez de en 2038. A pesar de ser un problema bien conocido (los programadores conocen esta limitación desde la implementación misma del lenguaje C), no existe una forma sencilla de solucionar este problema. Podría cambiarse el tipo de variable empleado por un entero de 32 bits sin signo, pero esto haría que todos los programas que hacen cálculos con diferencias de tiempo fallen. Y reescribir por completo esas aplicaciones es un trabajo enorme, que a veces ni siquiera puede encararse. También puede creerse (erróneamente) que, utilizando una variable de 64 bits podríamos salir del paso, pero al igual que con las de 32 bits sin signo, se perdería la compatibilidad binaria con el resto del software.

11-5-14

Pontificando con el Pulpo el Fin de la Deep Web y el Proyecto ITOM

Una vez más las así llamadas "autoridades" policiacas del mundo están atacando la libertad del internet y de la Deep Web con un proyecto multinacional, creado en parte por el FBI. El asunto de la anonimidad del internet y el uso del "Bitcoin" es prioridad preponderante para las fuerzas de la "ley" pues es con el uso de estas dos herramientas informáticas que se usa para el trato de drogas, armas y gente ilegales por todo el mundo, incluyendo algunas de las más terribles formas del crimen internacional, como por ejemplo es el tráfico de armas, drogas y pornografía infantil.

Primero hay que entender que es Tor y que es Bitcoin.

Tor es un programa gratuito para esconder el ISP (la identificación cibernética) de usuarios navegando en la red. Esto es importante pues con el uso de Tor, autoridades y hackers no pueden realmente saber la identidad de navegadores en la red. Bitcoin es la moneda virtual universal mundial, que no le pertenece a ningún gobierno, nación o banco. Es descentralizada y utilizada por todo aquel que quiere hacer transacciones por la red de cualquier tipo sin tener que pagar tarifas, preocuparse de reglamentos y leyes específicas de gobiernos o bancos. El Bitcoin es la moneda preferida de piratas cibernéticos. También representa la libertad verdadera del comercio mundial, pero desafortunadamente, no es suficientemente conocida por gente ordinaria.

El ataque informático de las autoridades en contra de los usuarios de Tor y Bitcoin está diseñado para arrebatarles la privacidad a los usuarios que están atentos al uso de estas herramientas, y dos, regular el uso del Bitcoin. De esa manera, por el uso de Tor o Bitcoin, pueden hacer a cualquier usuario sospechosos de cybercrimenes. Con el mero uso de Tor y Bitcoin, un navegador en internet se convierte en persona de interés para las autoridades mundiales especialmente en los países más desarrollados y ricos. Olvídense de la libertad del internet y el comercio. El empuje para destruir la Deep Web viene principalmente de los Países Bajos en Europa, Holanda, Alemania, Estados Unidos y el FBI, ICE, INTERPOL y otras agencias.

El ataque tiene tres partes:

1 Desanimo y Disuasión – Una campaña para cerrar páginas de internet del Deep Web como Silk Road donde uno puede comprar o vender contrabando de todos tipos con Bitcoins.

2. Ataques logísticos – El uso de programas y viruses diseñados para destruir paginas sospechosas y registrar el ISP de usuarios que visitan estas páginas. Igualmente, control fronterizo de todas las transacciones internacionales hechas por internet.

3. Regulación de Bitcoin – La creación de un grupo internacional que regularía el Bitcoin como moneda oficial.

No hay una declaración oficial sobre ITOM, pero si hay dos documentos oficiales que uno puede leer sobre estos actos calladitos pero profundamente importantes para el futuro de la censura y libertad del internet.

EN pocas palabras, los países ricos de Europa y Estados Unidos quieren regular el internet como herramienta de comercio internacional para no perder la superioridad económica que gozan pues el internet se ha convertido, gracias a la Deep Web en un verdadero mercado mundial libre, cosa que todos los políticos de esos mismos países han prometido por décadas pero nunca han cumplido.

En la Deep Web se puede encontrar cualquier cosa que uno quiera comprar, sin límites. Obvio, mentes enfermas y criminales buscaran cosas enfermas y criminales para comprar y vender. Pero al mismo tiempo, gracias a la Deep Web ahora somos realmente una sola comunidad mundial, y podemos comprar y vender sin tener que pagarle lo suyo a los gobiernos corruptos que usan las tarifas, impuestos, y variaciones del costo de sus monedas nacionales y demás costos bancarios para continuar sus guerras y horrores.

Una vez más, las fuerzas de la opresión virtual y censura cibernética intentaran controlar el hiperespacio para sus propios propósitos. Una vez más serán los hackers, los fenómenos, los extraños y ridículos seres que trataran de salvarnos de la opresiva fuerza de las "autoridades".

11-6-14

Pontificando con el Pulpo Zion y La Liberte en la Deep Web

Una vez mas, estimados lectores, os voy a introducir a la Deep Web para difundir algunos de los rumores que ahi se pueden encontrar.

Sabemos que en la Web Profunda funciona por niveles: 1,2,3,4,5. Entre mas profundo llegue mas atrocidades e información importante y clasificada se puede encontrar, por medio de Tor podremos ingresar hasta cuasi el nivel 4 o cuatro y medio, si se quiere llegar a un nivel mas bajo se tienen que usar otros programas mas profesionales y difíciles de usar, aunque a veces dentro del nivel 3 o 4 hay paginas de nivel 5.

Por ejemplo una de las mas "exclusivas" es La Liberté una pagina underground francesa y una de las webs mas profundas que existen actualmente en la Deep Web. Para poder ingresar necesitas ser invitado, ademas los diferentes foros dentro de esta pagina están muy protegidos, para leer, escribir y ver los diferentes vídeos e información se necesita un usuario y contraseña diferente para cada foro, igualmente los foros se dividen en sub foros, no se sabe cuantos niveles existen actualmente para cada foro.

Se dice que la única que supera a esta pagina en profundidad y privacidad es Zion, por esto mismo La Liberté se nutre de la información que Zion les libera. Aun así hay en esa pagina se encuentra mucha atrocidad ejemplos: El famoso video de los rusos matando a un mendigo a martillazos y clavandole un destornillador en el ojo, el último de unos rusos también dandole con un bate a unos indigentes en medio del bosque hasta partirles la cabeza (literalmente). Vídeos de peleas hasta morir, de violencia de género como un hombre que le metía muchas puñaladas a una chica en la calle mientras otros le daban patadas a él, violencia contra animales, vídeos de ejecuciones, los de moros que decapitan a la gente.

Hay una sección de peleas a muerte en tiempo real, son eventos que se tienen que pagar por medio bitcoin y se puede apostar usando esta moneda, algunos dicen que las apuestas normalmente son de 10 mil dolares para arriba.

Lo que mas atrae de estas paginas (Liberté y Zion) para la gente sana son los sobre supuestos seres vivientes diferentes a los animales y humanos, desde el chupa cabras hasta extraterrestres pasando por pie grande, hombres lobos, vampiros y intraterrrestres. Supuesta mente se da información muy detallada sobre estos seres, pruebas "validas" de su existencia: Vídeos, fotos, autopsias, informes hechos por gobiernos, informes hechos por biólogos y doctores reales, entre otros.
Bueno para terminar dejo algunos mensajes que encontré y se relacionan con esta pagina.

- Irán será provocado para atacar a Israel (Armamento no Nuclear)
- Habrá intercambio Nuclear Limitado entre Usa e Irán) Lo que se pretende es que China se meta.
- La guerra que los USA buscan es contra China, todo esto es una pantomima para llegar a eso.
- Europa está a salvo.
- Habrá intercambio nuclear limitado entre Usa y China pero muy controlado, se llegará a un acuerdo rápido y antes de que se involucren más paises.
- Durante el alto el fuego Usa atacará China con un arma biológica especialmente diseñada para atacar a la raza China, Un virus de la gripe pero creado para solo atacar a gente de raza asiática.
- Tras esto llegará la verdadera Guerra con intercambio Nuclear fuerte entre varias naciones, fundamentalmente Occidente - Oriente, con victoria de Occidente.
- Pese a todo pronostico Rusia se aliara con occidente, puesto que china atacará la parte oriental de Rusia.

- Según afirma la fuente, se pretende proteger Europa de la guerra y ninguno de los paises de la UE entrará en el intercambio nuclear.

Como datos decir que China tiene más potencia militar y nuclear de la que no estan contando y que paises como Corea del Norte o Irán serán rápidamente borrrados del mapa."

11-9-14

Pontificando con el Pulpo el Marqués de Sade

¿Qué representa realmente la libertad? El mero hecho de que debemos vestirnos para salir de nuestras casas representa un yugo inalterable, un tipo de cárcel social de tabús y costumbres. La causa de estas costumbres no es importante, pues cambian mucho dependiendo del tiempo, lugar y circunstancia. No podemos ser libres si no entendemos que es lo que nos tiene presos. Y pues, la libertad, como concepto, es un engaño, una palabrota vacía y sin sentido que autonombrados "libertadores" tratan de vendernos para lograr sus propósitos personalísimos, como el fin a la esclavitud. Pero aquellos de ustedes que no entienden a que son realmente esclavizados, jamas podrán decir de sí mismos que sois libres.

Hay ciertas excepciones. Hay seres humanos que, a pesar de sus circunstancias y tiempos encontraron la verdadera libertad del alma. Y de todos ellos, nadie, pero nadie puede decirse más libre que el enigmático y polémico Marques de Sade, que extrañamente, paso casi toda su vida adulta preso en varias cárceles y manicomios.

Es decididamente raro decir que un hombre que paso toda su vida casi tras las rejas fue el hombre más libre de todos, pero el buen Marques logro trascender los tabúes y costumbres de su tiempo lugar y circunstancia, y otorgo a todos los seres en búsqueda de la verdadera libertad, un ejemplo a seguir.

Donatien Alphonse François de Sade, conocido por su título de **marqués de Sade** (París, 2 de junio de 1740-Charenton-Saint-Maurice, Val-de-Marne, 2 de diciembre de 1814), fue un filósofo y escritor francés, autor de *Los crímenes del amor*, *Aline y Valcour* y otras numerosas novelas, cuentos, ensayos y piezas de teatro. También le son atribuidas *Justine o los infortunios de la virtud*, *Juliette o las prosperidades del vicio*, *Las 120 jornadas de Sodoma* y *La filosofía en el tocador*, entre otras.

En sus obras son característicos los antihéroes, protagonistas de violaciones y de disertaciones en las que, mediante sofismas, justifican sus actos. La expresión de un ateísmo radical, además de la descripción de parafilias y actos de violencia, son los temas más recurrentes de sus escritos, en los que prima la idea del triunfo del vicio sobre la virtud.

Fue encarcelado bajo el Antiguo Régimen, la Asamblea Revolucionaria, el Consulado y el Primer Imperio francés, pasando veintisiete años de su vida encerrado en diferentes fortalezas y «asilos para locos». También figuró en las listas de condenados a la guillotina.

Protagonizó varios incidentes que se convirtieron en grandes escándalos. En vida, y después de muerto, le han perseguido numerosas leyendas. Sus obras estuvieron incluidas en el *Index librorum prohibitorum* (*Índice de libros prohibidos*) de la Iglesia católica.[2]

A su muerte era conocido como el autor de la «infame» novela *Justine*, por lo que pasó los últimos años de su vida encerrado en el manicomio de Charenton. Dicha novela fue prohibida, pero circuló clandestinamente durante todo el siglo XIX y mitad del siglo XX, influyendo en algunos novelistas y poetas, como Flaubert, que en privado lo llamaba «el gran Sade», Dostoyevsky, Swinburne, Rimbaud o Apollinaire, quien rescata su obra del «infierno» de la Biblioteca Nacional de Francia, y que llegó a decir que el marqués de Sade fue «el espíritu más libre que jamás ha existido».[3] [4]

André Breton y los surrealistas lo proclamaron «Divino Marqués» en referencia al «Divino Aretino», primer autor erótico de los tiempos modernos (siglo XVI). Aún hoy su obra despierta los mayores elogios y las mayores repulsas. Georges Bataille, entre otros, calificó su obra como «apología del crimen».

Su nombre ha pasado a la historia convertido en sustantivo. Desde 1834, la palabra «sadismo» aparece en el diccionario en varios idiomas para describir la propia excitación producida al cometer actos de crueldad sobre otra persona.

11-11-14

Pontificando con el Pulpo Larry Flynt

Si uno va a Los Ángeles, California, ahí en la esquina de Wilshire Boulevard y San Vicente Boulevard, un gigantesco edificio moderno existe que tiene una estatua de John Wayne en su jardín. Si uno puede subir hasta el Pent-house, es posible que se encuentre cara a cara con el dueño del edificio, el empresario y pornógrafo Larry Flynt.

No todos mis héroes modernos son de los "buenos". Personajes como Julien Assange, Edward Snowden, y el Prof. Mireles son héroes fáciles de querer. Sus actos son siempre para beneficiar al prójimo y su valor es demostrado peleando contra adversarios que todos tenemos en común, como, lo es, por ejemplo, el gobierno gringo.

Pero ocasionalmente, hay héroes menos fáciles de querer, como el extraordinario pornógrafo y paladín contra todo tipo de censura Larry Flynt.

Nacido en Salyersville (Kentucky), de origen humilde. Su madre se divorció de su padre alcohólico, y Larry se mudó a Indiana con su madre. Según su autobiografía, como escuchó que sus amigos mayores decían que una relación sexual con una gallina producía una sensación parecida al sexo con una mujer, tuvo su primera experiencia sexual con una gallina, matándola después para evitar cualquier sospecha.

En 1958, cuando solo tenía 15 años, Flynt se alistó en el Ejército de los Estados Unidos, utilizando un certificado de nacimiento falso, dejándolo apenas un año después. Entonces se unió a la Marina y sirvió en el USS Enterprise.

En 1964 dejó la Marina y abrió un club de striptease en Dayton (Ohio). Después fue dueño de varios de estos clubes. En julio de 1974 comenzó a publicar la revista porno *Hustler*.

Flynt tiene cinco hijos y se ha casado cinco veces; su matrimonio más duradero fue con su cuarta esposa, Althea, desde 1976 hasta la muerte de ésta en 1987. Althea tenía sida y se ahogó en la bañera, posiblemente como resultado de una sobredosis de heroína.

En 1977, Ruth Carter Stapleton (hermana del presidente Jimmy Carter) lo convirtió a la religión evangélica. En esa época aseguró haber tenido una visión divina mientras viajaba en su jet.

Un año después, el 6 de marzo de 1978, durante un juicio en el que fue acusado de «obscenidad» en el condado de Gwinnett (Georgia), el asesino en serie y supremacista blanco Joseph Paul Franklin acribilló a disparos a él y a su abogado Gene Reeves Jr. en Lawrenceville cerca de los tribunales (aunque en la película de Milos Forman, "El pueblo contra Larry Flynt" el personaje víctima del ataque es Alan Isaacman, otro de los abogados de Flynt). En ese momento Franklin logró escapar. Franklin se había sentido ultrajado por unas fotos pornográficas publicadas en *Hustler* en las que aparecía un hombre negro y una chica blanca. Años después, Franklin confesó ser el autor de los disparos. Franklin cumplía cadena perpetua por cargos de asesinato, pero nunca fue juzgado por el intento de asesinato perpetrado contra Flynt.

Después del ataque Flynt renunció a la religión y se mudó con Althea a una mansión de Bel-Air en Los Ángeles (California).

Flynt hizo declaraciones indicando que él cree la historia de Franklin y los agentes de las fuerzas de la ley comparten esa misma opinión. Aun quedan escépticos y puede que el asunto nunca quede clarificado del todo. Su abogado se recuperó más plenamente, pero las heridas dejaron a Flynt paralizado de cintura para abajo con un dolor intenso y constante lo que hizo que Flynt se hiciera adicto a los calmantes. Tiempo después sufrió un infarto producido por una de sus varias sobredosis de calmantes. Se recuperó pero desde ese momento tiene dificultades en el habla.

El sacrificio de Flynt por luchar contra la censura irracional del sexo es de los actos mas admirables en nuestros tiempos.

11-16-14

Pontificando con el Pulpo la Legalización de Mariguana en Colorado y Washington

No hay presión, Colorado y Washington, pero el mundo está escudriñando cada movimiento.

Ese fue el mensaje final de un evento de hoy en la Institución Brookings, discutiendo el impacto internacional del movimiento hacia la legalización de la marihuana en el estado a nivel de las leyes de Estados Unidos aprobó en Colorado y Washington, con otros estados, presumiblemente por venir, crear un tensión con las obligaciones de Estados Unidos hacia tres principales tratados internacionales que rigen el control de drogas. Históricamente los EE.UU. ha sido un firme defensor de los tres convenios, que "cometen los Estados Unidos para castigar e incluso criminalizar la actividad relacionada con
marihuana recreativa ", según Brookings 'Wells Bennet.

La respuesta de Estados Unidos a esta tensión ha sido pedir más "flexibilidad" en cómo los países interpretan las leyes. Esta política se hizo explícita en recientes declaraciones del subsecretario de Estado William Brownfield, que la semana pasada en las Naciones Unidas, dijo que "tenemos que ser tolerantes con los diferentes países, en respuesta a sus propias circunstancias y condiciones nacionales, la exploración y el uso de diferentes drogas ", prosiguió:" ¿Cómo podría yo, un representante del Gobierno de los Estados Unidos de América, ser intolerante de un gobierno que permite que cualquier experimentación con la legalización de la marihuana si dos de los 50 estados de los Estados Unidos de América han elegido caminar por ese camino? "

En cuanto a las posturas políticas van esta es una solución agresiva pragmática. El gobierno federal carece de los recursos y tal vez la voluntad política para tomar medidas enérgicas contra los estados de legalización, pero también es probable que no quiere admitir abiertamente que está permitiendo a los regímenes de regulación que contradicen abiertamente las disposiciones de los principales tratados. Al decir que esos tratados permiten la interpretación, el gobierno está tratando de sacar algo de espacio para permitir experimentos de legalización.

Pero como Wells Bennet y John Walsh de la Oficina de Washington para América Latina de escritura en un nuevo informe Brookings, esa posición se "a convertido inverosímil e insostenible si la legalización tiene éxito." En el evento de hoy, Martin Jelsma del Transnational Institute, una organización internacional dijo: "los Estados Unidos son reacios a reconocer que la regulación legal [de marihuana] es una violación directa del sistema de tratados ... que haya alcanzado el límite de lo que puede defender la aplicación de la interpretación más flexible del sistema de tratados."

Como resultado de ello, los panelistas en el evento estuvieron de acuerdo en que es el momento de explorar el volver a trabajar los tratados de fiscalización de drogas para reflejar mejor las realidades actuales - en particular, para iniciar el proceso de re-clasificación de la mariguana, que el derecho internacional considera actualmente uno de las drogas más peligrosas (a pesar de décadas de pruebas en contrario).

Sandeep Chawla, ex subdirector de la Oficina de la ONU contra la Droga y el Delito, llamó a las actuales restricciones a la marihuana ", el punto de este sistema de control conjunto más débil, algo que ha sido obvio desde hace 30 años." Señaló que uno de los principales obstáculos para reforma significativa es capas de las burocracias de control de drogas atrincheradas en los planos internacionales y nacionales - no sólo en los EE.UU., piensa en la DEA, la ONDCP y NIDA, entre otros - para quien una relajación de las leyes de control de drogas representa un debilitamiento de su razón de ser: "si se crea una burocracia para resolver un problema en particular, cuando el problema se resuelve que la burocracia está fuera de un puesto de trabajo", explicó.

Lisa Sánchez, gerente de programas en México Unido Contra la Delincuencia, una organización sin fines de lucro mexicana dedicada a promover "la seguridad, la legalidad y la justicia", subrayó cómo los esfuerzos de legalización en los EE.UU. están teniendo poderosos efecto dominó en todo el mundo: los acontecimientos en Colorado y Washington haber "espacio político creado por los países de América Latina para tener un verdadero debate [sobre la política de drogas]." señaló que las motivaciones para la reforma en América Latina son algo diferentes de US motivaciones - un conductor principal es la necesidad de abordar la epidemia de la violencia en los países que se alimentaron directamente por las políticas prohibicionistas guerra contra las drogas.

Muchos países están tomando una mirada cercana a lo que sucede en los estados de aprender las lecciones que se pueden aplicar a sus propias situaciones. Y hasta ahora, las noticias que salen de Colorado y Washington es abrumadoramente positiva: nefastas consecuencias predichas por opositores a la reforma no se han materializado. En todo caso, los indicadores sociales y económicos se están moviendo en una dirección positiva después de la legalización. Ingresos fiscales marihuana Colorado para el año fiscal 2014-2015 son en camino de superar las proyecciones.

Los países, particularmente en América Latina, están empezando a aplicar estas lecciones a fin de elaborar políticas más inteligentes que reducen la violencia y otros daños sociales causados por la guerra contra las drogas. Uruguay, por ejemplo, se ha movido hacia la legalización nacional llena de marihuana, con un ojo hacia la reducción del mercado negro floreciente allí. El presidente de México ha dado señales de que está abierto a los cambios en las leyes de marihuana de ese país para ayudar a combatir la violencia ejercida cartel. La Organización de los Estados Americanos emitió recientemente una declaración a favor de tratar con el consumo de drogas como un problema de salud pública, en lugar de un juez penal.

Sin importar la dirección eventual legalización de la marihuana en los EE.UU., pasos hacia la reforma aquí ya están impulsando a otros países a buscar soluciones más pragmáticas a sus problemas con las drogas. En pocas palabras, están haciendo del mundo un lugar mejor.

11-16-14

Pontificando con El Pulpo los Anticristos de la Historia.

Mi sospecha profunda es que cada era tiene un anticristo, representado por un solo hombre que por actos de su propia voluntad, encarna ese terrible espíritu, el espíritu del maligno conocido de la tres religiones Jeovaitas.

En la era de Cristo, me supongo que fue el mismísimo Judas, quien traiciono al Señor, tomando el papel principal en actos diabólicos. Pero no es una ciencia segura, y sería necesario preguntarles a ambos Jesucristo y Judas si efectivamente, Judas fue la encarnacion del mal de sus tiempos para aclarar ese asunto.

Pero en otras eras, es mucho más fácil identificar al "anticristo". En efecto, casi casi, podemos nombrar la era por el nombre de dicho anticristo, pues el impacto de este ser en la vida ordinaria de todos los que vivieron en su era es innegable.

Vamos algunos:

Nero. El hecho que Nero quemo cristianos vivos y alimento sus leones con ellos en el circo es solo un pequeño ejemplo de los horrores a los que sometió el mundo durante su reinado. Aunque no fue el único Emperador Romano que hiso atrocidades, ciertamente, sus atrocidades fueron legendarias. Tan importantes fueron que muchos religiosos le consideraron el anticristo original, y el único.

Atila. Roma no siempre tuvo algo que ver con el "anticristo", como es el caso con Atila. Tal fue su impacto en la cristiandad Europea, que casi todos los europeos de esa era que le conocieron pensaron que se trataba del anticristo y sus actos representaban el fin de los tiempos. Parece que se equivocaron, pero si mi teoría es correcta, pues tal vez no.

Torquemada. Ningún flagelo católico, incluyendo la Conquista y las Cruzadas ha sido tan temido o tan terrible como lo fue la gran Inquisición. En su clímax, costo a Europa un poco mas de mil millones de muertos, Judíos, Paganos, Gitanos y básicamente, cualquier persona que no aceptara el dogma católico. Y ningún Inquisidor fue tan temido como Torquemada, cuyo nombre, en muchos lugares, fue sinónimo del "anticristo".

Napoleón. Celebrado todavía por los franceses como un gran héroe, o tal vez el más grande de los héroes franceses, para el resto de los europeos y especialmente durante su tiempo y gracias a su brutalidad, fue considerado como el anticristo.

Extrañamente, nadie parece haber acusado al Káiser de anticristo en la Primera Guerra Mundial. Lo mismo no puede decirse en la segunda, donde casi todos los involucrados estaban seguros que Adolfo Hitler fue el anticristo verdadero. Efectivamente, el profeta Nostradamus nombro al "segundo" anticristo "Hister", lo cual deja a uno mucho que pensar, pues según ese maestro espiritual, el primer anticristo sería un hijo de Francia y el segundo un hijo de Alemania. El tercero supuestamente se llamara "Mabus". Ya pontificare sobre "Mabus" en otro artículo.

Y pues, si mi teoría es correcta, y el "anticristo" existe en todas las eras del hombre en algún cuerpo o forma, en nuestros tiempos actuales, ese mismo ser debe existir aquí y ahora.

Hay muchos sospechosos para llenar ese papel. Por estas fechas, Peña Nieto y su moreno Obama parecerán los más probables candidatos. ¿Pero preguntaos, si fuerais el anticristo, quisieses que la gente lo supiera? Tal vez el anticristo actual no es uno conocido, pero uno oculto. Un ser sobrenatural que usando sus oscuras artes, lleva al mundo actual al caos y la destrucción, de la misma manera que lo hiso, supuestamente, Aleister Crowley antes de la segunda guerra mundial.

La verdad es que no importa si es en cada era que existe este ser, o que si solo llegara una vez en la historia del hombre. El hecho de que atreves de la historia numerosos seres humanos han llegado al poder destruyendo, matando, y horrorizando aquellos que no lo tienen habla mal de nuestra especie y lo que hacemos cuando llegamos a la cima del poder. Tal vez ese es el verdadero punto de tener "anticristos", entender que son los actos de personajes específicos que nos pueden llevar a la perdición y el odio.

www.ingramcontent.com/pod-product-compliance
Lightning Source LLC
Chambersburg PA
CBHW060232290526
45789CB00001B/22